卑鄙的圣人 曹操

第7部

曹操去世1791年来，曹操本人最服气的曹操全传

王晓磊 著

江苏文艺出版社
JIANGSU LITERATURE AND ART
PUBLISHING HOUSE

图书在版编目（CIP）数据

卑鄙的圣人：曹操．第7部／王晓磊著．-- 南京：江苏文艺出版社，2012.9
（读客公务员读史丛书）
ISBN 978-7-5399-5623-7

Ⅰ．①卑… Ⅱ．①王… Ⅲ．①中国历史－三国时代－通俗读物 Ⅳ．①K236.09

中国版本图书馆 CIP 数据核字 (2012) 第 225590 号

书　　名	卑鄙的圣人：曹操．第7部
著　　者	王晓磊
责任编辑	丁小卉　姚　丽
特约编辑	肖　飒　胡艳艳
责任监制	卞宁坚　江伟明
策　　划	读客图书
版　　权	读客图书
封面设计	读客图书　021-33608311
出版发行	凤凰出版传媒股份有限公司 江苏文艺出版社
出版社地址	南京市中央路 165 号，邮编：210009
出版社网址	http://www.jswenyi.com
印　　刷	北京正合鼎业印刷技术有限公司
开　　本	680mm x 990mm　1/16
印　　张	19.75
字　　数	305 千
版　　次	2012 年 11 月第 1 版　2012 年 11 月第 1 次印刷
标准书号	ISBN 978-7-5399-5623-7
定　　价	29.90 元

如有印刷、装订质量问题，请致电 021-33608311（免费更换，邮寄到付）

目录

第一章
曹操的请君入瓮之计

深山二隐

建安十一年（公元206年）夏，天下战乱已持续十七载，曾经称雄一时的袁术、吕布、公孙瓒、袁绍相继败亡，打着“奉天子以讨不臣”旗号的曹操已成为无可辩驳的中原霸主。然而一将功成万骨枯，普天之下刀兵四起血流成河，加之灾害、瘟疫、饥饿，天下户籍人口只剩原先的十分之一，无数生灵湮灭于狼烟之中……

不过九州之地甚是广大，也有战乱波及不到的角落，幽州右北平郡的徐无山（今河北省遵化市以东，属燕山山脉）便是这样一个地方。此处位于右北平郡与辽西郡的交界，由于中原动乱，东北少数民族乌丸趁机扩张篡夺了辽西郡，所以徐无山实际已是汉胡交界。而就在这片山岭以北还有横亘东西的万里长城。

幽州长城名义上是秦朝修建，但其基础是战国时的燕长城，历史已有四百年以上，如今无人驻守缺乏修葺，大有破败之相。至于衬托它的这片山岭，层峦叠嶂千岩万壑，密林葱郁荆棘丛生，就更显得偏僻寂寥了。若在太平时节谁也不会稀罕这等荒僻之处，可眼下世事纷乱，若投身山林间，反而能找到几分安逸与宁静。尤其盛夏时节，山间清泉哗哗流淌，伴着鸟儿叽叽喳喳的鸣叫，俨然一曲动听的歌儿；山石之上到处是不知名的野花，婀娜多姿芳香四溢，使那一望无垠的险山多了几分温和之感……但令人意想不到的是，群山幽谷中藏着一座村庄，那里阡陌井然，炊烟袅袅，村民过着祥和安宁的日子，与外面的混乱厮杀判若两个世界。

这村庄恰好隐藏在两座大山间，谷口有一道缝隙，故而不易发觉。村里的农田或在山洼或在山腰，零零碎碎却错落有致。山麓上是整齐的菜畦和果树，谷底则是一大片茅草屋，虽然简陋却井然有序。房舍间鸡鸣犬吠孩童嬉闹，村民赶着牛羊穿行其中，甚至还有书声朗朗的学舍——这村庄当然不会是自然造化之功，而是幽州名士田畴率领全族老少在此隐居时花费数年，一点点修葺而成。细心观察就会发现，幽谷入口和四周山头上藏有岗哨，不少壮丁手拿枪棒时刻戒备，若有贼寇敢来侵扰，小伙子们立刻一拥而上，立时将其废命于乱棍之下。

恰在此时，正有一人骑着小驴自羊肠小路颠颠行来。来者三十多岁，相貌英俊，虽然穿的是粗布衣，头上只有幅巾束发，依旧难掩其出众气质。可能是一路行来走热了，他敞开衣襟露出胸脯，衬着颌下那副飘逸的长须；手里敲着根竹杖，嘴里哼着小曲，再骑着那粉鼻子圆眼的小黑驴——真是逍遥自在。

守村壮丁早望见了，非但没拦，反而迎过去搀他下驴："邢先生回来啦！您一路辛苦了吧？"那人只是点头微笑，牵着毛驴优哉游哉进了山谷。

此君姓邢名颙（yóng）字子昂，河间鄚（mào）县人，早年也曾博览群书，为人端正仁义，被推举为孝廉，家乡父老还赠他一首风谣，唤作"德行堂堂邢子昂"。不过天下纷乱兵戈不休，他便断了仕途之愿，连当朝司徒赵温的征辟都没接受，跟随幽州名士田畴过起了隐居生活，整日以田园花圃为乐。光阴如梭一晃数年，耳闻袁氏衰败曹操兴盛，天下安定有望，邢颙闲散多年的心渐渐耐不住寂寞了，因而出山打探消息。

邢颙一进村立刻引来不少村民，有的询问山外情况，有的问他带回来什么东西，有的捧来水让他解渴，还有些孩子围着小驴嬉闹。邢颙支吾应付几句，掏出几枚胡饼给孩子分了，便挤出人群往村子深处去了。直走到一座篱笆院前，他把驴栓好，又拍了拍身上的土，直到整理得一丝不苟，这才轻轻推开柴扉："子泰兄！我回来了！"

他连着呼唤两声，茅屋中转出一位相貌伟岸的隐士来。此人年近四十，身高八尺，膀阔腰圆；一张轮廓分明的宽额大脸，面色黝黑；一副黑褐色的胡须，连鬓络腮；一对炯炯有神的眸子，眼窝深陷，通关鼻、菱角口、大耳朝怀；虽然只穿了件粗麻的灰衣裳，头上也只有枯枝别发，浑身上下却透着一股傲人的贵气。此人见了邢颙不忙开口，先规规矩矩作了个揖——正是曾经的幽州从事田畴田子泰。

田畴就是离此不远右北平郡无终县人士，成名甚早豪富一方，被前任幽州牧刘虞聘为从事，也曾尽心尽力报效朝廷。董卓进京天下大乱，刘虞被朝廷遥尊为大司马，便派田畴去长安觐见天子。当时河朔之地袁绍、黑山交恶，中原有曹操、袁术争锋，遍地狼烟道路不通，田畴就带着表章远涉塞外，历经千辛万苦总算绕道到了长安。待他拒绝了朝廷的赐官返乡时，才发现一切都面目全非了。刘虞已被公孙瓒杀死，残余旧部都投奔袁绍了。他来到刘虞墓前痛哭一番，又被投入监牢，幸亏不少州郡官员向公孙瓒求情，才算保住性命。逃脱囹圄后田畴对天起誓，要为刘虞报仇，率领阖族数百口亲眷遁入徐无山中，开荒种地聚草屯粮，已有十余年。

“兄长近来可好？小弟有满腹之言要对您说……”邢颙看见田畴不再矜持了，恨不得把这次出山的所见所闻一股脑告诉他。但田畴似乎对山外的变化毫不关心，只轻轻道了句：“贤弟辛苦了。”

邢颙滔滔不绝：“小弟已将外间之事打探明白。如今曹操尽收袁氏之地，袁谭、高幹相继授首，崔琰、王修、牵招等人皆已归降。冀州田租每亩仅收四升，士庶无不称颂！咱们幽州部将焦触、张南投降后被封为关内侯，各地县令仍居旧职没有变迁，弃官隐居之人纷纷出仕，就连自称乌丸校尉的阎柔都改为曹操效力啦……”

田畴依旧一脸木然，叫家人备下鸡黍浊酒。两人一对一盏地喝着酒，邢颙侃侃而谈喜形于色；田畴始终不置一语，望着篱笆外面，思绪不知游离何处。

“兄长在听我说话吗？”邢颙终于忍不住发问了。

“哦？在听……”田畴回过神来。

邢颙这次出山见闻甚多，已有了些打算：“依小弟之见，咱们还是早早弃了这片荒山回乡去吧。”

“回乡？”田畴又把目光投向院外，满眼尽是迷惘，“当年袁绍剪除公孙瓒，也曾派人来请咱们还乡，还想聘愚兄为掾属，幸亏我拒绝了。你看袁氏家业如今何在？日月有常，星辰有行，兴亡成败不过昙花一现。”

“兄长之言差矣。孟子曰：‘天下之生久矣，一乱一治。’曹操与袁绍不同，奉天子而讨不臣。如今他夺取河北，四海之内再无强敌，若南下荆州再取江东，天下太平指日可待！”邢颙满怀憧憬。

“太平？”田畴一阵苦笑——当年他带着亲眷初到徐无山之时，原打算招兵买马与公孙瓒作对。怎奈实力悬殊缺乏粮草，只能先开荒种地。后来外面局势越来越乱，许多百姓携家带口逃到山里恳求收留，田畴一片善心尽皆答应，山里人口愈来愈多，最后达到五千余户。带着这么多百姓，吃穿都是问题，何谈行军打仗？眨眼间十多年过去了，莫说公孙瓒，连袁绍父子都败亡了，刘虞之仇还找谁报？雄心壮志已成过往云烟，田畴心灰意冷，如今这山里百姓安居乐业与世无争，何必再回那个混沌世界呢？

邢颙已看穿他心事，思索片刻转而正色道：“子泰兄难道只贪眼前安逸，就不顾我大汉子民后世安危吗？”

“嗯？”田畴木然的脸上泛起了关切之色，“贤弟何出此言？”

邢颙正襟危坐手指东北方向，只说了两个字：“乌丸！”

这二字不亚如当头棒喝，田畴恍然大悟——乌丸本是东胡族的分支部落，因最早活动于乌丸山（今东北西拉木伦河流域）而得名，从属于匈奴。汉武帝元狩四年（公元前119年），卫青、霍去病大败匈奴，将匈奴逐出漠南，乌丸就此臣属汉族，为大汉监视匈奴活动。王莽篡汉时曾一度叛乱，至光武中兴再次归附，光武帝命他们迁到辽东、辽西、右北平、朔方等边地十郡，自此与汉人杂居。此后汉朝与羌族、鲜卑冲突不断，乌丸夹杂其间或战或降摇摆不定，甚至在灵帝后期还勾结渔阳太守张纯发动了一场叛乱，被公孙瓒戡平。刘虞赴任幽州以后采取怀柔政策，因而中原虽乱，乌丸与汉人却也相安无事；刘虞死后，袁绍为了联合各方势力剿杀公孙瓒，更加优待乌丸，不但矫诏册封多个大部落首领为单于，还以袁氏宗族之女与之结亲。这一系列怀柔促使其势力逐步壮大；加之北方鲜卑也在内乱，更给了他们可乘之机，占据了右北平、辽西、辽东的大量地盘，篡夺了地方统治权。如今河北已属曹操，袁尚、袁熙投靠乌丸，他们将各部人马都集中到辽西，打着为袁氏复仇的幌子，四处趁火打劫，烧杀淫掠无恶不作……想到这些事，田畴铁硬的心又悸动起来，毕竟是大汉子民，也曾以天下为己任啊！

邢颙始终注视着田畴的表情，见他脸庞微微抽动了两下，又趁热打铁道："乌丸肆虐已非一日，只有将其驯服，幽州百姓才能安稳度日，我大汉边疆才不至于有患！兄长若是七老八十，小弟也不说这些。可你我皆在壮年，建功立业还不算晚。为国效力乃士人本分，若为曹操献计除乌丸之患，不但利国利民，倘若侥幸得个一官半职也算报国有门啊！"

田畴听他有志于仕途，眼神又黯淡下来，默默灌了一碗酒："入仕为官就算了吧。愚兄闲散已久，早没这个念头了……"

"兄长不为自己想，也得为此处百姓想一想。在这深山老林里窝着，何年何月才算尽头？老人至死不能魂归故里，孩子们到现在都不知道山外面什么样，不能出去报效国家造福于民，你教他们读书明理又有何用？人总是要出去闯的，这小山沟不可能关他们一辈子呀！"

田畴的表情异常痛苦——这片山真的很奇妙，刚来的时候只想秣马厉兵杀回去报仇，可随着岁月变迁又开始依恋这个地方，甚至开始害怕外面的天下。不过田畴也明白，这种日子早晚会有尽头，没有任何一个角落能挡住外面那个世界，直面现实的日子早晚会来……

"贤弟说得对，早晚会有那么一天。你乃民之先觉者。"

"您同意出山了？"邢颙费尽说辞总算打动了他，"既然如此，速速收拾行囊，咱们明日就去邺城拜谒曹公！叫村民们……"

"别急。"田畴摆摆手，"袁绍、袁尚父子都曾征辟过我，我风闻他们为人傲慢没有答应。料想曹操如今兵强马壮，待人接物也不外乎如此，还是不要草草行事的好。"

"兄长偏见。袁本初自恃四世三公割据河北，可曹孟德乃是当朝司空，奉天子以讨不臣。听闻他礼贤下士广揽奇才，你我兄弟若去，日后必得朝廷重用。"

"朝廷？"田畴不禁冷笑，"当今天下哪还有朝廷？袁绍在世时凭借兵马之盛自作威福，如今曹操也走到这一步了，从古至今官位权势最能移人心志，仕途中人谁又能真的谦恭守本一辈子？就拿贤弟你说吧，随愚兄隐居多年，我以为你淡薄名利不问世事了，可现在还不是想再寻进身之阶？"

邢颙被他噎得一时语塞。

此时天色已渐渐黑下来，幽深的山谷中更是暗淡无光，阡陌茅舍已融化在一片朦胧之中。田畴拾起筷箸，心不在焉地敲打着案头的瓦罐，好半天才道：“这样吧，烦劳贤弟再辛苦一趟，先去见见曹操，看看他究竟是何等样人，回来之后咱再商议。古人云‘饥不从猛虎食，暮不从野雀栖’，曹操若真礼贤下士爱惜百姓，愚兄自当前往；他若是骄纵蛮横之徒，愚兄宁可老死在这山里，也不为其献计献策。我田某人不能帮残暴不仁的奸贼！”

话音未落，忽听远处传来一阵犀利的狼嚎声。“不好！”田畴猛然起身，抬头环视黑黢黢的山林，“上月赶走的那群狼又来了。赶紧叫村民点起火把，组织壮丁上山打狼！”

村子里霎时间喧闹起来，不少小伙子已拿好棍棒准备出动了。邢颙连连摇头：“这鬼地方，三天两头跟豺狼虎豹争斗，何时算个头？还是尽早迁出去好。”

一片昏暗中瞧不清田畴的表情，只听他那低沉的嗓音答道：“豺狼虎豹并不可怕，真正可怖的是人心。这世上的人虽然生得体面，但卸下伪装后比禽兽更狠毒！”

海疆之战

青州沿海波浪滔滔，潮声阵阵。尤其在这个深秋的季节，猛烈的西风呜呜袭来，与滚滚海浪相得益彰，礁石间时而激起几道巨浪，似水龙般攀升数丈，继而重重拍响在海滩上……不过今天在海边进行的这场激战，远比这澎湃的景致更惊心动魄。

袁谭虽然已被诛灭，但青州的战火并未熄灭。辽东太守公孙康不亚于其父公孙度，也是个野心勃勃的家伙，他趁曹操西攻高幹之际派部将柳毅与海盗头子管承勾结，发兵渡海妄图抢夺青州。黄巾余党在济南举兵趁火打劫，几度降而又叛的昌虑太守昌霸也跟着反了。几路叛贼互相策应愈演愈烈，终于惹火了曹操。他亲率大军前来征剿，三战三捷，如今已将柳毅、管承的主力部队逼到了海边。

这俨然就是大决战了，曹军连连得胜气势正旺，辽东军穷途末路背水一战，双方将士都卯足了劲儿，两军阵营宛如两条巨龙紧紧缠绕起来，乍看之下分不清敌我，所有人都举着兵刃奋力厮杀，时而迸发的血雾随风飘散，给整个海滩都蒙上了惨烈之色。喊杀声、嚎叫声、兵刃相撞声不绝于耳，与远处浪潮声搅在一起，宛如一曲荡气回肠的悲歌……

邢颙就陪着曹操坐在战场以西的一座小山丘上，眼前激烈的厮杀看得他心惊肉跳。一介文人哪见过这等阵仗？邢颙手心里早攥出了汗，又惊又怕，竟还有几分刺激之感，这是他平生第一次感受到的。其实何止是今天，自从辞别田畴二次出山，每一天都跟做梦似的。

他离开徐无山先去了邺城，由于曹操领兵在外，未能如愿得见。不过那位留守的大公子曹丕真是殷勤好客，又是赐宴又是赠金，硬是一连挽留了半个多月，最后才派人把他护送到青州。

到了青州大营更了不得，军师荀攸、祭酒郭嘉、谏议大夫董昭、参军仲长统带领所有掾属列队相迎，又是一番接风洗尘。邢颙在深山住了多年，原以为外间之人早把自己给忘了，没想到曹营还有人记得，依旧把他奉若上宾，当下感动得无以言表。在营里闲住，吃喝倒是不愁，惜乎还未能见到曹操，直到今早董昭跑来说曹公有意召见，于是就被糊里糊涂送到了战场，陪同观赏这场大战。

邢颙对这位当朝三公“周到”的安排既觉怪异又感奇妙，更对其产生了兴趣，时而观望战场，时而侧目瞥向左边帅位——曹操身穿赤金铠甲，外系大红征袍，头顶赤缨兜鍪，腰佩青铜宝剑；往面上观，一副苍色长髯，皱纹不多白净面皮，稍有些塌鼻梁，但一对浓眉宛若雁翼，一双鹰眼神光犀利，周身上下透着精明强悍。

然而就在曹操左手边，还有另一位被邀请观战的“贵客”，他的感觉可比邢颙差多了。此人名叫阴溥，乃是益州牧刘璋帐下从事，奉命到许都觐见天子，说是来见天子，其实是拜谒曹操。蜀中自刘璋之父刘焉就开始割据自守，与朝廷不通音讯已十余年，曹操迁都许县复立朝堂都不曾来贺。可现在不来不行了，曹操已统一河北，若再不来表示表示，惹恼了这位司空大人可不是闹着玩的。不过曹操显然对这种临时拜神的行为不满，在战场边接见使者，这不就是示威吗？故而阴溥忐忑不安，望着远处奋力搏杀的曹军将士，简直如坐针毡。

偏偏这个时候，曹操开了口：“尊使看我军气势如何？”

阴溥当然得夸：“曹公所率乃是朝廷王师，各个英雄勇不可挡！”

“哦？你们还知道老夫代表朝廷？”曹操白了他一眼，冷冰冰问道，“当初迁都之时刘璋为何不派使者？发下檄文讨伐袁术之时你们为何不派兵？坐困官渡朝不保夕之际你们怎么不来？如今河北平定许都稳固，你们眼中又有这朝廷了。到底心怀社稷牵挂天子，还是怕老夫手下的兵啊？”

阴溥又羞又怕，忙解释：“并非刘益州藐视朝廷，只因蜀地偏远，汉中又有米贼[1]断道，故而迟迟……”

“哼！”曹操越发挖苦，“昔日马腾、韩遂兵犯长安，刘焉与之串通一气，派遣五千兵马为虎作伥，又命刘范、刘诞二子为内应。那时怎么没有米贼断道？难道蜀道之上有恶鬼，只许作乱之人通过，就不许觐见天子之人通过？”

刘焉勾结马、韩是不争的事实，阴溥不敢狡辩，实话实说：“那时米贼张鲁尚未谋反作乱。”

“好个谋反作乱！却不知谋反作乱的究竟是谁？”曹操早把蜀中之事调查得一清二楚，“张鲁本是刘焉麾下，受其驱使攻杀汉中太守苏固强占其地，说是米贼断道，实是替刘焉守卫蜀道，阻挡朝廷之兵。不过这几年与刘璋反目，才割据汉中自作威福。你以为老夫远在中原，就不知其中诡计吗？”

曹操把刘焉的老底揭了，阴溥再也坐不住了，身子一歪就势跪倒他脚边：“明公所言卑职不敢反驳，但老州牧过逝多年，刘益州本性纯良，继任以来厚待百姓，未敢擅动干戈，派卑职觐见天子、结好明公也是出自一片诚心，请明公体谅！”说刘璋本性纯良倒不假，但未敢擅动干戈并非自觉有愧，而是他懦弱无能，没他爹那等兴风作浪的本事。

“这几句话还算对得起良心……起来吧！”曹操双目直视着战场，口中却对他道，“我给你们指条明路。古人云‘道在迩而求诸远，事在易而求诸难’，只要刘璋尊崇朝廷，与老夫共进退，何愁没有好归宿？你回去后替我转告他，老夫为政功过分明，不会以其父之罪加于其身，只要听从朝廷号令，天下平定之日进可裂土分茅，退不失封侯之位，我保他儿孙富贵，也保你们蜀中士人的日后前程。”

“是。”阴溥重重答应一声，“在下把这话牢牢记在心里，定不负明公之托。”说罢就要告辞，这地方一刻都不敢多呆了。

---

① 米贼，指汉末道教的一个支派“五斗米道”，因其首领张鲁割据汉中，以教义统治百姓，凡入教之人需缴纳五斗米，所以朝廷称其为“米贼”。

“且慢！”曹操叫住他，换了一副和蔼的口吻，“远道而来不容易，老夫不能让你白跑。我上表天子加封刘璋为振威将军，赠其兄刘瑁为平寇将军，你去许都领取诏书印绶，也好风风光光回去复命。”

可真是冰火两重天，刚才挨了顿责难以为性命堪忧，哪知这会儿又有封赏。捧这两枚大印回去，刘璋岂能不赏？阴溥喜不自胜，二次拜倒连连叩首：“多谢曹公，在下回去后一定劝我家主公归附朝廷，赋税差役岁岁不绝……”

“好了好了，这等话回去跟刘璋说吧。”曹操摆摆手，不耐烦地将他打发了。

他二人说话之时，邢颙始终在旁边瞧着，见阴溥欢欢喜喜下山而去，这才一挑大指：“曹公高明！”

曹操微微一笑：“哦？先生过奖了。”

“非在下谄媚，明公乃老成谋国之人。”邢颙娓娓道来，“刘焉、刘璋父子割据已久，阴溥此来焉能推心置腹？明公故意危言恫吓又加以小惠，以示功过分明既往不咎，为的是消除芥蒂，叫此人回去大倡朝廷恩德，促成刘璋归顺。”

“哈哈哈……”曹操捋髯大笑，“先生能看清老夫这点手段，可见先生更是高人。”

“不敢当。”

“其实益州刘璋毕竟是个平庸之辈，也没有什么野心，故而老夫才设法争取。若是他图谋不轨意欲祸乱天下，那我就不费这番唇舌了。对待那样的狂徒嘛……”曹操说了一半，猛然抬手指向战场。

邢颙这才注意到，僵持的战场起了变化。辽东军在曹兵强烈攻势下节节败退，一队英勇的曹军骑兵撞进敌群，哪里人多就往哪里冲，不多时就将敌人冲了个七零八落溃不成军。有人惊恐地高叫着：“柳都督被斩啦！”辽东军将领战死，士卒顿失战意弃刀欲逃。可逃跑哪这么容易？曹军一拥而上屠刀并举，把辽东军分割成好几块，恣意砍杀着。霎时间红光阵阵，到处都是一片一片的血泊，身首异处的尸体被踩得血肉模糊。眼见这一个个包围圈越来越小，直到曹军归拢一处发出一阵震天动地的欢呼——敌人已被杀尽了！

邢颙早看得汗如雨下，不禁喃喃道：“真乃虎狼之师也！”

曹操只是伸了个懒腰，站起身拍拍惊魂未甫的邢颙肩头道：“该回营了，请先生与我并辔而行。”

邢颙这才缓过神来，连忙起身：“草民不敢。”毕竟他是个白身，岂能与当朝三公并辔。

曹操不由分说抓住他手腕：“常人安于故俗，豪杰率性而为。世间礼法岂为我辈所定，您可是老夫的贵客啊！”

邢颙手腕被他攥得生疼，心里却美滋滋的。

礼贤下士

一介布衣的邢颙被曹操拉着并辔而行，众将掾属都要闪避左右。得胜之师高唱凯歌，不多时就回到了大营。

现在的曹军已今非昔比，嫡系旧部加上新归附的河北之众，兵似兵山将似将海，供曹操差遣的将官文吏宛如一个小朝廷，最近还来了不少地方官，中军帐里容不下，早在营中搭起临时帅台。这座台足有一丈多高，左竖白旄右挂黄钺，只有一个独座、一张帅案。

曹操下马入辕门，直接就登了台，转身吩咐：“帅台之上添座，请邢先生休息！”

邢颙吓一跳，越发不敢僭越。一旁走出谏议大夫董昭，笑盈盈道：“邢先生，既来之则安之，快请上去歇息吧。”仲长统、郭嘉也来劝，邢颙推脱不过，半推半就登台，作了个罗圈揖，在一旁杌凳上坐了。

这会儿满营文武都站着，除了曹操只有他一人有座，这面子还小？邢颙也渐渐放开了，望着下面密密麻麻的属僚，其中不乏熟面孔，昔日袁绍帐下王修、李孚、令狐邵等皆在其列，已故尚书卢植之子卢毓、河内名士张范的胞弟张承也在其中。这些河北有头有脸的人物，如今都在他脚下，邢颙顿觉荣耀，沉睡多年的仕途之梦也被彻底唤醒了。

安排完毕曹操落座，就见一员净面长须的中年将军出班跪倒，手里还捧着个圆鼓鼓的包裹：“末将于禁击溃东海叛军，已将叛贼昌豨斩首，首级献上请主公过目！”昌豨本是昌霸匪号，于禁如此称呼，足见轻蔑之意。

亲兵接过人头捧上帅台，曹操并不正眼打量：“老夫听说昌豨粮草告罄，乃是主动投降。文则为何不请我命，私自将其斩首？”

于禁毕恭毕敬："主公有令，围城而后降者不赦。"

曹操手捻须髯道："围而后降法虽不赦，但囚而送之也未为违命。况且昌豨与你是泰山同乡，几路大军围城，他单向你投降，必是想借你这老乡的面子向老夫乞活。文则不徇私情固然是好，但如此先斩后奏，就不怕世人说你刻薄无情吗？"

于禁双手抱拳信誓旦旦："奉法行令乃事上之节，昌豨虽是同乡，末将岂敢因私失节？再者，昌豨贼心不死，这已经是他第五次叛乱，若再饶恕岂不是长寇之志？恐天下人以为主公执法宽纵，日后稍不如意便举兵叛乱，造反兵败又投降苟活。如此循环往复天下几时能安？"

曹操自然明白这道理，但小小一个昌豨，麾下不过千八百人，真想取他性命早就取了，岂容他造反五次之多？曹操已决心更进一步迈向皇权，所以要彰显仁义笼络人心；留一个造反五次仍被宽恕的人，其实也是个幌子，可以借此向天下人展现自己的胸襟是多么宽广。

于禁虽是武将却心细如发，一见曹操那微妙的表情，已将其所思所想猜了个八九不离十，赶紧把话说周全："诚然主公恩泽四海，怀仁恕之德，然天下之大总有冥顽不灵之徒。明辨是非者感激主公之良善，不明事理者兴许还说咱用兵无能，五攻昌霸而不下呢！既然如此，刻薄之名就由末将担任。只要主公能扫灭狼烟克定四海，末将肝脑涂地在所不惜，非议诽谤又何惧哉？"

这番话既歌功颂德又表忠心，完全不像一个武夫说出来的，曹操连连点头："文则忠心可嘉！此事既不怪老夫宽纵，也不怪文则苛刻，要怪就怪昌霸虑事不周。单向文则请降，岂非命耶？叛乱诛灭理所应该，为文则记一大功！"

曹操倒是满意，其他将领听了却不舒服，都觉于禁谄媚得太露骨。说什么肝脑涂地，不惧非议，难道除了他，别人就不是忠臣吗？张辽就站在于禁身旁，他与臧霸、孙观、昌霸颇有旧交，早觉于禁心机太毒，见其朗朗大言赚来功劳更不服，忙出列高叫："末将也有捷报！方才我斩了贼军都督柳毅，人头在此！"

张辽不似于禁那么拘谨，根本没把首级包起来，就攥着发髻举给曹操看。这人头刚斩的还热乎呢，滴滴答答直滴血。诸文士一见此景无不皱眉，有的以袖遮面，邢颙在上面都觉揪心；张辽却毫不在意，还特意转身，把血淋淋的人头在于禁眼前晃了晃，斗气意味十足——你立功是人家投降，你翻脸无情把人家宰了，我这个可是两军阵前砍来的！

于禁冷笑一声垂下眼睑，也不与张辽理论，默默退了回去。曹操却仰天大笑："好！方才敌军大乱，我就猜想立功的是你。老夫听说柳毅曾劝公孙度父子僭称'辽东王'，可见也是个无法无天之人。杀得好，给文远将军也记一大功。"

"多谢主公！"张辽喜形于色，却又道，"柳毅虽死，海盗管承却逃了，末将愿讨一支令箭，再去擒杀此贼。"

"且慢！"东边青州地方官中走出一人，"卑职有下情禀报。"

曹操闪目观瞧——乃是长广太守何夔何叔龙。长广本是一个县，正因为管承、柳毅等在此作乱，才特意改县为郡加强治理。想必何夔要说的话与讨贼事宜有关。

果不其然，何夔直言不讳："卑职想请主公暂停用兵。"

"为何？"

"沿海岛屿零星散布，管承流窜多年熟悉地理，恐我军贸然行动非但不能将其抓获，反而促其流害他方。再者，管承之众虽为海盗，但其中掺杂不少渔民。袁谭为政盘剥民财，逼得他们没生路才沦落为贼，其情甚为可悯。卑职手下有个郡吏名唤黄珍，早年与管承颇有交往，卑职请求派他出海游说管承，若能使其归降，则贼化为民沿海自安。"何夔说的轻巧，心中却暗暗打鼓，不禁伸手往衣袖里掏——他出身豫州豪族，为政理念是充分利用豪族，能不干预尽量不干预，大事化小小事化无，虽然有些成效，但这毕竟与曹操抑制土豪锱铢必较的为政风格背道而驰；现在他公然阻兵，心中岂不忐忑？何夔外任之前也曾在司空府为掾属，深知曹操易怒，手下办事若不如意往往痛斥杖责。他又是名流入仕，把脸面看得比命重要，绝不愿人前受辱，所以在袖子里揣了瓶毒药，万一曹操下令杖责，他马上饮药自尽！

曹操思忖片刻，点头赞许："此乃仁爱之心啊！既然如此，招安之事就由你全权处置。"

何夔这才松开药瓶，长出一口气："卑职遵命。"

该处置的也就这些，众人再无话，曹操遍视文武，语重心长道："眼下柳毅、昌豨授首，招安管承之策已定，臧霸、孙观等也已兵进济南，叛乱不久将定。青州稳固之后，废除八大诸侯国的奏议也可以顺利执行了吧！"他已有篡汉自立之心，除了尽快统一天下，废除汉室诸侯国也是不可或缺的步骤。这次曹操一口气要废齐、北海、阜陵、下邳、常山、甘陵、济北、平原八大郡国，表面上没人敢说什么，私下却议论得沸沸扬扬。今天主动提起此事，所有人都觉意外，低下头静静聆听。

曹操挂着一脸真诚，不温不火往下说："最近朝廷和军中都有人议论，说老夫废国为郡别有用心。君子坦荡荡，小人常戚戚，即便有人不理解，老夫依旧要这么做。昔日光武帝之所以分封诸侯王，不仅为了厚待宗室，更要让他们拱卫朝廷安定百姓，因此凡郡国长官不称'太守'却称为'国相'，就是要他们辅佐诸王搞好政务……黄巾之乱以来，宗室诸王非但不能奋起救国，反而畏首畏尾。当初张角造反，常山王刘暠、下邳王刘意不顾社稷弃国而逃，成了全天下的笑柄！像他们还配裂土分茅吗？还有些诸侯王过世已久，天下动荡又寻不到嫡系子孙，所以不得不废。没有国王的地方还称郡国，甚至养一帮没用的属员，这是浪费国力民财！"

话说至此曹操觉得理由已经够充分了，又开始往回收："当然，有废就有立。前几日我派人多方查访，在民间找到了已故琅琊王刘容之子，名叫刘熙。此人虽非刘容嫡子，但恭谨守礼宽厚有德。老夫已上表朝廷，令其继任琅琊王，恢复郡国继承祖业。也叫天下人看看，曹某人公正无私并无僭越之意！"此事另有隐情，曹操一次废掉八个诸侯国，若不象征性地立一个作陪衬，恐怕会招致太多非议；再者，昔日他奉迎天子至许都，多得已故侍中刘邈之力，琅琊王刘容是刘邈的兄长，刘熙是刘邈的亲侄子，因此这也是投桃报李。若换了别国，曹操岂会有这份善心？

邢颙也不曾在朝为官，自然不解其中隐情，满心以为他公正严明不畏非议；又联系到这些天一系列所见所闻，甚觉曹操是个有威有德智勇双全的国家栋梁，已下定决心出手相助，暗笑田畴太过谨慎，叫自己来观察试探真是多此一举……

曹操一边踱着步子，一边侃侃而谈，说到最后似乎不经意间走到军师荀攸身前，提高了嗓门："该废的要废，该立的要立，此乃万世不变之理。什么时候该做什么，老夫心里有数。希望你们也能想明白，莫要辜负了咱们戎马半生的情义……散帐吧。"他说了半天，唯有最后这几句才是由衷之言。

"诺。"众文武各归各营，荀攸也低着头晃晃悠悠离去了。曹操看着他背影长出了一口气——当年共同创业的荀彧现在成了朝中反对他踏上皇帝宝座的最大阻力，荀攸是荀彧族侄，又身居军师颇具威望，不得不敲敲边鼓……愣了片刻才想起帅台上还坐着一位呢！回头一看，邢颙已经下来了，冲他深施一礼："明公所作所为令在下大开眼界，料敌决胜，折节下士，明断赏罚，不愧为当朝良臣名将。"

"先生何必如此谬赞？老夫愧不敢当。"曹操连连摆手。

邢颙佩服得五体投地，更被他的礼遇感动得心驰神往，早已拿定主意吐露来意："实不相瞒，在下此来并非寻常拜会，乃为征伐乌丸之事。"

"哦？真是巧合！"曹操捋了捋胡须，"老夫也有此意，但乌丸与袁尚屯军之地乃在柳城（今辽宁省朝阳县），距无终县六百里之遥，一路山川险恶，我军虽众既无粮道又不识地形，该如何进军？若有熟悉道路之人充任向导就好了……"

邢颙后退两步大礼参拜："若明公不弃，在下愿意引路！"

天下岂会有这么巧合的事？曹操正缺个向导，就有个向导自己冒出来？邢颙实是中了曹操的圈套！

问题就出在落脚邺城的那半个月。曹操不在邺城时，名义上是曹丕留守，其实军务归监军校尉荀衍掌管，政务由长史崔琰处置，他不过是个百无聊赖的坐纛公子；早听人言"德行堂堂邢子昂"，邢颙到来可算让他逮到一个表现自己礼贤下士的机会，所以拥彗折节招待殷勤。可日子一久，曹丕发觉邢颙似乎带着一个很大目的而来，加之刘桢、阮瑀那帮精明之人日日与其畅谈，发觉他总会提到乌丸，便已揣摩到来意。

曹丕得知其中缘由，早暗地里一封书信打发到曹营。曹操与董昭定计，做了详细安排。所以邢颙来了才会列队相迎，又是观看军威，又是荣耀登台。即便邢颙小有名气，又岂会有这般殊荣？其实连这帅台都是董昭前一天才搭建的，曹操为的就是得一向导，助成出军乌丸之事。

曹操费尽心机已然得手，嘴上却还要佯装不知，双手相搀道："哎呀呀！没想到远在天边近在眼前，先生识得去柳城的路？您愿为向导，老夫求之不得。"

"我在徐无山居住多年，此间道路早已摸清。若出山循西，经令支（今河北省迁安市），过肥如（今河北省卢龙县），顺小路沿海而进，便可兵至柳城。凭明公甲士之众、兵戈之利、怀柔之德，破乌丸不过举手之劳。”

“此功若成，皆先生之力也！”

“不敢，”邢颙又道，“在下不过稍识道路，若要克敌制胜还需一人。昔日幽州从事田畴与我同隐山中，此人不但熟识地理掌握山川，对乌丸风土人情、俗世习性、部落内情更是了如指掌，若再得他相助，更胜在下十倍！实不相瞒，就是他叫我来拜见您的呀！”只因他一时高兴，把田畴也给卖了。

“好！”曹操抚掌大笑，“莫非远涉塞外献表西京的田子泰？老夫久仰大名，曾闻袁绍父子屡辟不从，该如何请他出山？”

邢颙拍拍胸脯：“包在我身上。”

“先生痛快！”一切皆如曹操所愿，这场辛苦总算没白忙。

董昭在一旁看着，似乎嫌曹操还不够殷勤，也跑过来凑趣：“主公又要如何款待邢先生？”

这句话给曹操提了醒，于是接着客套：“在中军帐设宴，老夫亲自与先生把盏。”

董昭跟着帮腔：“邢先生有所不知，曹公颁布禁酒令，本来不准饮酒。就因为您来了才破例，您可不要辜负这一片厚意啊！走走走，咱们边饮酒边商量用兵之事。”他在后面推，曹操在前面让，把邢颙哄得五迷三道喜笑颜开。

三人说说笑笑要进大帐，又见校事赵达跑了过来，附到曹操耳边低声道：“卢洪自许都传来密报，前几天侍御史陈群上书，要求朝廷讨论改革刑律。刑律乃国之要典，岂能随意变更？其中会不会有什么针对您的阴谋？主公不可不察。”校事的差事就是监视百官言行，暗中向曹操通报，赵达是昨天夜里才从许都赶来的，闻知散帐，赶紧来打小报告。

曹操没搭理赵达，亲手掀起帐帘，叫董昭陪邢颙先进去，这才转身道：“你弄错了，改革刑律之事是老夫吩咐陈群去办的。”

赵达暗暗心惊——校事的差事够隐秘了，可曹操有些安排竟连自己都不知道！又不敢多问，如实禀奏道：“陈群上书要求廷议，荀令君却以不合时宜为由压下没办。不知怎么走漏了消息，孔融突然在朝会上提起此事，又跟郗虑当殿闹起来，气得荀令君提前结束朝会草草收场。”侍御史陈群与太中大夫孔融本是忘年交，但自被曹操辟为掾属迅速提拔，便与孔融逐渐疏离；光禄大夫郗虑与孔融素来不睦，他俩一个是鸿儒门生，一个是圣人之后，互相瞧不顺眼。

曹操闻听朝会上出了乱子，非但不怒反而幸灾乐祸：“闹得好！叫他们闹吧。因为这点儿事闹起来，也就无暇再管老夫的闲事了。这件事你们不必过问，日后自见分晓。”

既不让管，赵达还有何话说？退后施礼道：“主公深谋远略洞悉秋毫，我等杞人忧天……”说着就要告退。

“慢！”曹操把他叫住，“有件事知会你一声。昨日我已任命高柔为刺奸令史，以后你和卢洪名义上算他属下，可是有机要之事仍旧直接向我禀报。”

赵达甚是不快——曹操曾承诺，他与另一位校事卢洪谁办事用心就能担任刺奸令史，现在凭空来个高柔就把位子占了，怎不窝火？但赵达素来面善心狠，当着曹操面更不敢流露半分不悦之色，只讪笑道：“属下谨遵主公吩咐，以后跟着高令史效力朝廷好好办事。”

“你说什么？”曹操瞪了他一眼。

赵达自知语失，赶紧改口：“是效力主公好好办事。”

“嗯，这才对。给卢洪写信，叫他把孔融给我盯住……”曹操刚说到这儿，又见郭嘉领着华佗走过来，忙收了口——郭嘉倒还罢了，华佗还不够听他秘密的资格。

郭嘉作揖陪笑：“主公，华佗先生妻子染病，急需他回去救治。您也知道他是个老实人，不好意思向您开口。让我帮忙讨个人情，就准他回乡吧。”

曹操笑了：“这有何不便开口？先生这几年出力不少，连老夫的头风都治好了，难道自家人生病反倒不能去治？我赠先生一笔路费，待尊夫人病情好转再回来供职。”

“多谢曹公！”华佗恭敬施礼。

曹操抓住他手腕，低语道：“你为老夫和内人所配之药甚好，卞氏又身怀有孕了。真没想到年过四旬尚能孕育，真成了老牛产麒麟啦！早去早回，老夫可离不开你。”说罢又招呼郭嘉，“你来得正好，陪我们一同饮酒。”

郭嘉推辞道：“属下这两天脾胃不适，有公仁陪您就好。”

曹操也觉出郭嘉最近瘦了不少，却没太往心里去：“不饮酒来凑个热闹也好啊。”

“属下还是不凑这热闹了，回去想想用兵之策。”

“你啊！不是最喜欢热闹了吗？怎么转性了？”曹操与他玩笑惯了，“人无缘无故转性可就快死了，你小心吧！哈哈哈……”说着话仰面大笑进帐了。

华佗颇有些尴尬：“奉孝大恩大德，老朽今生今世不敢忘怀！”说着话深深一揖。

赵达还在一边站着呢，郭嘉唯恐他瞧出什么破绽，强颜欢笑：“区区小事算不了什么，先生快收拾东西吧。再过些日子，天一凉可就不好走了。”

“唉……”华佗话里带着点儿颤音，“那我就走了……奉孝多多珍重！”说罢狠狠心扭头去了。

赵达瞧了个迷迷糊糊：“这老家伙怎么回事？又行礼又要哭的，还给别人看病，我看他自己就有病！”

郭嘉赶紧遮掩：“咳！一个治病的小吏没见过什么世面，我替他说了几句好话，就拿我当恩人了。”

“可能是我干这份差事干久了，瞧谁都有毛病吧。”

“你是不是瞧我也有毛病？”郭嘉瞥了他一眼。

“不敢不敢，贤弟何等英才？”赵达深知郭嘉是曹操器重的大红人，不敢轻易招惹，“大家都说你是高人，有件事愚兄正想向你请教。那新任刺奸令史高柔什么来历，为何受主公青睐？”

“青睐？”郭嘉摇头苦笑，“哪有什么青睐，我看主公是故意整他吧？高柔乃是高幹从弟，当初咱们两伐河北险些毁于高幹之手，主公岂能不恨？主公让他当刺奸令史，名义上是你们头子，却没有实权，可你们办的缺德事旁人还要算到他头上，动辄得咎，日子岂能好过？”郭嘉瞧不起赵达，跟他说话完全一副轻蔑的口吻。

赵达早就习惯了没皮没脸，也不在意：“这么说我日后可得好好伺候伺候这位高令史喽？嘿嘿……”

“你少干点儿缺德事吧！”

赵达掩口而笑：“若没状可告，愚兄指望什么升官发财？刚才我看华佗神情有异，可能逃役不回，那老儿若真跑了，贤弟为他讲情岂不受牵连？我帮你个忙，派几个人监视他。你看如何？”

赵达本想讨好郭嘉，哪知郭嘉把眼一瞪：“胡说！不许你这疯狗胡乱咬人！别跟我一口一个‘贤弟’，咱俩没交情！再敢多言，我叫主公撕了你的皮！咳咳咳……”

“是是是。”赵达见郭嘉急得直咳嗽，赶紧灰头土脸躲开了——郭嘉是曹操眼前的大红人，得罪亲爹也不敢得罪他啊！

第二章
力排众议，曹操远征乌丸

通渠运粮

曹操以上宾之礼厚待邢颙，不过数日光景已使其推心置腹，眼见火候差不多了，便正式任命他为冀州从事，给他十名亲兵一份厚礼，又亲手写下一道辟令，命他回山搬请田畴。田畴本是让邢颙探探曹操品行，哪料连司空辟令都捧回来了。他暗自埋怨邢颙行事草率，也只得接受任命共赴曹营。曹操久闻田畴大名，对其礼遇更胜邢颙。

北上远征先要解决军粮问题，幽燕之地产出不足，需从中原征调粮草补给大军。曹操采纳董昭之计，调集军民兴修渠道，引呼沲河（今河北滹沱河）入泒水（今河北沙河），命名为平虏渠（即现今南运河）；又从沟河口（今天津宝坻东部）凿入潞河（今北京通州北运河），命名为泉州渠（泉州县，今天津市武清县；泉州渠，即现今蓟运河）。这样不仅可以漕运军粮，还将中原与河北、辽东的水道联系起来，加强了对周边的控制。

何夔顺利招降海盗管承，又在张辽、乐进协助下消灭了暗通辽东的豪贼王营；另一方面，夏侯渊与臧霸、孙观、吴敦等将合兵济南，彻底剿灭了流窜劫掠的青州黄巾。至此，自中平元年（公元184年）兴起的黄巾义军及其残余势力全部覆灭。青州的战火逐渐熄灭，北海、平原、阜陵等诸侯国也纷纷改制。曹操又在淳于县驻军数月，把善后事宜安排妥当，令三军将士回邺城休养，自己却带着一帮亲信掾属马不停蹄赶去视察河工。要在短时间内修出两条运河绝非易事，董昭主动请缨全权负责，又调河堤谒者袁敏参议工程，几乎征调了沿河郡县所有百姓服徭役。眼瞅着严冬降临寒风刺骨，工程依旧毫不松懈地进行着……

幽燕之地的大雪无可避免地到来了，天地间皑皑茫茫。时而狂风呼啸，卷着万丈冰凌混沌一片；时而又万籁俱寂了无声息，只有鹅毛雪片洋洋洒洒扑向大地。这场雪断断续续下了三天，不知何时才能停。曹操已将青布军帐换成了牛皮的，又添了好几个炭火盆，即便如此还是不觉暖和。田畴、邢颙左右相陪，他俩都久居河北，早习惯了此种天气，披着曹操赏赐的裘皮大氅，守着炭火盆，头上都快冒汗了。

曹操把狐裘围得紧紧的，不住抱怨："郭嘉、张绣都病倒了，这该死的鬼天！早知如此不该放华佗回乡。"

邢颙安慰道："他们只是水土不服，将养几日就好了。主公不必忧心。"短短几个月间，邢颙已彻底转变为曹营之人，就连他自己都搞不清，究竟是如何被潜移默化的。

"但愿如你所言。"曹操无奈叹口气，低头瞅着帅案上的羊皮纸——那是平虏、泉州二渠的工程图。因为下雪不得不暂停修渠，若按前些日子的进度估算，至少还要两个月才能完工，运粮过程中再耽误些时间，整个征讨乌丸的计划都要推迟。征讨乌丸一旦推迟，意味着南下荆州、夺取江东、统一天下乃至问鼎九五的各个步骤都将拖延，曹操能不急吗？但是再急也斗不过老天爷，雪不停就只能等。

田畴坐在一旁片语不发，手里攥着根小木棍儿，拨弄着盆里炭火，似乎对刚才的谈话充耳不闻。曹操瞟了他一眼，心里充满了疑惑——同是隐士，脾气秉性怎会相差如此之多？拉拢邢颙几乎水到渠成，可田畴到现在还是不冷不热，莫说推心置腹，就连一声"主公"都没叫过，仿佛他身前有座无形的壁垒，无论花多大心思都翻不过去。这种感觉让曹操想起了贾诩，但贾诩因身负祸国之罪才谨小慎微，田畴又没什么包袱，为何拒人千里之外呢？

"主公想些什么？"邢颙察觉到曹操出神凝思。

"哦。"曹操微微一笑，言不由衷道，"老夫在想，三郡乌丸究竟情势如何？我从没跟乌丸人打过仗，请二位为老夫详细说说。"

邢颙也笑了："属下没有子泰兄广览多知，还是请子泰兄为主公解惑吧。”他也感觉到田畴对曹操甚是疏离，故意把机会让出来。

“那就偏劳田先生了。”曹操很客气。

“不敢。”田畴只是微拱了拱手，还是那副漫不经心的模样，也不看曹操一眼，“乌丸与鲜卑同属东胡[①]诸部，原本并非大族。前朝匈奴冒顿单于击溃东胡，退守鲜卑山的一支部落便改名叫鲜卑，退守乌丸山的那一支就叫乌丸，都是以所居山脉得名。”他一边说一边拨弄炭火，这些典故信手拈来，“乌丸人善于骑射，以弋猎禽兽为生，逐水草而放牧，居无常处；以穹庐为舍，东向拜日，视作神明；食肉饮酪，以毛裘为衣。后来朝廷为了对抗匈奴允许他们人关内附，世俗习惯有所改观，但剽悍天性不改。贵少而贱老，怒则弑父杀兄而不害其母，部落首领都由勇健好斗之人担当。”

曹操不禁冷笑：“没有伦理道德的野蛮人。”

田畴点了点头：“现今各郡乌丸的首领都是勇猛善战之人，不过他们打仗各自为战没有阵势，凭明公之师破之不难。上谷郡乌丸首领名唤难楼，聚众九千余落。右北平郡首领名唤乌延，麾下八百多部众，自称‘汗鲁王’，已随袁尚逃亡。还有辽西郡……”

“就是辽西乌丸收留的乌延和袁氏兄弟？”曹操打断道。

“对。辽西乌丸实力最强，聚众五千余落，虽然人数上比难楼少，但都是勇猛强悍之徒。二十年前勾结叛臣张纯作乱的就是辽西的首领丘力居，当初他自号‘弥天安定王’，率三郡乌丸寇略青、徐、幽、冀四州，残害我大汉子民无数，朝廷派公孙瓒将他们击退。”说到公孙瓒，田畴忧郁的双眼烁烁放光，他至今都没释怀刘虞之仇。

“公孙伯圭这个人啊，”曹操似乎有点儿惋惜，“本是一员猛将，手持两条长枪，率三千骑兵纵横疆场，当时被胡人称为‘白马将军’。可惜后来走上穷兵黩武之路……”

田畴反感别人替公孙瓒说好话，不等曹操讲完就抢着道：“那场叛乱是我家主公刘虞招募勇士刺杀张纯才结束的，不算公孙瓒的功劳。”

曹操听他当着自己的面直呼刘虞为“我家主公”，心里甚是不悦，脸上却仅仅一笑置之。

田畴没发觉自己言语莽撞，还接着往下说：“刘虞对少数民族宽厚

---

① 东胡，一说是泛指北方匈奴以东的各个少数民族；一说是古阿尔泰语中“通古斯”这一族群的汉语异写。至今尚有争议。东胡在西汉年间基本被匈奴吞并。

有德，丘力居自削王号，此后数年胡汉之间并无大冲突。我刚到徐无山的时候，倒是被乌丸侵扰过，跟他们干了一仗，后来他们得知我是刘虞旧僚，又跟公孙瓒有仇，态度马上转变，送来牲口与我们交换粮食，彼此相安无事。丘力居死后名义上是其子楼班统领部落，但楼班年幼，由丘力居之侄蹋顿掌握实权。蹋顿勇武而有谋略，实际上已总摄右北平、辽西、辽东三郡乌丸，不啻为大单于。昔日袁绍战事告急，就是与蹋顿联手才打败公孙瓒的。事后袁绍为了表示酬谢，矫诏把蹋顿、难楼、苏仆延都封为单于，赐给他们华盖、白旄以助威严，还把袁氏之女嫁到乌丸和亲。其实坏就坏在袁绍手里，怀柔也需有个限度，对待胡人应当恩威并用，一味封赏只会助长蹋顿的野心。”

曹操倒能理解袁绍的心思——袁绍想稳住后方先将我消灭，以后再慢慢收拾那帮野蛮人，却不料在官渡失了手。心里这么想，嘴上却顺着田畴说：“袁绍因小仁而误国啊……刚才您提起辽东首领苏仆延，此人与辽东公孙氏可有瓜葛？”

“苏仆延虽号称‘峭王’，统领辽东部落，其实已被公孙度赶出辽东，只是蹋顿的附庸。公孙度在世之时东伐高句丽[①]，西击乌丸，拓地外藩威震边陲，自称辽东王、平州牧，蹋顿都惧他三分，苏仆延岂是对手？”

曹操露出一丝庆幸的笑容：“公孙康前番渡海来扰，偷鸡不得蚀把米。我原先怕他与乌丸勾结，牵一发而动全身。听先生这么一说，连这点儿顾虑都没了。只要攻破乌丸，公孙康不足为虑。”

田畴对公孙度父子还有些特别的情愫：“咱们汉人这些年来争权夺利自相残杀，反倒是公孙度这么个土皇帝拓地外藩，虽说其人阴狠霸道心术不正，但也不算给咱汉人丢人吧！蹋顿地盘上还有十万多汉人，受尽胡人奴役，明公务必要将其击败，这也是为了解救我大汉子民啊！”

曹操与田畴都想驯服乌丸，但两者目的却不相同。田畴是欲解除北部边患，为汉人出口气；曹操固然也有此意，但他更为追杀袁尚、袁熙，防止袁氏余孽借尸还魂。正如田畴所说，三郡尚有十万多汉人，还

---

① 朝鲜民族的祖先，根据地在今朝鲜汉江流域。当时朝鲜半岛北部是高句丽，南部是辰韩、马韩、弁韩三个部落。公孙度、公孙康父子的势力范围大约包括辽东半岛、朝鲜半岛中北部，也曾对三韩部落进行过侵略，其部将柳毅跨海谋取胶东半岛被曹操击败。

有些幽州土豪自愿跟随袁氏逃亡，天长日久倘被袁氏兄弟煽动起来，再加上剽悍的乌丸人，实力不容小觑。曹操沉吟半晌，森然道："我本准备派部将代劳，现在看来必须亲自出马，还要多多仰仗二位之力！"

邢颙抱拳拱手："属下赴汤蹈火在所不辞。"

田畴却只轻描淡写说了句："草民自当效劳。"曹操有些尴尬，却强忍没说话，暗暗又把当年收服关羽、张辽的劲头拿出来——等着瞧！你越不认我为主公，我越要让你低头！早晚叫你跟邢颙一样，俯首帖耳拜服我膝下！

正在此时外面亲兵禀奏："度辽将军鲜于辅求见。"

"进来。"是曹操特意把他从无终郡调来的。

帐帘一掀，鲜于辅带着凉风进帐跪倒："末将拜见曹公！"

"无终可有乌丸动向？"现在曹操最关心这个。

"目前没有，天寒地冻他们不会来骚扰。"

"修渠的事他们应该已经听说了，千万不能掉以轻心。"

"末将明白！我已派部将巡查，一旦发现乌丸游骑，立刻传书营中。"

"很好，你就暂时留在我身边吧。"曹操满意地点点头，"这一路顶风冒雪，辛苦了吧？"

"明公为国操劳不避寒暑，末将岂敢言辛苦？"鲜于辅很会说话，"这会儿雪已经小了。"

"哦？"曹操一听雪小了，立刻站了起来，"我看看！"

不待亲兵动手，鲜于辅抢着掀开帐帘——外面的雪果然小了不少，虽然还未停，却已零零星星，天色也十分明亮。曹操紧紧裘衣，迈步走出大帐，邢颙、田畴也跟了出来。

大雪已把天地间染成一个无瑕的世界，目光所及皆是白茫茫一片，远方的山峦和近处的营帐都被覆盖，变成了大大小小的雪团。本已落叶干枯的树木这会儿都有了"琼枝玉叶"，恰似粉妆玉砌般。曹操虽已年过半百，却没见过燕赵之地的雪景，倒也观之有趣；深吸一口凉气，倍觉精神抖擞，干脆徒步出了辕门往渠边而去。

"地上坑坑洼洼都叫雪盖上了，主公要小心些！"许褚赶紧带着士兵跟了出来。

曹操一挥衣袖："你们靠后些，不要坏了老夫的兴致。"说罢一手挽住邢颙，一手又要去拉田畴，却被人家巧妙地躲开了；曹操也不强求，望着四下的景致，随口吟道，“北风其喈，雨雪其霏。惠而好我，携手同归……”（《诗经·邶风·北风》）

军营就在河边不远，周边是劳役之人住的帐篷。大伙走了一会儿，见董昭、袁敏正披着蓑衣站在一座小丘前，身上已落了不少雪，比比划划的在商量什么事。

“公仁！”曹操离得老远就扯着嗓们开起了玩笑，“老夫差点儿没认出你们，还以为是两个山野老农呢！”

董昭摘下斗笠，露出凝重的面孔，根本没心思说笑：“主公，这雪误了咱们大事。”

“为何？”

董昭指向远方：“您看看，沟渠都已被雪覆盖，下面还有厚厚的坚冰，天寒地冻能克服，可修渠的石料在下游，河面结冰运不过来，用牲口拉又得两三天。”修渠不是简单的挖沟引水，新河道需用石料或木桩固定，如不加固水流一冲土壤松动，就变成拥塞的泥塘了。

“已经停工三天，不能再耗下去了。”曹操的好兴致一扫而光，“即刻传令开工，叫百姓给我凿冰，务必使河道畅通！”

凿冰？说的倒是轻巧，真干起来可不是弄着玩的。顶风冒雪跑到冰面上干活，一不留神就掉到冰河里。而且不是凿过去就完，这种天气没多大工夫就上冻，得拿杆子在水里不停搅，倘若上冻还得重凿。冰天雪地如此折腾，百姓怎么吃得消？众人面面相觑纷纷欲谏，曹操却抢先道：“我知道你们想说什么，但此渠关乎军情不可拖延。老夫就站在这儿监工！”

军令传下不久，百姓就从帐篷里钻了出来。幽燕之地甚是贫瘠，不少人连御寒的羊皮都没有，衣衫外裹着破麻布，草鞋上也缠得一层一层，行动甚是不便，深一脚浅一脚蹒跚向河滩。凿冰要大量的冰锥、凿子，军中储备不足；刀枪剑戟又不能给他们用，一来怕生锈，二来也防备百姓作乱。大多数人都是拿石头砸，还有些手上有冻伤的举着木头橛子在冰上挣命。

天公偏偏不作美，连着三日下雪，早不停晚不停偏在这时候停。雪一住风就起，刮在脸上像刀子似的，再多层布也不挡寒，这阵风吹得众百姓摇摇晃晃，却不敢上岸躲风——士兵手持皮鞭盯着他们呢！这种罪岂是人受的？

田畴触目惊心，却见曹操漠然注视着河面，似乎把这一切都看成理所应当，忍不住张口道："曹公，修渠之事还是暂缓几日吧！"

曹操从来令行禁止，既然决议无可更改，不过难得田畴主动谏言，回答还是很婉转："这里风大，田先生回帐休息吧。"

田畴见他出语搪塞，争辩道："在下实不忍百姓受苦。古人云：'仁乃人之安宅，义乃人正路。'明公以佑护天下苍生为志，岂能旷安居而舍正道？"虽然这话绕了个弯，但与指责曹操不仁不义有何分别？

曹操反倒笑了："先生训教的是。不过事有轻重缓急，难道您不愿早日征讨乌丸解救奴役之民吗？"

"但是……"

曹操振振有词："老夫并非无故刁难百姓。自击败袁氏接收河北以来，减免赋税严惩兼并，对黎民百姓比袁氏父子好得多。出工修渠算是朝廷徭役，此处不做工别处也要做，这些人赶上了只能怨他们命不好。再者若不破乌丸，不杀袁尚，日后他们难免再受刀兵之苦。今天他们出力干活，不单为老夫，也是为他们自己，忍一时之苦换万世之安，这不是很好吗？"

拿自己与已经败落的袁氏父子比，这不是五十步笑百步吗？田畴还欲再言，却被邢颙岔开："主公也是为了战事着想，宁要短痛不要长痛嘛。"田畴惊诧地望着邢颙，仿佛第一次见到眼前之人。

忽听"咔啦啦"一声响，不远处一大片河冰裂开了，有个倒霉鬼躲避不及掉进冰窟窿——凉水一激连扑腾都扑腾不动了，扯着脖子喊救命。冰面一阵大乱，众百姓吓得左躲右闪，有的想往岸上跑，监工士兵挥着鞭子抽打驱赶，大多数堵了回去；可还是有几个少年趁乱钻了出去，头也不回拼命逃向远方……曹操一阵皱眉，扭头吩咐董昭："给我传令，若敢逃役格杀勿论。刚才跑了的抓回来当众斩首，我看谁还敢逃！不把冰河凿通，谁也别打算休息！"

田畴颤颤发抖——目光所及尚且如此，这蜿蜒几十里的冰河都在动工，不知有多少无辜百姓受苦！

正在此时有亲兵来报："徐州刺史臧霸和孙观、吴敦、尹礼三位将军求见。"

曹操一愣："老夫并未征召他们。"

许褚立刻警惕起来："他们可曾带兵？"当年官渡之战在即，曹操为了早日安定青徐沿海，默许臧霸、孙观、尹礼等人自治。虽然他们也为曹营效力，但兵马不归曹操直接调动，所管辖地区也不由朝廷派遣官员。所以相对曹营嫡系而言，他们也是外人，不得不戒备。

亲兵回道："并未领兵，但是带来三四辆车，好像是家眷。"

说话间臧霸四人已赶到河边，都未穿铠甲未带佩剑，自己牵着坐骑。臧霸人高马大狞目虬髯，孙观肥头胖脸肚大十围，吴敦面似蟹盖五官丑陋，尹礼满脸刀疤殷红可怖，这四个人的相貌举止一看就不是良善之辈。田畴、邢颙未知曹营还有此等人物，看得心惊肉跳。

"俺孙婴子给曹公见礼！"孙观最憨直不过，跪倒雪地连连磕头，臧霸三人也赶紧跟着行礼。

曹操摆了摆手："臧奴寇、孙婴子、吴黯奴、尹卢儿，老夫没记错吧？哈哈哈……"

孙观、吴敦、尹礼也一通笑，臧霸却颇感不安——时至今日曹操还没忘了我等的匪号！

"青州刚平定，还有不少事等着你们呢。为何跑到这儿来？"

依旧是孙观抢着道："您老人家对俺们好，几年不见了，俺得来看看您。"这话倒也不假，曹操当年任命孙观为北海相，又加封其兄孙康为城阳太守，孙氏一门两郡将，这恩惠确实不小。

"哦，冰天雪地地赶来看望老夫，难为你们啦！"曹操笑容可掬。

臧霸却道："实不相瞒，除了看望您，末将还有不情之请。"

"但说无妨。"

"我等原是草莽之辈，在刀尖上混日子的，婆娘崽子们跟着我们没少吃苦。听闻曹公在邺城建府，军中不少将领的家眷都迁到邺城。我等也想让家人搬过去住，叫那帮婆娘们享享富贵，崽子们也念念书，别像我们一样当不识字的睁眼瞎。还请曹公体谅。"臧霸点头哈腰满面微笑，与他强壮的身材颇不相符。

曹操焉能不知他们心里想什么，笑道："你们驰骋疆场忠心为国，何必非要如此呢？也罢，昔日萧何派遣子弟入侍，高祖没有拒绝，耿纯焚烧自家房舍追随光武帝，光武帝也没辜负他好意。老夫也不便更改前人之法，就如你们所愿吧！"

此言一出吓坏两个人。徐州诸将皆草莽出身，唯有臧霸粗知史事。

他听曹操提起萧何之事，便知自己心事已被看穿。昔日刘邦与项羽僵持于成皋，留萧何在关中征发兵卒，运送粮草。刘邦猜忌萧何权柄太重作乱于后，数次派人回去慰劳，萧何甚为不安。有谋士向其献计，把萧氏子侄数人送到成皋前线，名义上是侍奉刘邦，实际是充当人质，刘邦自此不再怀疑。如今臧霸玩的不也是这一手吗？青徐之地是曹操划给他们管的，几乎不受朝廷制约，权柄在手岂得心安？而且他们与昌霸关系密切，昌霸因谋反被诛，曹操会不会追究昔日旧情？这帮人虽粗率，但害怕自疑还是懂的。臧霸脸上一阵羞红，扭头看看孙观、吴敦、尹礼——这仨老粗全不知曹操说的什么，还傻乎乎乐呢！

另一个吃惊的人是田畴。他本就没有仕途之意，完全是赶鸭上架。曹操公然以刘邦、刘秀自比，脸不变色心不跳，何等野心还用问吗？

曹操手捻胡须语重心长道："忠诚仁义，唯人心之所独晓。赤诚所在何须言表？只要你们一心一意追随老夫，其他的我自会替你们操心，有些事不一定非要说出来才周全。"回收青徐沿海是迟早的事，但臧霸等人在当地有很大影响力，突然改弦更张势必引起动荡。所以曹操力图潜移默化，并不希冀一朝一夕。

孙观完全不懂他们弄什么玄虚，只憨笑道："曹公乐意就成啊。俺还怕俺那婆娘崽子没规矩，城里人嫌弃哩！"

"怎么会呢？"曹操拍拍孙观肩膀，"平定青州你们功劳不少，我加封你们为亭侯。臧霸晋升威虏将军，领徐州刺史如故。孙观晋升偏将军，兼领青州刺史。"

"多谢曹公！"四人再次谢恩。

曹操左手拉住孙观，右手拉住臧霸："这儿太冷，咱回帐说话。家眷先在营里委屈几日，来日回转邺城我把他们带过去。你们在青州不必挂心……"话未说完，忽见山丘后窜出一个破衣烂衫的人影。

许褚、孙观等人眼明手快立时一拥而上，七八只大手一起将那人按倒在地。尹礼扯那人发髻厉声喝问："哪来的刺客！从实招来！"

那人衣衫褴褛满面污垢，年纪却不大，看样子还不到二十岁，被这帮凶恶的大力士擒住，浑身的骨头被他们攥得咯咯直响，吓得魂飞魄散，光是惨叫，什么也说不出来。

"放开他。"曹操却沉得住气，"谅他也不敢耍什么花招。"

许褚等人松了手，那年轻人趴倒在地，颤颤巍巍道："我是凿冰的百姓……请曹公开恩饶命。”原来他也是逃役之一，没被士兵抓住，反倒偷偷绕过来向曹操自首。众人刚刚只顾说话，这时才发现，河滩上已绑了十几个人——大部分逃跑的已被逮住，等候斩首示众。

“你小子倒比他们机灵，跑到我眼前自首乞活。”曹操一阵冷笑，“惜乎老夫令行禁止，既已传令斩首，断无留你性命之理。”

那人叩头如鸡啄碎米一般：“老大人发发善心，饶我一条活命。草民情愿凿冰，再也不逃了。”

“早知今日何必当初。”曹操挖苦道，“晚矣……”

那人闻听此言越发泣涕横流，也不知该如何是好，跪爬几步抱住曹操的脚，哆哆嗦嗦只是哭——冰天雪地里这么挣命干活，就算不被冻死，手指、脚趾也得冻下来！可逃跑抓回来又立时身首异处，里外都是死，哪还有活路？

田畴实在忍无可忍：“明公不可如此行事！岂不闻天下有三俭？众人用家俭，贤人用国俭，圣人用天下俭。明公为政不惜民力，百姓又怎会拥戴您？这样做与桀纣暴秦有何分别？”

曹操急于求成，已经对他有些厌烦，但还是强压怒火道：“早日完工方可起兵，不杀此人何以立威？老夫也有苦衷啊。”

田畴又道：“君子之为善，非特以适己自便。古之所谓大智者，知天下利害得失之计，而权之以人。难道您就非要与小民锱铢必较？此人已自首，难道明公就不能宽宥其过？天理人情何在！您就不怕失天下人之心？利害得失请明公三思！”

曹操被他说得怒火中烧，却不能翻脸——打乌丸还指望此人呢！只得把衣袖一甩，一脚蹬开那个年轻人，恶狠狠道：“放你如同自毁军令，杀你又有人不忍。你给我滚！滚得越远越好，找地方藏起来。我还要派人去抓逃役，抓不住算便宜你，抓住了依旧斩首！”

田畴还欲再言，曹操抬手道：“够了！我已经给您面子了，难道您非要把我说成独夫民贼不可吗？我请您来是为商议征讨乌丸的，您还是多想想如何用兵吧。”说罢朝着河滩一扬手——众士兵齐挥大刀，十几个逃役顿时身首异处，喷涌的鲜血把雪地染得一片殷红。

众百姓噤若寒蝉，再不敢逃窜，只能忍受这悲苦命运。田畴看得肝胆俱裂。曹操却冷笑道：“天下之人如流水，障之则止，启之则行！生杀予夺尽在我手，我叫他们怎样，他们就得怎样！明天雪化些咱就启程回邺城，岂能为些许小民耗费光阴！”说罢便领着众将回营去了。

那个侥幸不死的年轻人趴在地上哭了一阵，茫茫然站起身来——曹操叫他逃，可又往哪里逃？回家一掏一个准，不回家又能去哪儿？冰天雪地衣衫单薄，跑不出多远就得冻死。天下虽大难有容身之地！

田畴瞧着可怜：“小兄弟，你……”

“呸！”那年轻人的泪眼早已充满了仇恨，“用不着你假惺惺！你们当官的都是一路货色。老天啊！打仗逼人死，不打仗也逼人死，就不能给老百姓一条活路吗！”随着一声怒吼，他张开双臂发疯般地奔跑而去，不一会儿便消隐在茫茫雪原间。

田畴呆呆站在那里。虽然他习惯了此地的气候，可这会儿也觉得冷了——浑身上下都冷透了。

动员出征

春回大地万物复苏，新的一年又开始了。两场细雨过后，碧空如洗草木浸润，蓓蕾初绽万兽惊蛰，正是春季狩猎的好时候。而在邺城以北十余里恰好就有一片茂密的山林，兽鸟群栖草木繁茂，游猎之人趋之如骛。不过今天有点儿不同，三百多兵丁将这片山林护了个严严实实，偌大的猎场只允许几个人在里面嬉戏——曹氏亲信子侄。

曹丕、曹彰、曹植、曹真、曹休、夏侯尚，这些少年亲贵们一身戎装弓箭在手，玩得不亦乐乎。一旁还有阮瑀、刘桢、徐幹、应玚等跟着说笑凑趣；他们都是曹府记室，年纪也比较轻，除了舞文弄墨没什么差事，更多时候是陪着公子们游乐。

“兄长射了多少野物？”曹彰年纪虽轻却颇有些尚武之气，素爱争强好勇。他身躯伟岸，一点儿都不似他那个子矮小的爹。

曹丕挂弓勒马道：“区区十四只。”

“比我少一只！哈哈哈……”曹彰得意洋洋，“老三你呢？”

曹植在弓马方面比哥哥们逊色，也不以此为能，只笑道：“小弟才射了七只，二哥新婚燕尔恰在时运，自然不能与你争锋。”曹彰与孙权族兄孙贲之女结亲，几天前刚正式合卺，故而曹植拿他取笑。

曹彰越发得意，又问曹真等人：“你们呢？”

曹真、曹休、夏侯尚也精于骑射，却不敢超过公子，都摆手道：“子文弓马娴熟，我等更不及了。”

“哈哈哈……论骑射武艺你们都不如我！”曹彰张狂大笑，“给我牵马坠蹬还差不多。”

曹丕毕竟是大哥，见他如此狂妄，心中甚是不悦：“休要得意，咱俩仅差一只，有本事再比一比。”

曹彰不与人斗气连饭都吃不香，正求之不得：“比就比！”话音刚落便听头上传来一声鸣叫——恰有只离群孤雁飞过。曹彰大喜，手指天上道：“咱们就比射雁，看谁能……你使诈！”

曹丕不待弟弟说完，早就搭弓在手，瞄准那雁疾放一箭——莫说射落，连根翎毛都没碰着，差好几丈呢！

曹彰又好气又好笑：“你使诈，活该射不中。咱俩一起……”

“先下手为强！”曹丕哪等他啰唆，一催坐骑便往前追。

“你又使诈！等等我！”曹彰打马便追。曹植、阮瑀等见他二人如此认真，不禁哄笑。

眨眼间曹彰便赶上曹丕，齐头并进去逐那雁。林间树木曲折藤萝缠绕，也放不得箭，一直奔出了林子。曹彰反倒快了兄长一步，回头见曹丕被枝丫挂住袍子，半天挣脱不开，笑道：“小弟赢定了！”搭箭拉弓刚要射——忽然，自正东斜刺里飞来一箭，那雁一声惨鸣悠悠坠地。

曹彰、曹丕都愣住了，赶紧左右张望，除了围护林兵丁什么人都没有，这些小兵怎敢抢公子的猎物？诧异了半天，才见东边奔来一骑。来者二十多岁，中等身材脸色黝黑，左手执弓右手控马，似乎还是个军官；可奇怪的是这家伙虽穿着汉军服色，却披着长发，坐骑骣马。曹彰暗暗惊骇——箭发之后这么久才跑过到，足有一百五十步开外，此人箭术之高世间罕有！

也不知那将官是不认识诸位公子，还是性情高傲目中无人，轻舒猿臂将大雁抢在手中，看都不看曹氏兄弟一眼，兀自拨马而去。守林的兵头是曹丕的心腹朱铄，见此情景狐假虎威道：“他妈的！竟不把公子放在眼里，我擒他过来痛打二百鞭！”

“你有那本事吗？”曹丕一阵冷笑，“大人不计小人过，何必与他置气。”

说话间又见从东面呼啦啦奔来百余匹高头大马，却只见马不见人。

战乱时节马匹可是好东西，曹军士卒虽多马却稀少。朱铄眼睛一亮："我过去抢几匹回来献给公子。"

哪容他下手？那员小将把二指衔入口中——随着一声清脆的口哨，群马齐嘶，四蹄紧翻，跟着他疾驰而去。曹氏兄弟只觉胯下坐骑蠢蠢欲动，若不是紧勒缰绳，险些也跟着走了！曹彰越发惊奇："原来都是他带的，世上还有如此放马之人。"

曹植、阮瑀等一干人也出了林子，夏侯尚道："主公今日在幕府议事，各部将领都要参加，他可能是奉命送马的。"

一句话给四位记室提了醒，尤其徐幹，他是平定青州后刚刚辟进幕府的，资历最浅处事小心："公子们已经出来半日了，早些回去吧。再说这些兵是私自调的，若叫主公知道可不得了！"护林兵不是曹府家兵，而是朱铄献媚讨巧自军中拉来的。

朱铄倚仗与曹丕的关系已升任假司马[①]，胆子也越来越大："瞧你们这帮书呆子，有咱公子撑腰，怕什么？"

曹丕也道："对！我与二弟还未分胜负呢，再猎上一回。"反正哥仨都在，犯错大伙一起犯，有什么在乎的？

曹彰又来了精神："来啊！定叫你输得心服口服。"

哥俩催马又入山林，雉鸡、野兔一通乱射。曹丕非但没赶上弟弟，反而叫曹彰越赢越多，最后把弓一扔："唉！我就这两下子本事，不服不行啊！"曹彰还欲再猎，众人连连劝说才罢手，辞别朱铄回转邺城。这帮人说说笑笑，不多时来到北门，还未及进城，见城中急匆匆驰来一个宽袍大袖的官人。夏侯尚眼最尖，离着老远就认出是刘岱："刘长史，这么着急有何公干？"

"卑职给诸位公子问安。"刘岱勒住缰绳拱了拱手，满脸喜色，"主公发下教令，命卑职遍示三军，我得到行辕走一趟。"

刘桢最爱诙谐，凑过去一把揪住刘岱的胡子："你这家伙有什么喜事？怎么跟吃了蜜蜂屎似的？"

刘岱眉开眼笑："主公说我这些年在他身边多有辛劳，打算放我出去领兵。以后府里的事我就不管了，打几仗立些功，说不定还能捞个亭侯当当呢！"

①假司马，即司马的副职，是一个营的副长官。

刘桢颇感意外："前几年主公命王必在许都统兵，如今又把您也放了将军，长史、主薄都撤了，以后谁接你们差事啊？"

"主公没说，我也没敢问……咳，反正他心里有数呗！"

曹植一直盯着刘岱手里的教令："能不能把这道令给我们看看？"

"公子发话有何不可？"刘岱说着便展开，都没劳曹丕兄弟动手，自己捧着叫他们观看。

> 吾起义兵诛暴乱，于今十九年，所征必克，岂吾功哉？乃贤士大夫之力也。天下虽未悉定，吾当要与贤士大夫共定之，而专飨其劳，吾何以安焉！其促定功行赏。昔赵奢、窦婴之为将也，受赐千金，一朝散之，故能济成大功，永世流声。吾读其文，未尝不慕其为人也。与诸将士大夫共从戎事，幸赖贤人不爱其谋，群士不遗其力，是以夷险平乱，而吾得窃大赏，户邑三万。追思窦婴散金之义，今分所受租与诸将掾属及故戍于陈、蔡者，庶以酬答众劳，不擅大惠也。宜差死事之孤，以租谷及之。若年殷用足，租奉毕入，将大与众人悉共飨之。

曹丕看罢微微一笑："老爷子发了善心，要散财众将，难得这么大方啊！"曹操的爵位是武平侯，但食邑不仅武平县，还有阳夏、柘、苦三县。即便如此曹家生活还是很节俭，莫说是金银玉器，就连日常家私都不加雕饰，甚至还不如曹洪、刘勋、许攸那帮人会享受。

曹彰道："父亲有钱舍不得自己花，却赏给众将，这是孟尝君才有的宽厚之德……不对不对！孟尝君哪比得上父亲。"

曹植却连连摇头："父亲散财众将恐怕没这么简单。八成是远征乌丸多有异意，他想借此恩惠收拢众人之心吧。"

刘岱瞟了曹植一眼——三公子好精明，为了亲征乌丸之事，刚才一场唇枪舌战，可热闹哩！

徐幹心里直打鼓："还是赶紧回去吧，我们几个都有差事。虽说今日不是我们当值，可这么重要的军议，诸位公子不去没关系，我们可开罪不起啊！"阮瑀、应玚纷纷点头。

"好吧……刘长史升了官，改日可别忘了请客哟！"曹丕说笑了一句带着众人打马进城，穿街而过直至州牧府，栓下马急急忙忙往大堂跑。刚转过二门，又见辛毗抱着一堆文书迎面而来。

“佐治！我爹没问起我们吧？”曹丕赶紧问。

辛毗当年叛袁降曹，一门数十口被审配杀害，曹丕没少嘘寒问暖，故而关系很好。这会儿见他问起，赶紧附到他耳畔：“正在气头上，你们小心点儿！”

曹丕这才知道害怕，又整理整理衣冠，领几个兄弟进院子，低着脑袋上堂，连眼皮都没敢多抬，只隐约瞧见荀攸、荀衍、许攸等谋士在东，张辽、于禁以及中军史涣、韩浩等在西，正你一言我一语地与曹操辩解。曹丕见不是时候，想趁乱窜到人堆里，可刚一迈门槛就听父亲厉声喝道：“三个不成器的东西，外面跪着去！”

问都不问，这倒干脆！

曹操近年势力大了，脾气也跟着大了，曹丕兄弟不敢辩解，趋步至廊下，直挺挺跪了。曹真等莫名其妙，亲儿子罚了干儿子还罚吗？不知怎么办又不敢问，索性也跟着跪吧。刘桢、徐幹倒机灵，早趁乱摸到左右群僚中，低着脑袋往里一扎，算是对付过去了。

其实也难怪曹操一肚子气，原来此刻群僚正因远征之事与他诤谏。出征乌丸远不似曹操想的那么简单，虽然他提前做了不少准备，可事到临头大多数将士仍不愿意——中原打仗上为功名下为老婆孩子，大老远跟胡人玩命谁愿意去？连于禁、张辽等一向好战之人都百般推脱，逼得曹操没办法，才发下教令散财与众，想借此收买人心促成战事。可刚缓和点儿气氛，邢颙又跑来禀报，承诺领路的田畴弃官而去。兵马未动先失一向导，荀攸、荀衍、崔琰等本就不同意，借此机会再上谏言，惹得曹操好不烦心。

崔琰虽是文人，说起话来却声若洪钟，震得人耳鼓发颤：“主公劳师动众远涉外番，倘有差错如何了得？请您以中原之事为重，切莫轻举妄动。”他说话一向不客气，从不看人脸色。

曹操耐着性子与他辩论：“运粮渠都修了，岂可半途而废？”

许攸也极力反对：“我说曹阿瞒，你怎么这么拧呢？咱们休整一段，日后再去未为晚矣。三军将士奋战多年都很疲惫了。”

曹操急于求成：“与其此时休整，不如平定天下早享太平？”

荀衍接过话茬：“袁尚乃一亡虏，乌丸贪而无亲，岂能为其所用？

今劳师远征，倘若刘表趁我中原空虚，派刘备奇袭许都；大军战不能胜胶着敌境，不能回师相救，后悔不及也！”这番话在情在理，连荀攸都不禁点头。

这话说到了点子上了，曹操正不知如何作答；一旁病怏怏的郭嘉说了话：“休若未免多虑。主公虽然威震天下，胡恃其远必不设备。趁其无备卒然击之，一举可破。且袁绍有恩于乌丸，袁尚、袁熙余党尚存。今四州之民，徒以威附德施未加，今若舍而南征，袁尚必借乌丸之资招其死党，胡人一动民夷俱应，蹋顿若生觊觎之意，恐青冀之地非主公之有也。咳咳……”他缓了口气，“至于荆州刘表，不过一坐谈清客耳。自知其才不足以驾驭刘备，重任之则恐不能制，轻任之则备不为用，虽虚国远征亦无忧矣。”

“奉孝说的对。”这番话正中曹操下怀，“除贼务尽的道理你们不明白吗？”

众人未及驳斥，刘岱回来了：“启禀主公，教令已颁布。现有护乌丸校尉阎柔解送幽州战马到此，我把他领来了。”

“请他进来！阎柔久在边庭，咱听听他意见如何，方才奉孝所言……”曹操又与他们辩论开了。

少时间一员装扮奇特的小将走进院来，跪在廊下的曹丕兄弟抬头一看——原来是方才射雁之人。

阎柔也是一愣。曹彰性子急，嘴也快：“都是你小子！你若不抢我们那只雁，我们何至于再猎一围，回来晚了被父亲罚跪，全是你害的！”

“父亲？”阎柔吓得腿肚子直转筋，这才明白他们是曹家公子，哪敢得罪，赶紧施礼，“原来几位是幕府公子，冒犯冒犯。”方才那点儿不可一世的劲头全没了，竟抡起巴掌给了自己俩嘴巴。

曹彰笑道：“你可真是个势利眼！别在这做戏了，还不想办法帮帮我们。”

“是是是！公子稍待一时，末将替你们开脱。”阎柔撩袍上堂。

曹操早看见他在外面嘀嘀咕咕，却不知说的什么，抛开辩论换了张笑脸：“小将军给老夫送的什么马？”

阎柔满脸堆笑：“末将送来三百匹良马，皆鲜卑豢养膘肥体壮，已交与下司马接收。”

“有劳有劳，老夫要好好谢谢你……”

话未说完阎柔已跪倒：“明公若加恩赐，请免诸位公子受罚。”

“你见过他们？”

“末将来时路经城东，与几位公子邂逅，还一同射雁呢。”

“这倒巧了。”曹操冲外嚷道，“你们几个不成器的东西进来！”

曹丕兄弟灰头土脸上来认错：“孩儿知错了。”

曹操呵斥道：“正想叫你们见识一下，这位就是护乌丸校尉阎柔，大名鼎鼎的少年英雄！若非他讲情，今天老子叫你们跪到天黑！你们这些不务正业的东西，好好跟人家学学吧。”

莫看阎柔才二十多岁，也是个乱世奇人。他乃幽州人士，自幼父母双亡四处流浪，被鲜卑人虏劫到塞外为奴。可是他聪明伶俐又颇晓人情，不仅学会了胡人语言，还练就一身骑射本领，跟鲜卑、乌丸各部的首领混得烂熟。天下混战之际，他竟煽动鲜卑人杀死朝廷任命的乌丸校尉邢举，拥戴年纪轻轻的他取而代之。此后阎柔带领一支胡汉交杂的队伍，先帮鲜卑劫掠汉人，再助袁绍打公孙瓒，后来又投靠曹操打袁尚，近十年间翻手为云覆手为雨，一贯见风使舵有奶便是娘！曹操爱惜他是个将才，也不计较过往之事，继续让他当乌丸校尉。

曹丕兄弟连连道谢，曹彰说话随便：“你小子还真有两下子，百步穿杨箭法神了！”

阎柔未及回答，座上崔琰插了话：“《法言》有云：‘修身以为弓，矫思以为矢，去义以为的。奠而后发，发必中矣。’几位公子若能以修身仁孝为本，想必日后也能有所成就。”

众人闻听尽皆惊愕——曹操的儿子好赖也轮不到你管啊！可崔琰就是眼里揉不得沙子的人，偏偏要管。

曹操还偏偏允许他管：“崔长史说得对，你们几个好好学学为人处事之道吧！”

阎柔很会做人，赶紧打圆场：“其实诸位公子很是英武，我方才亲眼所见，公子们百发百中，个个都与末将在伯仲之间。曹公父子真乃当今人杰！”

“是啊是啊，父子英雄……”不少人都跟着随声逢迎，心中暗笑——好个嘴甜的小子，马屁拍得山响，难怪年纪轻轻能把乌丸校尉蒙到手！

曹操明知献媚，听来却也美滋滋的："休要夸奖他们，他们怎比得了你？老夫要是有你这样的儿子就好了。"

这本是句客套话，哪知阎柔顺杆就爬："明公若视末将如子，末将也视明公为父！日后我一定像孝敬亲爹一样孝敬您，由我为您镇守边庭，您还有什么不放心的？"阎柔看似谄媚内里精明，割据多年不是曹营嫡系，多套点儿近乎这官才坐得稳嘛！

群僚见他巴结得这么露骨不禁咋舌，曹操却很受用："要说你这岁数比他们也大不了几岁，我拿你当儿子一般看待也不过。我正有话要问你，老夫意欲出征乌丸你觉得如何啊？"

荀衍等人听他这问法，心里就凉了——这么个小滑头，他不赞成才怪呢！

果不其然，阎柔极力颂扬："曹公英明！乌丸为害已久，在下身为护乌丸校尉久欲讨之，可惜兵马不足，有负朝廷所托。"他是杂牌子校尉，朝廷哪有什么托付？纯粹逢迎做戏，说着话还摇头叹息，好像跟真的一样，"明公有所不知，辽西一带产马，乌丸人又善于驯养，倘若能征服此族，叫他们为中原之士养马，相信我军铁骑一定横行于天下。"

话不在多，句句说到曹操心坎里，而且征伐的理由又添了一条。曹操喜不自胜，问众谋士："你们听见没有？这可是乌丸校尉之言。"

参军仲长统又出班谏道："主公岂可谋小利而……"

曹操不耐烦了："你乃一文人，不明军务休要乱说。"仲长统噎得满面通红——其实受斥责并不仅仅因为他阻拦用兵，更重要的是他是荀彧推荐来的人。

这半天只有郭嘉一人赞同用兵，如今蹦出个阎柔，楼圭半天没说话，见曹操如此坚持，叹了口气："也罢，我随你往辽西走一趟吧。"

"好，还是老朋友贴心。"曹操见他同意了，转脸又看许攸。可许攸竟一言不发把头扭到一边——他才不愿意跑到千里之外的蛮荒之地受罪呢。

曹操老大不满，看在老交情的份上，也不好当面斥责，又问邢颙："田先生已去，单凭先生之力能顺利带路吗？"

邢颙大包大揽："一路山川道路在下了然于胸，绝不会出差错。"

史涣仍觉此事不妥，还欲再谏，韩浩却拉他衣袖道："今我军兵势强盛威加四海，战胜攻取所向披靡，不以此时除天下之患，将为后忧。

主公神武举无遗策，咱们中军将领不宜阻拦。”

这两句话声音不大，却被曹操听得清清楚楚，甚是满意：“韩浩、史涣听令。”

“在！”二将慌慌张张跨前一步。

“你们统带中军多有功劳，自即日起官晋一级。韩浩为中护军、史涣为中领军①，手下各置长史、司马，代老夫处置营中事务。若此番征讨得胜，我就表奏你们为亭侯！”这俩职位可了不得，中军营的兵一向由曹操亲自指挥，如今全权委托韩史二人，还允许他们任命属官，这不仅是信任，还是莫大的荣耀。

众将看出门道来了，只要支持远征立刻就能升官，那谁还反对？于禁第一个跳出来，话风已与刚才截然相反：“既然主公决心已定，末将愿为前驱。”

张辽也道：“末将赴汤蹈火在所不辞！”接跟着乐进、朱灵、徐晃、李典、程昱等纷纷请命出征。

“好，很好。”曹操一边点头一边拿笔写着什么，众将话音方落，他一挥而就丢给记室陈琳，“你替老夫宣读。”

“诺。”陈琳接住教令，朗声念道：

> 武力既弘，计略周备，质忠性一，守执节义。每临战攻，常为督率，奋强突固，无坚不陷，自援枹鼓，手不知倦。又遣别征，统御师旅，抚众则和，奉令无犯，当敌制决，靡有遗失。论功纪用，各宜显宠。

如此高的评价是给谁的？众将还在揣测，曹操已站起身来：“于文则、乐文谦、张文远听封！”

“在！”三将出列跪倒。

“你三人屡战屡胜战功赫赫，从即日起于禁晋升虎威将军，乐进为折冲将军，张辽为荡寇将军，位在众将之上！”封官本应该上表朝廷，可曹操此时俨然自作主张，连装模作样的官样文章都懒得做了。

---

① 中领军、中护军，设置始于秦代。曹操建安十二年授权韩浩、史涣是中军体系的重大变革，被魏晋南北朝乃至隋朝沿用，这两个职位也逐渐发展为天子禁卫军的高级统帅。

这三个武夫哪管这么多，他们眼里从来就只有曹操没有天子：“末将一定身先士卒，不负主公厚望！”不过从此刻开始，三人的争功内斗也愈演愈烈。

受封的想更上一层楼，没受封也不服气。朱灵素与于禁不和，又战功卓著，恨得咬牙切齿。李典也颇为不悦，但城府较深未露声色，只是心下揣测——我未及弱冠随同举兵，兖州之乱我李氏有驱逐吕布之功，这些年与乐进并肩作战，都是半斤八两，官渡献粮，博望坡解围，抢渡黎阳，凭什么乐进受封却没有我的份？难道因为我李家功劳太大吗……

无论如何众将都已倒向曹操，谋士们也就束手无策了，曹操瞥了荀衍一眼：“休若，你都督河北军务很辛苦，心操得太多难免虑事不周。我看你也该歇歇了，从即日起转任留府参军，不必再那么劳神费力。”

荀衍一愣——这不是夺了我的兵权吗？

荀攸赶忙谏言：“休若主持河北之事已有数年，轻车熟路将士信服。今主公意欲出征又易其职位，谁来掌管留守军务？”

“我来掌管！”堂外传来一声高亢的应答。众人扭头观看，外面走进一位花白胡子的中年将官，身量不高相貌可怖，左目被黑布蒙着，剩下一只右眼神光犀利令人胆寒，正是建武将军夏侯惇。

世人尽知夏侯惇如同曹操的分身，由他总督河北军务谁能不服？荀攸大感惊愕，前几日的军报还说夏侯惇在并州，怎么忽然跑到邺城来了？再看曹操，丝毫意外的表情都没有——原来是事先筹划好的，他早想拿掉荀衍的兵权了。

荀衍与荀攸对视了一眼，虽然谁都没说话，但彼此的判断一致。有股潜流正悄悄袭来，被猜忌的对象是荀彧，但波及了整个荀氏家族，曹操在逐步瓦解荀家的影响力。

“元让，一路奔波辛苦了。”曹操露出一丝得逞的微笑。

夏侯惇也笑了：“受命奔走何谈辛苦？”他原本留守许都，消灭高幹后曹操忙于出兵青州，故而调他到并州与新任刺史梁习一同处理善后，才几个月工夫，曹操又秘密调他来邺城，往来奔走忙得不亦乐乎。

“好！我晋封你为伏波将军，增邑一千八百户，领河南尹，不拘科制，有便宜之权。我走后河北一切军务任由你处置，若无要紧变故不必向我禀报。”夏侯惇原本受封高安乡侯，封邑七百户，如今陡然升至二千五百户，就成了曹操以下爵位最高的人；身在邺城而领河南尹，那便意味着虽然他离开许都，但京中的军务还是由他遥控；所谓“不拘科制，有便宜之权”是给他先斩后奏之权，处理应急事务可以不拘泥国家法令。足见曹操最信赖的还是夏侯惇，随着与荀彧的分歧产生，还将越来越倚重他。

夏侯惇拱手道：“我受其职，请辞其爵。”

“爵位不高，则民不敬也；蓄禄不厚，则民不信也。我这也是给你树威信，希望你以后办事更顺利，不别推辞。”

“既然如此……我便领受了。”夏侯惇作揖道谢。

“你我之间不用讲什么虚礼。”曹操扬了扬手，环顾左右谋士，“还有什么要说的吗？”事已至此还能说什么？荀攸、仲长统、荀衍、崔琰都把脑袋耷拉下去了。“既然大家没有异议，军师与奉孝随军听用，邢先生担任向导，阎柔充任先行。休整一日拔营起寨！”

就这样，建安十二年二月，在曹操的坚持下饱含争议的远征还是开始了。八万大军气势汹汹自邺城出发，马军在前步军在后，刀枪似麦穗，剑戟似麻林，运载辎重的车辆更是数不胜数——异族之地风土有异，汉人所用的军帐兵械之物要事先备足。整个队伍浩浩荡荡长达数里，阵势倒是很威武，但这样行军速度就慢了。三军将士在尘沙古道间跋涉了三个月，仅仅到达幽州治下易县，还不到总路程的一半，离柳城还远着呢。

郭嘉再次献计：“兵贵神速。今千里袭人，辎重繁多难以取利，且敌人闻之必设防备；不如留辎重，轻兵倍道而进，掩其不意。”曹操从其议，选精兵二万，连同中军虎豹骑先行，向胡汉交界地无终县进发。

第三章

张绣郭嘉殒命，曹操连折两员爱将

无终断路

虽然曹操依从郭嘉之言轻兵急行，可还是遇到了意外变故。

世人常说燕赵之地四季分明，春花秋月夏虫冬雪都有幸得览。但四季分明却非人人都能适应——春日虽好风沙却大，有时铺天盖地犹如下黄土；秋高气爽却怕下雨，一层秋雨一层凉，雨后又潮又寒宛若冰窖；冬天不下雪狂风凛冽，下起雪来便是漫天遍野封山断路。最难熬的还是夏天，燕赵之地燥热干旱，毒热的太阳烤得地上满是裂缝，可一旦下起雨来又电闪雷鸣倾泻不休，好似天河决口把所有的水都灌向人间。

这年夏天的暴雨全叫曹操赶上了，几乎一离开易县老天就没晴过，下至普通士卒上至曹操本人都淋得落汤鸡似的；好不容易赶到无终县，却不能继续前行了——再往东就是乌丸的地界，随时可能遭遇敌人，现在士兵们一个个狼狈不堪，军营快踩成烂泥潭了，需迁入县城休养两天，养足精神才能应对。再者暴雨一来河川暴涨，道路是否受阻，漕运军粮是否停滞，必须把情况摸清楚。曹操索性把无终县寺当作临时的中军帐，派出斥候四处打探消息。

“属下虑事不周，请主公责罚！”邢颙身为向导奉命探察道路，一回来就直挺挺跪在曹操面前，“山洪暴发海水漫涨，自徐无山以东沿海道路泞滞不通，恐怕要等积水回落才能通行。”

曹操听罢眉头凝成个疙瘩，心烦意乱踱来踱去，却没有责怪他。倒是旁边的楼圭狠狠瞪了他一眼："邢子昂，出兵之前你如何夸口？你说一路上的山川道路早就了然于胸，怎么事到临头又行不通了？"

邢颙自知理亏唯唯诺诺："今年雨水之大近十年来罕有，以致附近河川涨溢决口，这我如何能想到？还望楼司马体谅。"

楼圭依旧不饶："居此多年身为向导，一事未料是之耻也！我要是你就谦恭一些，没这么大的本事就别把弓拉满……"

"子伯！别说了！"曹操停住脚步捏了捏眉头，这会儿他也懒得埋怨邢颙了，扬手示意他起来，"河水回落还要等多久？"

"少则十天半月，多则……"邢颙咽了口唾沫，"倘若雨照这样下个不停，就是两三个月也难说。"

"又要两三个月。"曹操踱着堂口，眼望大雨呆立良久，忽然转身道："不能耽搁了，若再等两月兵至柳城又已耗到冬天了。明日就出发，即便蹚水也要给我蹚到柳城！"

邢颙心头一颤——数百里之地蹚水而行，三军将士得受多少苦？但他虑事不周有过在先，不敢出言阻拦，只能逆来顺受了。隐居之人本是洁身自好不屈权势的，可一旦融入仕途，原先的节气就会逐渐消磨。这就像是在飞鸟身上绑了黄金，虽然光彩闪耀，却再不能展翅高飞了。

"这么干行吗？"楼圭也觉不妥，"强行进军士卒劳苦，倘若与敌相遇岂不危险？"

"老夫自然晓得凶险。但积水漫道，我虽不便敌也亦然，况我军新定青州士气正盛，先锋在前大军殿后，乌丸人也未必敢轻犯。无论如何要赶在冬天之前到达柳城，若再耽误下去，半路途中赶上大雪，征讨之事又要推迟了……"有些话曹操不便出口，袁尚兄弟不过边患小疥，他真正怕耽误的是征伐荆州扫平江东，乃至一统天下，问鼎至尊的大事。

军师荀攸一直默默无言在旁边听着，他自知曹操对荀氏之人已有猜忌，所以尽量不说扫兴的话，但见曹操一意孤行实在按捺不住了："主公亲自远征本就不妥，万不可再强行弄险。袁氏乃一团死灰难以复燃，用兵之事推迟一载又有何妨？万事皆不可急于求成啊！"

"万事皆不可急于求成……"曹操阴阳怪气地咂摸这话，倏然凝视荀攸，"军师所言这'急于求成'是指征讨乌丸之事，还是另有所指？"

堂上的气氛顷刻凝重起来，谁都听得明白，曹操指的到底是什么。荀攸不过随口一说，并非讽刺他急着篡夺汉室天下，没料到这句话竟招惹这么大猜忌，仓皇起身辩解："在下但言用兵，别无他意。"

"哼！"曹操哪还听他解释，"即便有他意也没关系，老夫明明白白告诉您，我就是急于求成。老夫已年过五旬，有些事不得不急！天下之权尽在我手，我欲为之谁敢拦阻？军师啊军师，您可要想明白。"

荀攸心似刀绞般难受，实在不知该如何应答，低下头默默忍受。邢颙、楼圭没想到曹操会对这些年来尽心尽力辅佐他的人如此苛刻，想帮军师打个圆场，可面对这玄而又玄的话题也不知如何开口，生怕说错一句引火上身，都呆呆愣在那里。正在此时忽听外面一阵喧哗，鲜于辅、张绣、阎柔等将说说笑笑，众星捧月般簇拥着一个身披蓑衣之人来到堂下——正是弃官而去的田畴。

"田先生！"曹操抛开荀攸回过神来。

"草民拜见明公。"田畴摘下斗笠深施一礼，却仍旧口称草民，疏远之意不问可知。

曹操心中不快，却强颜欢笑道："先生来得正好。前番您弃官而去想必是不愿当老夫的下属，我已上书朝廷举您为孝廉，并授以蓨县县令之职。县令乃朝廷所封天子任命，您该满意了吧？"

"多谢明公厚意，但草民生性散漫见识浅薄，万不敢亵渎庙堂，还请明公见谅。"田畴的话虽客气却也带着三分冷淡，"草民去而复返并非留恋仕途，乃是为您引路而来。"

这些日子行军艰难曹操甚是恼火，昨日郭嘉病重卧床，刚才又跟荀攸闹了一通，所有烦心事都凑到一起了，这会儿见田畴依旧不肯就范，火气实已顶到了嗓子眼，一个"杀"字已到唇边，可听他说愿意引路，又赶忙咽了回去："哦？先生有办法应对积水断路？"

田畴摇了摇头："要从此路到柳城，需西出徐无山，过令支，经肥如，一路都是沿海低洼之地，洪水漫道车马不通，水深又不足以行船，若仍要从这条路走只怕比登天还难……"

邢颙猛然醒悟："兄长还知道别的路？"

"正是。"田畴不慌不忙道，"前朝北平郡的治所并不在无终县，而是在平冈城（今辽宁省喀喇沁左翼蒙古族自治县），据故老相传那里有条山路可直达柳城。"

“平冈城？”曹操格外惊讶，“莫非昔日汉军与匈奴征战之地？我只在史书上见过这地名，现今幽州所辖郡县并无此处，平冈究竟在哪儿？难道在塞外？”

“不错。”田畴手指东北方向，“从我居住的徐无山后山出发，往东北走是长城卢龙塞（今河北省宽城县喜峰口），出塞再行二百余里便是平冈城。过了平冈翻越白狼山（今辽宁省凌源市东南）便可到达柳城，这条路比循海而行还要近。”

邢颙连连跺脚：“亏我在徐无山住了多年，这条路竟然不知。”

“这也不能怪你。平冈城自王莽之时废弃，算来已有二百余载。我原先也以为路早就断了，可两年前有几个鲜卑人自咱们后山而出，我才知道古道仍可通行，不过崎岖颠簸草木遮蔽罢了。”说着话田畴又朝曹操拱手，“如果明公有意由此道进兵，草民愿意披荆斩棘为您引路。”

他说得容易，在场众人却纷纷摇头——出了卢龙塞就不是大汉领地了，说不准有什么危险，倘若再与鲜卑游牧部落相遇，岂不是除狼不成反而招虎？再者这条路荒废二百多年，谁知道会不会半途中断，还要翻山越岭才能到柳城，半途有个一差二错，军队迷失在崇山峻岭间，那时就进退维谷了。

田畴知道他们有疑虑，又解说道：“古道虽荒但比沿海而行近百余里，鲜卑诸部正处内乱之中，我料他们自顾不暇不会干扰到咱们。况且明公大军既到此地，想必乌丸人也已得到消息，蹋顿必在令支、肥如等地布置兵马防御我军，即便等到水退了这仗也未必好打。与其硬攻，倒不如宣称洪水断道假意撤兵迷惑敌人，乌丸信以为真必不设防。咱们轻兵简从暗中取道塞外，出其不意攻其无备，蹋顿之首可不战而擒也。”

“这倒是个妙计！”曹操怦然心动。

田畴环视众人，见多数将领还是眉头紧锁，便作了个罗圈揖道：“草民不过充当向导，贵军之事还请列位自行定夺。军务隐秘我一介草民不便过问，且到偏室听候调遣。”他还是不拿自己当曹营中人，说完就要出去。

邢颙一把抓住他手：“小弟正无计可施，多谢兄长解围。”

哪知田畴把衣袖一抽：“我既不为功名利禄，也不为你我昔日之情，只是盼着早日击破蹋顿，救我十万同胞出水火。”说罢扬长而去。

田畴一出去，众人马上聒噪起来。楼圭抢先道：“此计听似巧妙，其实大有凶险，主公亲征外藩已是弄险，切不可再险上加险！”牵招也道：“卑职也是幽州人，平冈城之事只是道听途说，即便此路尚通必定荆棘丛生。况且白狼山乃北地险山，还望主公三思。”连许褚都开了口：“姓田的信得过吗？他可逃官一次了，会不会与敌人勾结？”众人你一言我一语，竟没有一个愿意听田畴之计；荀攸刚才挨了一顿训斥，垂头丧气不敢再言，却也摇头不已。

即便众人极力反对，曹操还是被这计划吸引住了，风险必然是有，但若能出其不意掩其不备，袁尚兄弟与蹋顿便可一战而灭，说不定还能兵不血刃直接杀入柳城呢！但大家的顾虑他又不能不考虑，谁愿意远涉塞外跟他冒这么大风险？正在吵吵嚷嚷之际，忽听一人朗声高呼：“属下觉得主公可以一试！”郭嘉无声无息钻进了人群。

“奉孝，你身子还好吧？”曹操格外关切。

“我就是块贱骨头，难受了这么多天，被雨这么一淋反倒好了。”郭嘉笑呵呵拍了拍胸口，似乎显得精神焕发，“说正经事吧，刚才田先生的话我都听见了，我觉得此计可行。”

“何以见得？”众人纷纷发问。

“《三略》有云：‘能扶天下之危者，则据天下之安。能除天下之忧者，则享天下之乐；能救天下之祸者，则获天下之福。’乌丸肆虐北州已非一日，主公除之非但可定北方之患，更是为大汉百姓造福。现有妙计可助主公建此不世之功，岂能不试上一试？”郭嘉对塞外凶险避而不谈，却一再重申征讨乌丸是为民造福。看似老生常谈不着边际，却是在暗示曹操，该抓住机会为日后“据天下之安”积累功德。

一把钥匙开一把锁，曹操顿时眉头舒展——他身经百战岂能不知此去凶险，分析来分析去还不是那点事？此时他需要的根本不是别人掰开揉碎地讲利害，他要的是一个赞同的声音帮他稳定人心。毕竟远征乌丸本就颇具争议，放手一搏更需有人登高一呼。郭嘉毕竟是郭嘉，永远知道曹操要的是什么。

楼圭仍未解其意：“但塞外有不测之……”

郭嘉根本不容他把话说完：“塞外虽险，难阻威武之师！在下相信田畴赤胆忠心，更相信主公用兵之能。反正洪水断道不能通行，干等着也无济于事，不妨去试试。若无法通行，退回来也不耽误日后之谋。”话虽如此，军中没有朝令夕改的道理，真去了就不可能轻易回来，谁都明白郭嘉说的不过是安慰之辞。

“对！”曹操接过话茬，“还记得官渡之战吗？试了总有一线希望，不试永无胜算！我意已决不必多言，三日后随田畴入山。谁愿意充任先锋为老夫开山垫路？”

众将面面相觑默然不语，过了半晌才听一个低沉的声音道：“这先锋官还是末将来当吧。”众人寻声而看——请命者是张绣，这几日他水土不服未见好转，熬得双眼都有些凹陷了。曹操顾不得这么多，上前一把抓住他的手臂高高举起：“张将军带病出征何其壮哉！你们这些身康体健之人又当如何？”

众将也都是有血性的，叫他这一问不能再犹豫了，只得拱手道：“赴汤蹈火在所不辞！”

将领们点头，参谋掾属又能如何？楼圭捋了捋胡须：“也罢！既然来了就陪你走一遭，我这老朋友够义气了吧？”牵招等人也只好点头。

曹操这才有点儿笑意：“牵招听令！马上派人在周札道路上插立木牌，上面写‘方今暑夏，道路不通。切俟秋冬，乃复进军。’多写几块要把大小道路都插遍，一定要让乌丸斥候瞧得清清楚楚。”

“诺。”牵招领命而去；还未下堂又见一员相貌英俊的中年将官迎面走了进来：“属下屯田都尉董祀参见主公！”

“哦？”曹操精神为之一振，“军粮运来到吗？这一路洪水涨溢，有没有翻船折损？”

董祀抱拳拱手：“粮船尽数运到。若少一只，主公砍我脑袋！”

“好样的，会办事。”曹操欣然一笑，又见他腰间系着条白带子，“你家中有丧？居丧期间不忘国事亲自解粮，真是难得啊！”

董祀满脸羞惭：“实不相瞒，内子新近过世。”此言一出所有人都笑了——天底下有给爹戴孝的，有给妈戴孝的，哪有给媳妇戴孝的？董祀倒也讲得出理来：“非是在下胡乱行事，是世间之人忒不讲理！女人可以为了丈夫披麻戴孝如丧考妣，女人死了怎就不许咱男人留恋？系条白带子总可以吧！”听了他这番大道理，众人个个忍俊不禁。

“胡闹！”曹操也觉好笑，却捂着嘴训教道，“这有悖礼法纲常！方今之世倒也罢了，若是太平时节礼教森严，这根带子就能毁了你的前程。快给我摘了！”

董祀耷拉着脑袋解带子，嘴里还嘟嘟囔囔：“贤妻啊贤妻，既在公门身不由己，为夫不能多想你了。”

曹操瞧他这模样怪可乐的：“倒也算个情种……大丈夫何患无妻？冲你这一片痴心，老夫帮你找个才貌双全的续弦之人。”

“莫说婚姻之事，在下荣辱生死日后全部托于主公！”董昶有竿便爬很是伶俐。

“少献殷勤。”曹操正了正颜色，“在此城东二十里有座徐无山，山里有个村寨，天黑之后你派人把粮食送到那里。”

“送到山里？”董昶不明其意。

“隐居徐无山的田畴先生是我朋友，你把粮食送去，若有人询问就说奉命周济村民。其他的不必管，到时候老夫再告诉你。”

“诺。”董昶领命而去。

曹操逐个打量堂上之人：“你们回去休息，趁这两日养精蓄锐，到时候给我打起精神来！”众将诺诺连声各自离去，唯有荀攸、郭嘉留了下来。

“公达……”曹操瞧了一眼荀攸，见他满面委屈忧心忡忡，也觉得刚才的话太过，“接连受阻，老夫心中不顺，方才的话你莫往心里去。道路艰难你就别跟着了，留下来率军撤退迷惑敌人，另外要及时为我传递军报。过几日后面的大军就到了，你多辛苦吧！”说罢顺手取了件蓑衣又去寻田畴商量细节了。

望着曹操的背影，荀攸呆呆叹了口气——看来畅所欲言的日子已成过往云烟，以后再不能推心置腹了。相处这些年他已摸透了曹操的性格，只要是下定决心要做的事，谁都无法阻拦。倘若依旧坚守忠于天子的道德底线，自己迟早会被曹操视为眼中钉肉中刺，到时候什么昔日恩义、什么汗马功劳，恐怕都挡不住屠刀吧！可若是放弃了效忠汉室的誓言，百年之后有何脸面去见荀氏的列祖列宗？其实曹操能成今日之势多有他的功劳，是他为曹操出谋划策打了一次又一次胜仗。难道千辛万苦却辅佐起一个埋葬汉室天下的掘墓人吗！到底何去何从呢……荀攸心中烦乱，瞅了一眼郭嘉，不禁喃喃道：“奉孝，看来我这军师的位子要让给你了。”

“不会的，军师永远是公达兄。”郭嘉摇了摇头，露出一丝苦笑，“说实话，我过去确实想要争你的位子，不过现在……唉！老弟想劝您一句，这天下早晚落到曹家手里，你和令君再想洁身自好也没用。主公不是周武王，你们也当不成伯夷、叔齐……咳咳！凭心而论，若没有曹孟德，这大汉朝廷早就不存在了。即便他当皇帝，也不算逆取吧？咳咳咳……”他喘了几口大气，总算把咳嗽压下去，又开始重申那句说过的话，“能扶天下之危者，则据天下之安；能除天下之忧者，则享天下之乐；能救天下之祸者，则获天下之福……”

荀攸时而点头时而摇头，思来想去徒增烦恼，最终只是重重叹了口气，又拿起了厚厚的军报——不论为曹而是为汉，军务总不能耽误。可若不是为了恢复汉室天下，对他而言打仗还有什么意义呢？真可谓进退失据，左右为难。

塞外之苦

建安十二年（公元207年）七月，曹操在田畴、邢颙的引领下登徐无山、出卢龙塞，开始了艰难的远征。随军将领包括建忠将军张绣、荡寇将军张辽、横野将军徐晃、度辽将军鲜于辅、偏将军张郃、乌丸校尉阎柔，以及中军的亲信将校许褚、曹纯、韩浩、史涣等人，军师祭酒郭嘉、军司马楼圭，以及幽州籍贯的军谋掾牵招作为随军参谋。

虽然出发前大家已有充分准备，可踏上行程才知这条路远比想象的还要艰难。卢龙塞乃前汉时修建，位于山谷间冲要之地，用于屯兵防御匈奴；虽然多年内乱已是座空城，但依旧是那么雄伟壮观，城墙高有三丈，左右延伸，与险山绝壁相接，是弥补长城的重要关口。自此以北都是绵亘的山峦，峻坡萦折遥遥无边，令人望而生怯。田畴所说的那条路不过是岭间弯弯曲曲的峡谷，而且荆棘丛生几无落足之处，得靠士兵挥舞砍刀缓缓推进，遇到较深的河流还要搭设便桥。

曹操自易县加速行军已把大队人马抛在了后面，临时改道卢龙塞乃为出其不意偷袭敌人，所以又把到达无终的部队精中选精，真正带到这里的，算上运粮的、运辎重的也只三万多人。可即便就是这三万多人也难以在古道上伸开手脚，有时经过的谷地只有一线天，士兵们推推搡搡，队伍一展开就是五六里。而且曲折迂回并非直达，要先往西北行进，绕过难以逾越的险山到古白檀县境（今河北省承德市西南），然后才能转向东北奔平冈古城。田畴、邢颙当先引路，张绣所部作为先锋，逢山开路遇水搭桥；鲜于辅、阎柔及其部将紧随其后；曹操督帅亲信将校、虎豹骑及几位参谋处在中间；至于张辽、徐晃、张郃三员大将反倒排在最后，他们是作战的主力，得保存实力养精蓄锐，打仗时再更换位置。另有屯田都尉董祀在徐无山临时落脚，分派部下和熟悉道路的村民把一车车粮食辎重送达军中，还要接收荀攸的军报并及时转递曹操，斥候在开辟的山道间快马往返犹如穿梭。这番布置可谓万无一失，但是行军的速度依然很慢，有时一天都走不了二十里，只能耐着性子往前蹭。

道路艰难只是一方面，这该死的鬼天气更可恶。初始几日雨时下时停，士兵的衣服都淋透了，连雨水带汗水紧紧粘在身上，成天到晚湿漉漉的，搞得人浑身上下不自在。本就崎岖难行的小路也被雨水泡得泥泞不堪，脚一踩上就打滑。过了几日秋老虎来了，雨是不下了，太阳却毒得厉害，烤得潮湿的大地直冒白烟。将士们前番冒雨，人人身上都裹了一层烂泥，这会儿又都成了硬泥巴，又脏又累狼狈不堪。到了夜晚那些狭窄的小路还不能扎营，寻稍微宽敞点儿的地方给将军们搭几座帐篷，至于普通士卒只能风餐露宿，一个个抱着兵刃，枕着枯木，还要防备山间的毒虫叮咬，瘙痒难耐令人心烦……如此逶迤推行了十多天，这一日午间，先锋军忽然停住了脚步。

“怎么了？兵马为何不行？”曹操这几天被蚊虫扰得难受，摘去兜鍪寻了块麻布裹在头上，把脸颊和口鼻都护住；因为初秋时节天气太热，他把铠甲也脱了，只穿着件粗布长衫，脚下也索性换了草鞋，显得有几分滑稽。

郭嘉陪在他身边，却没有骑马，病快快拄着一根竹竿，有气无力道：“可能又有河流断路吧……”说完这句，他抬起头艰难地仰望苍穹——太阳就热辣辣地烤炙着他，可他仍觉浑身发冷，冷得仿佛浸透在冰河之中；这几天他已经不咳嗽了，但觉胸臆间说不出的难受，连口大气都喘不上来，四肢无力昏昏沉沉，似乎五脏六腑周身百骸都被寒气冻结住了；每迈出一步都很艰难，就像自地下伸出一只大手抓住他的腿死命地往下拉，要把他生生拖入地下。

楼圭似乎是辗转奔波惯了，根本没被这一路劳苦影响，敞开衣襟扇着凉风戏谑道：“孟德，我这老朋友可算是陪你上了贼船喽！三里一座山，五里一条河，也不知田畴把咱们带到哪儿去，说是向东北却一路往西北走，还没找到平冈城呢，更别说柳城了。”

话未说完就见田畴手舞足蹈从前面跑了过来，衣衫被荆棘枝丫刮得破破烂烂，一边跑一边嚷，简直像个疯子：“濡水[①]！咱们到濡水啦！”

众人闻听皆感振奋——濡水在前汉白檀县境内，如今是鲜卑部落活动的地盘，走到这里虽只是整个行程的一小半，但渡过濡水就可以折向东北，此后直到平冈都没有什么艰难险阻了。曹操夹额祷告：“苍天不负我曹某人，总算走出这荒山野岭了。”

田畴气喘吁吁跑到诸人面前，神经兮兮指着远方：“你们快听！听到水流的声音了吗？我也是第一次到这地方来，山清水秀还有鸟叫呢！多美啊……”他微眯双眼张开两臂，大口呼吸着山间的空气，竟流露出一丝幸福的笑容。这与他高大粗犷的身躯不甚协调。

曹操、楼圭哪有隐居之人的闲情逸志，抱着肩膀呵呵直笑。郭嘉学着田畴的样子闭目聆听——似乎还真听到了淙淙流水声，悠悠荡荡确实很美，不过这种声音只能让他感觉更冷更难受，仿佛那流水并非滚滚东流，而是带着一股寒气灌入他的心田。又听一会儿，那声音似乎越来越大越来越吵，顷刻间潺潺流水已化作万千冰河席卷而来！郭嘉忽觉胸口发闷浑身冰凉，赶紧睁开眼望向天空，希望阳光能给他一丝温暖；却见炽热的太阳仿佛变成了两个、四个、八个……无数个太阳在眼前晃来晃去，他一阵眩晕，手中竹竿一松，溘然仰倒在山路上。

“奉孝……奉孝……”

郭嘉再睁开眼睛，见曹操、楼圭等人都满脸焦急地围在身边，他强自镇静，稳了稳如麻的心绪挤出一缕微笑：“没什么大碍……可能是找到去路太高兴了。”田畴解开衣衫要为他扇风祛暑，却被他拦住：“别……我冷……”

“冷？”曹操摸了摸他额头，“你身上很烫，怎么还感觉冷？”

“没事……就是有些水土不服。”郭嘉嘴上虽这么说，心里却已明白——无常迫命死期将至，恐怕熬不到柳城了。

曹操愁容满面站起身：“最近患病之人越来越多，都是这鬼天气闹的。吩咐大伙多弄些水，别摘乱七八糟的野果吃，不知有没有毒。山泉也不好，寒气太盛伤损肺腑。将士们都辛苦了，在此休息半日，派人搭设便桥，明天再赶路吧。”

---

① 古代河流，又名曲逆水，现今易河的上游分支。

刚说了两句又见邢颙匆匆忙忙从前面挤了过来："主公，有几个鲜卑人从西面而来。"

"哦？"曹操不免担忧，虽然这次是打乌丸，走的却是鲜卑部落的地盘，要是与人家闹起冲突就麻烦了，"你们几个照顾奉孝。子昂带路，老夫亲自去看。"

道路狭窄士兵拥拥簇簇，这会儿找到水源所有人都抢着往前挤。韩浩、史涣等左右呵斥，开出一条人胡同，曹操拄着手杖快步前行，越走越觉宽阔，渐渐出了山口，更是豁然开朗——但见草木低矮砾石纷乱，已是一片河滩，濡水自西面湍急流过，还有几条林间小径不知通向何方。士兵们辛苦了这么多天总算走出群山了，有的欢呼戏闹，有的拥到河边喝水洗脸，有的坐在地上哼着小曲。

曹操顺着邢颙手指的方向望去，见不远处一颗老松树下，阎柔、牵招正和两个身裹羊皮、披发左衽的鲜卑汉子说话；走过去倾听，说的是鲜卑语，叽里哇啦一句也听不懂。汉子身后躲着两个鲜卑女人，还有几个牵着马匹牛羊的老人和小孩，惊恐地望着汉人士兵。

曹操点手唤过牵招："他们是什么人？"

牵招没有丝毫紧张表情："主公不必担心，不过是寻常牧民，从漠北过来的。鲜卑闹内乱，他们的部落被人杀散了，逃难途经此地。"昔日檀石槐以武力统一鲜卑，又东败夫余，西击乌孙，北逐丁零，南扰汉边，其领地东西一万二千余里，南北七千余里，网罗山川、水泽、盐池甚广，又在各处委派小部落首领进行管辖。可檀石槐这个铁腕人物一死，那些首领就开始各自称王，不但杀了檀石槐的儿子，还互相残杀争夺草原单于之位。那种你死我活的争斗，与中原汉地曹操、袁绍、袁术、吕布等人的厮杀几无分别。

既然不是敌人，曹操也宽心了，饶有兴趣道："你再替我问问他们，现在鲜卑各部谁的实力最强。"

"诺。"牵招又跟那俩汉子叽里哇啦了几句，转身禀报，"现在最强的首领叫轲比能，原本只是别人手下的小头目，后来陡然而起吞并了七八个部落，手下有数万勇士，牛羊马匹数不胜数。剩下的部落都联手对付他，仍处于下风。"

曹操听罢竟不禁生出些感慨，轲比能的经历与他自己何其相似？当年他也只是讨董义军中一个没有正经名分的将领，后来占据兖州，奉迎天子，官渡战后陡然强大，再后来袁尚兄弟、高幹、刘表联手都斗不过他。想至此曹操笑了："中原汉地是我曹某人，塞外之地是他轲比能，是不是有朝一日我们俩也得较量较量啊！"

阎柔凑了过来请示："这几个鲜卑人该如何处置？"

曹操眯了眯眼睛，举起手来刚比划出"杀"的动作，听身后有人阻拦："明公且慢！"

"田先生，有何赐教？"

田畴已看得清清楚楚："上天有好生之德，这几个人只是鲜卑族寻常百姓，明公何必诛戮？"

"不杀他们只恐泄露军情。"

"乐民之乐者，民亦乐其乐。忧民之忧者，民亦忧其忧。鲜卑人颇重信义，明公若以仁义相待，他们岂会出卖您？何况他们未必会与乌丸相遇，也未必会泄露军机。"

"即便如此，咱们身涉塞外，还是小心为妙啊！"

田畴抱拳拱手，一脸正色："人有不为也，而后可以有为。明公艰苦跋涉所为安定边疆抚慰百姓，妄动杀戮岂非本末倒置？"

曹操听他满口仁义，不愿再与他嚼舌，便揶揄道："好吧，就依先生之言。"又在阎柔耳畔嘀咕两句，信步走开了。

在侍卫驱赶下，河边的士兵都散开了。曹操举目前瞻，见河对面已没有什么险山，草木低矮甚是平坦，以后的路似乎好走多了；又见张绣也正驻马河边向前眺望，搭讪道："张将军一路开道劳苦功高，今天不走了，下马歇歇吧。"

不知为何，张绣竟没有回答。曹操凑上前又道："将军在看什么？"还是没应答。曹操觉出不对劲了，走到他身边——但见张绣面如死灰，胡须枯黄，嘴巴微张着，双眼空洞地望着前方。这一路天气燥热又无敌人，其他将校都脱了铠甲，唯有他盔明甲亮一丝不苟。此刻他骑在马上，手里还握着他的银枪，枪尖直挺挺插在一块大石头上，似乎是借此撑住整个身子；他的西凉宝马也训练有素，驮着主人站在那里，竟一动也不动。

曹操忽然感到一阵恐惧，踮起脚尖抬起手哆哆嗦嗦在他面前晃了两下——已经气绝身亡！

"来人呐！"他撕心裂肺地嚷了起来，"张将军死了！"

所有人都震惊了，田畴、邢颙等人都围了上来。最感惊愕的莫过于先锋营鲜于银、齐周等部将，初时一愣进而伏地痛哭："将军啊……你怎么就这样去了……"

"别哭了！"曹操忽生一阵恼怒，"主将都死了，你们竟然不知！还有脸哭！到底是怎么回事？"

鲜于银是鲜于辅的族弟，临时拨给张绣调遣的，跪爬了两步泣不成声："张将军出征之日身体就不好，这十多天又上吐下泻，吃不好睡不好，每天还要指挥开路……"

"既然如此何不早报我知？"曹操气愤不已，"病情严重就该撤回去休养啊！"

"他不让我们讲啊！"鲜于银连连叩首，"他总是说过几日就好，又是个好勇要强的性子。刚才还跟我们几个说话呢，谁知道这么会儿工夫就……唉……"

曹操看着这帮衣衫褴褛痛哭流涕的将校，又回头瞅了眼死于马上盔甲俨然的张绣，似乎明白了——他早就预计到自己会死，所以始终不肯卸甲。是啊！真正的将军是要死在军中的！哪怕盔甲不齐，哪怕落马倒地，对他而言都是侮辱。回想起来，正因为他是害死我儿子的凶手，所以更要事事冲在前头，即便死也要死得轰轰烈烈！与其说是对我的报答，不如说这是一种示威，他想叫我明白，他张绣丝毫也不欠我的。好个刚毅烈性的汉子！可惜才四十岁，辜负了大好前程。

士兵们七手八脚把尸体搭了下来，曹操伸手合上他的双眼；至于那根插在石头上的银枪，竟然合四五人之力才把它拔起！

曹操望着张绣的尸体良久不语，渐渐又感觉到一阵不安，猛然自一名骑兵手中夺了匹马，骑上马横冲直闯地往后冲，连亲兵都没反应过来，赶紧追着他跑下去。他也不顾道路狭窄，惊得士兵左躲右闪，直驰到虎豹骑队中才勒住缰绳——郭嘉已被抬到平板车上，正躺在那儿与楼圭说话。曹操跳下马凑了过去："奉孝，你怎么样？"

"没事……"郭嘉还是满面微笑，但脸色越发难看。

曹操松了口气："我刚才突然害怕起来，怕你……"

"怕我死了？"郭嘉叹了口气，"主公放心，我才三十七岁，哪这么容易死。"

"万千大事还等着你，老夫可不能没有你啊！"

“能得主公这句话……我就是死十次百次也心安了……”

“别这么说。”曹操替他捋了捋乱糟糟的胡须，“你不知道，张绣病死了。”

“嗯？”郭嘉哭笑不得——没想到张绣竟走在他前头了！

曹操眼中那丝不忍之色一闪而过：“奉孝，你素来能谋善断，可有件事却大大失算了。你不该劝我放华佗回乡，他若在军中张绣岂能丧命？你又岂会病成这样？”

“己所不欲勿施于人，他妻子有病需要医治，主公何必强人所难呢。”郭嘉说的是谎话，早在一年半以前华佗就断定他身患绝症无药可医，因此他才故意在这个节骨眼上让华佗回乡躲避。倘若身在军中又治不了这病，以曹操之性情岂能饶了华佗？

可能是天天见面的缘故，曹操只是知道郭嘉最近身体不适，却没怎么注意他的变化；到此刻才意识到，这一年来郭嘉已清瘦了许多，原本白皙的手腕细得棒子似得：“这样不行，你不能随军打仗了……”一回头正看见田畴跟上来，“田先生，从此地回易县要走几日？”

田畴道：“来时的荆棘已铲除，若快马加鞭只需十几天。”

曹操当机立断：“来人呐！牵马套车，送郭先生回易县休养。”

“不……”郭嘉想起身抗拒，可怎么也使不上力，才意识到——自己已经不可能再站起来了！华佗说过，他所患之症名唤“瘵”[①]。恰如《诗经》所云“邦靡有定，士民其瘵”，得了这个病就意味着痛苦，把精神气力一点点耗光。“瘵”与“债”又是同音，这病魔就像索债一般催命。他原本也想像张绣那样壮烈地死在军中，现在已不可能了。算了吧！由着主公安排吧，离开这里死也好，省得主公悲伤挂念，就叫他专心致志打好这场仗吧。

曹操不知他患的是不治之症，满心指望他好起来，又吩咐亲兵：“你们几个护送郭先生回易县休养，路上慢慢走，不要太颠簸。再找几个人把张将军的遗体也拉回去，他家乡凉州实在太远了，就在邺城安葬。另外告诉军师，火速召华佗回来给郭先生看病，千万别耽搁。”

郭嘉想抬头说一句“不必麻烦华先生”，可身子一颤险些从平板车上掉下来。楼圭、田畴赶紧扶住，郭嘉自知去日无多，恐怕也熬不到华

---

① 即肺结核，民间俗称肺痨，古代肺结核是不治之症。

佗赶到了，再不说那些没用的话，忍着周身剧痛颤巍巍道：“我还有秘密军务……向主公汇报……”

楼圭赶紧拉曹操过来，与田畴识趣地退了几步，只见曹操俯下身侧耳聆听，又见郭嘉低声嘀咕两句，除了“辽东公孙康”几个字，其他的也没听清；最后曹操笑道：“好，一切都按你说的办。你放心走吧，等老夫得胜而归咱再详谈南下之事，若不出我料，北方势必威慑大江南北，只要咱们大军压境，刘表、孙权等辈说不定会不战而降，毕竟连益州刘璋都向老夫低头了嘛！安心休息，快走吧。”

平板车挂在马匹之上，士兵轻挥一鞭，马儿拉着车子行进起来。郭嘉咂摸着曹操最后那几句话，不知为何忽然觉得很不放心，挣扎着仰起头，用尽浑身气力嚷道：“主公……莫忘了骄兵必败……要小心骑虎难下……骑虎……难下……”断断续续说了这几句就也缓不上气来了，只好身子一挺，虚脱地仰卧在车上。

曹操听了个朦朦胧胧，回头问楼圭：“你听见奉孝说的什么吗？好像是什么骑虎难下。为何说这样的话？”

楼圭的解释是：“或许他后悔不该逞强跟着来，现在病倒了又要回去，骑虎难下了。”

邢颙却笑道：“我看不是，他是说我这个向导不称职。领着大家东转西转，想回去都不容易喽！骑虎难下吧？”

田畴默然无语，心里却有自己的算计——为了拯救黎民征讨乌丸，我给曹操当了向导。这仗要是打输了，自然难辞其咎；打赢了便立下功劳，日后曹操定会硬拉我做官。我本不愿保他曹孟德，却忍不住来趟这浑水，这也是骑虎难下吧。

曹操望着远行的马车，此时此刻还猜不透这四个字的含义，但是他似乎已嗅到一丝不祥，却只能自己安慰自己，“但愿奉孝的病能快些好起来，老夫可离不开他啊！”

田畴目睹曹操牵挂的神情，心下不无感慨：曹孟德确是爱才之人，对属下关怀备至，倒也值得敬佩……刚想到此处，忽然闻到一股窜鼻的肉香——羊肉？刹那间，田畴刚有的一点好感消失得无影无踪，他厉声质问：“曹公为何言而无信，杀了那几个鲜卑人？”

“哦？”曹操笑道，“老夫并没下令杀他们。”

“若没杀他们，从哪抢来的羊肉？”

曹操搪塞道："或许他们见我军阵容齐整，心仰慕之，把羊送给士兵了吧。"

田畴瞧着他那奸笑的模样，简直就是一个无赖，愤愤道："明公若如此行事，草民不敢再为您效劳。"说罢就要走。

"且慢！先生不必动怒，我这就派阎柔去查，看看是谁违反军令擅自杀人。"其实就是曹操吩咐阎柔干的，叫他查怎么可能有结果？

田畴已洞察其想法，苦口婆心道："明公兴师乃为百姓，岂可行不义之事？鲜卑百姓逃难至此，难道您就没有半分怜悯之心？"

"怜悯？"曹操脸色渐渐阴沉下来，"小仁乃大仁之贼也！他们是性命，我三万大军就不是性命了吗？千里之堤溃于蚁穴，万一泄露军情，乌丸大军出动，咱们都将死无葬身之地！"

"可……"

"没什么好说的！"曹操不耐烦了，"先生若走老夫也不阻拦，但您此来是为解救被乌丸奴役的十万汉民。难道为了那几个鲜卑人，就半途而废吗？孰轻孰重是去是留，您自己掂量吧。"说罢一拽楼圭，"走！咱们吃羊肉去。"

田畴哑口无言——他已经看清，曹操的生杀予夺不仅出自个人好恶，更是要从当前的利益考虑。即便厚待某人也并非重其人，乃是用其才！爱欲其生恶欲其死，为达目的不择手段，这就是曹孟德的本质！田畴看清了，但想来想去还是不能离开，一者自己的志向未能达成，半途而废心有不甘；二来曹操说放他也未必是真，执意要走说不定跟那几个鲜卑人下场一样！上贼船易下贼船难，事已至此只好跟着往前走了……

马车渐渐行远，郭嘉的身躯随着颠簸的路面摇摇晃晃，他想最后再望一眼曹营，却怎么也提不起气来，只能勉强扭了下脖子，看见的却是另一辆马车——张绣直挺挺躺在上面，盔甲俨然盖着战袍，但那原本攥着枪的右手仍固执地向上翘着，不是因为尸体僵硬，而是死时以枪驻地肌肉紧绷，这固执的右手似乎就是他一生的最好诠释。曾经靠宛城、穰县弹丸之地三挡曹操，何等英武之人，到头来又怎样？

郭嘉感到一丝庆幸，临死还能有这位曾经叱咤风云的人物陪着，也算不枉此生了！不过他还有些思虑难以释怀——即将进行的战斗无需担忧，但主公似乎把以后的形势估计得过于乐观了，这世上的事永远不会简简单单。尤其是对于争夺天下的人而言，果熟蒂落，水到渠成，都只是一厢情愿的幻想，权力这种东西永远是不打不倒，不破不立。得意忘形是主公改不了的毛病，猜忌多疑更是曹操克服不了的顽疾，这些足以成为其迈向皇权的窒碍。荀令君已不似当年那样受信任了，荀军师日子也不好过。许攸因财货而堕志，楼圭因雄心而遭忌；董昭虽思虑缜密攀龙有术，但用兵之道甚为不足；钟繇总督关中诸事，须臾不得离开；程昱可称文武双全，但刚有余而柔不足，主公未必能言听计从；新近受宠的陈群、陈矫、杜袭、杜畿之流，皆非全能之才；至于刚刚臣服的那帮河北旧僚资历又太浅。贾诩倒是绝顶聪明，惜乎主公驾驭不了此人。都说曹营人才济济，可真要找出一个有才有德有资历，又能投曹操所好之人何其难也。以后指望谁呢……

想了一会儿，郭嘉厌烦了——还琢磨这些干什么？管得生前事，难道还为死后操心？天下不乏英才降世，以后的事就交给以后的人去做吧！华佗说我只能活一年，但我硬挺了一年半，已经赚了半年啦！人人都是哭着来的，大半到最后还要哭。但我郭某人要笑！我就是要跟所有人都不一样，就是要让所有人都猜不到！这辈子虽短也算轰轰烈烈，侯爵挣来了，钱赚够了，酒喝足了，女人也尝遍了，志得意满还不该好好笑一场吗？

郭嘉越发觉得寒冷难耐，仿佛那股寒气已经将他的心给冻结了，眼前的一切渐渐模糊飘渺。这一次他无需再挣扎，再抗拒，反而轻轻闭上眼睛，带着一缕甜美的微笑昏睡过去……

第四章

狭路相逢，曹军大破乌丸骑兵

白狼之巅

渡过濡水一路坦途，不过几日光景曹军就到了平冈古城。此处是前汉的北平郡治所，汉武帝时飞将军李广曾驻军于此抗击匈奴。光阴荏苒，匈奴已内迁臣服，汉人也舍弃了这座城池。如今的平冈城荒废坍塌，破损的城墙被风化得差不多了，附近数十里连个人影都没有。傍晚时分天色黑暗，那些残垣断壁显得格外诡异，又被秋风吹得呜呜作响，宛若一座鬼城。

到了此处路途已走了一大半，距柳城还有二百里，曹操更不敢掉以轻心。翻山越岭还在其次，据田畴所说，登上白狼山之巅就能望见柳城，其实离敌人已经很近了，不过是一道崇山阻隔难以察觉罢了。曹操有心多留几天休养人马，又恐被敌人发现前功尽弃；只好寻林深幽秘之处屯驻，悄悄歇了两日，待后面的粮草、辎重接济上来便开始翻山……

白狼山在平冈以东数十里，虽说算不上陡崖绝壁，但它高高矗立在苍天大地之间，显得异常突兀，有一种压得人喘不过气来的感觉，满山都是松柏桑榆各色杂树，怪石嶙峋荆棘蓬生；一阵风吹过，松涛涌动沙沙作响，不知其中有没有敌人的埋伏——曹操仰视良久，终于狠下心传令全军登山。

三万人登山原本是黑压压一片，可白狼山西坡草木茂密，竟把将士的身影都隐没了。这个时候最容易出现问题，一则遇到埋伏不易应对，二来密林幽深容易走散。曹军不敢竖旗击鼓，只得命各队将领随时汇报，每走一段清点一下人数，不怕缓慢但求稳妥。为保密起见所有士兵嘴上都叼了树枝，故而除了窸窸窣窣竟别无其他响动。

好在这座山土质硬实，坡度也不大，攀爬起来并不困难，骑士只要下来牵马也可以顺利上山。曹操没有让卫士搀扶，拐杖都没拿一根，抓着身边的灌木就省了不少力。军队自天一亮就开始爬山，过了子时才到达山顶，士兵们甚至还在半山腰啃了顿干粮。

午后曹操总算是到了山顶——原来这山山腰林密，顶上却很开阔，有一块光秃秃的大空场，只有几颗古松屹立在石间，在这里调整队伍是不成问题了。曹操还没来得及喘口气，就见邢颙弯着身子，满面焦急窜了过来："有敌人！"

"斥候游骑？"

"不……"邢颙脸色苍白嘴唇微颤，"是大部队，似乎还未发觉我军在山上。"

"全军止步，不得翻过山头。"曹操嘴上未乱，心里却咯噔一下——糟啦！白狼山在柳城西北，如果蹋顿防御重点在东南沿海之路，大部队绝不会出现在这附近，既然来到这里，必定已得知我军动向。这一路如此谨慎小心，还是泄露行踪了。

这时虎豹骑也凑了上来，保着曹操急行几步到山顶东侧；众人都小心翼翼匍匐在地，曹操却自持身份没有趴下，在一颗古松后面隐住身形，微微探头瞥了一眼——这一望之下不寒而栗。高山上看得极远，只见乌丸军就在山下六七里处，浩浩荡荡烟尘滚滚，正向这边逼近。敌众我寡距离将近，敌人若大举攻山，立时要吃败仗。倘若他们扼制要道围而不攻，补给切断，切断援军，三万将士都要死在这塞外荒山。

曹操转过身倚着古松皱眉凝思，一低头见阎柔正爬到自己脚边，忙吩咐："你与胡人久打交道，看看他们军势如何。"

"诺。"阎柔往前蹭了蹭，扒着山石探了探脖子，竟然笑了，"没什么可怕的。"

"嗯？"曹操似乎看到了救命稻草，"为何？"

阎柔仰头道："乌丸、鲜卑打仗多依靠骑兵，也不怎么用长枪大戟，最精锐的部队都配备角弓和马刀。山下这队伍人数虽多，骑马的却少，而且武器各异，这不是蹋顿麾下最精锐的人马，应该是……”

曹操明白了：“你是说敌人可能是刚得知消息，临时调集了这支队伍，许多精锐分散各地没赶过来？”

“是！兴许蹋顿连柳城附近的游牧部落都召集来了，八成袁尚兄弟也在其中，想以多欺少把咱们赶回去。”阎柔瞥了瞥嘴，“兵法有云‘置之死地而后生’。咱们豁出去给他们来个突然袭击！”这小子读书少，就知道这么一句兵法，今天还真用上了。

曹操点点头，但心里却觉这办法不牢靠，阎柔这野小子狂妄惯了，这仗未必就如他所言；想至此，又探头观望，这次看得仔细些——乌丸大军松松垮垮散了一大片，骑兵步兵混杂穿插，急于赶路格外仓促。这些兵服色不同良莠不齐，有穿布衣的，有戴盔甲的，还有裹着虎皮羊皮的，有些骑兵骑的是骣马，连鞍韂都没备好。游牧民族打仗不讲究阵势本就是弱点，而今天这般形状更是漏洞百出。目前的问题在于敌我悬殊，即便突袭得手，难免被他们缠上，战事迁延可就难办了……他还在思索，阎柔突然抬手一指：“是蹋顿！”

“别指！留神暴露行藏。”曹操一脚把他手臂踩下去，“离得这么远，你怎么看出是蹋顿本人的？”

阎柔被踩得手臂生疼，又不敢嚷叫，龇牙咧嘴半天才缓过气来，憋得满脸通红：“您自己看吧。队伍中间有人举着副白旄旗帜，那是袁绍所赐，蹋顿到哪里都带着，用它充当帅旗。”

曹操看得分明，那副白旄完全是汉廷的款式，就在敌军中间靠前的位置，这倒值得赌上一把。擒贼先擒王，只要突袭得手擒杀蹋顿，后面的仗就不用打了。想至此低头观看山路，立时转忧为喜——审度地形才明白，原来白狼山西麓草木丰茂，东面却光秃平缓，稍高点儿的树木都没有，就连骑兵也可以从这个斜坡俯冲下去，正是突袭的好地形。

眼看敌人距这边越来越近，零星的斥候都已经逼近山下了，曹操深感刻不容缓，立刻召集众将面授机宜——把人马分作三路，徐晃率领一路在南，张郃率一队在北，先由这左右两路杀下山去扰乱敌人；张辽带剩下的一路居中，更有鲜于辅、阎柔所部幽州骑兵充当兵锋，待左右两路打乱敌阵，他们再冲下去直捣蹋顿本队，定要将蹋顿毙于阵中。

军令一下立时喧哗起来，再宽阔的山顶也容不下三万人折腾，后面的兵还没爬上来就开始编队，骑兵各寻平整处上马，还有人忙着扛战鼓不知该往哪放。半天安排不好，曹操急得直打转，却一点儿办法都没有，匆匆忙忙转到东边再望——正有个乌丸斥候纵马而来，离山顶百步之遥，曹操一时疏忽忘了藏身，竟与那兵四目相对看了个满眼。

曹操这几日已换穿铠甲兜鍪，一看便知是汉军将领。那斥候瞧得分明，也是一阵惊愕，勒住缰绳就要拨马下去报信。

阎柔忽然一跃而起，拉弓搭箭——正中那兵咽喉，死尸栽落马下；可他的马似乎全未察觉，兀自停在原地。阎柔赶忙再放一箭，正好射到那畜牲左眼。这是一枝三棱透甲锥，贯穿马目直入其脑，那马长嘶一声，蹬了两下腿就不动了。一人一骑消失在苍茫的山岭间，下面的大军还在数里外，不仔细观察根本发觉不到。这两箭又换来了宝贵的时间。

"好险！"曹操背靠大树隐住身形，冷汗都下来了，"你小子百步穿杨，箭术挺厉害嘛。"

阎柔趴在地上还不忘恭维："雕虫小技，主公指挥我们千军万马才是真厉害。"

曹操这会儿哪有心思听他马屁："别管这里了，快去带你的兵。"

各部将拥拥簇簇忙了半天，才把三路队伍粗略分好。可是敌人的斥候又来了，这次足有十多骑，无论如何藏不住了。事已至此只能拼着干了，曹操一跺脚："左右两路出击！不准击鼓！"

闻听此言，徐晃、张郃身先士卒，领着左右两支队伍往下冲。骑兵在前步兵在后，霎时间涌下山头。待那几个斥候发觉异常时，无数曹军已到了眼前，拨马已然不及，糊里糊涂做了冤鬼。

果如曹操所料，蹋顿也是刚刚得到军报。有几个族人在白狼山以西放牧，偶然发现曹军在平冈废城活动，立刻回来禀报。蹋顿大骇，他麾下的精兵已分派沿海关卡，只好把袁氏兄弟、乌延、苏仆延以及自己所属亲兵都召集起来，又发动族中青壮，临时凑了十万人，想抢先一步占据白狼山，凭地利挡住曹操去路，等各路兵马回援，再将其一举歼灭。

此刻行军的乌丸兵并未得到讯息，但两万人在山坡上俯冲，岂能察觉不到？忽觉脚下地面发颤，隐约有铿铿之声，抬头又见对面山麓征尘骤起——曹军已经下来了！赶紧止步列阵，但这时两军兵锋相距已不过一二里，想列阵也来不及了，乌丸军一阵哗然，眼看两队曹军快冲到面前了，又松松垮垮排不出队形，仓促之际只好搭弓放箭抵挡一时。

一阵密如飞蝗的箭雨射向曹军，有十几个骑兵当即落马。可曹军远涉塞外四百余里，只能进不能退，不得不玩命；而且自山坡冲下，本就挟雷霆之势，岂是一阵箭雨就能挡住的？左右两军纷纷踏过同伴的尸身继续前扑，只眨眼的工夫，似尖刀般楔入乌丸阵营，立时搅起一片腥风血雨。曹操在山上看得分明，赶紧传第二道令："中路出击！给我擂鼓！"

战鼓立在山顶，敲起来震天动地，仿佛半悬空响起闷雷。张辽、鲜于辅、阎柔都卯足了劲，率领精锐骑士宛如离弓之箭直奔山下扑去，也不管战场形势有多复杂，只认准了蹋顿的白旄旌旗奋力冲杀。这支队伍一下去，像在翻滚的热油中泼了瓢凉水，立时鼎沸四溅人仰马翻。

战马交蹄刀枪往来，塞外秋风与阵阵升腾的征尘、血雾搅作一团。受伤倒地的将士被大军踏过，成了血糊糊的肉泥；失去主人的马横冲直撞，发出一声声悲惨的嘶鸣；斩落的人头像球一样被踢来踢去，滚得烂泥块一般……行军途中遭遇突袭，乌丸军应对不及死伤甚重。但游牧民族的汉子个个都是精悍勇士，弓马娴熟勇猛彪悍，若论一对一交手，远比汉人厉害得多。仅仅片刻之间，乌丸就已稳住阵脚竭力厮杀，有的滚倒在地斩断曹军马腿，有的箭无虚发连射曹兵落马。蹋顿本人更是勇士中的勇士，明明处在不利位置，眼看着张辽所部冲过来，竟不躲不闪直面挑战。将怀奋死之心，士无贪生之念，曹军冲杀了好一阵子，非但没能将乌丸军击溃，反而越来越疲乏——长途跋涉未加休整，已然是强弩之末。而在蹋顿身后，行军中的各部后队纷纷赶到，陆续加入战团，甚至把张辽等人包围起来，形势对曹军越来越不利。

曹操在山顶看得清楚，乌丸人似群鸟云集般涌入战场，蹋顿大约有十万之众，己方只有三万，如此下去可能全军覆没。曹操看了一眼身边的虎豹骑都督曹纯："你们也去！"

"我们？"曹纯一愣。

"对！"曹操斩钉截铁，"还记得南皮之战是怎么斩获袁谭的吗？今天也一样。这些胡人逐利如鸟集，兵败如云散。只有杀掉蹋顿，才能翻转局面。"

曹纯有些犹豫——今天的形势与南皮之战可不一样，当初与袁谭是在势均力敌难解难分的战况下，虎豹骑成了决定胜败的最后砝码。可现在是敌众我寡，若虎豹骑尽数下山参战，有敌人绕上来偷袭曹操怎么办？该不该下去……

他还在犹豫，就听韩浩在背后喊道：“别犹豫了！要是张辽他们全军覆没，胡人攻上来咱们也是死！倒不如下去拼一场！”

“对。”曹操就是这么想的，“伸头一刀，缩头也一刀。深入敌境四百里，反正也回不去了，豁出脑袋撞南墙吧！”

曹纯、许褚、韩浩、史涣等各自提枪，催动三千虎豹骑，步张辽的后尘冲了下去，直扑蹋顿。曹操也不再躲藏，前站几步扶着古松伫立巅峰——他要让将士们都知道，他和大家在一起！他身边仅剩下邓展率领的十几个侍卫，以及楼圭、牵招、邢颙、田畴。

虎豹骑参战立竿见影，将士们眼见主公的亲随都来了，本来低靡的士气又高涨起来。大家都明白了曹操的意图，也不管四周涌来多少敌人，一切刀枪剑戟弓弩飞矢都往蹋顿本阵招呼。曹操瞪着战场，不知不觉间扶住树的手指都抠进树皮了。他行伍二十余年，白狼山之战实乃平生最大一次冒险，凶恶程度远胜汴水、官渡，当真是不成功则成仁。

就在这时忽听连声尖叫，两个侍卫中箭倒地——有五个身披虎皮手持刀箭的乌丸人自南面绕道冲了上来！邓展的剑术在曹营首屈一指，立刻拔剑扑上去格斗。刚杀死一人，就用力过猛剑柄折断。乌丸勇士皆好斗，见这厮本领与众不同，剩下的四个人齐向他下手。邓展手无寸铁，见四把长刀照自己脑门劈来，就地打了个滚，只一晃眼间已夺过敌人一把刀——他这空手入白刃的本事真是出神入化！众侍卫这才回过神来，十几只大戟一涌而上，这才把四个胡人当场废命。

“不好！还有！”田畴目力甚佳，望南边一指，但见草丛间还有十几个乌丸人正攀着树枝往上爬，俨然与先上来那五个是一伙的。

曹操一阵错愕，随即大喝：“邓展！交给你啦！”

邓展应承一声，又见曹操抛来件兵刃，赶紧弃刀接住，低头一看——乃是倚天剑！此剑纯钢打造，长近五尺，刃有一尺，比普通的佩剑大许多，既可为刃又可为盾，乃天下无双之利器。邓展心中欢喜，招呼众侍卫：“护卫主公，都跟我上！”迎着爬山的敌人冲了下去。乌丸善射，若再容他们冲到近前，曹操命就没啦！

可邓展带侍卫们一去，曹操身边一个侍卫都没有了，他早年与楼圭也曾演练弓马剑术，但年过五旬早没当初的本事了；邢颙乃一白面书生，手无缚鸡之力，哆哆嗦嗦藏在树后；牵招、田畴倒是能比划两下，但本领平平，过去反倒添乱，只得抽出佩剑护住曹操。

虽然双方都十几人，但单兵作战汉人远不及乌丸，刚一交手两个侍卫就躺下了，全靠邓展支撑局面。眼见格斗失利，楼圭、邢颙灵机一动，把战鼓当成滚木礌石，一脚一个都踹下去了。这一捣乱真管用，乌丸不明就里纷纷躲闪；邓展趁机跃起，猛挥倚天剑把两个走神的胡人挥为两段。侍卫们各自拼命，总算把那十几个偷袭的敌人全部杀死，可己方也只剩四个人了。

仗打到这个份上生死已悬于一线，只要敌人再来一次，曹操必死无疑。几个人望着那几具敌人尸体还未缓过神来，山下又响起一阵欢呼声，吵吵嚷嚷此起彼伏，也不知喊的什么——却见乌丸军捅了马蜂窝般四散溃退，蹋顿的白旄晃了几晃，倒落乱军之中。

“虎豹骑斩杀蹋顿单于！我们打赢啦……曹公万岁……曹公万岁……”那撕心裂肺的欢呼声渐渐清晰起来，大有侥幸之感。曹操只觉全部精神都耗光了，倚着松树缓缓瘫坐在地，长出一口气。

碣石抒怀

建安十二年八月，曹操与蹋顿大军遭遇于白狼山以西，三军将士临危不惧，以少胜多大败乌丸。蹋顿死于虎豹骑刀下，乌丸各部群龙无首人心惶惶，右北平、辽西、辽东三郡联军一哄而散。柳城被曹操唾手而得，降服胡汉军民二十余万。袁尚、袁熙兄弟侥幸未死，眼见大势已去，协同苏仆延、乌延、楼班再度逃亡，投奔辽东太守公孙康。

曹操只在柳城停留了半个月，把善后事务全权委托牵招、鲜于辅，便迫不及待地班师撤退。这时夏天暴涨的洪水早已退落，各处关卡也已畅通无阻，来时远涉塞外受尽劳苦，回去终于可以走沿海大道了。所谓“大道”其实也并不大，辽西之地根本就没有像样的官道，但在历经磨难的曹军将士看来，与塞外的险山幽谷相比，这就算是康庄大道了。

大战过后曹操也放松了心情，这一路走得很慢，几乎日上三竿才启程，天色稍暗就扎营。士兵们美坏了，一路哼着小曲，好似游山玩水，有充裕时间还可以找当地土人要几尾鱼尝鲜，大家都尽情享受这难得的悠闲。离开柳城一个多月，军队还磨磨蹭蹭在辽西境内徘徊呢。

这一日楼圭骑在马上放眼四顾，见三军将士举止懈怠，行军拖沓，便向曹操抱怨："孟德，你看看！这帮兵痞都懒散成什么样儿了？张辽、徐晃也不管管。我要是统帅就把他们叫来训斥一番，别以为有点功劳就了不起！"

曹操连头也不抬一下，拉着缰绳笑道："带兵与为政一个道理，都应张弛有度。大家受了辛劳，也该歇歇了，即便申明军法也要回到易县再说。军师已派于禁先行一步来迎接咱们，过几天就能会合。"

"既然有心休养军队，为何不在柳城多留几日？"楼圭颇感费解。

"乌丸刚刚归顺，彼此尚不能推心置腹，若大兵久驻只会使胡人惧怕，认为我曹某人是以军威凌人。我一走他们就轻松多了，牵招、鲜于辅都是常年同他们打交道的，加以时日必定使他们诚心归附。"曹操说到此处眼中充满兴奋，"阎柔跟我说，乌丸所部多产良马，我给他们时间驯养马匹，日后再打仗就不愁缺少骑兵啦！"

楼圭却不那么乐观："有件事我早就想提醒你。别忘了咱们辛辛苦苦来这鸟不拉屎的地方为的是擒杀袁尚、袁熙，如今他们脚底抹油又跑到辽东去了，会不会与公孙康串通一气卷土重来？咱明明打了胜仗，又没有什么后顾之忧，何不一鼓作气直捣辽东？如此草草收兵不但遗憾，而且遗患！"

韩浩紧随曹操马后，楼圭这番话他早就想说了，可作为中军不便阻拦曹操的决定。这会儿听楼圭以老朋友的身份说出来，也跟着提醒道："末将以为楼司马所言不虚，大军一撤柳城势力单薄，公孙康很可能趁虚而入。别忘了公孙父子可是自称过'辽东王'的！"

"哈哈哈……"曹操竟一笑置之，"'辽东王'真就那么大的胆子？老夫还等着他把袁氏兄弟的人头给我送来呢！你们不必再说了，此事不久自见分晓。"

韩浩与楼圭见他如此武断，不禁对望了一眼，还未想好接下来该怎么劝，见邢颙自前面兴冲冲策马而来："主公，就在此处扎营吧。"

楼圭一皱眉："扎营？今天没走几里路，这才丑时，太早了吧！"

"不早不晚刚刚好。"曹操手指西南道，"邢先生刚才跟我说了，那里就是著名的碣石山[①]，登临其上观看海景甚是壮观。咱早些扎营，

---

① 其具体位置尚有争议。一说在山东省无棣县，一说在辽宁省已淹没海中，一说在河北省昌黎县。根据曹操远征乌丸的道路考证，后两者可能性较大。

去山上观览一遭岂不是美事？”

这趟回军没有敌人，扎营甚是方便，也不必挖壕沟，栽鹿角，把帐篷支起来就行了。只一会儿工夫曹操已到碣石山下，邢颙、田畴、楼圭左右相陪，张辽、阎柔等将校也跟来凑热闹。

碣石山紧邻海边草木稀疏，几乎是由棱角平整的顽石积累而成，从下面看就像是天公掷在海边的一块大石头。此地险峻其实远胜白狼山，不过众人的心情不同，在白狼是行军打仗，来这里是观览风景，虽然不易攀登却说说笑笑很是热闹。坚硬的砾石四楞八叉不宜行走，若摔一跤准会骨断筋折，许褚、邓展等生怕伤着曹操，小心再小心，几乎是连搀带抱把曹操和几位先生弄上去的。

曹操毕竟年过半百，被侍卫拽上顶峰时累得呼呼直喘；可一回头，见田畴还在艰难攀援，忙伸出只手：“田先生引领大军劳苦功高。来！该老夫拉你一把啦！”

“不敢劳烦明公，草民才智卑微，不值得明公屈身提携。”田畴不接他手，却抓住块山石，凭自己的力气爬了上来——这可真是饱含深意的一番对话。

曹操微微一笑，也没说什么，急喘了几口气，这才站起身来向南眺望——但见湛蓝汪洋浩瀚无边，惊涛骇浪时起时伏，碣石山下都是险峻的礁石，道道波浪涌来，溅起数丈之高，发出天崩地裂的吼声。楼圭、张辽等人一个个攀上来，望着这壮观的景象无不“噫”地一声赞叹。邢颙笑道：“妙极妙极，正是潮汐之时。百川东注波澜壮阔，如此壮丽景致不虚此行啊！”

阎柔虽年少粗鄙，但也觉这波涛甚是壮观，不禁发问：“人人都说百川东入海。为何天下的水不向西，不向北，偏偏向东流呢？”

一句话问得众人哈哈大笑，邢颙道：“相传昔日共工与颛顼争为天子，共工战败，怒而触不周之山，使天柱折，地维绝。女娲销炼五色石以补苍天，断鳌足以立四极。天不足西北，故日月移焉；地不足东南，故百川注焉。”

“嚯！共工断山女娲补天，古人可真厉害啊！”阎柔毕竟年轻，又在游牧部落长大，没读过书，瞧邢颙摇头晃脑道貌岸然，还真信了。

邢颙瞧他怪有趣的，越发戏谑道：“上古奇能之士举不胜举。比如你精于箭术，可知荀子有云‘百发失一，不足谓善射’？古人中有一后羿，他乃北狄之主，曾射落九个太阳。你的箭法虽好，也不过等闲伎俩，何时能把太阳射落，才算登峰造极啊！”说完捋着胡须故作严肃。

阎柔听罢面带惆怅，顿了半晌一声长叹：“唉！射日倒也不难，我精准性能及，可惜膂力不足。”

“哈哈哈……”众人无不捧腹大笑。

阎柔这才醒悟过来了：“邢先生，你骗我！哪有射日之人？”

邢颙一阵莞尔：“历来便是这样传说，《孟子》《淮南子》均有记载，不信你问主公啊！”

可曹操根本没理睬他们的话，茫茫然望着大海，心绪早已随海浪滂湃——这不仅仅是一片海，还是当今这个英雄辈出各领风骚的时代写照。蛮横霸道的董仲颖今何在？骁勇无双的吕奉先又在哪里？僭越称帝骄纵跋扈的袁公路可还看得到威风？曾经气贯山河叱咤风云的袁本初哪里寻得到踪迹？大浪淘沙顷刻不休，他们恰似那层层巨浪，被礁石一撞，刹那辉煌便了无声息……唯有曹操依旧弄潮其中，历经波浪屹立不倒，欲主天下之沉浮。

曹操似乎已痴迷其中，微眯二目聆听潮声，任那萧瑟秋风吹拂着衣襟和长须。旁人见他如此专注也不再言语了，安安静静陪着他矗立在巅峰。田畴来时大为赞叹塞外山林的景致，可来到这里稍瞥了几眼便不再看了，寻块平整的山石坐下休息——仁者爱山，智者爱水，他与曹操的心境大不相同。

也不知过了多久，红日已渐渐没入背后的山岭，一轮新月在海浪间若隐若现，云朵红彤彤的，大海被染成一片金色，波浪也渐渐柔和了几分——似乎要退潮了。邢颙斗胆拉了曹操一把，轻轻道：“主公，该回去了。天一黑就不好下山了。”

曹操没理睬他，反而昂首挺胸挥动衣袖，高声吟道：

东临碣石，以观沧海。
水何澹澹，山岛竦峙。
树木丛生，百草丰茂。
秋风萧瑟，洪波涌起。
日月之行，若出其中；
星汉灿烂，若出其里。

幸甚至哉，歌以咏志！

这首诗念罢众人又“噫”地一声赞叹，不过这次叹的不是海潮，而是曹操的才情。这简练的几句诗竟把眼前的奇景勾勒得清清楚楚，又豪气迸发，盈溢着海纳百川的雄壮之意。

“主公说得好！汪洋之苍茫广大，真是玄妙无边。”邢颙似乎也受了曹操感染，跟着吟诵起庄子的《逍遥游》：“北溟有鱼，其名为鲲。鲲之大，不知其几千里也！化而为鸟，其名为鹏。鹏之背，不知其几千里也！”

“嘿嘿嘿……”曹操忽然笑了，回过神来道，“庄子的这些话你觉得是真的吗？”

邢颙手捻胡须道：“千里之鲲固然没有，不过大鱼还是有的。据在下所知，东海就有一种鱼，其大者如山，小者也有几间屋子那么大，仅是鱼须就有一仗长，眼睛像三升的大碗一样，百姓谓之鲸鲵（即鲸鱼）。这种鱼常因搁浅涸毙岸边，死后膏流满地。老百姓割食其肉，以其膏油燃灯，取其大骨制成长矛……”

张辽就站在邢颙身后，他肚子里没多少墨水，二人吟诗弄文也听不明白，就是跟着看热闹。这会儿听邢颙道出兵器，精神一振，连忙插嘴道：“对啦！去年与柳毅、管承作战，他们手下海盗就有用这种矛的。当时我还纳闷，这兵器说白不白说黄不黄，锋利而不失韧性，搞不清是什么做的。现在想来一定就是鱼骨矛。”

“不错，应该是鲸鲵骨。”邢颙转向大海不无感慨道，“可见古人撰写的那些玄妙之事，也并非无稽之谈。就连那天马行空，河洛谶纬也未必是信口开河。”

提到河洛谶纬，曹操忽然想起董昭三年前在邺城对自己说过的话，他说魏郡的邺城是象征天命的城池，天象显示太白经天，荧惑逆行，当有改朝换代之事。虽说曹操从来不信这一套鬼话，可现在想来倒也觉丝丝入扣，嘴上却道：“方术之言听之犹可，若说相信，不免贻笑大方。”曹操一边说，一边手扶山石又往前走了几步。

“主公小心，脚下就是悬崖了。”许褚提醒道。

曹操浑不在意，迎着海风傲然挺立在山崖之畔，看着那一望无边汪洋，不禁感慨道：“在老夫看来，海有多大人心就有多大，也无需去找什么仙山灵药，有生之年但求海纳百川，成就一番事业，那才是真正的大英雄、大丈夫！朝闻道夕可死矣，人生何惧老也！”他说到这里忽然张开双臂，又吟唱道：

神龟虽寿，犹有竟时，
腾蛇乘雾，终为土灰。
老骥伏枥，志在千里。
烈士暮年，壮心不已！
盈缩之期，不但在天。
养怡之福，可得永年。
幸甚至哉，歌以咏志！

“好诗！”邢颙双挑大指，“好个‘烈士暮年，壮心不已’！主公虽年过天命，雄心不堕壮志不息，日后大有可为。主公就是当今天下的真英雄、大丈夫！”

阎柔听了个半懂不懂，反正跟着夸就是了：“杰作啊杰作。”

“妙不可言！”

“主公大手笔啊！”

“不仅是天下英雄，还是天下英雄之魁首也……”

众人的赞美声不绝于耳，曹操听得高兴仰天狂笑。可坐在远处的田畴却陷入了沉思——曹孟德果真非泛泛之辈，老骥伏枥志在千里，烈士暮年壮心不已。这磅礴的诗句岂是寻常之辈做得出来？不过他的这番感慨因何而起呢？他的千里之志，烈士壮心又是些什么呢？

恐怕是情系金銮玉圭，一心以为鸿鹄将至吧！

第五章
战后整顿，曹操大肆集权

痛失奇才

建安十二年十一月，曹操终于踏出辽西地界，在易县与留守大军会合。迎候他的除了留守的荀攸、曹仁、于禁等人，还多了上谷郡乌丸单于难楼、代郡乌丸单于普富卢。

蹋顿战死，袁尚等遁逃，三郡乌丸顷刻瓦解，消息传来可吓坏了其他部落，难楼、普富卢如坐针毡，唯恐下一个倒霉的是自己，赶紧跑到易县向曹军投诚，不仅贡献战马军资，还主动把家眷送来，要求迁居邺城作为人质。但这些都没能让曹操高兴起来，因为迎接的人群中少了一人——他最器重的谋士郭嘉已于两个月前病逝。

郭嘉从戎十余年，参赞军机屡献奇谋，尤其在谋夺河北的战斗中功不可没。虽然他至死也只是军师祭酒，但待遇远远超过其他同僚，实际地位仅次于军师荀攸。这不仅因为他足智多谋妙计频出，更因为他时刻都能揣摩清曹操的想法，规谏而不犯上，逢迎而不谄媚，聪慧而不掩主。曹操认为他前途不可限量，正有意授予他高官重任，甚至欲以自己后事相托。不料天妒英才，郭嘉竟于这时溘然长逝，终年仅三十八岁。

曹操深陷悲痛，哪有心思接待难楼、普富卢？只随口安抚几句，接受贡品人质，打发他们离开，第二日便带着郭嘉的灵柩回师邺城。这一路走走停停，曹操骑在马上总是忍不住回头张望棺椁，甚至幻想这机灵鬼诈死，还能出人意料地从棺材里爬出来。

但奇迹终究没有发生，大军已至邺城，留守幕僚迎接的队伍已遥遥可望，曹操还是不能摆脱悲伤，勒住坐骑重重叹了口气。他这一停整个行军队伍渐渐都停了。

荀攸这几日片刻不离守在他身边："人死不能复生，主公节哀。大家都在道边迎候，莫让他们久等。"毕竟是得胜而归，群僚还要给他接风贺功呢。

曹操也不想哭丧着脸进城，却怎么也高兴不起来："追惜奉孝，不能去心。带病出征，弃命定事，何得使人忘之？"

"惜乎天不予其寿。"荀攸也很不是滋味，"他膝下有一子郭奕，尚未成丁。主公若有追念之意，厚待其子也就是了。"

"追赠后人又于逝者何补？"曹操双目炯炯望着荀攸，"奉孝不但善于谋划，更能知我所思。设使人人都似奉孝般解我心意，天下大事何能不遂？"这话里有话——郭嘉知我所思，拥护我做皇帝，你们为什么不配合？若你们都能似他那般揣摩我心思，我还至于这么痛惜他吗？

荀攸此刻也是备受煎熬，曹操一而再再而三地逼他表态，就差撕破脸了，若再抗拒下去会是什么结果？思来想去，他万般无奈道："属下愿效奉孝之志，与主公同心同德……"说到最后已语带哽咽，甚感这是对自己半生志向的背叛，简直想找个地缝钻进去。

曹操从荀攸眼睛里看到一种特殊的神情，那是一个人被逼到墙角无路可退时才会有的乞求眼神。曹操终于满意了，只要军师肯就范，其他祭酒就不存在问题，能干预到他的就只剩下荀彧了。正思量间忽听远处传来一阵飘渺的歌声，悠悠荡荡，似是农闲村丁所唱：

我生之初尚无为，我生之后汉祚衰。天不仁兮降乱离，地不仁兮使我逢此时。干戈日寻兮道路危，民卒流亡兮共哀悲……

戎羯逼我兮为室家，将我行兮向天涯。云山万重兮归路遐，疾风千里兮扬尘沙。人多暴猛兮如虺蛇，控弦被甲兮为骄奢……

歌声悲伤苦楚，曹操不禁闭上眼睛静静聆听——这首歌讲述一个汉家女子遭逢乱世，在兵荒马乱中被胡人掠去的经历。虽然记述的是个人的离乡之痛，却把天下大乱，烽火遍野，百姓流亡的种种痛苦道了个尽，字字泣血令人断肠。

“好悲的歌声……”曹操本就惦念郭嘉，越听越觉惆怅，可细细品来，这歌文采奕奕词句精妙，又感诧异，“乡间野老怎会这样的歌？必是通晓诗赋之人所做，此间可有什么文士被埋没？”

荀攸心不在焉，只是一味摇头。这时有个二十多岁的年轻掾吏挤出人群：“在下久居边郡略晓一二。”说话的是涿郡人刘放，他本袁熙帐下的渔阳功曹，因劝渔阳太守王松降曹而被录用，“此曲非隐居之士所做，乃匈奴左贤王[1]之妻所写。”

“左贤王之妻？”曹操不敢相信，“匈奴也有此等才女？”

“此女并非匈奴，乃陈留郡人士，我大汉名士蔡伯喈之后，名唤蔡琰，小字昭姬。[2]”

“蔡邕还有一个女儿？”出乎曹操意料——他早年与蔡邕有旧，故而十分关照其后人，当年他入主兖州，见蔡邕的一双儿女幼小可怜，也曾予以关照。如今蔡邕之子已入仕，女儿嫁与名臣羊续之子羊衜，怎么又冒出另一个女儿来？

刘放说：“昭姬乃蔡伯喈长女，已年过三旬，早年嫁与河东才子卫仲道。其夫早亡，归宁在家，那时蔡邕在长安为官，她也相随照料父亲。后来王允诛董卓，蔡邕亦遭屠戮，李傕、郭汜作乱，匈奴单于於夫罗趁火打劫，昭姬落入胡人之手，辗转被左贤王收为王姬。听说还给左贤王生了两个孩子呢。”

“竟有这等奇事？蔡伯喈乃前朝第一博学才子，家中藏书两千余卷，惜乎命运不济，”说到这儿曹操又回头瞟了眼郭嘉的棺椁，“唉！这世上才俊之人偏偏都如此不幸。”

刘放却道：“曹公莫愁，当今天下有两人最得蔡公之教，广博多识。”

“哪两个？”

“一位是昔日何进长史王谦之子，名唤王粲，少时随蔡邕读书，今

---

① 左贤王，匈奴部落重要首领，是王爵名，并非人名。

② 蔡昭姬，即蔡文姬。晋代文献因避晋文帝司马昭名讳，改“昭”为“文”，后世误解讹传为蔡文姬。

在荆州刘表帐下，还有一位就是这蔡昭姬了。她虽属女流之辈，却广览多学，诗词歌赋无所不通，丝竹音律最为擅长。您听这首诗歌，原本胡人所唱，是她以胡笳为乐编出来的。”

曹操再细听，果然调式与中原之乐不同：“如此才女流落外藩岂不可惜？当今兵戈渐息百废待兴，若能迎回此女以传蔡氏之学，也是一桩好事啊。”

“这不合适吧。”荀攸插了话，“她乃匈奴王姬，又已诞育子嗣，怎好拆散人家夫妻？”

曹操才不管那些：“她本就是汉人，遭劫掠而去，回归故土理所应当，咱们可以给左贤王送些财货，赎她回来嘛！议郎周近通晓匈奴语言，这件事就交给他办。”

荀攸仍觉不妥：“周近乃朝廷要员，不适于做这些事，还是写信与令君商量一下吧。”

“我决定的事难道还要令君批准吗？”

荀攸吓了一跳，再不敢违拗：“不敢不敢，一切皆听主公之命。属下本是军职，无权干问他务，今后定不多涉。”

曹操见他恭顺听话，也不再为难：“军师莫怕，只要你能知我心就好。”说罢提起缰绳，“这歌声太悲了，我不想再听，咱们还是快点儿进城吧。”

荀攸擦擦额头的冷汗——即便逆来顺受，也脱不清与荀彧的关系，这军师越来越难当啦。

负责留守的夏侯惇、仲长统、崔琰、董昭等人已在道边跪候半天了，见大军行到近前停住脚步，不明缘由却也不敢起来，直等到曹操与荀攸说完了话，队伍再次行进才算松口气，齐声呼号：“属下恭迎主公，贺我军得胜而归。”曹操脸上还是没有太多喜色，只是摆摆手让他们起身。夏侯惇接管兵马在外扎营，群僚则跟着曹操进城回府，连郭嘉的棺椁也抬了进去，暂时停在州府院子里。

洗澡水烧好了，庆功酒备下了，曹操却一概不用，站在院里抚着棺椁呆呆出神。他不歇着别人更不敢歇，所有人都直挺挺在一边陪着。仲长统与崔琰、荀衍对视了一眼，三人同时出班跪倒：“我等愚钝，阻主公用兵于前，又未能随驾驱驰，请主公重重责罚。”

三人这一挑头，顿时呼啦啦跪倒一大片，所有反对这次远征的人都在请罪。曹操木然环顾，淡淡道："起来吧，你们没罪。凡是阻我用兵之人尽皆有赏。"

不但无罪反而有赏，众人面面相觑不知缘由。

曹操语重心长："此番用兵乃乘危侥幸，虽然得胜亦颇艰险，不可以为常。至今想起白狼激战仍觉后怕，你等之谏乃万安之计，因此相赏。今后还望你们知无不言，言无不尽……可惜再不能闻奉孝之良谋了。"

"主公虚怀若谷，我等敢不尽命？"在场之人见他如此宽宏，又如此追念下属，无不动容，不少人都落了泪。

许攸也在场，却没请罪，乐呵呵凑到他身边耳语道："阿瞒兄，人之生死乃是天定，有何不能释怀？大家都知道你体恤属下，何必还这么没完没了的？歇歇吧。"

曹操虽然真心怜惜郭嘉，却也有惺惺作态收买人心之意；听许攸道出自己用心，不禁狠狠瞪了他一眼，却又不好捅破，便转身朝楼圭道："子伯，从即日起晋升将军！"

这官升得太突然，楼圭都愣了："这、这……"

"莫推辞。你以身犯险从军劳苦，升官理所应该。不似有些人光会动嘴不肯用心，什么东西！"曹操一句话把许攸噎得灰头土脸。

楼圭始终担任武职，却连一个兵都没带过，如今升任将军仍旧没兵权。曹操始终不提这个茬，他索性也认了，转而道："袁氏兄弟逃窜辽东，犹如斩草而未除根，倘若他兄弟与公孙康串通作乱，当以何计除之？孟德你要多加防备。"

话音未落忽见韩浩跑进院子："主公，凉、凉……"支支吾吾的，仿佛看到不可思议之事。诸人还未反应过来，就见后面跟进一个白发苍苍的官员——竟是被公孙度、公孙康父子扣留三年多的乐浪太守凉茂。

"凉伯方！你怎么逃出来的？"众人无不惊讶。

曹操丝毫都不惊讶，似乎早已料到："他们总算放你回来了，这几年受了不少苦吧？"

凉茂眼圈红了："卑职以为有生之年再也见不到明公了，真不敢相信……"说到这儿便哽咽住了。软禁的感觉度日如年，尤其曹操与公孙氏在青州开战时，凉茂都怀疑自己是否还能活着离开辽东，刚刚五十岁头发都愁白了。

“唉！别难过了。”也不知曹操是劝他还是劝自己，“公孙康没叫你空手而归吧？”

凉茂拭去泪水，朝院外招招手，只见从外面走进五个小吏，每人手中都捧着黑漆木盒。曹操根本不用打开看，早猜到里面装的什么——袁绍嗣子袁尚、二子袁熙、辽西乌丸首领楼班、右北平乌丸首领苏仆延、辽东乌丸首领乌延，五个漏网之鱼的首级。

旁人不明就里，打开木盒看得触目惊心。凉茂捧出两卷竹简：“这是公孙康亲手写的降书，还有给天子的表章。袁尚兄弟及三郡贼首投奔辽东，公孙康与其弟公孙恭谋划，假意设宴款待，在席间将五人斩首，叫在下将人头带回。公孙氏决意归顺朝廷，自今以后听主公调遣，发誓镇守东北永不为害。”

曹操也没心思看书信：“公孙康不是把永宁侯让给公孙恭了吗？我念其诛贼有功再授予他襄平侯，封左将军，领辽东太守如故。只要不抗拒朝廷，老夫也不为难他。你久困辽东熟悉细情，能者多劳，再辛苦一趟吧。”永宁侯是乡侯，襄平侯是县侯，对公孙康实是有升无降。因为辽东离中原太远，武力征服意义也不大，倒不如留公孙氏震慑高句丽，也省得自己操心。

“诺。”凉茂得令欲去。

“还有！邴原、管宁、王烈三人旅居辽东多年，下辟令把他们召回来。”曹操久仰三位贤士，过往多次征辟公孙氏不放，如今恐怕不敢不放了。

楼圭啧啧称奇：“难怪你不急于兵发辽东，原来已料定公孙康会把袁氏兄弟的脑袋送来。”

“公孙氏素来屈居袁氏之下，若极力征剿袁尚，必促使两家联合共御我军，缓之则自相图谋。”平日曹操计谋得逞总是眉飞色舞娓娓道来，今天却提不起兴致，讲得有气无力。

楼圭沉吟不止：“以利相交，利尽则散；以势相交，势去则倾。这妙计我怎么想不到？孟德啊孟德，我真服了你喽！”

哪知曹操闻听夸奖非但不喜，反而抽泣起来：“这哪是我的主意？是奉孝临行时所献之计……”一语未毕他握起拳头猛捶胸口，恸哭不已，“哀哉奉孝！痛哉奉孝！惜哉奉孝！老天何等不公，折我膀臂也……奉孝啊……”哭了几声忽觉眼前眩晕，险些栽倒。

楼圭、许攸赶忙搀住："孟德，你怎么啦？"

"我的头……"曹操两年未犯的头风病复发了。霎时间脑仁剧痛双眼昏花，加之过于悲伤，话未说完已昏厥过去……

也不知过了多久，曹操渐渐转醒，发现自己躺在后堂，痛意已消退；身子刚动两下，就听耳畔有个声音道："明公莫动，头上有针。"

"嗯。"曹操应了一声，闭上眼睛，可忽然意识到给自己治疗的是华佗，猛地坐起身来："华先生！"

华佗一惊："针还未除……"

曹操哪管那么多，一把抓住他手腕："你何时回河北的？为何不给奉孝治病？"

"明公头上有针，不能动。"

"我没问你这个。"曹操心中满是怒火，"你为何不能把郭嘉的病治好？"

曹丕、曹彰、曹植等都在房外守候，闻听动静赶忙拥进来："父亲错怪华先生了，先生赶回之际郭嘉已经亡故。"

曹操根本不问缘由，推了华佗一个趔趄，狂吼道："早不回家晚不回家，偏在这时候回家！你若不走，奉孝何至于死？"

这叫华佗怎么回答？只好叩头请罪。曹丕、曹植见父亲怒气不消，也都跪下了："父亲息怒，保重身体啊。"曹林、曹彪几个年纪小的吓得直哭。

"哭什么哭，都给我闭嘴！"曹操拔掉头上的针，回头又问华佗，"奉孝之事暂且不提，你是怎么给我治病的？头风为何复发？"

病理之事华佗倒很清楚："主公积病日久非朝夕可愈，鞍马劳顿加之悲痛，故而复发，在下开方调理数月，必能……"

"什么乱七八糟的药方，我看你明明能以针灸治好我的病，就是不用心治！"曹操于医药之道一窍不通，却猜忌甚重。

"在下不敢……针石只可治标，未可治本。"

"你们这等巫医百工之徒就爱故弄玄虚？"曹操越说越气，"我给你一个月时间根治此病。若逾期再发，我要你的命！"

治病又不是打仗，岂能约定时日？华佗叩首道："主公之病需慢慢调养，岂能……"

曹操见他还敢顶嘴，越发震怒："推三阻四我现在就杀了你！你治还是不治？”

华佗便有天大本事，也不可能在一月内把头风根除：“请主公宽限时日……只要半年必能好转……”

曹丕、曹植都觉父亲因郭嘉之死迁怒于人，闹得毫无道理，正不知如何劝解，忽听外面传来一阵婴儿啼哭——曹冲抱着一个襁褓走了进来：“爹爹别生气了，快看看小弟弟。”

“小弟弟？”曹操一愣，“我、我又有儿子了？”他这才想起出征之际卞氏已身怀六甲，可不早该生了。

曹冲把襁褓塞到父亲怀里：“夫人为生小弟弟闹了场病，多亏华先生施救，这几天他为夫人诊脉煎熬，受了不少累。”

众兄弟这才醒悟——好机灵的小子，抱着孩子来讲人情。

毕竟父子天性，曹操一见孩子把刚才的气扔到龟兹国去了，又听了曹冲的好话，渐渐转怒为喜：“好好好……这孩子瘦了些，起名没有？”

曹彰憨笑道：“我昨天射猎，捕了头熊回来，干脆叫曹熊……”话未说完曹丕便朝他使眼色——正在气头上，还敢提狩猎！

曹彰赶紧掩口，曹植忙转移话题：“母亲年逾四旬尚能孕育，也是华先生开方调理的，父亲还需多多体谅先生啊。”

卞氏四十多产子，身体已不复当年，所以这孩子先天不足，已过了满月却跟个小鸡子似的。曹操捏了捏那清瘦的小胳膊：“太瘦弱了，就叫曹熊吧，希望他以后壮实起来。”说罢递回曹冲手中，“天凉，快给夫人抱回去，这可是她心头肉啊。”

“爹爹不怪先生了吧。”曹冲眨巴着小眼睛看着父亲。

曹操理智了不少，瞥了华佗一眼：“看来你也有委屈，算了吧！先把她们母子照顾好，我的病慢慢来。”

“诺。在下现在就去给夫人煎药。”华佗逃命般退了出去，到廊下才想起药匣没拿，又回去哆哆嗦嗦拾起满地银针，一不留神把手都扎破了——在曹府当差可真难啊！

曹操命儿子取来笔墨，要修表章追封郭嘉。曹植恐他辛劳，请求替父亲执笔，曹操也没拒绝，倚在榻边缓缓道：

臣闻褒忠示宠，未必当身，念功惟绩，恩隆后嗣。是以

> 楚宗孙叔，显封厥子；岑彭既没，爵及支庶。诚贤君殷勤于清良，圣祖敦笃于明勋也。故军祭酒洧阳亭侯颍川郭嘉，立身著行，称茂乡邦。与臣参事，尽节为国，忠良渊淑，体通性达。每有大议，发言盈廷，执中处理，动无遗策。自在军旅，十有余年，行同骑乘，坐共幄席。东擒吕布，西取眭固，斩袁谭之首，平朔土之众，逾越险塞，荡定乌丸，震威辽东，以枭袁尚，虽假天威，易为指麾。至于临敌，发扬誓命，凶逆克殄，勋实由嘉。臣今日所以免戾，嘉与其功。方将表显，使赏足以报效。薄命天殒，不终美志。上为陛下悼惜良臣，下自毒恨丧失奇佐。昔霍去病蚤死，孝武为之咨嗟；祭遵不究功业，世祖望柩悲恸。仁恩降下，念发五内。今嘉殒命，诚足怜伤。宜追赠加封，并前千户。褒亡为存，厚往劝来也。

通篇写罢曹操读了好几遍，才渐渐释然——往者已矣，毕竟打了场胜仗，北方再无干戈，该着手准备南下了。不过在这之前还有别的事要安排，一些比打仗更重要的事。

曹丕见他气色好了不少，笑道："父亲既然无碍了，我去前面告诉众位大人一声，免得他们担心。"

"很好，你很懂事。"曹操难得夸他一句，"对军府的大人们要多多尊重。来年为父可能会南征荆州，你们都要随军出征。"

曹植似乎漫不经心问："弟弟们都还小，也要跟去打仗吗？"

"难道真叫他们上战场？"曹操终于露出一丝微笑，"从军也不过是积累功劳，为日后之事铺路，所以冲儿他们一定要去。"

曹丕兄弟咂摸这话的滋味——冲儿一定要去。看来父亲心中默认的继承人已经很清楚了。

思慕九五

回军途中将士一直诧异，为什么素来雷厉风行的曹操这次却拖拖拉拉行动迟缓。现在终于明白了，原来出兵之前他已派董昭在邺城西北挖了片湖泊，引漳河之水灌入其中，名为“玄武池”，又征调了许多船只。缓慢撤军是叫大家休养，一回到邺城，紧张的水军操练就开始了。

曹营都是北方兵，在平原山地作战还可以，到水上战斗力就大打折扣，接下来的目标是荆州刘表，进而与江东孙权为敌。那就意味着要在长江、汉水用兵，不善水战怎么得了？所以操练水军就成了当务之急。曹操只休息了两天就到玄武池视察训练，夏侯惇手执令旗亲自指挥，三军将士划船摇橹排出阵势，倒也进步很快。

这一日忽然接到军报，孙权再次兵发江夏，似有吞并荆州之意。曹操深知不能容孙氏抢先下手，忙暂停训练，调于禁、张辽、张郃、朱灵、李典、路昭、冯楷七位将军听令：“远征以来中原空虚，江东孙权虎视荆州，我决定派你们七个率兵回屯颍川，震慑东南之敌。”

于禁道：“水军尚未练精，恐不能与敌交锋。”

曹操早有打算：“我已决定将刘勋、张憙、程昱等部编入中军，继续操练水战，你们暂且回去，日后会合一处共同南下。”他又特别叮嘱朱灵，“你所部都是新近招募的河北士卒，头一遭离开家乡可能有些不习惯，你要好好安抚他们，切不可意气用事。”

“明白！末将绝不会出丝毫差错。”朱灵把弓拉得很满。

“你们现在就退出玄武池，休整一日明早开拔回颍川。”曹操觉得这番安排很周到，一旁举旗练兵的夏侯惇却道：“孟德，有件事我想提醒你，江汉之水与玄武池之水大不相同。大江天险风大浪大，玄武池却是一潭死水，这样练兵真的有效吗？”

“练了总比不练强，再说咱们兵马不下十万，以倍击之岂能不胜？”曹操的看法很乐观。

夏侯惇仍心存疑虑，方欲再言忽见董昭与赵达慌张跑来：“主公！有人擅自为袁尚兄弟收尸。”

曹操将袁尚兄弟的人头挂于南门示众，并传下命令，若有拜祭者按同党论处，可屡屡有人犯法。昨日牵招押解乌丸人质回来，见城头挂着首级，赶忙下马哭拜故主。曹操念他不知未加怪罪，今天又冒出一位，不但祭拜还要收尸，可不能再轻饶了：“何人如此大胆？”

赵达添油加醋道：“就是田畴田子泰，主公给他官他不当，还敢收敛罪人，不惩此人不足以正威信！”

一提到田畴，曹操态度立刻变了——若没有他引路塞外，岂能轻易得胜？只道：“先不要擒他，带我去看看。”

许褚要跟随护卫，却被曹操拦了，一个亲兵也没带，只领着董昭、赵达二人穿西门转南门，眼看到了悬头之地，戛然止步：“随我上城。”

“田畴在城外呢。”董昭莫名其妙。

“我知道。有话跟你说。”曹操说罢已率先登了城楼，守城兵丁见主公来了赶紧跪倒问安，都被他挥退了。

城楼之上视野开阔，但见田畴布衣幅巾，手执一张弓，刚刚把高杆上悬挂的人头射落，寻了两块麻布，耐心地包裹着。身边的士兵倒是不少，都举着兵刃围着他转，却没一个人敢上前擒拿——都知道他有功，万一抓错了，曹操怪罪下来谁担得起？

赵达一见此景扯着脖子边喊：“大胆田子泰，你……”

曹操抬手拦住：“他乃义士，顾念昔日袁氏辟用之恩，为之收尸。也罢，我就成全他这番美意。”

田畴已看到了曹操，却只是朝城上拱了拱手，连话都没说，兀自包好人头，又打了个结往身上一背，跨上自己那头小毛驴。众士兵见曹操都不管，哪个敢拦着？闪出条路，生生瞧着他扬长而去。

“此人清高，恐不能为主公驱驰。”董昭阴沉沉提醒道。

曹操倒也宽宏：“成全他也是成全我自己，我要赠他个侯位，叫全天下都知道，我曹某人有功必赏。”

董昭暗暗摇头——这种怪人，官都不愿意做，封赏他肯接受吗？又听曹操已不露痕迹转换了话题：“叫你们到城上来是有些私密之事要谈……最近京师有何动静？”

赵达抢先道：“最近朝中百官遵照主公之意，都在讨论改革刑律之事。唯有孔融大放厥词，抗议主公禁酒之令。”他说着话掏出一纸帛书，“他写了一封信，想与您辩论禁酒之事，被令君押下了。我偷偷抄来一份，请您过目。若有悖逆之言，正好治他的罪！”

> 公初当来，邦人咸抃舞踊跃，以望我后，亦既至止，酒禁施行。夫酒之为德久矣。古先哲王，类帝禋宗，和神定人，以齐万国，非酒莫以也。故天垂酒星之耀，地列酒泉之郡，人著旨酒之德。尧不千钟，无以建太平。孔非百觚，无以堪上圣。樊哙解危鸿门，非豕肩钟酒，无以奋其怒。赵之斯养，东迎其主，非饮卮酒，无以激其气。高祖非醉斩白蛇，无以畅其灵。景帝非醉幸唐姬，无以开中兴。袁盎非醇醪之力，无以脱其命。定国不酣饮一斛，无以决其法。故郦生以高阳酒徒，著功无汉。屈原不哺醩醨，取困于楚。由是观之，酒何负于政哉？

曹操本不屑一顾，可通篇看罢又不禁赞叹："尧不千钟，无以建太平。孔非百觚，无以堪上圣……高祖非醉斩白蛇，无以畅其灵。景帝非醉幸唐姬，无以开中兴……孔文举果真才华横溢，连喝酒都能讲出道理，博学多闻妙笔生花，令人不得不佩服。"但赞誉过后又是一阵恼火，"惜乎有其才却不能为我所用。可恨可恼可悲可叹！又叫老夫如何是好……"

可恨、可恼尚有缘由，何言可悲、可叹？董昭察觉他态度微妙，没敢轻易搭话。赵达却坏笑道："文笔虽好，却通篇诡辩之辞。亏他还是圣人之后，难道连《尚书·酒诰》都不知道？以在下之意，主公何不借圣贤之言加以驳斥，好好羞辱他一番？"

"圣人之后？"曹操似乎想起什么，却欲言又止，沉默半晌才道，"既然他反对禁酒，那就收回禁令，叫他痛痛快快喝吧。"

"啊？"赵达眨眨眼睛，不明白曹操何以一反常态，"主公岂能迁就这饶舌鬼？孔文举虽不足以成事，但蛊惑乱群。若长此人之志，日后擅论朝政之人必定越来越多……"

董昭已摸透曹操心思，一句话都不说，暗笑赵达不晓事——孔融快人头落地了！

其实曹操早对孔融忌恨在心，欲杀之而后快。但孔融大有贤名，又是圣人之后，曹操需要借其声望人脉招揽名士，才迟迟没有下手。如今华歆、王朗、陈群俱已臣服，羁旅江东的张范，避难辽东的邴原等也将入京，仍不归来的似张昭、孙弘、许靖之流，不是对曹操抱有成见，就是已成孙氏死党。换言之，孔融这颗胡桃的油已经榨干了，既没价值又多言乱事，还留他干什么？相反诛孔融可以杀鸡儆猴，给那些反对曹氏僭越的人以威慑。既然决定杀他，还计较什么禁不禁酒的小事？由着他喝吧，反正也痛快不了几天了。

赵达兀自唠叨没完，曹操终于不耐烦了："老夫的命令，还轮得到你说三道四？留神你自己的前程吧！"他虽用赵达等校事，却不准他们随便干涉事务，呼来唤去如驱奴婢。

赵达打了个寒战，赶紧跪下请罪。曹操把帛书扔回给他："别在这儿碍眼了！去把邢颙叫来，我有事托他。"

赵达怵生生而去。曹操转身望着城外，隔了良久喃喃道："士民归附外藩降服，下一步又该如何？"

董昭谨慎道："操练水军早日南下。"

"这还用你说？"曹操没有回头，"现在只剩下你我二人，出你之口入我之耳，还装什么糊涂？"

董昭当然知道"下一步"指什么，但涉及君臣之大防，曹操若不明说，绝不敢主动提及；听他挑明这才放开顾忌："主公统一北方，废刘氏宗国不过千里之行的第一步。若以在下之见，两件事可以考虑。"

"哪两件事？"

"扩建邺城，晋升官职。"董昭脱口而出。

他所言扩建邺城不是单纯的修葺，而是暗示曹操应该把邺城建成曹氏天下的国都。皇帝变了国都也要跟着变，一者体现万物为新，二来也是为了脱离原先的政治中心。许都本是颍川郡的一个县，虽屡加扩建仍是不足以体现威严；洛阳焚毁多年，城池破败人迹稀少，要恢复昔日气象非朝夕之功；长安远在关中，豪强纵横民力衰竭，也不甚稳妥。挑来挑去只有邺城地面广大户口殷实，"邺"与"业"音同，象征大业将成；所在魏郡更是与"代汉者，当涂高"的谶语吻合。自从曹操平定河北，邺城成为新的大本营，他不但以领冀州牧的身份辟用了一批新幕僚，还把家眷迁了过来，许都的司空府反倒不重要了。在许都他头上还有个天子，虽是傀儡也得时刻装作恭谨，在邺城却可以任意而为，就连荀彧都无法掣肘。无论从哪个角度看，邺城都是新都的不二之选。

“似乎言之过早吧。”曹操虽这么说，口气却不怎么坚决。

董昭早想好应对之辞：“主公戡定北方，若南下荆州扫灭江东，天下太平只在瞬息之间。凡事预则立不预则废，理应早作准备。”

“你所言不无道理。可是洛阳也在修复，也得花不少钱。再扩建邺城又是笔不小的开销，北方刚刚稳定，冀州赋税又订得极低，搞这么多工程……唉，看来老夫要动用家底了。”曹操所谓的家底其实是他封邑的积蓄。他奉迎天子之功受封武平侯，封邑一万户，此后屡建功勋频频加封，如今占武平、阳夏、柘、苦四县，享封三万户，实是天下第一富豪。不过他生活简朴勤俭持家，这么多钱几乎没动用过，前番出征分赠将士的不过九牛一毛。如此庞大积蓄，加上挖掘梁王墓以及接收袁绍府库所得，修城根本不是问题，况且朝廷也不可能一文钱不出。袁绍、袁术也曾豪富，但有了钱大半花来摆谱。曹操有钱却存着，等时机到来用它办事。这是种智慧，也是曹氏“家学”。当年他父亲曹嵩也是一面敛财，一面勤俭持家，存下亿万家资买个太尉当。在用钱方面曹操也是得其父真传。

董昭听他这么说，心下不免好笑——常言道“善财难舍”，固然破费不少，但这笔买卖做成赚来的是天下。虽这么想口上却恭维着：“主公花费私财，令卑职心中难安。”

“那就交给你办了。招一批良匠谋划谋划，先画份草图给我看。”这件事就此敲定，曹操捋了捋胡须，顿了片刻又道，“刚才你还道晋升官职。老夫已位居三公，有假节钺之权，难道官职还不够大吗？”

“主公虽官居司空位至极品，但毕竟与百官同列。古人云：‘爵位不高，则民不敬也；蓄禄不厚，则民不信也。’只有凌驾百僚之上，才能树盖世之名望，也好……”董昭考虑了一下措辞，“也好为日后奠定名分，诸事才能水到渠成。”

“司空不足以号令天下，那应该要一个什么名分呢？”

“以您的功绩，匡扶朝廷复立社稷，古之王公犹可比肩。目前干戈未息，不便破坏异姓封王之法。不如先居丞相之位，日后渐行其事。”

“丞相！”连曹操本人都吓了一跳。

“不错，废除三公之制，恢复前朝旧法。主公独居丞相，总揽天下一切事务。文武百官理所当然都是您的下属，所有郡县官员都可以直接管辖，表章奏议也无需通过尚书经手了。”董昭所谓前朝旧法，实际是三公制的前身，以丞相、太尉、御史大夫统辖百官。丞相总领一切政务，太尉掌管军戎之事，御史大夫是副丞相，负责监察百官。因为这种制度对皇权威胁太大，汉武帝以后朝廷设立尚书分割相权；到光武中兴之际，干脆废了丞相、御史大夫，改为太尉、司徒、司空三公，名义上是百官之首，实际上政归台阁，三公若无"录尚书事"的兼职，什么权力都没有。曹操之所以能干涉政务，也并非因为他是司空，而是他有"录尚书事"的兼职，能管辖尚书令荀彧，遥控台阁。恢复丞相无异于与百官脱离，让曹操达到一种无所不管，无所不能，独缺天子名分的境地。不过值得玩味的是，旧制有丞相、太尉、御史大夫三个官职，董昭却对另两个只字不提，似乎是暗示曹操，只需要一个丞相，其他的都不必再设。名为恢复旧制，实为变相集权。

"丞相、丞相……"曹操默念了几遍，忽然蹙眉道，"不知为何，只要一提到丞相，老夫就想起昔日董卓自称相国。我这么干，不会有人把老夫比作董卓吧？"

董昭振振有词："董卓乃一暴虐凶徒，主公平灭奸邪解民倒悬，主公之于董卓乃云泥之别，焉能相提并论？"

云泥之别也罢，相提并论也好，反正干的都是差不多的事。曹操还是觉得这一步升得太大，都有些失重的感觉了。他犹豫半晌，叹息道："《三略》有云'释近谋远者，劳而无功'，兵戈未灭就先身居高位，叫天下人怎么想？"

董昭不否定他的说法，转而道："古人云：'不登高山，不知天之高；不临深溪，不知地之厚。登高而招，臂非加长，而见者远；顺风而呼，声非加疾，而闻者彰。'主公若不居尊贵之位，何以收揽人心以定天下？昔日齐桓公九合诸侯一匡天下，皆赖管仲之力。管夷吾辅佐的不过是诸侯，成就的仅仅是霸业，尚且居于相位。主公辅佐的是天子，捍卫的是当今天子之业，反而不配为相吗？"这番应对真是巧妙，明明两人谋划的是曹氏代汉，可董昭却以曹操对汉室的功劳为说辞。这又是暗示曹操——天下本来就赖你之力，你当丞相乃至以后的任何举动，完全合情合理。

曹操毫无表情，呆呆愣了片刻，忽然道："公仁啊，前几天臧霸派人送鳆鱼来了，我分赐给大家，你也有一份吧？"

"嗯？"董昭不知他为何聊起了闲话，心中莫名其妙，却不能不回答，“卑职也享用了，多谢主公。”

“鳆鱼好吃，而且益于身体。可是我在想，似阎柔那帮武夫吃的时候会是怎样一种吃相呢？”曹操扭过头，脸上挂着笑意，却加重了语气，“再好吃的东西若是吃相难看，似乎也观之不雅吧？”

董昭眼睛一亮，似乎明白了——丞相可以当，但恢复丞相制就要废除三公制。许都还有一位司徒赵温呢！虽然此公乃蜀中人士，没有党羽圆滑柔顺，可也不能说废就废。若无缘无故罢免赵温，朝野观感欠佳，引人说三道四；可暗示他自动辞职也不妥，谁都明白那是迫于曹操压力。怎样才能既罢免赵温而又不受指摘呢？好东西要吃到口，但还要有一个优雅的吃相。

曹操遥望远方长吁短叹：“要是奉孝还活着该有多好？出谋划策谁能比得了他？别人还是不行啊……”

董昭听得酸溜溜的，冥思苦想一阵，忽然跪倒在地：“卑职不才，愿为主公办成此事！”

人受挤对能长能耐，曹操要的就是他这句话，忙转身笑道：“你有何办法？”

“咱们这么办……”董昭爬起身在曹操耳边嘀咕几句。

曹操听罢点点头：“办法虽妙却要谨慎行事，若传扬出去，非但老夫颜面无存，对我儿的名声也有碍。”

“卑职一定小心，回许都后先去见荀令君，把……”董昭话未说完，又听身后响起脚步声——赵达带邢颙上城来了，后面还跟着李典。

曹操咳嗽一声，故意提高嗓门对董昭道：“明天你就回许都，把追封郭嘉、救赎蔡琰等事转告令君。所有的事都交你办，明白吗？”

“明白！”董昭知他不便当众道破，“所有的事”也就算默许他的计策了。

“还有……”曹操从袖里掏出一纸帛书塞给他，“这是写给令君的信，你亲手转交他。去吧。”

“诺。”董昭施礼告退，与邢颙三人走了个迎面，仅微微一笑，什么都没说。

曹操也笑盈盈的：“曼成怎么也来了？移驻颍川之事有困难？”

李典表情凝重，手里攥着一卷锦套封着的卷宗，走到曹操面前猛然跪倒，把卷宗捧过头顶：“此物献与主公。”

曹操戏谑道："早听说你身在军旅不弃学业，莫非勤奋读书写出的文章？"

"主公取笑。这是我李氏兖州各县的宗籍名册，共计三千余户。末将恳请将族人移居邺城，为主公效力！"李典知书明理，比乐进、张辽那帮人见识深得多。李氏在兖州乘氏、钜野等地一呼百应，曾帮曹操逐走吕布。可现今他不需要豪强了，相反可能把李氏视为隐患。李典思虑多日，连臧霸那帮人都无可避免送来人质，自己岂能抗拒？唯有解除私人势力才能消除猜忌。

曹操接过卷宗掂了掂，明明只是一卷小小的竹简，却感觉压腕子——分量当然不轻！李家这三千户是不纳赋、不服役的私人佃户，可迁到邺城就要编入民籍。这卷竹简无异于三千户赋税、三千户兵源，落到曹操手中，纵横一时的李氏豪强就不复存在了！

曹操望着这个年轻人，倒也佩服他的见识和气魄："你莫非要效仿耿纯？"耿纯是辅保刘秀的中兴名将，当初刘秀奉更始帝之命出巡河北，正赶上王昌在邯郸造反，耿纯兄弟投奔刘秀为其效力。那时刘秀势弱，耿纯唯恐族人怀有异心，放火烧了全族房舍，断了大家的归念，从此死心塌地跟着刘秀。曹操把李典比作耿纯是一种赞誉。

李典谨小慎微："末将驽怯功微而爵宠过厚，唯有倾全族之力才觉心安。当今干戈未息，充实邺城可拱卫城郊以制四方。末将何德何能，岂敢效仿先贤名将？"

李典的叔父李乾为曹操而死，与张辽有仇却不能得报，官渡之战时他把族中的私粮捐给了军队，现在又把整个家族贡献出来。这会儿任何嘉奖的话都已微不足道，也无需惺惺作态，曹操沉吟半晌，叹道："既然如此，老夫就笑纳了。念此功劳，我升你为破虏将军。"

"谢主公！"李典这声谢真是有悲有喜百感交集。

曹操拍拍他肩膀，意味深长道："耿纯辅佐光武成就帝业，列位云台功臣。曼成你年纪尚轻前程似锦，若多多勤勉，日后功爵也未必不能赶超前人。"

李典何等伶俐，一听就明白："末将效力主公万死不辞。"

邢颙一旁赞道："主公厚待李将军，李将军忠心耿耿辅保主公，真是主明臣贤的佳话。卑职贺主公能识良将，也贺曼成得随明主！"

赵达瞥了他一眼——拍起马屁来比我还在行，这算个什么隐士？曹操摆摆手："邢先生过誉，叫你来是想告诉你，老夫已修好表章，任命你为广宗县令。"

"谢主公提拔。"邢颙心中狂喜。曹操看中的人必要外放地方，或是县令或是郡守，历练三年两载，再调回来就要委以重任了。广宗县在冀州治下，邢颙又是河北人，极易出政绩，这也是曹操特别关照。

"还有一事。"曹操手指城外，"田先生刚才把袁尚、袁熙的首级收敛了。"

刑颙吃惊非小——已有军令"三军敢有哭之者斩"，昨日牵招跑去哭祭已经触犯军令，幸而曹操法外施恩未加怪罪。今天田畴不但拜祭还擅自敛尸，这不是成心对着干嘛……他赶紧说好话："昔日袁绍父子曾征辟他，虽然未曾赴任，想必也念了些情分。毕竟是袁氏诛戮公孙瓒，为刘虞报的仇。还请主公看在他这点儿拳拳忠义加以宽宥。"

"子昂小觑我了。"上下属名分已定，曹操干脆直呼他表字，连"先生"二字都没有了，"我并无责难之意，只想叫你给他传个话。"

"主公有何训教？"

"不是训教，是替我感谢田畴。引路塞外乃平贼首功，我已决定表奏他为亭侯。"

"卑职代子泰兄谢过主公。"

"还有，"曹操话风一转，"他似乎不愿为官，你替我劝劝他。立下这么大的功劳却不当官，知道的人称赞他清心寡欲，不知道的还以为老夫不用呢！有功必赏有过必罚，这是朝廷制度，并非他能左右，也并非我能左右。"说到这儿，曹操抬头看天色，"快到正午了，老夫还得去玄武池看看……总之你告诉田畴，冀幽之地的郡守、县令任他挑。实在不喜俗务，入京任侍中、议郎什么的也可以考虑。可千万别辜负老夫这番好意！"

分道扬镳

邢颙领了曹操的命令，连午饭都没用，迫不及待要把消息告诉田畴，可城里城外找了半日都寻不到踪影；又想起他收了袁尚、袁熙的首级，便赶往西北十六里的袁绍墓——果不其然，田畴正跪在地上为两个低矮的小坟培土。

“子泰兄还真把袁氏兄弟葬在袁绍坟前了。”邢颙跳下马讪讪道，“袁本初只是征辟过你，你又没出山辅佐他，为何这般厚待他父子？”

田畴没有答话，用力将坟头拍实，站起身望了袁绍的坟丘——那陵墓格外雄伟，封土又长又宽，高三丈有余，与脚下这两座小丘形成了鲜明的对比。田畴呆立半晌，才喃喃道：“我并非感念袁氏旧情，只是感慨世态炎凉。袁本初种下龙种收获跳蚤，世道变幻也太快了，希望这些受戮之人能入土为安……”

“兄长何必为这些不相干的人伤怀？”邢颙笑道，“告诉你个好消息，曹公准备上表朝廷封你为亭侯，赐邑五百户，你要成为有爵位的人啦！而且还让我转告你，各郡的郡守任由你选，如果愿意还可以入朝担任侍中。小弟辛苦一趟才晋升县令，曹公对田兄真是另眼看待啊！”

田畴摇摇头，指了指神道边的一棵树——那里栓了头小黑驴，驴背上还有个包袱，装着他出山带的所有东西。

“你要回徐无山？”邢颙不免惊讶。

“不错，马上就走。今生今世再不入曹营一步。”

“还是因为行军途中杀人的事？仗都打完了何必再计较那些？曹公封你为侯乃是出自一番好意，真心真意想酬谢你。再者你所立之功有目共睹，受之无愧何必推辞？”

“我岂能靠出卖卢龙塞换取富贵？”田畴叹道，“仕途已非我愿，什么高官厚禄封侯晋爵在我看来便如粪土。志士不饮盗泉之水，廉者不受嗟来之食。我只想做个寻常百姓，回山里安安稳稳度过余生，不愿再趟这浑水了。”

“你以为想走就能走吗？”邢颙干脆把话挑明，“兄长引路之事天下皆知。你若不接受封赠，天下人定会说曹操有功不赏处事寡恩。关乎名誉，他岂能容你一走了之？再说幽州已平定，那山村也呆不住了，只要朝廷传令迁徙，你能赖在山里不出来？不信试试看，只怕你刚到徐无山，郡县政令旋踵而至，招全村之人迁居邺城，那时你还能如何？”

“如何……”田畴痛苦地低下了头，正如邢颙所言，他逃不出曹操指掌，“即便迁进邺城，我也只做布衣，绝不入仕为官。”

“说得轻巧，他必会想方设法拉拢你。已故名士张俭、陈纪、桓典哪个不想当普通百姓，最后还不是被逼为官了？连远在辽东的邴原、管宁、王烈，曹公都要征辟，你能躲得开吗？”

田畴明知避无可避，硬是把心一横：“实在躲不过还有一死！”

邢颙还想再劝两句，却见田畴神色决然毫无动容之意，叹息道：“咱们相交十余年，无论才学、智谋、品行小弟都甘拜下风，可你这宁折不弯的倔脾气就不能改改？就算你洁身自好，当官也不是坏事，未必与节操仁义相悖。你怎么就想不通呢？”

田畴连连摇头：“入仕为官是否与节操仁义相悖，那要看为谁效力。”

“为曹公效力，光复汉室天下难道不好吗？”

“光复汉室天下？”田畴挤出一丝冷笑，“子昂贤弟，你并非愚钝之人。曹操究竟想干什么，你不会不清楚吧？你是当真看不出来，还是自欺欺人不愿承认呢？”

这句话正戳在邢颙软肋上——身在曹营一年多，岂能看不出曹操要篡夺汉室江山？果真如田畴所言，他明明看清了却不愿意承认。因为他已担任曹操掾属，是不折不扣的受益者，日后前程无可限量；尤其正值青春少壮的曹丕对他颇为赞赏，这又是何等机遇？在利益和节操的博弈中，邢颙最终选择把对刘姓王朝的愧疚埋藏在心底，对一切阴谋行径视而不见。他再也不是隐居徐无山的那个高洁之士，被权力和欲望死死缠绕，已无法回头。

田畴收起那副挖苦的表情，淡淡道：“无为其所不为，无欲其所不欲。既然我不劝你回头，你也无需要求我留下。但愚兄给你一个忠告，日后在曹营一定要谨慎小心。当初我叫你探探曹操品行，你糊里糊涂就保了他。现在我告诉你——曹孟德乃刻薄无情，阴损狡诈之徒！”

邢颙吓一跳，讷讷道：“没你说的这般严重吧。果真如此他何以击败袁绍雄踞北方？人性皆善，及不善者，物乱之也。”

“人是随境遇而变的。当初你我同在深山隐居，又怎知今日分道扬镳？”田畴话中充满惋惜，“曹操昔日举兵本出于义，故而得天下志士之助。如今他思慕金銮御辇，还能似当年一样得人心？还能孜孜不倦广纳众言？强征百姓凿冰运粮，屠戮无辜路人，一令逆而百令失，一恶施则百恶结。《易经》有云：‘积善之家，必有余庆；积不善之家，必有余殃。’我看曹操积善已尽，而今不善之举累累，日后必遭其殃。古人常说天命如何如何，须知人若不以行感天，天亦不随行而应人！”

一席话说得邢颙满心彷徨无言以对。

“话已至此，贤弟好自为之。”田畴解开绳索跨上驴背。

“且慢！兄长不给曹公留封书信吗？”

“不仁者可与言哉？”田畴头也不回，只稍稍挥动皮鞭，那小驴便驮着他颠颠而去。

此时已渐渐过了正午，灿烂的阳光即将由盛转衰。邢颙浑然未觉，兀自矗立道边，沉浸在那可怕的预言之中……

第六章
罢黜三公，恢复旧制

孙氏复仇

建安十三年（公元208年）春，就在曹操训练守军之际，荆州的江夏郡刚刚经历了一场战争，其激烈程度丝毫不亚于白狼山恶战——孙权终于攻克西陵县，手刃仇人黄祖。

对于荆州牧刘表来说，江夏的稳固太重要了，它恰好位于汉水与长江的交汇处，是荆州的东部门户。一旦此地失守，敌人不但可以自汉水上溯至荆州核心，甚至可以陈兵江上切断南北联系。因此刘表才特意委任黄祖为江夏太守，驻军夏口（长江与汉水交汇处，也称三江口，属西陵县），扼守东大门。黄氏乃江夏望族，先朝名臣黄香、黄琼、黄琬皆出身于这个家族，黄祖也是其中之一。刘表挑选他担负重任，固然是想利用黄氏在此地的威望，更重要的是黄祖与孙氏有血海深仇。昔日讨伐董卓失败，袁绍、袁术兄弟交恶，都以远交近攻的策略牵制对方。袁术结好公孙瓒攻打冀州，袁绍就串通刘表掣肘南阳。当时孙权之父孙坚隶属袁术麾下，奉命还击刘表夺取襄阳，本来是一路得胜，却在岘首山遭黄祖暗算，乱箭攒身而死——这便拉开了孙氏与黄祖长年恶斗的序幕。

杀父之仇不共戴天，孙策立业江东之后第一件事就是出兵江夏，重创黄祖与刘勋的联军，然而未能夺取西陵县。后来孙策遇刺身亡，复仇的使命又落到了孙权身上。为此孙权曾于建安八年、建安十二年两度征伐江夏，虽然战场上处于优势，却始终不能撼动黄祖的城池。两次无功而返，江东文武渐渐有了微词，以张昭、张纮为首的臣僚主张暂且搁置西进，转而安抚境内山越[1]。可孙权决心已定，誓要把这场复仇之战打到底，仅仅休整了两个月，又亲统人马再度起兵。以周瑜为前部都督，荆州降将甘宁为向导，秦松、鲁肃为参谋，凌统、吕蒙为先锋，韩当、蒋钦、周泰、董袭、陈武、宋谦等将尽皆随军，水陆并进溯长江而上，浩浩荡荡杀奔三江口。

黄祖得到消息，做了周密部署，不仅派大将苏飞在城池周匝布置兵马，还命水军都督陈就率战船陈师江上，以两艘艨艟巨舰横栏江口，铁索连贯上设强弩，把江面封锁得严严实实。孙氏兵马毫无惧意英勇奋战，先锋吕蒙率敢死士驾着小船钻入敌群，于万军阵中擒杀陈就；董袭冒着箭雨亲挥大刀，斩断拦江锁链；凌统身先士卒攀登云梯，终于杀进西陵城中，生擒步军都督苏飞。黄祖眼见大势已去，单人独骑弃城逃亡，却被一个叫冯则的小卒刺杀。

刘表获知消息震惊不已，忙派驻军新野的刘备火速救援江夏。但当刘备十万火急赶到时，孙权早已退军，并将西陵囤积的财货、辎重、粮草、战船以及降卒百姓尽数卷走，只留下一座遍地狼藉的空城……

得胜而归的江东军得意洋洋，高挑着黄祖首级，齐唱凯歌欢呼雀跃。水陆两军齐头并进，一路上耀武扬威，似乎有些意犹未尽，其声势真不亚于春秋时雄霸江东的越王勾践。在大军后面，虏劫的辎重财宝不计其数，就用刚刚从江夏收编来的战船载着，密密麻麻铺满了江面；俘获的降卒和百姓都用绳子绑着手，连成一串一串，足有两三万人。

可就在喧闹声中，却有一个年轻人始终沉默不语。他年方二十六岁，生得白皙俊俏，鼻直口正，目若朗星，齿白唇红，大耳朝怀，猿背蜂腰，尤其引人注意的是他有一双黑中透绿的眼眸，宛如秋水般深邃莫测，刚刚蓄起的小胡髭傲然上翘，微微有些紫红色。他穿着镏金的铠甲，头戴亮银色兜鍪，披着碧绿的锦绣征袍，骑着一匹白马，昂然走在步军最前列。不知情者恐怕很难猜到，这位英俊潇洒的青年将军就是江东之主——孙权孙仲谋。

与他并辔而行的是两个文官模样的人，有一个花白头发精神矍铄，

---

① 南方少数民族的统称，因为囊括部族众多，所以也称“百越”。

是跟随孙策创业江东的谋士秦松秦文表。另一位只有三十出头，相貌端庄神色坚毅，是孙权新近提拔的心腹鲁肃鲁子敬。这两个人似乎已察觉到孙权有心事，却谁也不说话，只是默默陪着他前行。

正在此时，从后方奔来数骑，为首的是中郎将蒋钦。这蒋钦与营中另一位猛将周泰同为九江郡人，最初只是孙策身边左右不离的护卫，后来久经沙场立功无数，也成了军中有头脸的将领。他人高马大相貌狰狞，还是个急性子，离得老远就咋呼着嗓子嚷道："主公且住！末将有话要说。"

孙权拨马勒住缰绳，整个队伍陆陆续续都停下了。蒋钦快马加鞭奔到近前，飞身下马重重跪倒在孙权眼前，砸得地面扑通一声响。

"你这是何意？"孙权莫名其妙瞅着他，"有话站起来说。"

"我不起来！"蒋钦十分固执，"主公就此收兵，末将不服！恳请您回军再战，把江夏夺回来……"

话未说完，后面韩当、董袭、吕蒙、甘宁等将也追到了，一个个神色焦急："蒋将军，你这是干什么？还不快起来！"

孙权抬手拦住："你们别管，叫他把话说完。"

"主公，你难道忘了历次攻打江夏咱们死了多少将士吗？"蒋钦跪在那里义愤填膺地嚷道，"先主之仇用不着末将多说，当初令兄遇刺，临终之际最不甘心的就是没能夺取江夏，手刃仇人！如今咱们打了胜仗杀了黄祖，但万不该放弃城池，那可是多少江东子弟拿命换来的啊！单单虏劫百姓财物而归，咱们与土匪何异？你这样做何以告慰令尊、令兄和阵亡的将士……"说到最后，这汉子竟气得虎目带泪，连连捶地。

孙权却对这番慷慨陈词毫不动容，抬眼扫视着众将，轻轻问道："你们也跟他想的一样吗？"

这句话问出来，诸将都沉默了。虽然他们要阻止蒋钦顶撞孙权，但内心的想法也与之差不多，都对撤兵之举颇有微词。沉寂了片刻，扬武都尉董袭率先说了话："蒋公奕说的也不无道理，不过……"他是地地道道的江南人，不到三十岁，个子矮小，瘦削精干，一嘴软暖暖的吴侬细语，打起仗来却是个不顾命的，平日里有话就说，直来直去，今天却也支支吾吾的。

"韩老将军，您怎么看？"孙权朝韩当拱了拱手。

韩当不是江南人，家乡远在幽州辽西郡，他早年就与程普、黄盖一起跟随孙坚，曾经战黄巾、讨董卓，如今已年过五旬，是营中资历最老的将军之一，连孙权兄弟都要以长辈之礼相待。韩当见他点名问自己，捋了捋花白的胡须，恭恭敬敬道：“末将不过是匹夫之勇，蒙两代将军错爱，不敢妄言大事。一切全凭主公处置，末将唯命是从。”到了他这个岁数要讲深沉，不能像小辈一样咋咋呼呼，虽然说了等于没说，但这未尝不是对蒋钦的默认。

“老将军过谦。”孙权淡淡一笑，似乎已品到了其中滋味。

“主公，我也有话要说！”从人群中钻出一位大个子，虎背狼腰，尖鼻阔口，二目如电，神似鹰隼，看样子也只有二十多岁；别人的甲胄都规规矩矩穿着，唯有他不戴头盔，铠甲松松垮垮往身上一披，战袍拧成条绳子在腰间一系；不知是为了好看还是特立独行，他还在脖子上挂了串小铃铛，只要一动就叮叮当当乱响。

军中诸将一看——原来是去年才归顺的荆州叛将甘宁甘兴霸，本就是一介背主之徒，又不知礼数没有规矩，还老爱跳出来掺和事儿，大伙都讨厌他。可孙权偏偏对这个人情有独钟，毫不介意道：“兴霸，你小子又有什么说的？”

“我倒不是为了阵亡将士不平。”甘宁揣着手漫不经心道，“只是那坐守襄阳的刘表老儿实在没什么本事，俩儿子也是饭桶。如今曹操已统一北方，说不定哪天就将南下。我觉得咱们应该以江夏为据点，顺江而上攻取整个荆州，若不然定叫曹操老贼抢先。只要咱们拿下荆州，便可西据楚关，进而争夺巴蜀之地，那时就能与曹贼抗衡啦！这么好的机会，您却要收兵，太可惜了吧？”

甘宁说得随随便便，可孙权却吃惊匪浅，不禁与身边的鲁肃对视一眼——这番话与鲁肃先前提出的策略不谋而合，拿下荆州谋夺巴蜀是他俩和大都督周瑜商定好的战略，却从来没有公开提过。这甘宁看似吊儿郎当，其实深谙韬略，颇具眼光，不啻为乱世奇人。他本是益州刘璋麾下蜀郡郡丞，因不满刘璋碌碌无为，率领八百健儿转投刘表；刘表乃党锢名士出身，看不惯他的懒散做派，又打发他到黄祖麾下任职；黄祖老迈寡恩，也不能尽其才，他又借江夏部将苏飞之力逃离荆州，既而投靠孙权。细细想来他差不多是顺长江一路漂来的，这一路的水陆地貌，关隘险要，兵力守备都已了然于胸。

孙权知他所言甚妙，却只是点了点头，马上又恢复那副平淡的表情："你们都有道理，但想不想听听我的道理啊？"

"请主公训教。"众将一齐拱手。

"撤兵是我和周都督共同的决定。"孙权举起马鞭指了指江上的战船；他虽是江东之主，但周瑜与孙策情同手足，官拜中领军，在军中的威望甚至比他还高，要压制这帮兵痞，最好的办法就是拿周瑜说事，"我知道江夏攻之不易，也明白夺取荆州是好出路，但现在还不能这么干。西陵位于江北，咱的地盘却在江南，分兵孤悬江北是很危险的。"

他还未说完，蒋钦又嚷道："末将不怕死！我愿意率……"

"住口！"孙权见他还敢插话，勃然大怒，"你知道什么？你知道支撑孤城要耗费多少辎重粮草吗？你知道要牵扯多少兵力吗？后方山越造反怎么办？刘表倾全部兵力来夺怎么办？臧霸等青徐兵从下游杀过大江又该怎么办？这些你都想过没有？大言不惭！"

这个年轻的江东之主发起火来咄咄逼人，与之前的文质彬彬判若两人。刚才还满口大道理的蒋钦，竟被他喝问得无言以对："末将虑事不周……请主公息怒……"

"站起来！"

"诺。"蒋钦不敢顶嘴了。

"你们老老实实听着。"孙权的语气又和缓下来，"前几年我命陆逊试行屯田，最近又派黄盖、朱治、贺齐到丹阳征剿黟歙①，你们不想想这是为什么吗？攻打江夏固然重要，可稳固后方镇压山越更重要。打仗打的是军备，只有把那些蛮夷降服，才能使百姓安居种田，才有粮食支持咱们玩命。咱们现在的实力还远远不够，毛毛躁躁只会坏了大事，一旦战事胶着，必然牵扯兵力进退不得。《孙子》有云：'夫钝兵挫锐，屈力殚货，则诸侯乘其弊而起，虽有智者，不能善其后矣。'当务之急要积累更多的粮食兵源。"说着话他又指了指后面的俘虏辎重，"所以我才把江夏的百姓、财货抢到江南，充实户口府库。选其精锐编入军队，剩下的给咱们种田，如此积少成多方可对抗曹贼。至于夺取荆州据江表之险，孙某人未敢有一日忘怀！你们明不明白？"

其实掠夺战略已不是第一次了，昔日孙策奇袭庐江之时也曾大量迁徙人口，还整编了一支部队交与陈武统领，如今孙权还在延续这种办

---

① 黟、歙，山越的两个分支部族，后来被汉化，这两个字现今已演变为县名，都属安徽省黄山市下辖。

法。众将听了他的话皆有恍然大悟之感。

“蒋钦听令！你妄论军情，我要处罚你，你可服气？”

“末将心服口服。”这只老虎已经温顺得像只绵羊了。

“好！我派你去丹阳把黄老将军替回来，你去协助贺齐戡平黟歙，若立下军功，我不计前罪另有嘉奖。”孙权佯作震怒，口风早已松了。

“诺。”蒋钦破涕为笑，“千好万好不及打仗好！”

“吕蒙、甘宁！”

“在！”二将拱手出列。

“江夏之战众将皆有功劳，但我要格外奖赏你二人。”

甘宁闻听此言，立刻整理衣甲跪倒在地，收起那副懒散的做派，郑重其事道：“末将受主公大恩，不计仇雠（chóu），待若故旧之臣，也不敢多受封赏。”他说的是心里话，当初在黄祖帐下时，他曾射杀孙权的先锋凌操，那凌操是凌统的父亲，孙权能不计前嫌接纳他已经很宽宏了。这次行军孙权更是小心谨慎，把凌统安排在水军，甘宁安排在陆军，避免二人争执。

孙权见他推辞，想必顾虑旧仇，厉声道：“你投奔我乃为建功立业，我若不能尽你之才，又与黄祖之辈何异？无需推辞！”

“非是末将不敢领受，因有一事相求。”

“讲。”

“此番被获遭擒的苏飞对末将有再造之恩，若非他当初助我脱身江夏，我必已捐躯于沟壑之间，如何效命于主公麾下？如今苏飞虽罪当夷戮，我愿向将军乞保其命。”

“放他容易，可他若逃回江夏再助刘表又当如何？”

甘宁叩首道：“苏飞得以免死，受更生之恩，日后必定与末将共同效力主公，岂会图谋亡命？若果真逃跑，我愿以自己的人头抵罪！”

“嘿嘿嘿。”孙权忽然笑了，“兴霸果然是信义之人，我岂能不体谅？听说曹操将袁氏兄弟暴尸城外，有人顾念旧情前去收尸，非但不加罪，还升了官，我的气量焉能输于那老贼？”说着话招手唤来一个亲兵，“速速传令，立刻释放苏飞，授予司马之职，叫他戴罪立功！”

“谢主公。”甘宁连连顿首。

“别忙！人我放了，可你的功劳照赏不误。江夏受降的军队从即日起交给你统领。”

“末将肝脑涂地效死以报！”甘宁身为降将没有多少兵，这次一下子多了千余人马，足可与诸将平起平坐了。

孙权满意地点了点头，又道：“阿蒙，你近前来。”

阿蒙是营中诸将对吕蒙的戏称。他本汝南人士，父亲早亡，孤儿寡母度日，只因姐姐嫁给了孙策麾下将领邓当，所以到江东投靠姐夫，凭关系混到了军中。后来邓当染病去世，孙权想裁撤邓当的军队，吕蒙不甘心，把士卒召集起来在众将面前演练一番，孙权见他还有些治军之才，便提拔他为别部司马，将邓当的旧部交给他统领。

今天吕蒙立了大功，孙权望着他那黑黪黪的脸庞越看越喜，拍着他的肩膀嘉奖道：“此番得胜皆因你深入敌阵擒杀陈就。我晋升你为横野中郎将，赐钱一千万，回去好好孝敬你娘。”

“多谢主公，”吕蒙把嘴一撇，“俺这条命就是将军的，您看谁不顺眼俺把他脑袋给您提来！”

孙权听他话语粗鄙，笑道：“为将者不可恃匹夫之勇，还应读书习学。你少年从戎不通文墨，更要多下苦功。”说罢又瞥蒋钦一眼，“还有你！多读读书，别这么莽撞。”

蒋钦诺诺连声，吕蒙却憨笑道：“读书岂是俺们这等武夫所为？再说军务繁忙哪有工夫看书啊。”

“我岂是叫你们治经学当博士？”孙权的脸色凝重起来，“不过想让你们增长见闻精通谋略。你说你军务繁忙，难道还能忙得过我？我幼时也曾习学诗书《左传》，可仍觉见识不足。自从继承兄长之业，未尝有一日松懈，可还是抽空研读了三史①和诸家兵书，处置军政甚觉大有裨益。像你们这些人，虽然不通文墨，但悟性还算不错，学之必通，怎么可以不读书呢？”

一席话说得吕蒙、蒋钦等纷纷低头。

“我告诉你们，从今天起都给我读书！不是看《易经》那类玄之又玄的东西，要读《孙子》《六韬》《左传》和三史。孔子云：‘终日不食，终夜不寝以思，无益，不如学也。’昔日光武帝身担天下重任，读书习学孜孜不倦。我听说曹操举兵以来身在行伍手不释卷，甚至还注解前人的兵书战策，何其可怖？你们若不明晓韬略，日后何以与那老贼为

---

①《史记》《汉书》《东观汉记》。

敌！”孙权每逢说到与曹操为敌，他身边那两个谋士表情就会变化——鲁肃面带微笑欣然点头，秦松却紧锁眉头貌似不喜。

孙权训斥了一通，又抬手漫指众将，“大家都给我精神些！我要你们斗志昂扬高唱凯歌，笑呵呵跟我回去。无论有多大困难，也要让江东父老看到咱们的威严，听见没有？”

“遵命！”众将扯着嗓子高声应答，各自上马又开始行军，但这次大家都把腰挺得直直的，众星捧月般簇拥着孙权。

韩当在后面望着这位年轻主公，心中感慨良多——昔日孙策遇刺将死，大家以为他会传位给像他一样勇猛善战的三弟孙翊。哪知孙策召来的却是文质彬彬的二弟孙权，还说什么“举江东之众，决机于两阵之间，与天下争衡，卿不如我。举贤任能，各尽其心，以保江东，我不如卿”。可是当时不过倚仗张昭、周瑜主持大局，谁也不曾真把这小子当回事。不想短短几年间，孙权竟从那个在兄长灵前啼哭不止的小毛孩，成长为威震一方令行禁止的英武之主。先是收回了孙河、孙辅、孙贲等族兄手中分散的兵权，提拔吕蒙、周泰、凌统等少壮派将领，也提高了吕范、朱治等故旧之臣的地位；接着又改易孙策屠戮豪强之风，挽留了孙弘、步骘等一大批避难士人。兴屯田，讨山越，诛李术，灭黄祖，孙氏基业越来越兴盛。孙策果然没挑错人！有孙权这等雄才大略之主，再大的困难也能挺过，即便战死沙场也绝不屈膝于曹贼。韩当越想越觉激动，脸上盈溢着坚毅的神色……

秦松与孙权并辔而行，心里所想却完全不同。他也是孙氏老臣，参谋军机多有建树。不过他并非江东人，而是从徐州广陵郡来，江东固然是他奋斗之所在，可江北却有他的根。秦松早就年过半百，不像那帮将领无所顾忌，作为徐州名士，故土乡音无时无刻不萦绕心头。其实，自从孙策身故之后，北归降曹就已经成了羁旅人士之间心照不宣的秘密。秦松觉得自己该回北方了，也想回故土了，可面对热衷霸业的孙权，如何才能说动他放弃满腔壮志呢？他满腹忧虑，却无法开口坦言……

即便秦松等人不说，以孙权之精明焉能不知？莫看他谈笑自然，其实心里已充盈着不安。投降是绝对不能谈的议题，一旦提及必会像伤寒病毒般蔓延。攻略荆州还没做好准备，对不利言论他只能压，只能拖。他叫全军将士欢呼高歌，那些武夫果然兴高采烈起来，可这却不能驱走自己心中的阴霾，默默无言走了片刻，终于忍不住对身边的鲁肃吩咐道："回去后立刻起草调令，叫蒋钦替回黄盖，再把镇守建昌的程老将军也调回来。"原先镇守建昌的太史慈去年病逝，如今委任于程普，他是军中最有威望的老将军。

"诺。"鲁肃随口答应一声，并未多说什么。他身为孙权的心腹，无需相问就能摸透其想法——调回程普、黄盖等威信老将，是要稳住局面。曹操尚未南下，人心已开始乱了，只是还没浮上水面。

图尽匕现

孙权诛杀黄祖的消息很快传到许都，不过并没引起太多人关注。大多数人认为曹操的优势很明显，敌我间此消彼长的小变动已无伤大局。实际上朝廷这些日子很忙碌，曹操还未归来，各地投诚贺功的表章却已递到省中。

尚书台是处置政务的中枢要地，除了那些涉及曹操、管不了的事，剩下的都经此批示。凉州马腾进京，益州使者来往，交州士燮上表，淮南贼寇投诚，还有各地官员送来的计簿、表章、军报……数不清的差事压到案头上，日复一日永远忙不完。

尚书左仆射[1]荣郃、右仆射卫臻、尚书左丞耿纪、尚书右丞潘勖都忙得不亦乐乎。可作为核心的尚书令荀彧此刻却很反常，既不打理典章，也不审阅计簿，而是拿着一张薄薄的绢帛反复沉吟：

> 郭奉孝年不满四十，相与周旋十一年，阻险艰难，皆共罹之。又以其通达，见世事无所疑滞，欲以后事属之，何意卒尔失之，悲痛伤心。今表增其子满千户，然何益亡者，追念之感深。且奉孝乃知孤者也，天下人相知者少，又以此痛惜。奈何奈何！

这是曹操托董昭带来的书信，荀彧已反反复复看了许多遍。表面上

---

① 尚书仆射，是尚书台的副长官，曹操在建安四年分设左右两名仆射，这也是历史上第一次设立两名尚书台副长官。尚书左丞、尚书右丞，是尚书台重要佐官。左丞辅助尚书令，右丞辅助尚书仆射。

只是夸赞郭嘉，但其中几句话很值得玩味，什么“奉孝乃知孤者也，天下人相知者少，又以此痛惜。”言下之意岂不是说除了郭嘉，别人都不知他的心？这样一封信，曹操特意写给荀彧，未尝不是一种暗示？

荀彧明睿不逊郭嘉，岂能不体谅曹操的心？两人共事近二十载，没有人比他更了解曹操。并非是荀彧不知心，而是那颗心变了，已被权力和欲望所俘虏，不再是辅保汉王朝的赤胆忠心。荀彧的痛苦更甚荀攸，因为他每日都要面对刘协——那个聪慧仁厚却毫无实权的天子。离刘协越近，越能体会到傀儡的无辜，刘协并不是无道昏君啊！

“令君……令君……”

“唔？”荀彧回过神来。

“令君思虑何事？”

“没什么。”荀彧把帛书一揉，塞进袖子里；抬头一看，说话的是尚书左仆射荣部。

荣部是随驾东归的老臣，曾任执金吾，虽已年过六旬，耳不聋眼不花，做起事来井井有条。他举着一份锦套包裹的表章问道：“征南将军马腾、安南将军段煨、原凉州刺史韦端不日就将到京。授予他们何职，决定好了吗？”他问“决定好了吗”其实就是问曹操有没有明确指示。

荀彧不假思索道：“马腾任卫尉，韦端任太仆，段煨是大鸿胪，在京师赐宅邸。”

一旁的潘勖搭了话：“曹公真舍得封官啊！给这帮关中老儿的全是九卿一级的高官。”潘勖的文笔甚佳，故而也负责润色诏书，说着话手底下都没停。

“何人担任何职都向天子禀奏过，你说曹公舍得封官，这不是给曹公加僭越之罪吗？”荀彧就是这么一个正人君子，即便自己对曹操已有许多不满，但为了朝廷大局还是要替他辩护。

潘勖惭愧一笑，不再多言。这时，耿纪带着几个令史走了进来，捧着卷文书径直走到荀彧案边：“扬州刺史刘馥转过来的，袁术余部请求归顺朝廷，请您过目。”

荀彧只是略微扫了一眼：“我不是跟你说过嘛！曹公已有吩咐，既往不咎任其归顺，为何又来问我？”

耿纪讷讷道：“只是叫您过过目。您看过我心里也就有底了。”

荀彧知道耿纪是不愿担责，因而事事请示，他倒是落了轻松，却害自己累得半死。望着耿纪慢悠悠离去的背影，荀彧气不打一处来。这时就听一阵清脆的笑声——卫臻也抱着一堆文书走了进来。

卫臻才三十出头，能进入中枢是因为他是卫兹的儿子。当初卫兹与曹操在陈留共同举兵，战死在汴水，因而卫臻受到曹操特殊照顾，早早举孝廉，历任黄门侍郎，又担任尚书右仆射，自然是地地道道的“曹营中人”。不过这个年轻人做事谨慎为人正派，很受众臣赞赏，与耿纪形成鲜明的对比。尚书台选用这几个人其实大有深意——荣郃乃德高老臣坐镇风雅，讲求一个“贤”字；卫臻是曹操心腹，占一个“亲”字；耿纪属功臣后代，占一个“贵”字；潘勖学识渊博又精通文墨，算是“能”臣；荀彧坐镇大局统辖政务，力求做到的是“正”。贤能亲贵，以正为纲。曹操选这五个人，既协力办事又互相牵制，谁都不可能总揽大权，他便可以在外遥控。

“耿大人，您又找令君来了。”卫臻一进门就和众人打招呼，“荣老大人，这几日挺忙的，您老注意身体。”

“劳你挂心。”荣郃笑呵呵点了点头。

“潘右丞，您这诏书写得越来越好了，简直就是诗赋文章啊！我有一份文书发到交州，您帮忙改改。”

潘勖叫他夸得美滋滋的：“放这儿吧。”

卫臻冲众人打过招呼，这才来到荀彧案边：“这是孔融的表章，关于恢复肉刑一事的上书。我觉得很有道理，令君过过目。”

提到“恢复肉刑”，荀彧就头疼，这件事由陈群倡议，已讨论许久了，始终不能达成一致，尤其孔融与郗虑这对冤家，借题发挥在朝堂屡起争执。所谓“肉刑”就是《尚书·吕刑》记载的五种刑罚，据说是周穆王命吕侯制定的，包括黥（刺面涂墨）、劓（割鼻）、刖（斩足）、宫（男子阉割、女子幽闭）、大辟（死刑），秦汉两代都曾沿用。直至汉文帝时期，孝女淳于缇萦上书救父，文帝大为感动，就此废除肉刑，只保留死刑、流放和劳役，另设鞭笞。后来光武中兴，倡导以柔术治天下，刑罚愈加宽松了，许多小过都可以缴纳绢帛赎罪。

陈群公开倡议恢复肉刑，这等于一改宽仁作风，恢复古时的严刑峻法。但他的理由也很充分：一者，过去废除肉刑增设鞭笞，本意是想减轻刑罚，结果却弄得名轻实重，许多小罪动不动就挨鞭子，“名轻则易犯，实重则伤民”；再者，肉刑有史可查合乎圣人之治，刑法重了，敢于以身试法的人就少了，世俗风气也可以改善，此所谓“辅政助教，惩恶息杀”。

陈群敢于上书一定是曹操暗中授意，可症结在于陈群绝口不言曹操，却说是他父亲陈纪生前的主张。陈纪是德高望重之士，如此一提自然使朝中好事之人各抒己见。这些大臣具体政务无权过问，专门在这些制度问题上钻牛角尖。其实陈纪已死，有没有这样的主张还不一定呢，谁知道陈群说的是真话假话？荀彧虽是陈群的丈人，却也摸不清女婿在想什么。

卫臻也对这件事迷惑不解，索性直言："天下未定不该急着讨论这个，但提出来又不得不议。曹公究竟是欲刑宽，还是希望更严？大臣们各说各的理，拖了这么久没有定论，满朝之人都在瞩目这项改革，似乎把别的事都忘了。今早我想去探探董昭口风，不凑巧，他去拜谒赵司徒了。若曹公肯明确表态，想必朝中不会有异议……"卫臻说话还算谨慎，曹操表态不是不会有异议，是不敢有异议。

荀彧接过孔融的上书：

> 古者敦庬，善否不别，吏端刑清，政无过失。百姓有罪，皆自取之。末世陵迟，风化坏乱，政挠其俗，法害其人。故曰上失其道，民散久矣。而欲绳之以古刑，投之以残弃，非所谓与时消息者也……

荀彧眼睛盯着表章，心思却已游离天外，只看了几句突然往案上一放："你刚才说什么？董昭去拜谒赵温？"

"是啊。"

"前天有人跟我提过，在司空府遇到董昭。"荀彧皱起了眉头，"他回京有些日子了，只来过省中一趟，却三天两头往赵温那儿跑，究竟想干什么？"

"走动走动有什么大不了？"卫臻只觉他大惊小怪。

"不对。"荀彧猛然醒悟——肯定有问题。曹操平定乌丸好几个月了，按他以往的行事规律推断，应该马上回许都商讨南下荆州之事。可这一次却安安稳稳待在邺城主持练兵，这可不像他的风格啊！接连传来的都是什么讯息？追赠郭嘉封邑，张绣之子张泉袭爵，请封田畴亭侯，放宽禁酒令，派周近去匈奴赎蔡琰……全是鸡毛蒜皮的小事。真正的朝廷大事只有改革肉刑一件，他又不肯公开表态，闹得廷议乱哄哄，他究竟要干什么？去年又是闹着恢复九州，又是废除诸侯国，天下岂能真的无事？几个月的时间曹操能做的事多着呢！所有眼球都叫陈群的议题引住了，根本没人注意曹操在干什么，也没人怀疑董昭来往司徒府的意图。荀彧预感到朝廷将发生巨大变动……

正在这时院里突然响起一阵问安声，紧接着满屋子的人呼呼啦啦全跪下了。荀彧还在琢磨心事，揉了揉眼睛才看清——曹操赫然出现在台阁门前！

荀彧吃惊匪浅，恍恍惚惚站了起来："您……回来了。"

曹操面带微笑走了进来："刚刚到，过来看看大伙。"他身后还跟着夏侯惇、董昭。

"明公回来得这么突然，何不提前告知一声。"

曹操缓缓走到他面前："每次万岁都下诏命百官迎接，老夫心里过意不去。何必搞这套虚礼？随便一些也好，百官不至于耽误公事嘛。"他扫了眼屋里跪着的官员，"免礼吧！荣老大人，快快请起。"说着话伸手搀了一把。

荣邵倒不拘束，抓着曹操的手腕站了起来："明公可曾见驾？"

曹操搪塞道："风尘仆仆的就别去扰圣驾了。改日我沐浴更衣另行朝觐，以免失了朝仪……大家该忙什么还忙什么，我不过随便走走，你们切莫拘礼。"

这么个大人物坐镇，大家哪还有心思办差？众令史不知所措，捧着卷宗呆愣在那里，潘勖使了个眼色，带着他们退了出去；荣邵回到案边垂手而立。卫臻倒很认真，顺手拿起桌上表章恭恭敬敬递过去："恢复肉刑之事讨论已久，众臣意见不一，请明公批示。"

荀彧瞥了卫臻一眼——年轻人少历练，他哪在乎恢复不恢复肉刑，这是转移视听的障眼法！

果不其然，曹操连看都没看："既然有争议，那就以后再说吧，此事暂且搁置。"说完背着手在阁内溜来溜去，瞧瞧这儿的表章，看看那儿的文书，似乎百无聊赖漫不经心。

荀彧沉默半晌，还是主动开了口："您刚刚到京就来尚书要地，恐怕有事要办吧？"

“哦！”曹操装作一副才想起来的样子，“是有件事托付令君，不过……不过老夫实在难以启齿啊！”

“明公直言无妨。”

“好吧。”曹操貌似下了很大决心一样，从袖中抽出两卷文书，轻轻往桌案上一撂，“这是一道司徒府的辟令和一份表章，请令君和两位大人过目。老夫要弹劾司徒赵温！”

荣郃、卫臻陡然一惊，不约而同问：“赵公何过？”

曹操一副正气凛然的样子：“他前日发下辟令，召我儿曹丕到他府中任掾属。诸位应该晓得，三公辟官当以贤德才干为先，更需公正无私。岂能随便录用功臣子弟？丕儿既非孝廉又未立军功，有何资格充任三公掾属？这叫天下士人怎么看？知道的是他攀附我父子，不知道的还以为老夫徇私舞弊，授意他所为呢！请令君和两位大人想想，汉室之乱皆因小人结党谋私，赵温无视前车之鉴，做出这等事来焉能再任三公？”

卫臻半信半疑，忙拿起辟令观看，果然是赵温亲笔所书，辟用的也确实是曹丕，不禁愣在当场。荣郃也看个满眼，隐约觉得有问题，但铁证如山，怀疑也无济于事。

荀彧越看越寒心——好可恶的伎俩！哪里是赵温的主意，分明是你叫董昭跑去威胁赵温辟用曹丕，然后反过来倒打一耙，以此为理由罢他的官。公然拿掉司徒有碍视听，耍这么个手段，给老人家泼一盆徇私舞弊的脏水，你再站出来装大公无私，用心何其歹毒！

曹操讲完大道理，又装出一副悲天悯人的模样：“老夫也知赵温是资深老臣，又曾护驾东归，所以这两天我也寝食难安。可思来想去越是高官越不能姑息。此事不但关乎我父子声望，也关乎朝廷声望。毒蛇噬手，壮士断腕！我也是不得以才行此下策。”

荣郃听他调子定得这么高，好像天都快塌了似的，只得顺着说：“既然如此，就照您的意思办吧。”

卫臻唯命是从：“明公所言极是。”

两位尚书仆射点头，曹操就不问荀彧了，干脆直接吩咐：“此事望令君早日办妥。尽快罢免赵温，省得惹人非议。”

荀彧呆呆站在那里，没有回答曹操的话，却轻轻瞟了一眼董昭：“公仁，你功劳不小啊。”

董昭尴尬地笑了笑——其实他并没蓄意诓骗赵温，更没借曹操的名义进行威胁。司徒名义上比司空还尊贵，赵温处在那位子本就心中不安，故而一拍即合，两人联手做这场戏。

曹操见荀彧挖苦董昭，袒护道："公仁功劳当然不小。开平虏、泉州二渠，修建玄武池，我正想表奏他为千秋亭侯。"他说得轻巧，可千秋亭侯却非比寻常。千秋亭位于冀州常山国鄗县以南，中兴汉室的光武帝刘秀就是在此称帝。刘秀因千秋亭而登九五，曹操封董昭为千秋亭侯，岂不是暗示董昭是帮他走上龙位的人？

董昭赶忙推辞："属下不敢……"

"有何不敢？"曹操捋了捋胡须，"令君是万岁亭侯，你是千秋亭侯，千秋万岁永享太平难道不好吗？"说罢再不等荀彧多言，一把拉住他手往外走，"令君随我来，我介绍几个新掾属给你认识。"荀彧踉踉跄跄随他走到阁外，见满院子都是人，一色皂衣幅巾。

曹操手指诸人如数家珍："这位是李立李建贤，涿郡人士，原来官居幽州从事……韩宣韩景然，渤海人士，抗击高幹时立过大功……吕贡吕效通，成皋人士，先朝忠义宦官吕强的族侄……李孚李子宪，打邺城时他可没少给我添麻烦……这位是常林常伯槐，并州刺史梁习推荐来的……沐并沐德信，河间来的，最是廉洁爱民……刘放，刘子弃，平定渔阳的有功之士……"

荀彧望着这帮生面孔，喃喃问道："陈矫、徐宣、刘岱、仲长统他们都到哪儿去了？"

曹操笑呵呵道："陈矫被我晋升为乐陵太守，徐宣为齐郡太守。仲长统乃经济之才，岂可久任参军？我打算让他入朝担任议郎。刘岱充任长史已久，我把他调到军中统兵为将。如今已召薛悌、王思为左右长史，由崔琰担任西曹掾，与毛玠共掌选官之事。都是临时调动，没有来得及表奏，以后再补诏令吧。"

荀彧明白了，曹操不但酝酿了罢免赵温的计谋，还进行了一次大换血，把与自己熟识的人都升官调走了，又拉来一帮新人填补空缺。而且充任左右长史的薛悌、王思都是铁腕人物，毛玠任重不能变更，就叫崔琰分他的权。

曹操滔滔不绝还在介绍，荀彧的心却已寒到了冰点，根本没听到那些生疏的人名，讷讷道："我还以为明公急着赶回来是想听听我的夺取荆州之策。想不到……”

“夺取荆州之策！”这次轮到曹操吃惊了。

“最近的军报您看到没有？孙权已先一步攻克江夏，若容他夺取荆州据江表之险，天下岂不又生一强敌？”荀彧话里带着几分嗔怪，“现今之际时不我待，明公不考虑如何抢先拿下荆州，为何专在这些琐碎之事上做文章？”

曹操哑口无言，一股愧意涌上心头——我只知他不愿我为天子，却不知他时时为平定天下劳心尽力，忙着政务还不忘思虑出兵之策，我这样对他实在太过分了！想至此原本铁硬的心顷刻软了，和缓道：“老夫疏忽了……令君有何良策？”

“刘表本性文弱，今华夏已平，南土知困。明公可率精锐之师自小路秘密南下，兵出叶县直扑宛城，出其不意，掩其不备，荆州上下势必惊骇，大事可定矣。”

这确实是好计谋，江夏已遭受重创，如果突袭南阳郡得手，荆州上下势必人心撼动，说不定刘表会主动归降。荀彧果真高明，曹操刚举兵之时不就是靠其出谋划策吗？戏志才、任峻、鲍信……那些昔日一起举事之人都不在了，难道还要再为难荀彧？曹操意识到自己错了，他根本不可能离开荀彧，任何调动都是徒劳，无论是朝廷、军队还是幕府，根本没人能与荀彧脱清干系，只要荀彧在影响就在，他必须与之相互扶持着走下去。

“文若……”曹操很久没称呼荀彧的表字了，“辛苦你了。”

荀彧注视着远方，一字一顿道：“为国而谋谈何辛劳？”

曹操听出他言外之音，无奈地点点头，转过身缓缓离去，可走到院门口又停下脚步道：“固然为国而谋，其他事也可并行不悖。”说罢头也不回地走了。荀彧明白他意思——固然要统一天下，安定百姓，但他也要当皇帝，这是谁都阻止不了的！

在场这些掾属大多是新人，满心琢磨着怎么干好差事，并未品出二人话中的深意，见曹操独自走了，赶紧深施一礼也跟着退下。董昭走到荀彧跟前，尴尬地拱了拱手；夏侯惇与荀彧相处日久，想劝两句却不知如何开口，只好唉声叹气也跟着去了。满院的人呼呼啦啦散个干净，都追随他们那个手握重权说一不二的主子而去。

还真有两个文质彬彬的掾属没走，一人走过来：“令君别来无恙？”

“劳您记挂。”荀彧瞧着眼熟，却想不起这个人，“您是……”

“卑职太原温恢。”温恢八年前被曹操辟用时还是毛头小子，如今三绺墨髯都蓄起来了，荀彧哪还记得？

“哦哦哦，是你。”荀彧根本没心思与他客套，只是随便搪塞。

温恢这几年升得很快，历任廪丘县长、广川县令，后来又接替毕谌担任了鲁国相，所任皆有不菲政绩，因而官运亨通青云直上：“当年蒙令君教诲，晚生谨慎为官，唯曹公之命是听，才有今日之位。这次曹公调我回来充任主簿，首先感激的便是您啊！”说罢整理衣冠深深一拜。

温恢说的是真心话，但荀彧听来却像是讽刺——当初谁嘱咐百官要谨遵曹操调遣的？正是荀彧自己！曹操走到今天这一步也是他推波助澜的结果啊！

荀彧苦笑着点点头，什么也没说。温恢又拉过一个更年轻的人：“我为您引荐，此位是孔夫子第二十八代嫡孙，孔羡孔子余……快给令君行礼。”

孔羡赶忙施礼：“晚生拜见令君。”这位孔门嫡孙才二十出头，个子不高相貌平庸，举止倒是中规中矩。

温恢笑道：“曹公写信到鲁国让我找孔氏嫡系后人，我可是费了不少力气才将子余找来啊！”

荀彧虽然心不在焉，但总要对圣人之后客气客气：“失敬失敬，孔圣之后必是礼之表率。”

“那是自然。”温恢挺得意，“我找来的可是孔圣嫡系后人，他虽然比孔融的辈分低，可是比孔融的血脉正多啦！以后朝中就有两位圣人之后了。”

荀彧一阵悚然——两位圣人之后！孔羡是嫡系，孔融是旁系，曹操用孔门之后不过是摆样子，现在弄来一个比孔融血脉更纯的人，该不会是想……

“令君！令君！”温恢见荀彧双目茫然、呆立不动。

“我累了，咱们改日再聊……”荀彧重重叹了口气，转过身踩着棉花般浑浑噩噩进了阁门。

孔羡甚是不解：“他怎么了？”

温恢尴尬地笑了笑：“或许身体不适吧。满朝文武谁人不知令君乃曹公之股肱？曹公不在时一切都是他做主，日夜操劳推行曹公之政，当然辛苦啦！”

其实不仅仅是温恢执此看法，恐怕全天下人眼中荀彧都是曹操的死党，曹操主外、荀彧主内，他俩就像是操纵江山社稷的一双手。可即便是一双手，何尝没有自己误伤自己的时候？这双手已越离越远，再也握不到一起了。

第七章
襄助刘琦，刘备暗谋荆州

山雨欲来

阳春三月花红柳绿，天地间充满勃勃生机，青山碧水百鸟鸣叫，一切都那么安逸。尤其是荆州襄阳县以北，临近汉水，风景秀丽，踏青郊游的人骑着马儿，驾着小车，哼着愉快的歌。水上往来的船只也不少，缙绅乡士出游的舟舫，载着绢帛的商贾货船，打渔人家的竹筏，熙熙攘攘互相唱和，好一份闲情逸趣。所有人似乎都忘了现在是战乱时节，俨然一副太平景象。

正在此时有一艘船自下游逆流而来，缓缓停靠在岸边。这船不大不小装潢朴实，船上摇橹的、掌帆的与寻常船夫无异，都是青衣短衫绢帕包头。不过细心观察就会发现，他们腰间挂着兵刃，后面桅杆上还拴着几匹战马。

临岸泊稳搭好踏板，有个潇洒端庄的中年士人当先登岸。此人头戴峨冠，身穿锦衣，飘飘长须随风拂动，不明底细之人一定以为这也是位附庸风雅的乡绅。殊不知他就是反叛曹操，兴风作浪，寄居荆州的刘备刘玄德。

时光如梭光阴似箭，刘备投靠刘表已经七年了，这七年里他无时无刻不想东山再起，多少个梦里金戈铁马驰骋中原，但醒来看到的却只有满眼无奈。刘表统治的荆州歌舞升平诗酒流连，豪强享乐于上，百姓偷安于下。可在刘备看来眼前的繁华太平都只是虚幻，曹操统一北方必将大举南下，塌天之祸已为期不远了。

“主公慢行。”刘备的心腹爱将赵云、陈到牵着马跟下船来，“咱们骑马进城，这样还快些。”

刘备没有作答，只是轻轻摇了摇头。

陈到满脸迷惑：“江夏出了这么大乱子，咱们救援不及，黄祖都死了，主公为何毫不挂心？若依末将之意，就当刻不容缓向刘表通报，您怎么还拖拖拉拉的？”

“你们哪懂我的难处。”刘备一笑置之，语气中颇有几分无奈。

表面上，刘表貌似对刘备礼遇有加，分他兵马，让他驻军新野，其实从未真正信任过刘备。相反，刘备反叛的经历反倒招惹来猜忌，之所以还维系着表面融洽，不过是刘表想拿刘备充当阻挡曹操的盾牌罢了。五年前曹操为促使袁氏兄弟反目假意南侵，刘备在博望设伏大败夏侯惇，本可大有作为，刘表却立刻议和，硬是不许刘备跨出南阳一步。后来曹操兵伐河北，刘备再次倡议与袁氏兄弟联合，南北夹击曹操，刘表又推三阻四，只给袁氏兄弟写了几封不痛不痒的信。这次曹操远征乌丸，刘备又劝刘表趁虚而入奇袭许都，磨破了嘴皮子，刘表置若罔闻，拖来拖去，拖到孙权攻杀黄祖，局势所迫无暇北顾，白白坐视大好机会错失。刘表固然是不谙军务优柔寡断，但更重要的还是不放心刘备，唯恐刘备趁机坐大反过来侵占荆襄。而在刘表身边，还有以蔡瑁、蒯越为首的荆州豪族，他们更是把刘备视为异类，时时在其间挑拨。

刘备看清了刘表的真面目，只能把当年韬光养晦的本事拿出来，等待新时机。这次他援救江夏迟了一步，黄祖被杀军民被掳，按理说应该一面驻守西陵，一面火速派人向刘表回奏。可是刘备却命关羽、张飞率军撤回新野，自己只带着几个侍卫，穿着便衣，驾着小船慢慢吞吞来襄阳复命。旁人或许会觉得刘备处置失当，却不知他自有一番道理——不能在江夏多停留，因为刘表会怀疑他有意抢占城池；不能多带兵到襄阳，因为刘表可能会怀疑他图谋不轨；甚至不能在襄阳城外潇洒纵马，因为那可能会给荆州豪族留下话柄。

所有亲兵都留在船上，不准上岸一步，刘备只带赵云、陈到两人进城。对于骑马而言只有短短的一段路，可他坚持步行却走了个把时辰，来到镇南将军府已将近午时了，抬头一看——府门紧闭甲士林立，门口摆着一张桌案，又是酒又是菜，有个身披铠甲，腰佩利刃的年轻将官正大吃大喝，几个小兵斟酒布菜，伺候祖宗一样伺候着。

“张将军，好兴致啊！”刘备一眼认出此人是刘表的外甥张允，掌管幕府护卫，最近几年甚是得宠，尤其与荆州豪族蔡氏走得很近。当年刘表是靠蒯越、蔡瑁之力立足，事成之后投桃报李，任命蒯越为章陵太守，蔡瑁为竟陵太守，名义上是两个郡守，实际却把襄阳军政之事全权托付他们，一个当军师，一个掌兵权。张允抱着他们粗腿，自然得吃得喝日子滋润。

张允相貌倒也不俗，只一双溜圆的小眼睛稍有败相，浑身上下透着股玩忽懈怠之气；瞅见刘备连礼都懒得施，站都没站起来，兀自夹着菜，笑呵呵道：“玄德公来了，听说江夏失守了？我久闻您帐下猛将如云，怎么连个黄祖都救不了？”

赵云见这厮如此无礼，便要上前喝骂，刘备却把他手腕攥得死死的，挤出一缕微笑：“张将军见教得是，败军之将何足言勇？不过此番出兵咱得到消息已经迟了，我赶到江夏时孙权早就收兵了。具体细务还是见了主公再说吧。”

他摆明了不想多谈，张允竟然无动于衷，又灌下一盏酒，咂咂嘴道：“主公染病，不方便见您。”

“病了？”刘备半信半疑，“什么病？”

“主公闻听江夏失守着了点儿急，又受了点儿风寒。这几日内外群僚一律不见。”

刘备不知道张允的话有几分是真的，但眼见府门紧闭兵士环伺，似乎也并非空穴来风：“军政之事向谁禀奏？”

张允颇不耐烦：“老规矩，都由蒯、蔡二公处置。”

刘备明知这俩人不好打交道，却也只得道：“那就有劳将军领我见见蒯公。”

“蒯公正忙着呢，恐怕没工夫见您。”

“蔡公呢？”

张允又道：“蔡公今早也有些不适，在家休养。”说了半天一个都见不着，生生把刘备挡在外面了。

刘备心中窝火却不能流露，好语央求：“我有军务在身，请将军行个方便吧。”

“军务虽急也不能打扰主公养病……”张允打着官腔不紧不慢道，“这样吧，您先到馆驿住下。少时我替您告诉里面一声，等哪天主公病体好转再召您过来。”

“烦劳将军了。”寄人篱下无可奈何，刘备只得应允，“请代我向主公问安，请他好好养病，荆州臣民还指望他呢。”

“知道了……主公身体不佳，我也很烦心啊！”张允叹了口气，随即夹起一块肥肉塞进嘴里。又吃又喝作威作福，哪有半分哀容？刘备越看越气，恨不得一脚踹死这小人，却强忍着道：“既然如此，末将告辞。”说罢赶紧转身，再不想多看他一眼。

“哟！也没让让您。”张允假模假式嚷着，“玄德公一起喝几杯吧？不喝吗？慢走……”

刘备背着手，气哼哼走在襄阳街市之上，赵云、陈到更是怒不可遏，在后面嘀嘀咕咕：“张允这厮狗仗人势忒张狂了，咱们真该给他点儿眼色瞧瞧，若不然以后他们更要骑在咱们头上拉屎！”刘备狠狠攥着拳头，终于还是没有发作，只道：“这等无耻之辈何必与他一般见识？少说几句吧。”低着头直奔馆驿。

刘表刚接纳刘备时就曾提议为他置办宅邸，请他把家眷迁过来，刘备唯恐家眷沦为人质，故而婉言谢绝，落脚襄阳时一直住在馆驿。常来常往轻车熟路，不多时就来到馆驿外，还未进门忽听后面有人呼唤：“玄德公，慢行一步！”

追来位三十出头的皂衣掾吏，匆匆忙忙，怀里还抱着几卷文书。刘备一见此人，立刻来了精神：“是机伯贤弟啊。”

此人名叫伊籍，字机伯，是刘表帐下从事。镇南将军府所辟掾属大多是荆襄望族或避难名士，唯独这伊籍年纪轻轻就颇受器重。只因他与刘表都是兖州山阳郡高平县的人，因而刘表对这个小同乡很照顾，放在身边处理许多私密之事。刘备在荆州颇受猜忌，但伊籍却对他格外亲近，常在刘表耳边为他美言，每逢他来到襄阳，伊籍也总是来嘘寒问暖，恰如一阵和煦的春风，给了刘备不少安慰。

伊籍似乎一路小跑追来的，两鬓汗流：“玄德公行事也真荒唐，我估摸着这几日您快回来了，派小吏到江边迎候。您怎么没乘大船没带军队，轻车简装就来了？若非出来办差遇见张允，现在还不知道呢！”

刘备微微一笑，故作轻松道：“有劳贤弟挂心，如今风和日丽，愚兄也想顺路观观景致，所以没敢劳烦士卒。来来来，到里面坐坐。”

哪知伊籍听罢摆摆手叹了口气：“唉！连玄德公都如此玩忽嬉戏，看来我荆襄之地果真无药可救了。”

“怎么了？”刘备一阵诧异，“贤弟为何这般言重？”

“主公他……”伊籍说到这儿停住了，抬头看看赵云、陈到。

刘备何等聪明：“你们俩先进去。”

伊籍这才开口：“主公病重，恐怕活不了多久了。”

“哦？”

“这几年主公时常闹病，一次比一次厉害，前番听说黄祖遇害，曹操又在颍川布置兵马，日夜忧虑卧病不起。三天前长沙张仲景特意来诊治，连他都束手无策，恐怕主公真的命不长久。”

刘备听完，呆呆立在那里，茫然若失，也不知在想些什么。

伊籍又道：“如今多事之秋，东面孙权，北面曹操都在觊觎荆州，主公偏偏这时候病倒了，几位公子又不甚成事，以后的事指望谁？若以小弟之见，玄德公可要多多劳心啊！”

刘备却道：“上有几位公子，下有蒯蔡二族，我一介羁旅之人，能成什么事？不好越俎代庖。”

“话不能这么说。您久与曹操为敌，麾下又有关张等义士，由您出头辅佐公子，总比别人要好。况且蒯蔡皆与曹操有旧，若由他们主事，只恐要将荆州拱手送与他人。主公创业不易，岂可一旦弃之？玄德公，为了荆襄吏民和我们这些属僚，您可得站出来勇担重任啊！”

刘备见他言辞恳切，不免有些动容，索性也不遮掩了：“难得机伯贤弟一片苦心，不过……即便我想接这副担子，主公他能应允吗？”

“事在人为。”伊籍叹道，“我回去劝劝主公，过几日请您入府，咱们当面聊聊，若能把此事定下来那最好。”

刘备虽不在刘表身边，但对刘表的了解却不亚于伊籍，情知这都是白忙活，人家断不会让自己染指大权，但伊籍也是一番好意，不便再驳，便道：“行，愚兄等你消息。”

“那就好，那就好。”伊籍似乎安心不少，拍拍怀里的文书，“我还有公事要办，晚间再来畅谈。”

刘备温婉笑道：“贤弟去吧，我备下酒菜等着你。”

伊籍略施一礼，抱着公文匆匆忙忙走了。刘备望着他背影，笑容慢慢褪去了。他被刘表压了七年，如今刘表行将就木，按常理推断他应该庆幸，可实际并非如此，刘备反倒越发不安。这实在是因为，在如履薄冰的表象下，他正酝酿一个大计划。

就在两年前，刘备听闻襄阳以西的隆中山林住着一位年轻隐士，复姓诸葛，单字名亮，字孔明，被誉为“卧龙”。此人不但智谋出众，且与荆州诸多名士交往甚密。刘备不惜以长屈幼，三番两次前去拜望，咨之以天下大事，终于把这位志向高远的年轻人搬请出山。

诸葛亮出山之后，与刘备相处甚恰，如鱼得水，立志共谋天下，因而提出一个计划，坦言：“荆州北据汉沔，利尽南海，东连吴会，西通巴蜀，此用武之国，而其主不能守，此殆天所以资将军！”建议刘备反客为主夺取荆州，只要荆州入手，便可进一步向西用兵攻占益州。巴蜀关山险要，沃野千里乃天府之国，高祖刘邦因之而得天下。今刘璋暗弱无能，民殷国富而不知存恤，智能之士思得明君。倘若刘备能跨有荆益，保其岩阻，西和诸戎，南抚夷越，便可作大声势，自秦川、南阳两路出兵夺取中原，与曹操一争高下……

刘备听了诸葛亮的建议，茅塞顿开，决心尝试。但这一系列谋划的前提是拥有荆州，如果不能控制荆州、抢占入蜀要道，所有设想都只是空谈。眼下刘备实力不足又饱受猜忌，若像伊籍那样单纯感化刘表，又不见效果，如何才能从刘表手中接过荆州？因此他采取了一个迂回的办法——控制刘表之子刘琦。

刘表有三个儿子，长子刘琦，次子刘琮皆已成年，是刘表原配夫人所生，三子刘修年方十三，乃是庶出。说起来倒是养儿随父，刘表不通兵略偏好文艺，这三个儿子也一个比一个文弱，都是白面书生，才干也不出众。刘琦年纪最长，容貌酷似其父，甚得刘表宠爱，意欲立为嗣子。刘备处心积虑与之结好，只要掌握住这个不谙世事的小子，帮他继承父位，日后就可以间接控制荆州。但偏偏天不遂人愿，去年刘琮娶了蔡瑁的侄女，这桩婚姻完全扭转了局面。刘表原配早丧，如今的续弦是蔡瑁之妹，三个儿子都不是她生的，本来立谁为嗣都与之无伤，可刘琮既然娶了她侄女，这就牵扯自身利益了。故而蔡氏天天给丈夫吹枕边风，蔡瑁、张允等人也对刘琦颇多诋毁，搞得刘表渐渐移爱，考虑废长立幼。也是刘琦自己不争气，面对挑战非但不振作，反而沉迷醇酒妇人，一门心思只想自保，希望愈加渺茫。

现在刘表如果死了，那将意味着刘琮继位，与之关系亲密的蒯蔡二族权力更重，刘备的谋划将完全落空，就更无力觊觎荆州了。事情到了这个份上，他岂能不急？

刘备茫然呆立馆驿门口，心中布满了阴霾，东奔西跑了半辈子，非但没能成就功业，连立锥之地都保不住，越混越不济，怎么就没有一事顺利呢？哀怨半晌毫无益处，只能暗暗叹息着走进驿内。他一来襄阳就住馆驿，早有自己单独的庭院，这会儿赵云、陈到也打点妥当了，刘备也不再与驿丞废话，直回了自己的小院；可还未进堂屋，就见里面端坐着两个中年文士，正无拘无束坐在案边对弈。

刘备见此二人颇感意外："你们不在新野留守，怎么也跑到襄阳来了？"

这两个人都是刘备属下。左边那位名叫徐庶，字元直，颍川人，生得浓眉大眼，颇有些文人武相。此人少时偏爱剑术抱打不平，常以侠义自居。因杀伤人命逃亡在外被官府捕获，幸得友人相救逃脱囹圄，自此弃武从文游学荆楚，交友甚广。如今北方被曹操所安，不少羁旅之士动身北归，唯有他不肯北还，反把老母接到新野，投靠寄人篱下的刘备，为之网罗人才拉拢名士。刘备能够延揽诸葛亮，也是他从中穿针引线。

右边那位年纪较徐庶略长，生得颇为俊朗，衣着甚是华贵，举手投足透着十足的贵气。此人名叫刘琰，字威硕，莫看表面儒雅，实际没什么真才实学，唯独长了张好脸。他原本不过是豫州鲁国的一个小财主，却偏爱附庸风雅，自诩汉鲁恭王之后，无奈名士的才干品格没学会，玩乐的能耐倒很在行，什么斗鸡走狗，饮酒招妓，蹴鞠弹棋，丝竹管弦，吃喝嫖赌吹拉弹唱，全挂子的风流本事。刘备在曹操麾下任豫州牧时与他相识，一个自诩中山靖王之后，一个声称鲁恭王玄孙，真有相见恨晚之感。刘琰倒也义气，刘备叛曹，他竟撇家舍业也跟着反了，数年间东奔西逃誓死追随，虽说既无文韬又无武略，却深得刘备宠信，算个消遣解闷的门客。

徐庶全神贯注盯着弈局，好半天才道："我们前天晚上来的，听说刘表病重，不得不来啊。"刘备驭下格外宽厚，与其说是主臣，更像是知心的朋友。

"你知道了？"刘备也不搅扰他们的弈局，只是悄悄坐到一旁，"刘表病重命不长久，曹操见逼于外，蒯蔡戒备于内，若刘琮继位，非但不能掌握荆州，只恐立锥之地亦不可保，实在令人忧心。也不知刘琦有什么打算。”

刘琰接过话茬：“那小子惧蔡氏加害，整日醇酒妇人，苦中作乐，越这样，刘表越发看不上他了。指望他与刘琮争夺大位，想都甭想！”刘琦是个嬉闹爱玩的公子哥，刘琰又是此道高手，故而常被刘琦请去充清客，故而知道的也不少。

徐庶将一枚黑子置于弈盘之上，笑道：“主公也不必过于忧虑，孔明已然有了应对之法。”

刘备正烦恼闷坐，听闻此语眼前一亮：“是孔明叫你们来的？”

“不是他叫我们来的，是他跟我们一起来的。”

“哦？”刘备左右张望，“他在哪儿？我正要与他商量。”

徐庶神神秘秘一笑：“主公放心，他帮您安排大事去了。”

安排大事？诸葛亮又有什么奇谋？刘备正欲问个清楚，却见徐庶把弈局一推，拱了拱手：“承让。”

刘琰痴痴地盯着弈盘：“你、你怎么又赢了？真奇怪了，这世上只要是玩的，我刘某人从未输过，为什么偏偏赢不了你和孔明？刚才这一局明明是我先声夺人，你是怎么扳回来的？”

“刘兄你这就不懂了，对弈之道犹如两军搏杀，讲究奇谋变化，环环相扣。”徐庶说到这儿特意瞥了眼刘备，“即便身处劣势朝不保夕，只要悉心谋划，一样可以扭转乾坤转危为安……”

抽梯问计

襄阳城东有处别致的院落，占地不广，却楼阁俨然，修竹碧树，颇有几分意趣，这便是刘表长子刘琦的宅邸。按礼法而言，身为世家嫡子绝不该与父分居，民间有谚“举孝廉，父别居”，这种行为是被视作不孝的。

其实刘琦原本也住在幕府，因为是长子，相貌又酷似刘表，所以也曾被父亲寄予厚望。不过近年刘表渐渐移爱刘琮，蔡氏夫人又从中挑拨，刘琦动辄得咎屡遭训斥，惶惶不可终日，为避开满心芥蒂的弟弟和继母，才在城东置了这所宅邸，但求清静安身。这位原本继位有望的公子哥落到这步田地，心中不甘却又志大才疏，无策应对，整日寄忧愁于酒色丝竹，苦中作乐，甚是萎靡。

不过今天刘琦精神格外爽朗，特意命仆人把堂舍打扫得一尘不染，因为他要招待一位相邀已久的贵客——诸葛亮。

诸葛亮原本不是荆州人士，他祖籍琅邪阳都，乃前汉名臣诸葛丰后裔。其父诸葛珪官拜泰山郡丞，因病早逝，那年他才八岁，与兄长诸葛瑾、弟弟诸葛均一并被叔父诸葛玄收养。可惜好景不长，正赶上当时的豫章太守周术病逝，因为诸葛玄素与袁术相善，受其委任接替这个官职。但西京朝廷不予承认，又派朱皓接任豫章太守，所以出现了一郡两太守的局面。朱皓毕竟算是天子亲任，联合当时的扬州刺史刘繇攻打诸葛玄，诸葛玄兵少落败，加之袁术称帝丧失人心，只好到荆州投靠刘表，却不得重用抑郁而终。

诸葛亮年方十六又失倚靠，但读书勤奋颇知努力，得到不少士人关照，尤其沔南有一位贤士名叫黄承彦，看好他身处逆境而不改其志，不但把女儿嫁给他，还帮他在此立业。这黄氏非寻常家族，黄承彦之妻正是豪族首领蔡瑁之姊，而蔡瑁之妹又是刘表续弦，故而黄承彦与刘表实乃连襟，自然颇有影响。另外，诸葛亮的大姐又嫁给了蒯氏一族中的房陵太守蒯祺，兄长诸葛瑾被孙权招揽颇得信用。因而这位身在异乡的诸葛先生竟然时来运转，只要他愿意，与刘表、蒯氏、蔡氏，乃至江东孙权都能拉上点儿关系。

一般人若赶上这么多好亲戚自然要想方设法巴结，可诸葛亮却没这么做。他看透了刘表的懦弱无能，也看透了蒯蔡两大豪族胸无大志但求自保的本质，不但不与他们来往，还在襄阳以西的隆中山林盖了间草庐，与崔州平、石广元、孟公威等年轻旅居才士结成挚友，赢得“卧龙”的美誉；整日吟诗弄赋笑谈古今，以管仲、乐毅自比，意欲待价而沽，等候有志向、有才干的真主出现。等来等去，最终等到的是刘备。

细论起来，刘琦与诸葛亮也算是拐了几个弯的亲戚，但以前并无深交，反倒是因为与刘备相善，才使两人越走越近。刘琦知道诸葛亮颇具才智，几次写信到新野，询问应对继母兄弟之策，但诸葛亮却总以疏不间亲为由拒不相告。

可今天不知吹了哪阵风，诸葛亮竟主动登门，刘琦怎能不喜？他立刻置备果蔬，亲自敬上一杯水酒：“孔明兄自从跟随玄德公，久在新野难得来趟襄阳，务必要在我这里多盘桓几日。”

“公子不必客套。”这位诸葛先生年方二十八岁，生得眉清目秀高大俊朗，说起话来既温婉又不失庄重，不过这种沉稳的气质与他的年纪似乎有些不相称，“玄德公领兵去救江夏，不久要回襄阳复命，在下来此是为了迎候主公。承蒙公子看重，屡屡致信关照，今日顺便来拜望拜望您。”

刘琦听他不是专程来找自己的，只是礼节性探望，想必也不会对自己的事献言献策，不免有些失望，但还是陪笑道：“孔明兄见疏了，你我也不算外人，无需这般虚礼。请饮请饮！”

诸葛亮始终正襟危坐礼数有加，谦和中又透着几分疏远。刘琦也不便多说什么，只是陪着东拉西扯闲谈饮酒。可他心里毕竟有事，只喝了两盏便按捺不住，支吾着问道：“孔明兄，我前番书信提及之事，未知您是否……”

诸葛亮不待他说完便打断道：“此乃公子家事，亮不敢与闻。”

“是是是。”刘琦碰了个钉子，含糊着答应。不过气氛愈加尴尬起来，两个人本没有什么交集，刘琦盼着诸葛亮来不过就是为了问计，他既不肯相告还有什么可聊呢？两人对坐良久，只是不言不语各自寡饮。

刘琦心里实在起急，没过多久又憋不住了，猛然伏倒诸葛亮身前，这次不唤“孔明兄”，改叫“先生”了：“先生屡言疏不间亲，然琦受兄弟、继母所逼，今我父卧病不起，倘不幸大去，他母子指掌大权焉能容我？只恐我之性命亦在旦夕，先生难道忍心见死不救？”

“公子不可屈尊！”诸葛亮赶紧起身闪躲，“亮不过臣下之臣，岂敢擅谋人主骨肉之事？此干系甚大，倘有泄露为害不浅，望公子见谅。快快请起！”

刘琦听他说“倘有泄露为害不浅”，知他已有妙计就是不肯吐露，越发不肯起来，抓住他衣襟央求道：“此事关乎我之生死，恳请先生放胆直言。”

“公子倘若如此相逼，在下不敢逗留，就此别过！”诸葛亮抽开衣襟转身便往堂下走。

刘琦一心要抓救命稻草，焉能叫他溜了？眼珠一转，赶忙追过去抓住他臂腕，强笑道：“且慢！先生不言则已，何必急着走？我不提此事便罢，来来来……”

诸葛亮倒也不甚抗拒，半推半就被他让了回来。刘琦收起那副可怜的模样，又为诸葛亮满了酒，隔了片刻又道："前几日我自民间得了一卷古简，年代久远韦编已断，上面文字乃是鸟篆，似乎是古之兵书战策。我才疏学浅见识不广，想劳烦先生鉴识一番。"

"古书？"诸葛亮貌似有些兴趣，"此等奇物当求前辈经学之士，我也未必识得。"

"实不相瞒，为了这卷书我遍请幕府之人，竟无一人知晓。听闻先生博览群书，您兴许识得。"刘琦扬声招手唤过堂下一名小厮，"你把书阁整理整理，洒扫干净些，一会儿我带先生过去，可不能怠慢了客人。"

诸葛亮笑道："何必这般麻烦？"

刘琦却道："我那书阁平日散乱惯了，怕您笑话，需得收拾收拾。"说罢起身附到那小厮耳边悄悄嘱咐了几句。诸葛亮看在眼里，却也没多问。

两人继续饮酒，聊了聊古书的来历。不多时小厮回禀准备妥当。刘琦推盏，引领诸葛亮来到后院书阁——这是座毛竹搭建的二层小阁，虽然不大却很精致。诸葛亮迈步进门，但见其中摆着多张几案，放着瑶琴、投壶、弹棋、六搏等物，唯独不见书简。这哪是书阁，倒似这位公子哥玩乐之处。

刘琦笑容可掬："先生见笑了，这都是我平时消遣之物，书简皆在楼上。"说罢亲自到墙边搬起木梯，架到楼洞处[①]，"先生请……"

诸葛亮紧紧衣襟，当先攀了上去，见二楼更热闹，墙上挂着各色弓矢、绣球，仍不见半卷书。刘琦紧跟着也上来了，笑问："您看我这小阁可好？"

"古书何在？"

"并无古书，来此只是想请先生直言避祸之策。"

诸葛亮作色道："既然公子又提此事，在下告辞！"说罢拂袖欲去，可走到楼洞处一看——梯子已被人撤走了。

刘琦再次拜倒："琦欲求良策，先生恐有泄漏，不肯出言。此处上不至天，下不至地，出君之口，入琦之耳。请先生直言相告。"

---

① 汉代阁楼多无固定楼梯，皆以梯子上下，平时不用时梯子收起，可显室内广阔。

“公子……”诸葛亮似乎下了很大决心，踌躇半晌猛然一跺脚，“也罢！公子既然如此恳切，亮敢不尽言？”

刘琦总算如愿以偿：“计将安出？”

“您先起来。”诸葛亮慢慢走到他面前伸手相搀，刘琦却死死伏在楼板上，不把办法求到就是不起来；诸葛亮见他这副执拗的样子，倒是一阵莞尔，“区区小事公子怎至于愁成这样？难道公子不见申生、重耳之事？”

“申生、重耳之事？”刘琦虽不精擅《春秋》，却也晓得这段史事。春秋晋国之主晋献公武略出众兼并诸国，到了晚年却昏庸多疑，宠信骊姬夫人。骊姬为了让自己生的儿子继承国君，不惜谗害太子申生与公子夷吾、重耳，晋献公受到蛊惑，派人逼杀三子。太子申生愚忠愚孝不肯逃跑，最终被逼自缢，夷吾、重耳则驻守在外、闻讯逃亡，史称“骊姬之乱”。献公死后晋国内乱，骊姬母子被杀，夷吾、重耳先后得秦穆公相助归国为君，其中重耳就是春秋五霸鼎鼎大名的晋文公。他感念秦穆公相助之恩与其结好，两国休戚与共，史称“秦晋之好”。

诸葛亮二目低垂，似乎漫不经心随口道来：“申生在内而亡，重耳在外而生，历经艰险终成霸业。前人成败不足以为鉴吗？”

“你是叫我逃离襄阳？”刘琮眼睛一亮，又渐渐黯淡下来，“可又该往哪儿去呢……”

诸葛亮沉默了片刻，不疾不徐道：“那就要看公子愿不愿当荆州之主了。”

刘琮原本自顾不暇，已经不想与弟弟争了，但听他这口风似乎尚可挽回，惊诧之下不禁站了起来，一把攥住他手：“先生不但能救我，还能助我为荆州之主？”

“嫡庶长幼古来之法，理当由公子继承其位。即便小人从中挑拨，公子也未必不能如愿以偿。谋事在人成事在天，眼下虽无十成把握，也不妨一试。只恐……”话说一半诸葛亮突然缄口，双目炯炯凝视着刘琮，继而把手缩了回去，叹息道，“只恐公子耽于安逸没有恒心。算了吧，这话就当我没提过。”

刘琮的心已被他说活了，正跃跃欲试，又听他有小觑之意，平日养尊处优哪受得了这般轻视？霎时燃起了斗志，厉声喝道：“诸葛孔明！你莫看我平日不务正业，但也有满腹雄心。孟子云：‘天将降大任于斯人也，必先苦其心志，劳其筋骨，饿其体肤。’我刘琦吃得起苦受得起罪，荆襄之主舍我其谁？放手一搏有何惜哉？”

诸葛亮要的就是这态度。

他心中暗笑却装出一脸惊诧，连连作揖：“公子切莫声张，但恐隔墙有耳……”

“怕什么？”他越劝，刘琦越来劲，“这周围都是我的人，即便有别人听去也不怕。我也是有血性的，豁得出去！”

诸葛亮捂住他嘴：“公子无需动怒，在下直说便是。今黄祖战死，孙权又弃西陵而去，公子何不请缨去守江夏？一则可避祸在外，二来可为日后积蓄实力。”

刚才闹得还挺欢，一听要去江夏防御孙氏，刘琦立刻平静下来：“这行吗？”他别说领兵打仗，活了二十多岁，从未离开过父亲身边，若孙权再次来犯，他哪里应付得了？

“公子莫非惧怕孙权？”诸葛亮出言相激。

“我岂会怕他？我是怕……怕……”

诸葛亮微微一笑：“公子莫怕，您若前往令尊必会派兵辅助，您既有城池又得兵马，便为日后争位添了实力。再有玄德公暗中支持，足以与蒯蔡周旋抗拒，若令尊不幸亡故，他们胆敢废长立幼，公子可与玄德公共同起兵，两路兵马会于襄阳。到时候玄德公再奉您为荆州之主，长幼传承回归正道，岂不是度尽劫波扭转乾坤？”

刘琦默默思索着，好半天才喃喃道：“有理……有理！一会儿我就向父亲请命。”

“且慢。”诸葛亮笑盈盈打断，“此事干系重大，公子不宜轻言。以在下之见，何不先对蔡氏夫人进言？”

“我自去求父亲，岂能对那妇人说？”提到蔡氏，刘琦就气不打一处来。

“公子所言差矣！令尊卧病不起，州中之事尽归蒯蔡处置，公子若直接去求令尊，蒯蔡必要怀疑其中有诈，如不应允又能奈何？不如去见蔡氏夫人，就对她言讲：‘我无意与弟弟争位，恳请出镇在外，求母亲开条生路。’夫人见公子胆怯，意欲避祸，以为此之一去刘琮没了对手必能顺利继位，定会想方设法促成此事。”

“妙！妙！先生真是神机妙算！”刘琦愁云尽散抚掌大笑。

诸葛亮语重心长道："公子过誉。刘琮年幼无知不堪重任，在下身为荆州之吏，自当为荆州择一英明之主。"这倒是扪心无愧之言。

刘琦想当然认为他所言"英明之主"就是自己，面露得意之色："我若真能承继父位，成就晋文霸业，先生就是我的子犯、赵衰[1]！"

"多谢公子……"诸葛亮深深一揖，心里却在盘算——知小谋大，也配自比晋文公？我可不愿做你之子犯、赵衰，我要当的是百里奚，辅佐一位从中渔利，奠定八荒帝业的秦穆公！

刘表托孤

刘表字景升，山阳高平人，汉室宗亲，是前汉鲁恭王刘馀之后，汉景帝一脉玄孙。他身长八尺相貌伟岸，成名更是比同龄之人都早，二十出头便已享誉士林，与足可当其长辈的张俭、岑晊等人并居党人"八及"[2]之列，也曾在党锢时期受过磨难。后来黄巾起义党人解禁，他被大将军何进辟为掾属，历任北军中候，天下动乱之际被朝廷任命为荆州刺史。

荆州本非富庶之地，黄巾起义爆发的时候这里也是重灾区。到讨董卓之时孙坚又擅自诛杀了刺史王叡，豪强苏代、贝羽、张虎等各占一方，黎民百姓不知所从，加之瘟疫流行满目疮痍——刘表接过的就是这副烂摊子。

当时的统治中心不在襄阳，而是南阳郡鲁阳县，被袁术控制着。刘表一介文人单骑赴任，既无兵马又无僚属，只好跑到宜城县落足，幸而得到蒯氏、蔡氏的支持，这才整备人马，征战袁术，伏杀孙坚，铲除割据，安定了这一地区，在襄阳建立了新治所。这十几年来刘表也算励精图治，不仅使百姓过上安稳日子，而且礼待南下避难之士，倡导文化推行名教。因而襄阳不仅市井繁华，还云集了宋衷、邯郸淳等著名文士，

①子犯、赵衰，春秋晋国名臣，曾跟随晋文公流亡，为其继位立有功劳。

②八及，《后汉书·党锢传》中记载的名士张俭、岑晊、刘表、陈翔、孔昱、苑康、檀敷、翟超八人。及，言其能导人追宗者也。除了"八及"之说，刘表也在其他杂史中被列入"八俊""八友"。具体人物不同，但性质相似，都是反对宦官的清流名士。

杜夔、邵登等乐律高手，连名医张仲景都在他麾下当长沙太守，一边处理政务，一边酝酿出岐黄大作《伤寒杂病论》。荆州的文化昌盛甚至超过许都，与纷乱的时局格格不入，这不能不说是乱世中的一个奇迹。

不过刘表经世济民是把好手，却无征战天下的能力。面对汉末风起云涌，瞬息万变的国内形势，他的对策是以江夏黄祖防御孙氏，房陵蒯祺防御刘璋，南阳张绣防御曹操；张绣降曹之后又改用刘备，凭这几面“盾牌”把襄阳包裹起来。内政方面则对蔡瑁、蒯越等本土士绅放权，勉强维持脚下一亩三分地的太平。而他本人做得最多的事就是招待避难士人，置酒高歌坐镇风雅。

平心而论，刘表未尝不想有一番作为，但他既乏能力又不敢冒险，加之北方曹操与江东孙氏两大强敌无法平衡，最终错失良机。但事到如今这些都不重要了，年近七旬的刘表病入膏肓，就连他自己都明白，恐怕熬不到曹操大举南下那一天了。

他斜倚在病榻上，脸色苍白，瘦骨嶙峋，呆呆望着榻边的屏风，那上面画的是西王母赐孝武帝蟠桃的传说。武帝刘彻雄睿一世，到头来求遍神明不得长寿，依旧免不了生死这一关。圣明之主尚且难逃一死，谁又能躲得过？刘表从中得到一丝宽慰，缓缓转过脸，看着陪坐在榻边的刘备。

此时此刻，这个满怀壮志的草鞋贩子正为他掖着被角，脸上表情既恭敬又哀婉，似乎很为他的病体忧虑。但这会不会仅仅是表象呢？刘表心里拿不准，提了口气颤颤巍巍道：“老夫疏忽致使黄祖败亡，还劳烦你奔波受累，实在于心有愧。”对于号令一方的割据之主来说，这话甚是谦和，但谦和中又透着言不由衷的疏离。

刘备愁闷的脸上露出一丝仓皇：“黄祖之死非主公之过，皆属下救援不力。主公不加怪罪已是仁厚，岂可代我等引咎？”

刘表听到一个满意的回答，但并没有掉以轻心：“我病得真不是时候，听说曹操已平灭蹋顿回到许都，荆州之难恐不远矣。我已命不长久，以玄德之见，日后之事该如何呢？”

所谓“日后之事该如何”可以有多重理解，既可以理解为应该立哪个儿子为嗣，又可以理解为应该如何抵御曹操，但是不管刘备如何回答，多少会流露一些个人打算，也就不难体察他志向所在了。可是刘备却诚惶诚恐道：“人无百日之好，小病小灾总是有的，只要主公多加调养必能痊愈，何愁以后之事？”

“但愿如你所言。”刘表一拳打在棉被上，只好就坡下驴，转而又道，“先前你劝我趁曹操远征之际兵袭许都，我没能采纳，现在想来后悔不迭。恐怕以后再没机会插足北方了。”

“主公无需自责。”刘备口气依旧那么谦卑，“天下分裂日寻干戈，机会多的是，岂会不再来？这次错过下次还有。”

“你这是安慰我啊。”刘表重重叹了口气，“北方狼烟已息，哪里还有什么可趁之机？若论洞察时局，老夫比你差得远啊……咳咳！”话未说完咳嗽不止，上气不接下气。刘备见状赶紧为他摩挲着胸脯：“主公保重身体。”

伊籍一直在旁边垂手侍立，心里急若滚油，暗暗埋怨刘表——都什么时候了，不敞开窗户说亮话，还有工夫玩心眼？见外面走进一个端汤药的仆从，忙抢过碗来塞到刘备手里，朝他使了个眼色。

刘备会意，亲自为刘表喂药。汤药还有点儿烫，他舀起一匙先自己尝了尝，又轻轻吹了吹，感觉不凉不热才小心翼翼送到刘表唇边，一边嘱咐着：“慢点儿喝，别着急。”一边用衣袖拭去顺着嘴角流下的药渍——恐怕连刘琦、刘琮伺候老爹都没这么周到。

一碗汤药送下，刘表不再咳嗽，眯着眼睛养神。伊籍瞧这火候差不多了，凑到他耳边小声道：“军务之事是不是也要跟玄德公交待一下？”

“对。”刘表猛然睁开眼睛，“昨日琦儿跟我说，他有意接替黄祖镇守江夏，未知玄德以为如何？”伊籍听了有些泄气——他满心希望刘表能把军权交给刘备，使其全力抗拒曹操，也好扼制蒯蔡两家独大的局面，从中费了不少心思，可刘表好像根本没这打算。

刘备蹙眉沉思，似乎想了一阵才道：“曹操虽盛，但江东也不可不防。江夏重地诚非他人可守，公子请缨倒也妥当。今后东南之事，主公父子当之；西北之事，备愿竭力而为。”

刘表不置可否，却道：“我已力不从心，琦儿这孩子又素来心浮气躁，恐难以任重。玄德可不可以暂时离开新野，帮帮那孩子？”

刘备一副懵懂的表情：“主公是叫我移驻江夏协助大公子？”

“不不不。老夫之意是想请你改屯汉水沿岸，以便接应江夏。”刘表从不曾信任刘备，只是借其力阻挡曹操；而刘备现今屯驻的新野又离襄阳较远，若是将来他撒手而去，刘琮年纪轻轻很可能驾驭不住刘备，所以不可不防。所谓“改屯汉水沿岸”其实是大步伐向南撤，置于襄阳监视之下，可又不能叫刘备与刘琦混在一起，若是他们兵合一处将打一家，刘琮的位子还坐得稳吗？

刘备听了他的话，抓耳挠腮似乎很费了一番脑筋，最后才提议：“若主公允许，属下愿领兵移驻樊城，江夏若有兵戎之事，可自汉水而下救援便利。”

“好，很好。”樊城与襄阳隔汉水相望近在咫尺，驻军樊城等于主动栖于襄阳眼皮底下，正中刘表下怀，“明天你就回新野，速速把兵调来，你早来一日我便早安心一日。”这倒是不折不扣的真心话。

刘备信誓旦旦：“主公放心，属下一定不负主公厚恩。”

刘表默然望着他，隔了半晌突然换了一副语重心长的口气：“我已病入膏肓，自知不久于人世。琮儿、琦儿皆不才，诸将零落各地，我死以后，玄德你来总摄荆州之事，如何啊？”

伊籍早盼着这句话，顿时眼睛一亮，方要跟着帮腔，却见刘备将手中空碗一撂，猛然伏倒在地：“属下卑微，平庸无才，万不敢窥觑荆州。诸公子皆贤，必将大有作为，属下但蒙鹰犬之任足矣！请主公收回这句话……”说罢连连叩首。

刘表强打精神，斜着身子直勾勾逼视着刘备，见他战战兢兢体似筛糠，已胆战心惊，却仍不敢大意，继续道：“老夫并非戏言，玄德若是有心，切莫辞让。当今天下可以拒曹者舍你其谁？当初陶谦以徐州相赠，老夫也愿意以荆州相让。这都是……都是为了我大汉刘氏天下嘛。”刘表搜肠刮肚了半天，才找出这个牵强的理由。

刘备兀自叩首不止：“属下当年兵败汝南受主公活命之恩，已是通天的造化，又岂敢多求半分。请主公以身体为念，切莫胡思乱想。”说到最后竟呜呜咽咽流下两行热泪。

伊籍连连摇头甚感遗憾——刘琮兄弟文弱无能，蒯越、蔡瑁自私自利，唯有刘备能抵御曹操，又不肯接受大权，以后的日子怎么办呢？

伊籍企盼刘表能说得再诚挚恳切些，可刘表却把话收了回去：“非是我胡思乱想，我看是你太过自疑。老夫一直都很信赖你，既然你不愿意，那就当我没说过吧！琮儿年少，以后还要多多仰仗你，望你与蒯蔡诸公协力辅佐我儿。我即便去了，苍天有灵也会感激你们……”说到最后刘表也动了几分真情。

刘备越哭越凄惨："主公乃一时小恙，为何总是言死？属下唯愿主公身体康健！荆襄百姓还指望您安定天下复兴汉室呢！您可千万不能有事啊……"

这两句话正打在刘表软肋上。他一向自认为不喜谄媚之言，却也经不住这种拿百姓当幌子的马屁，霎时间竟忘了自己是在试探刘备，不禁满眼泪花："唉！知我者，玄德也……"

伊籍眼望着这俩惺惺作态的君臣，实在不知道该说什么了，只有怅然叹息。刘备如丧考妣抹着眼泪，好半天才止住悲声："主公不要多想，安心养病，我这就回新野调防兵马，等事情办妥再来拜望。"

"嗯，你去吧。"刘表扬了扬手。

刘备走两步一回头，似乎对刘表充满了牵挂，直走到门边又叮嘱道："主公千万保重身体，荆州百姓不能没有您……"这才长叹一声出门而去。

伊籍苦苦望着刘备背影，心中茫然若失。他苦苦期盼这次会面，妄想刘表能与刘备推心置腹，确定身后抗曹之策，把话挑明，现在看来这想法太天真了。

他正在发愣，忽见病榻后的屏风微微一颤，从后来闪出几个人，为首的是张允，后面还有四五个士兵，都攥着明晃晃的钢刀。

"放肆！你等意欲何为？"伊籍不禁惶恐，还以为他们要不利于主公。哪知刘表却病怏怏道："我叫他们藏在后面的……"

伊籍愕然，还未及说什么，又见从侧室闪出一人——五旬开外，面色白皙，相貌端庄，身材精瘦，留着花白的三绺长须，正是刘表的智囊蒯越蒯异度。

刘表显然与他们商量好了："我看刘备并无篡夺荆州之意。"

蒯越却对这结果不甚满意："我在隔壁听见了，您不觉得他表露得太过了吗？"

"此话怎讲？"

"主公于刘备之恩未尝过于吕布、曹操，他何以如此信誓旦旦？"蒯越眼中迸出一丝老辣，"常言道过犹不及，我看他是做戏。"

伊籍这才渐渐醒悟——原来蒯蔡有意诛杀刘备，难怪刘表会主动提议以荆州相让。若是刚才刘备应承下来，恐怕这会儿已身首异处了吧！

这又是蒯越的主意，连我都瞒着，或许刘备也察觉到其中有诈，所以才反应那么激烈。真正的傻子只有我这个穿针引线的人。

张允一贯见风使舵：“我也觉刘备之言不可信，舅父不该放他走。”

刘表似乎已被刘备的感激涕零打动：“算了吧，即便他有些非分之想，我谅他也没那么大的胆子。”

蒯越却不这么认为：“他连曹操都敢反，胆子还小吗？后患不可留，以我之见倒不如立刻……”他做出个砍头的手势。

伊籍忙道：“不可不可！刘备与曹操结仇，正可用之拒敌，岂能损友而害己？”

蒯越没接话茬——伊籍眼里曹操是敌人，可在他看来却未必。

刘表也不同意，理由却大不相同：“刘备拥兵万余，有关羽、张飞等将为羽翼，除一人易除一党难。倘若诛杀刘备逼反其党，不好收拾啊。”

这话也有些道理，蒯越不便再坚持，却止不住摇头：“隐患不可留，倘若情势有变节外生枝，再出手可就更难了。”

刘表的心思并不真在刘备身上：“为今之计但求维稳，能不动武尽量不动，只要把他迁到樊城牢牢盯死，他又能如何？眼下最重要的是辅保琮儿顺利接位，其他的事以后再说吧。”他已命不长久，目下关心的只有儿子刘琮，“你们要好生辅佐琮儿啊！”

伊籍打心眼里不看好刘表的儿子，无论刘琦、刘琮，都非有为之才，可碍于主臣之义还是应承道：“赴汤蹈火在所不辞。”

蒯越的回答却颇为含蓄：“我等一定竭力周全。”

刘表感觉出一丝弦外之音，可蒯氏作为荆州豪族是他倚仗的重要力量，怎么可能深究？他沉默了一阵，沉重的病体越发难受，又想起亲家蔡瑁：“这几日怎么不见德珪过来？”

蒯越与张允对视了一眼，忙道：“蔡公也生病了，正在家中静养。不过您放心，病得不重，耽误不了辅保少主的事。”这位军师素来行事干脆思虑周密，可这番话却说得含含糊糊，前言不搭后语。

“病了……”刘表自言自语了几遍，再次嘱咐，“异度，你等一定要好生辅佐我儿！”这次他口气更重了，倾着身子死死注视着蒯越。

但蒯越的回答依旧：“主公放心。属下竭力周全少主，定不负主公厚恩。”

“异度，你……”刘表听出这回答很微妙，所谓“竭力周全”似乎并不意味着辅佐刘琮抗击曹操吧？可他欲言又止，呆呆望着蒯越，不再说什么——刘备固然不可靠，但蒯越、蔡瑁又好到哪儿去？形势日益分明，荆州豪族早就蠢蠢欲动。与其守着他父子艰苦抵抗，倒不如把荆襄之地拱手送与曹操，既免受刀兵之苦，又保全了他们的田产利益，更免了刘备从旁觊觎，说不定日后还能在曹操手下混个一官半职呢。这是背叛，但也可以视为是回归。当年天下大乱，他们逃离朝堂回到家乡，当然要找个名声赫赫的人帮他们渡过难关。结果遇到了我，没有我他们不能名正言顺割据荆州，没有他们我也不能坐稳一方。世上的事真难捉摸，说不清到底是谁成全了谁……现在已不需要割据了，他们又该回归朝堂，回到仕途之路。除了那些想在乱世希冀奇功的少数分子，还有刘备那等亡命徒，谁还愿意继续打仗？再斗下去将来如何在新朝廷立足？蔡瑁偏这时候生病，是真病了还是故意躲我？他是我内弟，但也是曹操故交啊！除了蒯蔡两家，邓羲、傅巽等州中要员也隐约有降曹之意。我活着他们不开口，我死以后还有何顾忌？也罢，人之将死其言也善，何必强人所难？糊里糊涂半辈子，这会儿明白有何用？现在我只是个病卧在床油尽灯枯的老叟，想管也管不了。只盼曹操晚来一天，我父子便多太平一天，得过且过吧……

沉默良久，刘表终于微微抬了抬手，示意蒯越退下。蒯越想安慰两句又不知如何开口，似乎也无颜再说什么，既是主臣又是老朋友，一切都心照不宣吧。他深施一礼，带着张允等缓缓退了出去。

伊籍始终紧锁眉头，待蒯越出去便愤愤道：“蒯蔡大族不顾主公基业，皆为自身而谋，不足以托付大事。今荆州之势危若累卵，倘若曹操大兵压境，他们挟持少主倡议投降又当如何？难道您就不能信任刘备一次吗？”除了他这个同乡近臣，别人还真不敢如此直言。

刘表摇了摇头：“托付蒯蔡是有些寒心，但刘备更不叫人放心！再者州中政务尽在蒯蔡之手，就算我托付刘备，他能接得住吗？襄阳十余载未有战乱，若同室操戈，祸起萧墙，吏民岂不遭殃？”

“可是……”

刘表不容他再言：“不必再说了。我想安静一会儿，你也去吧。”

伊籍心有不甘却无可奈何——他还年轻，还可以建功立业，逢此乱世，大丈夫就该有所作为，光耀门楣青史留名。怎能屈膝于敌苟且终老？再者，毫无原则但求维稳，甚至苟且偷安，这样的稳定不过是建立在流沙上的，又能持续多久？如果真是毫无私心为百姓着想，当初还割据什么？以此为辞不虚伪吗？伊籍渐渐对这个老乡兼老上司生出一阵厌恶，垂头丧气地离开了。

仆人想搀扶刘表躺下，却也被他打发出去了。宁静的寝室只剩下他自己，倚在靠垫上蔫呆呆出神，说不清是委屈还是无奈，或者只是将死之人的一种忧郁吧！忽然，院中传来一阵叽叽喳喳的鸟鸣声，把他从恍惚中拉回来——阳春的襄阳多美啊！

刘表无力行走，但他还想坐起来，透过窗户再看一眼襄阳，看看他耗尽十多年心血创造的这弹丸乐土。他并没有呼唤仆人，只是双臂撑住卧榻，让虚弱的身子摇摇晃晃向前倾。虽然这只是个简单的动作，但他却感觉费尽九牛二虎之力，弄得满头是汗；好不容易坐直身子，透过窗子看见的却是寂寥的院落和冰冷的院墙。

他双臂一颤又倒回病榻，失落地叹息着——恐怕曹操等辈都以为我胸无大志吧？可我却让荆襄百姓过了几年太平日子，让大汉的经学文教得以延续，这难道不好吗？即便这样的太平是建立在虚幻中的，但毕竟也是太平，总比苦于战乱流离失所要好。若身在治世我可能会位列三公九卿，做得更出色。但遭逢乱世，能办到眼前这些就已经很不易了，谈何遗憾？荆州牧、镇南将军、成武侯，有假节之权，党锢之士得到这些荣耀的不就我一个吗？正义凛然却力不从心，或许就是我们这帮清流的宿命吧！琮儿、琦儿，父亲不可能养你们一辈子，靠自己吧！曹孟德、孙仲谋，或许还有刘玄德……我苦守襄阳防了你们这么多年，如今就要撒手而去了。你们满意了吧？可是你们早晚也有这一天，至于现在，做你们那金銮御笏的美梦去吧！

第八章
曹操称相

曹公拜相

建安十三年（公元208年）六月，一件改变汉王朝乃至曹操个人命运的大事发生了——刚刚被罢免的司徒赵温公开上书，奏请废除三公，推举曹操出任丞相。

这一提议立时震惊朝野。如果说有人对赵温征辟曹丕之事还有所怀疑，那通过此番上书算是彻底看清这位七旬老臣的面目了，他分明就是曹操的一颗棋子。三公没有了，丞相独揽大权，此古人所谓“掌丞天子助理万机”，今后不仅冀州归曹操管辖，全天下州郡城县、一切的文武官员都成了他的下属，内外诸事无不关白，俨然是不穿龙袍的天子。

对于这个变故，文武百官大致有三种态度：大多数人仅仅是木然，曹氏掌权是多年的事实，抗争已无济于事，主动迎合又有违汉室臣子之道，天要下雨娘要嫁人，管也管不了，事不关己高高挂起；再者是曹操主政后提拔的官员和掾属，朝中董昭、陈群等人对赵温的提议大加赞誉，纷纷表示老大人“老成谋国忠义可嘉”，曹公应早登相位以慰天下人心，至于曹府掾属更积极了，且不说日后前途可观，司空府升格为丞相府，掾属俸禄也水涨船高，从三百石提至六百石，大家得好处，何乐不为；但也有人持反对态度，这类人为数不多，但都是自长安保驾东归的旧臣，他们对汉室社稷满心留恋，可除了“大喇叭”孔融之外，也没人敢站出来讲话，顶多是私下骂几句罢了。汉室社稷固然重要，脑袋也很重要，谁不害怕曹操手里的屠刀呢？

最为难的其实是太常寺那帮礼制官员，大汉不设丞相二百余年，突然恢复古制，谁知道拜相仪式什么样？查典籍的查典籍，翻史书的翻史书，还得精选玉石赶制出相印，废了半天劲也考证不清昔日高祖任命萧何为相的礼仪。幸好曹操也没为难他们，经过三次辞让的冠冕文章之后明确表态——天下未平无需计较礼制，把丞相大印给我送来就行啦！

丞相不在殿上接受天子册封，竟要朝廷把相印给他送去，究竟谁是主谁是臣呢？曹操就是想摆这个谱，要让全天下人都知道自己的尊贵。于是一场热热闹闹的拜相闹剧开始了。皇帝刘协亲发诏书，历数曹操的功绩，由太常卿徐璆承接诏书、相印，持节去司空府授印，朝廷百官都要身穿吉服步行相随。知道的是曹操事先计划好的，不知道的还以为曹操不愿当，是天子和满朝官员死皮赖脸非求着他当的呢。

忙忙碌碌准备一番，太常卿徐璆在皇宫跪受诏书、符节，其实到曹府不过几步路程，可按照礼制要求搞得十分复杂。首先要乘坐象征天子使者的大使车，驷架朱轮，白盖赤帷；左右随护队伍的功曹车、贼曹车、斧车、督车各两辆，后面从车又有四辆，载着九卿、侍中、大夫一级的高员；队伍正前方还有驺骑四十人、弓弩手十二人，皆由郎官充任，负责引导车队彰显威严。一大串队伍加上随行官员，前面的都走到曹府门口了，后面的才刚出皇宫。城里城外士农工商，哪有不上街看热闹的？百姓云集夹道观瞻，曹操的脸面可算露足了。

曹府这边的准备也很周全。“司空府”的牌匾已摘去，“丞相府”的新匾还没挂，王必率领金甲武士封锁街巷，所有掾属都换上簇新的皂衣，密密麻麻排列门外——按照制度规定，司空掾属最多七十多人，而丞相辟用的属员最多可达三百八十多人，这支队伍日后会更加壮大。使节车队一到，所有掾属顿时跪倒齐呼万岁，声势之大震得市井肃然屋瓦乱颤，百官也得长揖回礼。虽然一方是卑微的属员，一方是冠冕的朝臣，但哪方是实哪方是虚，谁心里都有数。施礼之后众人后退，闪出一条人胡同，徐璆由谒者搀扶着下车，双手高捧诏书直入府门，尚书以上大臣紧随其后，所经之处家将、仆僮也纷纷跪倒参拜，持节使者等同于天子驾临。

徐璆如今已是七旬老翁了，他曾被袁术软禁多年不屈臣节，最后还趁袁术病逝之际盗出传国玉玺回归朝廷，因此受封太常。国家大事唯祀与戎，太常乃九卿之首，没有三公他就算曹操以下最大的官。徐璆精神矍铄步伐稳健，满脸庄重目不斜视，心里却充满了愤慨——二十四年前黄巾起义，他随朱儁镇压义军与曹操共过事，当时只觉得曹操有点儿带兵之才，哪想到当年毛头小子如今成了权倾天下的丞相，自己还充任使者跑来给人家送印，真是世事难料啊！他按捺着心情，款款来到大堂之上，但见坐榻移空，香案已经设摆好了；可即将受任的曹操却不见踪影，难道这位“三让而后受之”的大丞相还要玩什么花样吗？

徐璆并不知情，此时此刻曹操正在后堂踱来踱去，被一件烦心事困扰着。回许都之前，他命于禁、张辽、张郃、朱灵、李典、路昭、冯楷七支军队屯驻颍川附近，从那之后这七只大老虎便无一日消停，都是战功赫赫之人，没有曹操在眼前管着，谁也不服谁。今天分粮食闹点儿冲突，明天分辎重械斗一番，事后还各写奏报往曹操眼前递，都是鸡毛蒜皮的事，各说各的理。曹操还指望他们出力打仗呢，只能睁一眼闭一眼，也懒得计较。闹点儿小矛盾也罢了，可今早突然发来军报，朱灵麾下中郎将程昂煽动士兵造反！

“朱文博怎么搞的？”曹操气哼哼道，“当初我反复叮咛，河北兵卒初降，当以宽仁之心待之。他怎么拿我的话当耳旁风？还没征伐荆州呢，先叫人家看笑话！这些将领自恃有功目无法纪，我非拿朱灵作法，好好教训他们不可！”虽然朱灵已将程昂擒杀，并在第一时间上书自责，可还是造成了不良影响，有些河北兵不满待遇逃役回家。于禁素与朱灵不合，又来信向曹操打小报告，揭发其任性桀骜，鞭笞士卒，辱骂将佐，哄抢粮草，不啻于火上浇油。

长史薛悌紧随曹操身后，跟屁虫一样边转悠边劝：“算啦算啦，朱灵已经认错，于禁的话也有水分，损失又不大……”

“痛虽可忍痒亦难耐！”曹操恨的倒不是这点儿损失，偏偏受任丞相之际出乱子，这不是给他脸上抹黑吗？

主簿温恢倒很泰然：“正因为事情出在这个节骨眼上，主公更应大事化小小事化无，现在处置将领，岂不更叫人看笑话？徐太常还在外面候着呢，莫要怠慢了。”

“唉！忍了吧。”曹操渐渐停下脚步，又觉头颅隐隐作痛，嘟嘟囔囔道，“大好日子没一件事叫我顺心，华佗那老家伙不知怎么搞的，煎的药时灵时不灵，不针灸不见好，难道他想留个病根要挟老夫？”发了几句牢骚终于回归正题，“事已至此我也不追究了，先叫乐进、张辽分点儿兵给朱灵。现在就给他回信，我说你们写。”

记室陈琳早在一旁搦管等着，见他邪火总算消了，赶紧边听边写：

> 兵中所以为危险者，外对敌国，内有奸谋不测之变。昔邓禹中分光武军西行，而有宗歆、冯愔之难，后将二十四骑还宜阳，禹岂以是减损哉？来书恳恻，多引咎过，未必如所云也！

陈琳心里雪亮——曹操并未对朱灵加以斥责，还将其与中兴名将邓禹[①]相提并论。但这都是敷衍之辞，最后却点出“来书恳恻，多引咎过，未必如所云”，未尝不是对朱灵的怀疑。朱灵要是懂事，以后就该夹着尾巴做人了。

校事赵达别有用心扫了眼文书，不冷不热道：“军中出了奸人乃监察不力所致，就算不怪罪朱灵，也应追究刺奸令史之过。”其实一点儿道理都没有，刺奸史本不在朱灵军中任职，对此毫不知情也情有可原。可身居此职的是高柔，曹操用他就为了泄当年之恨，赵达更是不遗余力撺掇使坏。

曹操正无从发泄：“说的对！高柔罚俸一年以示惩戒。”罚俸而不革职，还要留着他继续受罪，简直是猫玩耗子。

温恢甚觉不公又无计可施，只道：“处置谁不处置谁不在紧要，当派人到军中调和众将，于禁、朱灵皆是争强斗勇之人，若无人从中劝道协调，这样的事以后免不了还要再出。”

“有道理……派谁合适呢？”曹操敲着额头想了想。

温恢已有人选，却不说破：“若依在下之意，应该选一个好脾气慢性子的人。”

“好脾气慢性子。”曹操眼睛一亮，“速调赵俨出任七军总护军！”赵俨好脾气出了名，活了四十多岁脸都没红过，由他一人充七部护军，那帮武夫就是脾气再大也磨不过他。

---

① 刘秀在河北称帝之后，派邓禹率两万精兵攻取关中，邓禹部将冯愔与宗歆不和，冯愔遂杀宗歆，又临阵倒戈。邓禹为赤眉军所败，独与二十四骑逃回宜阳，事后一度被剥夺官职。

无论如何这件事好赖对付过去了，众人赶紧七手八脚帮曹操整理衣冠，匆匆忙忙往外走。可迎面又见曹丕、曹植慌慌张张而来。曹操一边紧玉带一边问："跑来做什么？天使都到了，还不到院里跪接？"

曹丕满头大汗："冲儿、彪儿、林儿不知跑哪儿去了，父亲没见到吗？"父亲受封高官，诸公子也得盛装出席，要在廊下跪谢圣恩，新衣服早给他们换上，这会儿却找不到人了。

"哎呀！我哪见过他们。"曹操急得直跺脚，"这几个小崽子，跑哪儿玩去了？还不去找！愣着干什么，都去给我找啊！"

曹操一通嚷，后面可热闹了。司空府也不小，房连房院连院的，连曹丕、陈琳、薛悌带夫人、仆妇、丫鬟东跑西窜边嚷边找，也不顾内外之别了。按理说几个小毛孩子参不参与无可厚非，可曹操的态度却十分认真——曹林乃再嫁之妻杜氏所生，曹彪的生母孙氏不过府里一个普通侍女，这俩儿子都不重要；他真正在乎的是环氏之子曹冲。曹冲是曹操心中内定的继承人，无论当天子还是当权臣，身后一切都要交予此子继承，所以今天这么荣耀的时刻，一定要让这孩子出来露一面，展示给满朝大臣看。为此前几日曹操还特意为他"抢冠"[①]，取表字为仓舒。

曹操穿房过院正着急，忽听不远处有个家丁大呼："我的小祖宗哟，怎么跑这儿来了！我找到啦！"赶紧跑过去观瞧——这是二门以内一处偏院，有几间矮房和灶台，是庖人置备酒食的地方，谁能想到贵公子会跑到此处玩耍？这会儿华佗正带着弟子李珰之在炉边煎药；有两个新收的弟子吴普、樊阿也在一旁，却看不懂他们干什么，正扭动身躯摆出一副怪模怪样。

吴普单脚点地，伸展双臂上下抖动，样子像只大鸟；樊阿缩肩紧背抓耳挠腮，状似猿猴。再往边上看，曹操气大了——曹冲、曹彪、曹林仨小子正伏在地上，装模作样的，也不知是模仿熊还是老虎，刚换的新衣服沾了一身土。

"你们做什么！"曹操厉声喝止。

吴普赶紧跪倒："启禀司……丞相，这是师傅仿照古人导引之术编

---

① 冠礼，古代士大夫阶级的男子成年仪式，又称"元服"，冠礼之前男孩不能戴冠，梳总角发型，有名无字；冠礼后才能戴冠，取表字，谓之"弱冠"。冠礼按照周礼是在20岁时举行，而汉代一般是在16岁左右，不足岁数而提前加冠的叫"抢冠"。

成的‘五禽戏’，练这个可以强身健体。”

“胡说八道！”曹操扯起曹冲抢到怀中，“你当他们何等人？堂堂公侯之子岂可作此禽兽之态！”

华佗赶紧赔罪：“老朽未敢擅自教几位公子，是他们看着好玩才……”

不待他讲完曹操便冷森森打断：“华先生，老夫对你也够客气了，你至今未能根除老夫之疾，我也未加责怪。从今往后你这些弟子不准在我府里居住，都给我搬出去！这是丞相府，不是市井街肆！”

曹冲见父亲生气，忽然手指着熬药的炉子道：“爹爹快看那药炉，火在下水在上，孩儿前日刚学了《易经》，下离上坎谓之‘水火既济’，‘既济’不就是圆满之意吗？爹爹今日受封丞相，咱家圆圆满满，多吉利啊！”

这本是句解劝的话，哪知华佗的弟子樊阿是个直性子人，忍不住插嘴道：“小公子解得不切，‘水火既济’的卦辞有云‘亨小，利贞。初吉终乱。’喻月满则亏水满则溢，这卦名字好听，却不吉利……”话说一半才意识到自己失言，赶紧闭嘴磕头。

朱灵的事已经让曹操烦心了，大好的日子出言不吉，非把他激怒不可！幸亏温恢脑子快，一把抱起曹林：“我的小公子哟，快走吧！满朝文武在外面候着呢！再耽搁时辰叫群臣如何议论？”

跟孩子说话给大人听。曹操知他是催自己，压压胸中怒火，咬牙切齿瞪着樊阿：“你们现在就滚！今后不准来此搅扰，否则格杀勿论！华先生，你也好自为之吧。”说罢领着孩子拂袖而去。

当曹操举止端庄出现在大堂上时，徐璆已经等得有些不耐烦了。奉天宣诏哪见过这样的接诏人，生生叫使者在堂上等他一刻多工夫，坐又不能坐，诏书还不能撂下。既不把使者放在眼里，又何尝把天子当回事？徐璆还算好受，他身后两个谒者，一个手持符节，一个捧着相印，两样东西分量都不轻，俩人举了半天手都哆嗦了，心里早暗暗把曹家祖宗八辈“问候”了遍。

曹家诸子悄悄顺着廊檐跪了，曹冲与曹丕一左一右排在了最前面。徐璆展开诏书当众宣读，曹操行三跪九叩大礼。而就在他接过相印的那一刻，又推辞起来：“曹某才少德薄不堪其任。徐公乃三朝老臣，这个丞相还是您来当吧。”

徐璆吓一跳，见他事到临头还在惺惺作态，赶紧连退几步一揖到地："曹公功劳赫赫，老朽难望项背。望曹公以天下为重承担大任。"

"望曹公以天下为重承担大任！"堂下群臣乱哄哄跟着嚷了一遍。

"唉！"曹操假惺惺叹了口气，"既然天下无人，我就勉强当这个丞相吧。"

就这样，曹操"谦让"一番终于坐上了自己谋划已久的相位，时年五十四岁。刚刚还是天使的徐璆退至廊下率领百官大礼参拜，所有人都臣服于他脚下。曹操客套了几句，遍请满朝官员晚间过府赴宴，便回转后堂扒了这身礼服，接着筹划南征之策去了……

富贵骄人

晚间的酒宴很热闹，朝廷要员难得齐聚一堂，就是平时不常出来的，今天也到了，比朝会人还多。曹操头一天担任丞相，谁敢不给面子？但出人意料的是，曹操在席间宣布了一个任命——原光禄勋郗虑晋升御史大夫。

曹操废除三公自任丞相，已是大权独揽，谁也没想到他别出心裁又弄个御史大夫。这个官名义上是副丞相，但不用解释都明白，也是掩人耳目的幌子，有职无权。郗虑毫无准备愣在当场，曹操不由分说将他拉到主席，一同接受百官祝贺——与热烈的拜相仪式相比，郗虑这官当得可惨多了。

曹操举起美酒遍视众人，发现少了几个重要的人："伏国丈和赵老司徒怎么没来？"

华歆坐在东首，忙道："伏国丈病体沉重挪动不了。赵司徒如今已是平民，自觉有碍就不来了。"国丈伏完眼见汉室将覆，女儿伏后又三天两头来信哭诉，一急之下瘫痪不起，如今只比死人多口气了。赵温是帮着曹操干了太多事，没脸见人了。

曹操继续寻找，发现荀彧竟也没到："令君呢？"

华歆尴尬一笑："有些不凑巧，荀常伯昨两天薨了，令君在那边忙丧事呢。子曰'哭，则不歌'，怕有妨碍就不过来了。"侍中荀悦是荀彧的族叔，刚刚过世，荀彧以此为借口不参加宴会。

曹操怏怏不悦，却也没抱怨什么，只道："老夫竟然不知，改日也过府祭拜一下吧。"话未说完忽听一阵刺耳的狂笑声——孔融。

该来的不来，不该来的回回不落。孔融自从放宽酒禁越发肆无忌惮，整日聚酒豪饮，太医令脂习、议郎谢该等酒友日日长在他府里。今天来时就有些醉醺醺的，兴许都喝过一顿了。

曹操厌恶地瞥了他一眼："文举兄，数载未会别来无恙？"

"丞相何必相问，"孔融笑呵呵道，"我有恙无恙，赵达他们不都告诉您了嘛！"

席间众人吓了一跳，华歆、陈群等赶紧打圆场："玩笑，玩笑。文举兄诙谐。"

曹操却淡然一笑："文举兄莫非有何不满？"

孔融摆弄着手里的酒道："座上客常满，杯中酒不空。我还能有什么不满意的？"是啊，天子都快姓曹了，想管也管不了，除了喝酒还能干什么？

曹操故意刁难他："今日群贤毕至，文举兄何不高歌一曲为诸位助助雅兴？"

"叫我赋诗？"孔融目光中露出几分怨咒，却转而笑道："好！我赋给你听！"群臣都紧张起来，不知他会不会再发什么不合时宜的狂言；却见他扔下酒盏，起身堂中央，摆动长袖唱到：

> 六月栖栖，戎车既饬。四牡骙骙，载是常服。
> 玁狁孔炽，我是用急。王于出征，以匡王国。
> 比物四骊，闲之维则。维此六月，既成我服。
> 我服既成，于三十里。王于出征，以佐天子。
> 四牡修广，其大有颙。薄伐玁狁，以奏肤公……

大伙忐忑的心渐渐安稳下来，孔融没有自己作诗，而是吟了一首《诗经》的《六月》。这首诗是赞颂周朝名臣尹吉甫辅佐周宣王征讨西戎的歌谣，借来歌颂当朝丞相战功赫赫挺合适。不过也有少数饱学之士品出了不一样的滋味，尹吉甫虽是周朝名臣，最终却被昏君周幽王所杀。拿一个不得善终的人与曹操相提并论，这不是存心诅咒吗？郗虑、王朗等都揣摩到了，却见曹操满面微笑不住点头，想必是没听出来。其实他们猜错了，曹操早年以通晓古学入仕为郎，《诗经》更是了然于胸，岂会听不出来？曹操是笑了，但笑的不是诗好，笑的是孔融死到临头毫不知情。

一首《六月》诵罢，堂上文武无不抚掌称颂。御史大夫郗虑连忙举酒："恭祝曹公……"

"莫要敬我，"曹操顺势拉住他手腕，"你我今受天子重任，日后还要多多倚仗满朝文武。来来来，咱俩下去敬敬大家！"

"是是是。"郗虑忙跟着起身，紧紧随在曹操身后。

孔融吟完诗就站在堂中央，见曹操、郗虑过来，赶紧回身拿酒，再转过身来却见曹操擦肩而过，连理都不理自己。孔融非但不气反而欣喜，料想他已经听懂刚才的讽刺，乐呵呵自己把酒灌了。

按照官职大小，首先要敬的就是列卿，徐璆、丁冲、王邑等纷纷避席回敬。曹操见丁冲早就把自己灌得满面通红了："你这醉猫，我听说你前些日子喝醉酒，举着刀满院子跑，嚷着要杀人，有这回事？"

丁冲喝醉是常有的事，但喝醉了撒酒疯的情况却并不多。他心里有事——丁家毕竟是大汉三公的门第，丁冲本人更是辅保天子东归的功臣，当年跟着曹操建立许都，本以为从此大汉复兴有望，没料到曹操的野心会膨胀；加之丁氏夫人被曹操休了，两家已生隔阂，几十年的老朋友、老亲家走到这一步，酒入愁肠当然喝多了撒疯。

曹操见他兀自灌酒漠然不答，又道："你若不愿再当这个官不妨开口，我为你找个闲差也行。你两个儿子也不小了，改天带到府里叫毛玠见见，我给他们官职。咱们是老朋友，子孙的事我替你安排。"

"唔。"丁冲打了个酒嗝，嘟嘟囔囔的也不知听懂没听懂。曹操叹了口气，摇头走开。郗虑不敢怠慢，只稍稍举盏，赶紧跟在他屁股后面——这位"副丞相"简直就是个跟班。

挨着丁冲的是大司农王邑，此人当初割据河东，又在朝廷与高幹的争斗中左右逢源，曹操强行任命杜畿为河东太守才把他换回来的。当年这条地头蛇作威作福，如今却老实得像只绵羊。曹操满脸讪笑："王卿近来可好，河东的老部下有没有来看望您？"

王邑把酒放下连连叩首："丞相慧眼识人，杜畿赴任河东以来恪尽职守广有建树，比在下胜之万倍！那帮部下跟着杜郡将为国效力，早就把我忘啦！在下如今身体欠安，每日闭门读书心无旁念。"他恐受猜忌极力解释，也不知哪句触了伤心处，竟掉了两滴眼泪。

曹操非但不悯反而大笑："您心无旁念享清福也不错。处心积虑大半辈子，也该歇歇喽！哈哈哈……"

人在矮檐下怎能不低头？王邑也算一时之杰，可如今面对挖苦也只得强颜欢笑，苟全性命就不错了。不过就在他身边，马腾、韦端、段煨三个同为关中割据出身的列卿却谈笑风生无拘无束。段煨年事已高，又有诛杀李傕之功，与曹操处得不错。韦端与马腾都在袁曹之争中下对了赌注，也算有功之人；况且他俩虽然迁居入京，韦端的余部交与儿子韦康，马腾的部队交与儿子马超，他们在凉州还有兵呢！

韦马二人刚入京赴任，曹操只象征性见过一次，今天有机会咫尺相对，可要细细打量——韦端仪表端庄谈吐优雅，不愧是京兆名门；马腾却身材魁梧相貌狰狞，五十多岁的人了，坐在那里摇摇晃晃毫不稳重，一身的官服倒像是借来的，怎么看都不像个当官的，而且褐目虬髯，据说此人是中兴名将马援的后人，可怎么好像有些胡人的血统呢？马腾倒也憨直，见曹操瞅着自己发愣，干脆直截了当："大丞相组撒里？嫌饿长得丑？雾达地方的人都砸么咧！[1]"说得曹操两眼发直。

韦端掩口而笑："丞相莫要见怪，马卫尉讲的是凉州话。"曹操也笑了——为了安稳局势，这样的粗人也叫他当九卿了，这要是在朝堂上"组撒里""砸么咧"地说起来，旁边还得有人给他翻译。

马腾一边笑一边叽里哇啦地说，曹操听不懂的地方就问韦端，如此弄了半天才搞明白：原来马腾确是扶风马氏的后人，但他这一支却不似马融、马日磾那么兴旺，到他父亲马肃那一代很不得志，只混上天水郡的一个小县尉，后来又丢官罢职流落到陇西，与羌族女子成婚生下马腾，故而他有些胡人血统。由于父亲早亡，马腾少时以砍柴为生度日艰难，后来边章、韩遂、王国等举兵造反，他投入官军奋勇厮杀升为司马。汉灵帝朝政腐败，先后任命的几个凉州刺史都不称其职，马腾报国无门，干脆也投身叛匪之列。他骁勇善战，待人又义气，很快成了领袖人物，后来竟与韩遂合力诛杀匪首，平分了所有人马，这才成了虎踞凉州的军阀。

曹操初始对这个粗人印象不好，但见他如此坦诚毫不隐晦，反而觉

① 大丞相怎么了？嫌我长得丑？我们那地方的人都这个样子咧！

他憨得可爱，甚至有些傻气。他实力可远非段、韦二人能比，若不是傻里傻气稀罕大官，怎会听几句好话就放弃兵马入京为官？还只留下一个长子马超，其他儿子女眷全带来，恐怕他连自己是人质都没想清楚吧。

无论如何，能把马腾攥在手里对曹操而言是好事，唯一美中不足的是韩遂没能来京，只送来一个小儿子。想至此曹操决定卖马腾个人情，也给韩遂做个样子："马卫尉举家入京值得嘉奖，老夫要上表朝廷，晋封你儿马休为奉车都尉、马铁为骑都尉，留守凉州的长子马超升任偏将军！"奉车都尉是引导圣驾的体面官，骑都尉也是二千石武官，虽然不可能拥有实权但也够荣耀了。至于偏将军一职，说来也有些晦气。原本是王子服当的，结果当出"玉带诏"来，后来关羽以白马、延津之功也当了偏将军，最后干脆当到刘备处去了。因而曹操有点讨厌这个官职，所以空缺多年。

马腾虽不会京话，却听得懂别人说，叽里哇啦讲了一大串，似乎是感谢之言。曹操哈哈大笑："只要你们全心全意追随老夫，我保你们子孙荣禄！"他原先说话总带着朝廷，现在却只对自己夸夸其谈，"朝廷"二字连提都不提了。

离开他们，曹操兀自笑个不止，抬眼间又见门边列着一席，坐着俩白发苍苍的老臣——光禄大夫杨彪与骑都尉司马防。曹操忙过去敬酒："杨公、司马公，看来曹某面子不小，你们也来了……坐坐坐，杨公不是有足疾吗？我可伤不起您的腿，快请坐。"

杨彪被曹操罢免太尉，曾一度被关进大牢，还受过满宠的刑讯，出狱之后宣称足疾闭门不出，公私应酬一概不参加。今天实在推不开了才出来露一面，想不到还叫曹操这样讥讽。司马防在曹操举孝廉时任尚书右丞，与尚书梁鹄一同拒绝曹操出任洛阳令的要求，心里也不大安稳。

曹操看着这两个曾经骑在自己头上的人的窘态，心中充满了报复的快感，拍着司马防的肩膀："昔日我要当天下第一县令，您却只让我当北部县尉，如今又如何？"

司马防的回答倒也得体："今昔有别，焉能同日而语？昔日明公举孝廉之时，才能资历还只适合当县尉。"

"哦？"曹操越发大笑，"那我今日正适合当丞相喽！司马公，令郎司马朗今在兖州为官，老夫很器重他，以后还要给他升官。不过您也应该大度些，听说您府上有八位公子，岂能只让一人为老夫效力？您二儿子叫司马……什么来着？”

“犬子司马懿。”

“就是他！老夫三度征辟不肯赴任，难道是我面子不够？”

“不敢、不敢。”司马防吓一跳。

“过去的事就过去吧，劳烦您劝劝令郎，早日受令来京报道，我又不会吃了他！”曹操说罢又瞅了一眼杨彪，“杨公也有一子名唤杨修吧？昔日祢衡有云‘大儿孔文举，小儿杨德祖’，如今也三十多了吧。老夫也打算召他入府，明天就办！我得劝劝您老人家，儿孙大了自当叫他们谋前程，可别让他们无所事事，跟狂悖无耻之徒搅在一起。”他所谓“狂悖无耻之徒”当然是暗讽孔融。

杨彪始终不发一言，默默忍受羞辱，举起酒晃两晃，愁眉苦脸灌了——杨家四世三公德行无亏，竟沦落今日这步田地，叫曹孟德这样的宦竖子弟如此作践。人生这杯酒真难喝！

曹操挖苦二人一番，心里越发畅快，索性下堂与众臣共饮。外面的下级官吏可不一样，大多是拥曹派，满面堆笑殷勤劝酒。曹操连饮了七八盏，脸上泛起红晕。郗虑见他似有醉意，想劝几句却被他一把推开；他踉跄几步又来至一张几案前，坐的是金旋、韩玄两位议郎。

金旋字元机，京兆人士，是昔日曹操赶走的那位兖州刺史金尚的亲弟弟；韩玄是河内人，中护军韩浩之兄。这俩人与曹操关系不错，满面笑容左右逢迎。

曹操瞅了瞅金旋：“要说我曹某人有什么对不起的人，你兄长算一个。昔日若不是我将他逐出兖州，他何至于枉死袁术之手？我对你兄长不好，就补偿在你身上。过些日子出兵，你随军听用。若是拿下江南之地，好歹给你个郡守当！”他堂而皇之拿官位徇私情。

“多谢明公提拔。”金旋喜极而泣，“兄长在天有灵，一定感激您这片好心。”

“我一句话的事，你哭什么？”曹操又转向韩玄，“你兄弟从军多年功劳不小，你今后也随军听用，老夫也不会亏待。”

“谢丞相提携。”韩玄本是个文不成武不就的人，就靠熬资历，得了意外关照自然高兴。

曹操把酒喝了，韩玄又帮他满上，正要继续前行，忽见长史王思笑容满面从院外跑来：“可喜可喜！朝廷又有大喜事了。”

“何喜之有？”痛饮的人霎时静了下来。

王思眉飞色舞：“刘璋遣益州从事张肃进京纳贡。前番对阴溥的开导见效了，张肃此番不仅送来了蜀锦绢帛、御用杂物，还解送叟[1]兵三百人，看来刘璋有意纳土归降。”

“外藩纳贡，异族归附，这是祥瑞啊！”韩玄赶紧跟着美言。

“还有呢！”王思又道，“议郎周近与匈奴商谈甚恰，左贤王已同意送蔡昭姬归汉。”高幹死后并州尽在曹操掌握，他点名要的人，匈奴哪敢不放？

郗虑举起酒来高声倡议：“大汉之威光照四海，夷蛮戎狄纷纷臣服，咱们同饮此盏共祝我朝……”

“郗公真不会讲话。”金旋打断道，“这都是曹公……不！是丞相的功劳。咱们同敬丞相一盏！”

曹操已明显有几分醉意，又被大伙灌了一盏，忽然胡思乱想起来；恍惚觉得平定天下，身登九五就是明天的事，刘表、孙权根本就不值一提，似乎自己大军一到就能吓得他们解甲归降。他活了五十多岁，从来没像今天这样痛快，这是一种完全不受约束的放纵。天大地大我最大，世间生灵皆宿命一般要臣服于脚下。曹操甚至畅想到，统一天下以后要励精图治，带领大汉……不，带领一个新王朝走向盛世，把尧舜禹汤远远甩在身后！在酒力的催动下，他忽然诗兴大发，紧走几步一脚跨到石阶上，高举美酒放声高歌：

对酒歌，太平时，吏不呼门。
王者贤且明，宰相股肱皆忠良。
咸礼让，民无所争讼。
三年耕有九年储，仓谷满盈，斑白不负戴。
雨泽如此，百谷用成，却走马，以粪其土田。
爵公侯伯子男，咸爱其民，以黜陟幽明。
子养有若父与兄，犯礼法，轻重随其刑。
路无拾遗之私，囹圄空虚，冬节不断人。
耄耋皆得以寿终，恩泽广及草木昆虫。

---

① 叟，又作“氐叟”“青叟”，是汉晋时期活动于甘肃、陕西、四川一带的少数民族，后来逐步汉化，今已不存。

政治清明，百姓安乐；五谷丰登，老病无忧；路不拾遗，友善无争；众生平等，恩泽万物！正《礼记》所谓“大同世界”。在曹操看来，熄灭狼烟已不是问题，今后他要奋斗是如何治世。天下就在他指掌之间。在场所有人——无论赞成曹操与否，都不禁被这首歌震撼，天下动乱二十余年，刀兵四起血流成河，该结束了吧？无论日后社稷姓刘还是姓曹，也该叫天下人舒舒服服缓口气啦……

“诸位！”董昭突然站了起来，他昂首阔步走到曹操身畔，提高嗓音环顾众人道，“窃以为方才这诗中所言的圣贤恰恰就是咱们丞相！功盖天下解民倒悬，丞相乃天下第一豪杰！乃我华夏九州之砥柱！在下提议，咱们都站起来，郑重其事敬丞相一盏酒，恭祝丞相万寿金安！”

这哪是敬酒，分明是试探，看谁敢不站起来？华歆、王朗、陈群不复当年，已不再是孔融的挚友，率先站了起来；段煨、马腾、韦端自顾自说笑了几句，也跟着站起来；王邑失魂落魄颤颤巍巍爬起来；杨彪、司马防二老嗟叹一阵，互相搀扶着也站起来；郗虑就跟在曹操身后，想不站着也不行；外面那些人更不用说，金旋、韩玄等挑头，一窝蜂都站了起来。

唯有俩人原地不动——丁冲早醉得不省人事，伏在案边起了鼾声；孔融也抱着酒瓮酣睡在地，却不知是真醉假醉。

董昭瞅都不瞅孔融一眼，高举酒盏：“来！丞相弘德恩泽众生，咱们恭祝丞相万寿金安！”

丞相弘德恩泽众生……恭祝丞相万寿金安……

所有发自肺腑的、满怀凄楚的、见风使舵的、无可无不可的祝愿声汇聚在一起，震得耳鼓隆隆屋瓦直颤。曹操傲视在场所有人，满意地点了点头，沉醉在甜美的颂扬中。

御史大夫

一场热热闹闹的宴会直到掌灯时分才散，莫看堂上重臣表面逢迎赔笑，内心却充满了忧惧和无奈，直到跨出曹府大门才放心舒口气。都是宦海沉浮数十年的人，曹操想要干什么，大家心里都明白，却没一个人敢站出来阻挡。维护汉室天下固然是许多人的理想，但事到如今权柄尽归曹氏，他们毫无抗争之力。但求和其光，同其尘，稳稳妥妥度过余生，至于复兴汉室天下的梦想——就让它像落叶一般随风而逝吧。

不过并非所有人都能安安稳稳度日，老司徒赵温有幸全身而退，御史大夫郗虑却被绑在了曹氏的马车上。曹操废黜三公复立丞相，这明摆着是要专擅朝权，但谁也没想到，事到临头竟然又立起一个御史大夫，连郗虑本人事前都不知情。依照汉家旧制，御史大夫有权过问政务，监察百官，相当于副丞相。可郗虑当的这个御史大夫却莫名其妙——既不能管理御史中丞、侍御史，也不允许开府建衙。不领御史中丞、侍御史就没有监察之权，不能开府辟掾便无权干政，岂不是徒负虚名？

这顶飞来的官帽推不开甩不掉，给郗虑带来了无尽烦恼。其他人不敢公然反对曹操还可以躲开，但郗虑躲都躲不了，职位所在只能遵从，仅仅这上任的第一天就把他折腾得够呛。相府饮宴曹操行酒，他作为副职也得时刻随在丞相身边，既不能冷漠疏远也不能自我表现，生生陪着笑了一个晚上，脸都快笑抽筋了。当酒宴结束，他坐上回家的马车时，已经麻木得一句话都说不出来了。

但这还不算完，马车刚回到自家府门口，郗虑还没下车就见管家举着灯火慌慌张张跑出来："启禀主人，有三位客人来访，已候了您半个时辰了。"

郗虑满肚子怨气，正好拿他撒火："谁允许你放他们进去的？老夫谁都不想见，把他们轰走！"

管家面有难色，凑过来低声道："是丞相府来的掾属。"

"唔？"郗虑的邪火霎时无影无踪——难道是曹操派来的？刚才明明还在一处，为什么有事不直说，私下派人过来？

"您赶紧见见吧，这三人排场大得很，小的不让他们进府还挨了个嘴巴……就算您、您……”管家怵怵惕惕没敢往下说——就算您也未必招惹得起。

曹操如今已是丞相，府里的家丁都有脸面，郗虑怎敢小觑？只得拖着疲惫的身躯下车直奔客堂。这会儿已临近亥时，院子里早已漆黑一片，大堂上零星点着几盏油灯，三个人影恍恍惚惚坐在几案边。

“郗公，您可回来了。”有一人毫不客气占着主位，操着阴阳怪气的口音，“加官进位可喜可贺，我们给您道喜来了。”话虽这么说，却根本没站起来，全无尊敬之意。

郗虑揉揉眼睛，借着微弱的灯光才看清——那人生得瘦小枯干，一张狗舌头似的长脸，斗鸡眉，母狗眼，尖嘴猴腮，乃是曹操手下校事卢洪。在他右手边，有一人肥头胖脸，体态臃肿，满面笑容，正是另一位校事赵达。还有一人净面长须正襟危坐，恭恭敬敬拱了拱手，是曹操府里的“笔杆子”路粹路文蔚。

路粹还倒犹可，卢洪、赵达岂是良善之辈？夜猫子进宅无事不来，郗虑不禁打起寒战，腿底下一哆嗦——这位官职仅次曹操的御史大夫——差点儿给三个掾吏施以大礼。

赵达赶紧笑呵呵搀住：“哟！我们可担不起您的礼，郗公请坐。”说罢朝门口挥了挥手，管家赶紧退了出去，并把门关上——赵达支使这府里的仆人竟像支使自己家人一样。

客人都坐到主位上了，主人就只能屈于客位。郗虑忐忑不安坐了：“三位夤夜前来有何赐教？”

“我们有件好事麻烦郗公。”赵达嬉皮笑脸，“文蔚兄，把那东西拿出来给郗公看看。”

路粹似乎瞧不起赵达，也没搭理一声，从怀里掏出份竹简，直接递到郗虑面前。郗虑也不知赵达所言“好事”是正话还是反话，迷迷糊糊接了，黑灯瞎火瞧不清楚，哈着腰凑到灯前，仅看了半句便大吃一惊——太中大夫孔融既伏其罪！

“孔文举的定罪书？”郗虑一惊之下险些失手把竹简烧着，赶紧牢牢攥住。

赵达笑道：“明公素与孔融不睦，朝堂之上屡次争执，当今天子有意将其治罪正法，岂不是为您老出口恶气？这还不算好事？”

郗虑当然知道他说的是瞎话，天子怎么可能为难孔融，这份罪状一看就是路粹炮制，必是曹操授意所为。郗虑虽与孔融不和，但从没想过置其于死地，还真起了几分怜悯之情，按捺着心神继续看下去：

> 太中大夫孔融既伏其罪矣，然世人多采其虚名，少于核实，见融浮艳，好作变异，眩其诳诈，不复察其乱俗也。此州人说平原祢衡受传融论，以为父母与人无亲，譬若缶器，寄盛其中，又言若遭饥馑而父不肖，宁赡活余人。融违天反道，败伦乱理，虽肆市朝，犹恨其晚。更以此事列上，宣示诸军将校掾属，皆使闻见……

曹操把妄言乱群、败坏纲常、违反天道的罪名强加在孔融头上，这不仅是迫害，还是对其名士身份的玷污。更令人毛骨悚然的是，这篇罪状一开头就写着“孔融既伏其罪”，分明是准备在处死孔融之后对外明发的。一个人还欢蹦乱跳地活着，曹操却为他“预备后事”，不但要让其身败，更要使其名裂，世间还有比这更歹毒的吗！

“岂有此理！”素来温文尔雅的郗虑突然暴怒，为自己的冤家辩护起来，“孔融乃当代名士，四海之内谁人不知？以捕风捉影之事妄加诛害，何以服众？天理何在？良知何存？”说罢将罪状狠狠摔在地上。

路粹虽是炮制者，但也是奉曹操之命而为，实属被逼无奈，听了郗虑的诛心之语兀自垂头不语。卢洪可不管那么多，母狗眼一瞪：“大胆郗鸿豫！你还真拿自己当副丞相不成？我告诉你，杀你就跟碾死只……”

“少安毋躁！少安毋躁！”赵达笑呵呵站起来，“卢兄着什么急？郗公所言有理，拿这些鸡毛蒜皮的事定罪确实是有些牵强。不过孔文举昔日任北海相，是否与袁绍有勾结？孔融与张纮过从慎密，是否有暗通孙权之嫌？咱应该在大事大非上做文章嘛。”赵达边说边笑，笑容宛如阳春般和蔼，但嘴上却凭空捏造出两条通敌卖国罪。

郗虑望着这个卑劣小人，气得浑身直哆嗦：“你们……你们滚出去！”

“别急嘛。”赵达沉得住气，“正经事还没说呐！我刚才例举的那两条罪状，这份教令上没写，那就有劳郗公上书指明喽。”

“你……你什么意思？”

卢洪冷森森道：“跟你直说了吧。这篇文章你也看到了，是事后明发的。但还得有人公开上书弹劾孔融，你来做这件事。”

“什么？”郗虑不亚于五雷轰顶，一阵眩晕伏倒案边——平心而论，郗虑确实讨厌孔融，但只是性格不合意气之争，绝不至于害孔融一死。孔融嬉笑怒骂性情乖张，虽不拘小节，但大节无亏；郗虑却是中规中矩的读书人，对待曹操有些中庸。而且他俩一个是鸿儒门生，一个是圣贤之后，自视甚高难免相轻相贱。郗虑虽然借曹操之力压制孔融，但这并不意味着不共戴天。相反，郗虑承认孔融的才学和名望，倘若由自己动手扼杀这朵文坛奇葩，天下人将如何议论？

赵达见他伏在那里不吭声，又道：“郗公放心，不过就是上一道奏章，后面的事自会有人处置。”

“这、这是丞相的意思？”

卢洪一阵蹙眉：“你莫要攀扯丞相，此事与他无关。”

赵达也画蛇添足道：“郗公提我家丞相做什么？还是想想自己的职责吧。您可是御史大夫，弹劾不法，为国锄奸是您职责所在，难道有错吗？”不能管御史中丞、侍御史，屠害忠良的事却要他办。

郗虑渐渐明白了，这个官不是陪衬，还要替曹操铲除异己，替他害人，替他行凶，替他受世人唾骂。

“怎么样？郗公想好了没有？”

“我不干……”郗虑咬了咬牙，“我不是你们这等无耻鹰犬！”

“老东西，给脸不要脸！”卢洪揪住他衣领，张手就要打。

“住手！”赵达阻拦道，“刑不上大夫，何况殴打当今副丞相？”他阴笑着凑到郗虑耳畔，“郗公啊，您知道我们将如何处置孔融吗？不但杀他本人，还要将他一门老小斩尽杀绝！人生在世吃喝玩乐何等欢愉？死了多可惜啊！就拿您说吧，您是郑玄老夫子的得意门生，名声远播四海。听说您家也是儿孙满堂，妇贤子孝，若眨眼工夫这些人都没了……”

郗虑惊愕地看着这个满脸堆笑的无赖：“你想威胁我？”

“就算威胁，你能怎么样？”卢洪倒是直截了当，“你不干我们再找别人，到时候要杀的就不是孔融一家，连你满门老小算上！”

“我有何罪？”

“你与孔融也是一党！”卢洪想都不想脱口而出。说郗虑与孔融一党恐怕连傻子都不信，但强权者手握屠刀，说什么就是什么，哪有什么道理和廉耻？

赵达还是那副“和蔼可亲”的模样：“卢兄又孟浪了，何必为难郗公？人家自己会想明白的。赵彦、董承、王子服那些前车之鉴相去不远，郗公是郑玄的得意高足，难道还能甘受刑戮？若不幸真有那么一天，非但郗公身死名灭，连郑老夫子在九泉之下都不会太平。人家难免议论‘郑康成有眼无珠，教出祸灭满门的学生来，想必他本人也不怎么样，必是个沽名钓誉，无真才实学之人。’您想是不是这个理？您还能忍心给妻儿老小招灾惹祸？您还忍心给仙去的师傅脸上抹黑？”

郗虑依然在颤抖，但已不再是因为愤怒，而是恐惧。

“我们这也是为您好。”赵达振振有词，“岂不闻晁错、袁盎之事？他们俩原本也是意气之争，袁盎无意谋害晁错，可晁错却要孝景帝杀袁盎，那袁盎只好先下手为强喽！您与孔融也是这个理，您若是不动手灭他满门，就会有人出手灭您的满门，是他死还是您死，可要掂量清楚啊……”

“我要见丞相！”郗虑已是最后的挣扎，“我要找他问清楚！”

“您见不到丞相。”赵达摇着头，“明天一早丞相就到军中理事，曹仁、曹洪已暗中集结精锐，要给刘表一个突然袭击。您以为他老人家醉了吗？他清醒得很！”

“还废什么话啊？”卢洪不耐烦了，“老家伙，你给句痛快话，干还是不干？你不当这个御史大夫，有人挤破脑袋抢着当！不干可以，把命留下！”

郗虑被彻底击垮了——自己一死也罢，满门亲眷何罪？九泉之下的恩师何过？他幽幽咽咽伏在那里，隔了半晌才抽泣道：“我干……我什么都干……呜呜呜……”

“这不就结了！”卢洪心里的石头终于落了地，“假仁假义，叫我们费事。”

赵达伸手相搀：“郗公莫悲，晚生还有几句班门弄斧的话要说。《中庸》有云：‘诚者，自成也。’这事既然您愿意办，就当发自内心诚心诚意将它办好，绝不是别人授意而为。”郗虑岂会不懂这里面的借刀杀人之意，只得以袖遮面抽抽泣泣。赵达永远挂着笑脸：“天色不早了，我们不扰您的好梦了。弹劾的细节咱们等丞相出兵以后再详细商定，毕竟这件事与他老人家无关嘛。我等告辞，不惹您讨厌了。”说罢推开大门，刚迈出一只脚，又回过头阴阳怪气道，“您老别难过，千万保重身体。您可与我们这等无耻鹰犬不同啊！咯咯咯……”

伴着夜猫子般的笑声，赵达、卢洪扬长而去。路粹这半日一句话没说，呆呆看着眼前发生的一切，想安慰郗虑几句又不知如何开口，只得深深一揖也跟着去了。

郗虑哭哭啼啼瘫坐在地，心如刀绞般难受——孔文举，你赢了！非但你看不起我，如今连我自己都看不起自己了。天啊！富则多事，寿则多辱！这是什么世道？不但要迫害人，还要逼被迫害的人去迫害别人！这是禽兽魔鬼的世道……

第九章
刘表暴毙，荆州归降曹操

刘琮纳土

建安十三年七月，曹操依从荀彧之计，表面上在颍川布置于禁、张辽、张郃等七支军队，大造南下声势；暗地里集结精锐，从小路秘密进发，兵出叶县突袭宛城。这一击猝不及防，刘表汉水以北的部署立刻大乱，仅仅半个月时间，南阳诸多县城失守，曹军排山倒海势不可挡。

面对如此凶悍的进犯，襄阳方面非但没有积极抵抗，反而陷入混乱——刘表身染沉疴卧床不起，闻听变故病情愈烈，终于撒手人寰，终年六十七岁。

外有强敌，内丧其主，刘备、刘琦拥兵自重，襄阳群僚手足无措。幸亏竟陵太守蔡瑁、章陵太守蒯越出来主持大局，拥立刘表少子刘琮为荆州之主，这才稳住局面。丧事也得办，不过情势危急一切从简，好在刘表原配夫人过世时已提前修好陵墓，陪葬器物也早置备妥当，刘琮率众扶柩，开陵下葬，每人披件白袍子，象征性在坟前哭两声，然后急急忙忙返回城中商议战事对策。

偌大的幕府正堂拥拥簇簇站满了人，除了领兵在外的部将，各级官吏来得很全，一人一身丧服，放眼望去上上下下满眼雪白。新任荆州牧刘琮方及弱冠，面庞清秀，稚气未脱，甚至比同龄人更显瘦小。虽然他踌躇满志想接好父亲的班，可大敌当前满眼丧服，总觉得这是不祥之兆。好在继母蔡氏垂帘在后，蒯越、蔡瑁两大豪族首领一左一右，他心里才不那么忐忑。

“诸君……”刘琮头一遭以主人身份向这么多臣僚说话，还带着几分羞涩，“曹操侵犯甚疾，新野以北相继失守，我父又于此时弃世，有何退敌良策速速道来。”

群僚一片沉默，连蒯越、蔡瑁都屏息无语。

刘琮略一皱眉，硬着头皮又问：“家兄素有夺位之心，今在江夏手握兵马，父亲丧事甚急未及告知，我又做了荆州之主。倘若他提兵来争又当如何？”

群僚交头接耳小声嘀咕了几句，还是没人站出来献策。蒯越眉头拧成个大疙瘩，几度想开口却欲言又止，最终还是默默把头低下了；蔡瑁则双眼空洞一脸无奈，呆呆站在那里。

“唉……”刘琮连连摇头，“襄阳上下人才济济，难道就无一人能为我分忧吗？”其实并非众臣无力分忧，而是内忧外患情势分明，人心已经变了。

“属下愿为主公分忧！”伊籍突然站了出来，“当务之急应速发哀书至江夏，晓之以理，动之以情，抚慰大公子之心，召刘备、文聘等部列兵汉水，再调江陵的粮草辎重犒赏三军。主公亲临河畔激励将士，主臣兄弟齐心协力，荆州尚能保全！”

刘琮隐约也有这种想法，只不似伊籍谋划得周全，闻听此言思路立刻清晰，伸手要拿令箭，却听一个浑厚的声音嚷道：“万万不可！”刘琮抬头观看——说话的是东曹掾傅巽（xùn），凉州北地郡人，曾在朝廷任尚书，避难荆州被刘表辟用，在这镇南将军府也算颇具威望了。

“机伯之言差矣。”傅巽拱手作揖，“主公与令兄构怨多年，岂能须臾便解？”话一出口群僚无不附和：“是啊……言之有理……”

其实刘琮也觉有理——刘表病逝之前刘琦从江夏跑来探望，戍守幕府的张允怕刘表临终乱命改易继承人，以江夏任重为借口拒绝刘琦入见，将其逐出襄阳，害得刘琦连父亲最后一面都没见到。如此积怨岂是三言两语就能说开的？刘琮本性柔弱，叫傅巽问得又没了主意：“依先生之意呢？”

傅巽捋了捋颌下的山羊胡子，满脸郑重道：“属下有一计，可使荆襄之民安如泰山，又可保全主公名爵。”

一旁的蒯越立时松了口气——可算有人公开倡议了！

刘琮全没品出“保全名爵”的含义，还问：“计将安出？”

傅巽深施一礼：“归降曹操。”

“什么！”刘琮毕竟受父亲器重，满心热忱要据守荆襄，闻听此言不禁怒火中烧，“先生何出此言？我与诸君据荆楚之地，守先父之业以观天下，有何不可？如今我父尸骨未寒，焉能弃祖业不顾，将荆州拱手献于他人？”他越说越气，白皙的脸庞憋得通红，伸手抄起令箭，“你既欺我年少，我且拿主意给你看看！家兄之事暂且不提，先召刘备前来共商御敌之策！”

话音未落又听帘后的蔡夫人啼哭道：“傻孩子，刘玄德与你兄长是同谋，久欲争你之位。若召其前来，他与刘琦串通一气夺取襄阳，岂有咱们母子容身之地？”

这话虽然声音不大，刘琮听来却如冷水浇头，手指略一颤，令箭“咚”的一声掉落在地。傅巽本已提心吊胆，见此情形似又有转机，赶紧接着说：“主公息怒……自古逆顺有大体，强弱有定势。曹操奉天子以征四海，未为出师无名。况以北土之众加于荆楚，如泰山压顶，以人臣而拒人主，是为逆时；以新兴之楚而御国家，其势必不能挡；以常败之刘备以抗曹操，亦不能胜。此三者皆短，抗拒不降乃必亡之道！”

“可是……可是……”刘琮方寸已乱，满心不愿却不知如何辩驳。

正在这时又有人道：“属下有一言斗胆相问主公，未知可否？”众人侧目观瞧，说话之人年纪轻轻身材矮小，体态瘦削面色雪白，举手如倩女悠然，投足似风摆杨柳，一脸书卷气，比刘琮更文弱。但人不可貌相，此位姓王名粲字仲宣，也是山阳高平县人，他乃先朝三公王畅之孙、何进府长史王谦之子，总角之时求学蔡邕，十七岁便受辟公府，吟诗作赋出口成章，文人墨客无不钦佩。

“仲宣但言无妨！”刘琮平日常与他坐谈文章，关系不错，这会儿见他主动开口，自然是喜出望外。

王粲深深一揖：“敢问主公自度比曹操如何？”

刘琮倒也实事求是：“我方继父业怎比得了曹操。”

王粲又问：“那主公自料比刘备如何？”

刘琮想了想，刘备毕竟领兵多年，只得承认：“亦不如。”

“然也。”王粲口风一转，“主公请想，若刘备不足以御曹，则荆州失矣；若刘备之才足以御曹，则必不肯屈于将军之下也。属下为主公虑之，当前……唯有一降。”

刘琮被他噎得目瞪口呆。王粲信步走到大堂中央，朗朗陈词：“昔天下大乱豪杰并起，仓促之际强弱未分，故家家欲为帝王，人人欲为公侯。而今大势已显，胜负已决，主公唯有见机行事，才可保全恒福。窃以为曹孟德亦人杰也，雄略冠时，智谋出世，擒吕布于下邳，摧袁氏于官渡，驱孙权于江外，破乌丸于白登，用兵如神不可胜计。”说着话他一撩衣襟跪倒在地，“属下遭逢离乱托命此州，蒙主公父子厚待敢不尽言？主公若卷甲倒戈应天顺人，曹公必当以厚德相待，保全宗族长享福祚，此万全之策也！”

堂上众人暗暗喝彩——不愧是个才子，劝降都能劝得这么雅！群僚跪倒一大片，跟着附和：“保全宗族长享福祚，此万全之策……”

“你们……我父子何曾亏待你们？”刘琮急得快哭出来了。

蒯越见火候差不多，前跨一步低声道：“傅公悌、王仲宣所言不虚。先主在世之日素以保境安民为要，天下动乱已久，若主公能彻底平息干戈，百姓也会感念恩情。请主公放心，蒯某人既受先主之托，必当在曹公面前竭力进言，就是拼了老命，也会确保您母子周全……”说到这儿眼里已噙着泪花。

刘琮见托孤重臣都这么说，心里凉了半截，可又一想，还有手握兵马的舅舅，只要舅舅为自己撑腰，这些人肯定会服；想至此赶紧回头——哪知蔡瑁已不见踪影。

张允见刘琮举目四顾，忙道：“主公别找了。蔡公原本有恙，强打精神操劳丧事，刚才又觉身体不适，已经回府了。”

这态度还不够明确吗？刘琮的心彻底冷了，回头瞧瞧帘内的继母——方才那点精明劲也没了，咿咿呀呀就知道哭。再遍视堂上这些文臣，有的作揖，有的磕头，有的痛哭，反正一口一个“降”字；唯有伊籍满脸愤慨，惜乎资历平平手中无权，急得直跺脚。

刘琮的眼泪终于落下来，他明白了——娘不是亲娘，舅不是亲舅，豪强大族想自保，避难之士想北归，曹操不可敌，刘备不可靠，亲哥哥都要跟自己玩命。费劲巴力争来的原来是烫屁股的位子。所有人都是事先串通好的，唯独自己才是外人，茕茕孑立，形单影只。

“既然如此……也只好如此了……”刘琮语无伦次地咕哝了一句，

踉踉跄跄回转后堂了；后面还有个庶出的小弟刘修，哥俩抱着哭去吧。

刘琮一走，哀号的群僚马上止住悲声，说话也自由多了，有人甚至马上露出欣欣然的表情。蒯越按捺住悲凉的心情，重重叹了口气，但也马上又意识到投降没这么容易。刘备近在樊城，众将分散在外，局势还不稳定。他赶紧抢至帅案前抽出支令箭抛给张允："速速关闭所有城门，没有我的命令不准任何人擅自离开。"

张允道："蔡公家在城外，这会儿可能已经出去了。"

"蔡大人无碍，其他人不准放行，幕府诸事一律保密。谁敢走漏消息我要他性命！"说这话时蒯越别有用心地瞥了一眼伊籍；接着又拿第二支令，"邓羲听令。"

"在！"治中从事邓羲出列。

"我命你持镇南将军之节，速往南阳向曹操请降。你不要多带从人，走偏僻小路绕道涉水，千万不可暴露行踪。"

"诺。"邓羲赶紧去做准备。

"傅巽、王粲听令！"

"在。"

"你二人布置文书，秘密调襄阳附近各部将军进城……刘备除外。"蒯越知道刘备精明，若调他回来必定猜到投降，要是他不肯过来反与刘琦串通一气，立时祸起萧墙，所以得瞒住刘备。

傅巽有疑虑："大公子那边怎么办？他还不知先主过世。"

蒯越早有算计："可将先主成武侯的印玺送给他以安其心，暂且也不提投降之事。"其实他也想把刘表过世之事对刘备隐瞒，但刘备驻军的樊城与襄阳近在咫尺，出丧这么大动静，想瞒也瞒不住，只能在投降之事上做文章。

"是。"傅巽、王粲也去了。

蒯越又抽出支令箭，这次却不似刚才那么果断，想了半晌又慢慢插回箭壶，抬头问："宋仲子先生来了吗？"

"属下在。"一位年近六旬的长须文士从人群中挤出来。

宋仲子名宋衷，是荆州大儒，曾校注《周易》《法言》，修撰《五经章句》，他许多门生都在州中供职，还有人自蜀中千里迢迢跑来求学。刘表虽任命他为从事，却是为了自抬身价，从不劳他办事。

"宋先生，有件事想请您辛苦一趟，但可能会有危险。不知您是否愿往？”蒯越十分客气。

“异度何必客套，上支下派理所应当。”

“好。”蒯越拉住宋衷手腕，“咱到后堂去，我详细告诉您。”

蒯越这一走，剩下的人更无所顾忌了，降曹已成摆上桌面的话，甚至有人把丧服都脱了，开始讨论曹操会给他们什么官，在襄阳的产业该如何安排。顿足捶胸已变喜笑颜开，痛哭流涕化作弹冠相庆……

刘备南逃

刘备驻军的樊城位于汉水北岸，是南阳郡邓县辖下的一座小城，但此城与襄阳隔水相峙，是拱卫荆州核心的军事要地。而刘琦驻军的江夏虽然离襄阳较远，但处于汉水、长江交汇处，是防卫孙权的冲要所在。这两处一个在北，一个在东，但有了汉水沟通就能联为一体，无论哪边出现危机，另一边都可以凭借水路及时增援。

不过凡事有利就有弊，如果樊城与江夏的守军立场转变，也可以两路配合威胁襄阳。所以诸葛亮为刘琦献计出镇江夏之后，刘备也很适时地提出移驻樊城。这样对外而言便于防御曹操、孙权，对内也是因为刘表命不长久，一旦他撒手归天，刘备可以打着帮刘琦争位的旗号双管齐下争夺襄阳，进而反客为主控制荆州，实现诸葛亮所谓“跨有益荆，保其岩阻”这一设想的第一步。所以从表面上看，刘备主动栖于刘表监视之下，实际却大有玄机。但他万没想到，最不利的情况出现了——曹操南侵，刘表猝死，远忧近虑同时发生。

曹操的奇袭打乱了南阳部署，紧接着，颍川七军也跟着大举进犯。堵阳失守，博望失守，西鄂失守，宛城被围……不利的战报接连不断传至樊城，大批难民也似洪水般涌来。襄阳方面蔡瑁、蒯越已将刘表下葬，拥立刘琮继任镇南将军、荆州牧，分给刘琦的只有一个成武侯的空头衔；刘琦闻讯大怒，掷印于地，点齐人马要与兄弟拼命，但还没离开西陵就接到奏报，曹操别部已逼近江夏郡界，刘琦自顾不暇只能作罢。

刘备陷入两难的抉择——北上救援难度很大，南阳兵败如山倒的态势已经出现，而且也没接到刘琮的指示。若撕破脸面南下夺襄阳，没有刘琦配合，自己这一万多兵很难成功，就算侥幸拿下城池，来得及稳定人心，抗拒曹操吗？刘备与诸葛亮商议良久得出一个结论，当前唯一出路只有摒弃私念，与刘琮、刘琦团结起来，以汉水为屏障阻挡曹操。若不把外敌遏制住，谁的日子也好过不了。

刘备立刻行动，一方面迁移新野的士兵、百姓到樊城，准备凭水戍守；另一方面给刘琮写信，进献御敌之策；又派徐庶去把属下家眷接到军中，防止被曹军虏获。可发往襄阳的书信如同石沉大海，刘琮没有丝毫反应，大敌当前也不知荆州众臣忙些什么，竟对恶化的局面置若罔闻。他左盼右盼终于盼来了宋衷，但带来的并非御敌命令，而是塌天噩耗——刘琮已暗中降曹，命刘备解除防卫准备缴械。

普天之下任何人都可以降曹，唯独刘备不能。他当年在徐州举兵叛曹，又参与了“玉带诏”之事，若再落到曹操手中，焉有活命之理？刘备闻听此讯犹如五雷轰顶，愣了片刻继而暴跳如雷，指着宋衷鼻子吼道：“你等岂能如此行事？既有降意就当速告我知，如今大祸临头才告诉我，你们安的什么心啊！”

宋衷眼里的刘备素来是风度翩翩举止潇洒，哪见过他如此暴怒的一面？哆哆嗦嗦道：“还请玄德公体谅。主公和蒯异度命我转告您，他们会替您在曹公面前美言，一定……”

“住口！”刘备不容他说下去，“叫我降曹？还不如干脆斩了我，把脑袋给曹贼送去！”

宋衷见他须发皆张，额头的青筋都迸起来了，吓得连连后退，一不留神摔了个仰面朝天。

刘备兀自不饶，从亲兵手中抢过把佩刀，蹿过去攥住宋衷衣领，将刀压在他脖子上：“宋衷啊宋衷，你分明是来给我‘送终’的！我先杀了你，然后再跟曹军拼命！”

宋衷一介文人，惊得魂飞魄散，躺在地上体似筛糠：“将军不可！将军饶命！此乃蒯异度所谋，与我无干呐！”

诸葛亮就在旁边站着，一见刘备要杀宋衷，赶紧劝道：“刀下留……”话未说完就见刀光顿闪，咔哧一声剁了下去。

宋衷一声惨叫把眼一闭，却未感到丝毫痛楚，睁眼再看——原来刀尖擦着自己耳根子插在地上。

刘备生气归生气，心里却不糊涂，起身喘了口粗气：“杀了你也难消心头之恨。似你这等卖主求荣、贪生怕死之辈，我还嫌你脏了我的刀呢！滚！”

“谢将军不杀之恩……”宋衷也顾不名士得做派了，连滚带爬往外跑；到了外面颤颤巍巍半天才跨上马，也不管手下随从，抖动缰绳飞一般逃出樊城。

刘备气哼哼往榻上一坐：“事到临头才说话，还不如不告诉我，独抗曹贼壮烈战死也比这滋味好！”

诸葛亮已想清楚：“说早了恐咱兵犯襄阳，说晚了又怕咱与曹军冲突，得罪曹操他们日后不好交代。派宋衷来报讯，就是算准了咱们不敢杀害贤士。这都是谋划好的。”

“蒯异度老奸巨猾！”刘备恨得咬牙切齿。

“咱们不能坐以待毙。”诸葛亮二目炯炯表情凝重，“樊城乃弹丸之地，又孤悬汉水以北，曹军一到必败无疑，得尽快转移！”

“先生真给我面子，什么转移？不就是逃命嘛！”刘备半生奔忙坎坷极多，遭打击也习惯了，忿恨了片刻又已坦然，“把大家召集起来商量一下，看看还能往哪儿逃。”

不一会儿工夫，关羽、张飞、赵云、陈到、糜芳等将与诸葛亮、刘琰、糜竺、孙乾、简雍等谋士齐聚一室，生死关头但求同心同德，刘备甚至允许魏延、薛永、士仁等下级军官也参加会晤，还包括他前些年认的一个义子刘封。情况紧急来不及长篇大论，经过紧急商议，出现两种意见：

刘琦占据江夏之地，麾下水陆兵马一万有余，而且他已经与刘琮决裂，为今之计可以顺汉水东撤夏口，与刘琦兵合一处共御曹操。去那里的最大好处是便捷，走水路也安全，即便曹操赶到樊城，没有船也追之不及。

另一个地方是长江沿岸的江陵。荆州的辎重粮草大多屯在那里，而且泊有不少战船。如果能占据江陵抢到物资，不但能武装更多军队，还可切断南北荆州的联系，扼制曹操的势头。但好处越大风险越大，从樊城南下江陵要走五百里，这一路尽是沼泽、山岳、河汊。刘备的部队不多，算上刚从新野转移来的也还不到两万。倘若曹操闻知消息追击于后，情势万分凶险。

又是两难抉择，刘备决定取其后者：“无论江夏、江陵都是权宜之计，即便顺利达到也仅是逃得活命，如何抗拒曹操才是症结所在。江夏毕竟在刘琦手中，咱们去了不过兵合一处；若为日后抗曹着想，拿下江陵便多一份实力。再说南下渡河先过襄阳，倘能见到刘琮劝其回心转意，趁曹操大意之时予以突袭也可扭转局面。”其实他自己都觉这想法有点儿天真，但事到如今再渺茫的机会也要尝试。

商议妥当马上行动，樊城所有兵马立即开拔，将士们乱乱哄哄还未及登船，徐庶回来了，不但带来了众将家眷，还有一群自愿相随的百姓。刘备忽然意识到一个问题——军中夹杂的百姓太多了。他们有自愿投军保卫家乡的，但更多是南阳逃难而来，阖家带口扶老携幼。要远奔江陵，带着这些人怎么快得了？

果然，渡河伊始就出问题了。本来关羽统带的船只就不多，士兵和辎重尚要往返数次才能渡完，现在又添了这么多百姓。有些人逃难恨不得连房子都搬走，米缸、铺盖卷、顶门杠，乱七八糟什么都有，孩子哭大人闹，汉水两岸吵吵嚷嚷人声鼎沸。刘琰陪刘备先行渡河，看着混乱景象，不禁焦急道：“如此磨磨蹭蹭，何日能到江陵？咱们不能带百姓走！”

刘备心下矛盾——带着百姓有利有弊，到江陵后要武装更多军队，难民就是最便利的兵源；可这些难民良莠不齐，老弱妇孺不但打不了仗还会拖累队伍。可这一时半会儿哪能分得清楚？他思虑半晌，最后决定：“先把他们渡过汉水，愿意跟咱走的带着，不愿意的留在襄阳，我也算仁至义尽了。”

众将及家眷渡完，刘备不再等候，留下关羽继续转运百姓，自己率领两千精兵奔至襄阳城下。但见四门紧闭吊桥高悬，城头甲士密布，旌旗招展，强弓硬弩预备妥当。宋衷一回来，这边就做好准备了。

刘备见此情景甚是寒心——一则为自己谋划不周未能夺取襄阳；二来倒也为刘表叫屈，机关算尽防人一世，想不到尸骨未寒蒯蔡就拿他地盘送了人情。局势未明刘备不敢贸然靠前，提了口气放声喊道：“城上兄弟替我禀报一声，末将刘备求见镇南将军！”

话音刚落就见门楼上闪出员小将，气势汹汹耀武扬威：“大耳贼！你死到临头，难道还想赚取襄阳吗？”

刘备认出是张允，知他是蒯蔡一党，恨得牙根痒痒却不能翻脸，强压怒火道：“张将军莫要误会，我有一言需上达主公。”

张允一阵冷笑：“你反复无常妖言惑众，休想再见我家主公！识相的话赶紧走吧！”

刘备听他坦言“我家主公”，俨然已不把自己当荆州之将，怒气已顶到了嗓子眼，打马扬鞭来到护城河边：“姓张的！你若疑我欲夺襄阳，何不放箭射我？我有几句肺腑之言要告知主公，这不单是为了我自己，也是为了荆州上下所有军民百姓！”

张允色厉内荏，被他大义凛然的气魄震住了，竟不敢传令放箭，犹犹豫豫道：“你、你到底想说什么？”

魏延、刘封等小将唯恐城上突施暗算，赶紧领兵涌过来，把刘备护在垓心。刘备朝上嚷道：“昔日刘荆州单骑赴任，诛苏代，杀贝羽，抗袁术，战曹操，收纳避难贤才，厚待豪杰之士，殚精竭虑受尽辛劳才打下这片基业。你等身受托国之任，当此危难之际该齐心协力共御外敌，岂能背信弃义献家邦于他人？”刘备虽然几易其主，毕竟生性桀骜胸怀壮志，这几句乃是由衷之言，故而慷慨激昂情真意切，“若以末将之意，当请主公与大公子重归于好，兄弟合力共据江沔，咱们这些将领身先士卒竭力而战，荆州还可保全。敌人远道而来必不能久，若能东结孙权，西联刘璋，豪杰之兵齐会荆楚共击曹贼，天下之事尚未可知也！如此不战而降，何颜面对故去先主，何颜面对三军将士，又何颜面对荆襄九郡的父老乡亲……”

城上士卒也都是荆州人，这些天变故甚多他们也预感到有事儿，但只是遵令而行并不多问，直到现在才明白张允这伙人原来要降曹，立时乱哄哄议论开了。张允眼见军心不稳，不敢让刘备再讲下去，喝止道：“住口！曹操乃是当朝丞相，代天子征四方，降之未为不正。你本曹营叛将，自知不保，颠倒是非蛊惑人心！速速给我离开，再要多言本将军不客气了。”

刘备骂道：“宵小竖子不足与谋！我要见少主！”

“主公岂能见你？”张允大吼道，“我念在同僚之情才放你走，若再不走我便放开吊桥出城一战，到时候你想走都走不了！”其实这是威吓之语，城中是有些兵马，他却不敢出来争斗——只因调将密令发出后有几路将校拒不服从，其中文聘拥兵数千，就屯驻在襄阳东北十余里外，音讯不通未知敌友，倘与刘备串通一气，趁两军交战之际袭入城内，立时祸不可解。哪敢随便开门？

正在这时又闻人声鼎沸，渡过汉水的百姓一窝蜂涌到护城河边，男女老少嘈杂嚷着："快开城门啊……放我们进去……曹兵就快杀来了……"他们还不知刘琮降曹，以为襄阳可以躲避曹军呢！

"安静！安静！"张允扯着嗓门嚷了几声，却被淹没在一片混乱中；再抬眼瞭望，难民越聚越多，黑压压看不到边，都朝城边涌来，有的跪倒在地哀哀恳求，有的朝上喝骂嚷着开门。张允已六神无主，仓促间胡乱传令："放箭！快放箭！"士兵犹豫了一阵，还是不敢违命——梆子响起乱箭齐发，飞蝗般的箭雨顷刻而下，朝着无辜平民射去。

百姓一阵大乱，有的被射死，有的四散奔逃，还有不少正往前挤，糊里糊涂被冲倒在地，自相践踏死伤一片，哀号之声响彻连天，情状惨不可言。就连刘备等人都被人潮卷了进去，推搡半天才站住脚，再看左右百姓散了一大半，只有少数精壮的汉子还硬挺在他身边。张允眼见射箭有效，又要传第二道令，忽闻身后一声断喝："住手！"张允回头一看，原来是蒯越，顿时把心放回了肚子里。

蒯越来到墙边拱手施礼："玄德公，别来无恙。"蒯氏在荆州素有贤名，百姓依稀识得，见他出现在城楼，嘈杂的声音渐渐安息下来。

刘备心头虽恨，却不好失了礼仪，也客套道："原来是蒯大人，末将要见少主。"

"正是主公派我来的。"蒯越手捻须髯，"主公命我转告您，天下荒乱已久，生灵身在水火，请玄德公以苍生为念，早息干戈归顺天命，以免黎民百姓再遭涂炭。只要您肯解甲归降，曹公那里自有我们替您美言，一定能保将军性命无碍。"这便是宁与外敌，不与家奴，曹操来了尚可保全富贵，倘若刘备掌权，蒯蔡之流欲求富家翁而不得。

刘备见他娓娓道来不疾不徐，心里凉透了——看来刘琮君臣已有共识，降曹之事无可挽回，只有继续南逃了。想至此要说两句场面话带兵离开，却听身边百姓朝上喊道："蒯公救救我等，曹兵要来了，快开城门！"这些草民既不知刘琮降曹，也不明白为何不开城门，满心以为刘备、刘琮是一回事，只想尽快逃到安全之地。

蒯越一阵蹙眉，提高嗓门道："少安毋躁！诸位父老乡亲，不要惊慌！主公已决定归顺许都朝廷，请大家回转家乡各安已业。回不去的暂且坐在原地，待刘将军走后我会打开城门放你们进来……"

他话未说完，下面有人问道："归顺什么朝廷？哪来的朝廷？"刘表治荆襄二十载，不啻为土皇帝，从不向百姓宣扬许都之政，许多人都不晓得天下尚有朝廷。

蒯越耐心解释："朝廷……就是曹丞相！曹公！"见城下还是一片懵懂，索性直言，"就是曹操！"

"曹操"二字出口，下面又一阵大乱——荆州素来与北方为敌，所属官吏也诬曹操为贼，说他屠戮百姓暴行累累；现在猛然又要归顺曹操，这个弯转得太急太快，百姓岂能接受？

有人哀号道："不能降曹，听说此贼最好屠城，把徐州百姓都杀光了，还在官渡活埋了七十万人，蒯公降曹难道不顾我们死活吗？"曹操是在徐州屠过城，但事出有因，也不至于都杀光；官渡坑杀袁军其实是七万，怎么可能是七十万？多年来荆州官员向百姓灌输的都是曹操如何恐怖，再加上以讹传讹道听途说，才出现那么大差距！

还有个老汉嚷着："万万不可降曹，他治下百姓都要交五成以上重赋，我一把年纪了，宁死也不受那罪！"所谓交五成以上重赋其实是指屯民，与拥有户籍的普通农户无关。但曹操的屯田区都在豫州和淮南，所以荆州百姓就近看到的都是五成以上赋税，也就想当然认为这是一贯之法。至于冀州仅收四升田赋，他们却根本不知道。统治者宣扬是非但以自身利益为准，何尝把事实真相告诉百姓？殊不知事到临头需要求变之时就要自食恶果啦！

屠杀无辜，苛政重赋，这两条理由一喊出，百姓立时群起响应，吵吵嚷嚷如同开锅："你们这些当官的管不管我们穷人死活？""不能降曹啊，咱们快逃吧！""襄阳不能进了，咱跟着刘将军走吧！""老天开眼，可怜可怜我们穷人吧……"

其实所有人各安其家静候改旗易帜，什么错差都不会发生，曹操岂能无故害人？饶是蒯越满腹良谋，面对激愤的百姓也解释不清了，嗓子都喊哑了，急得汗流浃背。就在这时又听"轰隆"一声巨响——襄阳吊桥落下，城门打开了。

"有人杀关落锁！"蒯越浑身的血仿佛被抽干了，要是刘备趁乱杀进来就危险了，此刻再不管黎民死活，"放箭！速速放箭！"张允更不敢怠慢，匆忙下城调兵。所幸围在外面的大多是百姓，闻听放箭顶着东西四下乱窜，没人敢往城里闯。刘备也吓了一跳，带着亲兵拨马便逃——他还以为城里发兵来打他呢！

这一变故事出突然，城上城下全乱了。刘备跑了一阵，忽听背后有个熟悉的声音叫自己，回头观看，冲出城来的不是守城军兵，而是一支鱼龙混杂的队伍——有布衣百姓，有头戴武弁的士人，还有皂吏杂役，为首之人身披铠甲，手持佩剑，正是荆州从事伊籍。

刘备立刻勒马，伊籍奔到近前，也顾不上施礼了，气喘嘘嘘道："刘荆州既死，在下从今往后就追随您啦！望玄德公收留！"

"好！好！"刘备没想到这时还有人投奔自己，激动不已。

"不光是我，"伊籍漫指身后人群，"他们都愿意追随您。"

伊籍坚决反对降曹，却拗不过蒯越等人，又被困在城中逃不出。他便私下串联了一帮官职较低的从事杂吏，准备杀出城去，无奈防备森严不能得手。今日刘备带着百姓在外喊嚷，城内也人心惶惶，伊籍趁此良机杀死守门士兵，放落吊桥逃出来。他这一逃不少寒族官吏、少壮将佐、冗从杂役也跟着跑了出来——这些人与降曹派大不相同，或是受豪族排挤心怀不满，或是年轻气盛野心勃勃，或是想建功立业改换门庭，大半是原本不得志想趁乱赌一把的人。

刘备望着源源不断涌出的人流，精神为之一振，身边刘封、魏延等人都道："襄阳已乱，何不发动人马夺取此城？"

刘备摇了摇头："刘荆州临终托我以遗孤，安能背信弃义夺他父子城池？咱们还是走吧。"话说得漂亮，其实他并非不想而是不能。且不论蒯蔡两家尚有兵马，即便侥幸拿下襄阳，又如何抵御接踵而至的曹操？此乃死地也。

襄阳守军慌了一阵渐渐沉住气。张允领兵来到城门下，连杀数十人才止住出逃的洪流，却不敢追击刘备、伊籍，仓皇退回城中，二次闭门扯起吊桥——一场动乱总算平息，蒯越伏在城头大口喘息，真有劫后余生之感。

喧闹慢慢散去，只剩下一片百姓尸骸，家什杂物丢得满地都是，护城河已被鲜血染红。刘备遥望城楼叹了口气，又高声喊道："蒯越、张允！你等挟持少主，卖国求荣，残害无辜。我刘备绝不与你们同流合污！只要我还有三寸气在，定与曹贼周旋到底！"扔下这两句漂亮话，便领着伊籍等人向东撤去，与渡江的大部队汇合。

这一路到处是逃散的百姓，还有不少身受重伤伏地不起，呜呜的哭声绵延不绝，闹得人心情沉闷。刘备唉声叹气行了一阵，抬头观望——前方山岭间显出一陵，高有一丈七尺，占地约有一亩，封土前的墓碑还是新立的，正是刘表之墓。

刘表虽胸无大略，但在荆州这些年也算宽政爱民，故而百姓还很怀念他，如今“曹贼”要来接管荆州，受了委屈的百姓纷纷跑来哭诉。诸葛亮、张飞集结好军队，赵云、陈到护卫着家眷，已在此等候多时，见刘备到来赶忙催他启程。刘备却摇摇头，下马踱至刘表陵前，深深拜了一拜——说来也奇怪，刘表在世时刘备未曾觉他有多英明，甚至还想夺他的地盘；可等他死了，才知原来他是庇护自己的参天大树，只有他在，荆州才不至于落入曹操之手。

连刘备自己都搞不清，究竟是动了真情，还是受了委屈，竟落了几滴眼泪，难过了好久才转身上马，可再想走却走不了了。

四面八方的百姓都朝这边聚拢来，把刘备等人围了个严实，有人跪倒在地连连磕头：“将军行行好，带我们一起走吧……”他们畏惧曹操，拿刘备当了救世主。有一个出来说话的，其他人也跟着响应，转眼间漫山遍野跪倒一大片，几乎所有人都想跟着刘备逃命。仿佛只有跟着刘备才能逃脱劫数，有的人上前抓住刘备、诸葛亮等人缰绳，像抓住救命稻草一般不撒手。

哀求声、痛哭声、赞扬声不绝于耳，刘备心中喜忧参半——喜的是辗转半生从未有这么多人愿意追随自己，百姓加入乃是人心所向，抗曹大有所为。忧的是这些百姓良莠不齐，老幼妇孺占了一半，还带着许多家什牲口，岂不拖累行军？

徐庶婉言劝开身边两个百姓，对刘备耳语道：“为今之计宜速行保江陵，今虽拥大众披甲者少，若曹操兵至何以据之？不能带这些百姓。”

刘备没有回答，兀自环顾百姓，望着那一双双渴求的眼睛，只觉胸中已被豪气填满，霎时迸发起一阵英雄情怀，正义凛然大声喊道：“既然荆襄百姓不弃刘备，备安忍弃你们于不顾？大家收拾东西都跟我走！”

“多谢将军大恩……”老百姓齐声呼唤，牵牲口的牵牲口，套车的套车，背包袱的背包袱，所有人都以为找到了救星，殊不知已踏上一条更为凶险之路。

徐庶连连叫苦：“主公误事矣！”

刘备却一脸决然：“夫济大事者以人为本，今人归我，我何忍弃去！曹操挟天子，灭袁绍占尽天时，我唯有以人和而抗之。”

徐庶被这大道理驳得哑口无言，诸葛亮也满面忧虑：“主公颠沛险难不失信义，可钦可敬。不过……不过……唉……”刘备把调子定得那么高，面对这么多百姓也不能出尔反尔，事已至此说什么都没用了。

不过刘备还留了个心眼，凑到二人身旁低声吩咐：“我也知此去凶险，可叫关羽督率船只，领那一万水军先往江夏，设法调刘琦麾下所有船只都到汉水沿岸接应咱们。能逃到江陵固然最好，若行军缓慢曹军将至，咱就转而登船改奔江夏，也可逃得一时。你们秘密去办，不要走露风声。”说罢他提口气，强做轻松之态，融入百姓之中安慰老幼去了。

诸葛亮、徐庶还是忧心忡忡——即便有此准备也难保万无一失，数万军民蜿蜒于途，还有家眷车辆和粮草辎重，万一敌人突然追到，连抵抗的能力都没有，将是灭顶之灾。这简直是一场赌博！

襄阳易主

该走的走了，该来的也来了。建安十三年九月，曹操亲率的先锋部队涉过汉水，抵达襄阳城下。

虽然嘴上天天喊着荆襄之地不战而定，但是当刘琮真的遣使投降之时，曹操却有点儿不敢相信。在他看来至少也要兵至汉水，摆出雄伟阵势，荆州群臣才会考虑投降。所以当曹操得知刘表已死、刘琮请降的消息后，第一反应竟然是找曾在荆州寄居的楼圭，询问真伪。楼圭笑他多虑：“天下扰攘各贪王命以自重，刘表父子素以名流自居，更看重这一套。如今他把白旄使节送来，必是诚心归降，还有什么不放心的？”曹操这才相信荆州果真投降，也从而得出个结论——天下归一的大趋势已不可逆转，以后的战事比预想的更容易。

曾经被刘表视为毕生荣耀的襄阳城四门大开，毫不设防地暴露在曹军面前，所有士兵都已放下武器出屯城外。章陵太守蒯越、治中从事邓羲带领阖城官员出来迎接，所有人都已脱去孝服换上新衣，笑容可掬地朝拜新主人。他们如此兴奋，如此虔诚，仿佛自己本来就该是曹操的人，早把尸骨未寒的刘表忘得干干净净。唯有刘琮、刘修兄弟欲哭无泪地跪在道边，手捧着荆州牧、镇南将军的印绶，等待着命运的判决。

曹操骑在马上傲视着一切，俨然一副舍我其谁的架势，只是挥挥手示意主薄温恢把印玺收了，便带领部下打马扬鞭奔向城门。可当他奔到迎接的人群边，忽然勒缰下马，搀起一位须发苍苍的官吏："哈哈！不喜得荆州，喜得异度耳！"

蒯越颇感意外："时隔二十余年，丞相还认得我？"

曹操抓住他手，很是亲近："当年何进幕府的西曹掾，故旧之人焉能忘了？"荀攸、许攸、楼圭也纷纷下马，一口一个"蒯西曹"，叫得格外亲切。

蒯越眼见都是老熟人，分外感慨——想当年他在幕府当西曹掾，府内人事调度皆经他手，那时天下名士听之委任，何等风光？现如今人家身居高位，自己却成了"卖主求荣"之徒，又何等惨然？想至此连连摇头："惭愧惭愧……"

"何愧之有？你是老夫的功臣，若非你居中调度，荆襄之地岂能唾手而得？"

事实确是如此，刘表新丧人心不稳，刘备、刘琦拥兵虎视，虽欲奉土降敌也非易事。曹操这话本是出于一片善意，可蒯越听来却带着几分苦涩："惭愧惭愧……"除了这两个字，他还能说什么呢？

"德珪何在？"曹操最想见的还是蔡瑁。

蒯越更显尴尬，闪烁其词道："德珪身体欠佳，这些天一直在家休养，未能迎接丞相，还请见谅。"

真病假病？曹操愣了片刻，随即回过神来，"走走走，咱们携手揽腕一同进城。"蒯越不敢以故旧自居，想要推辞，手腕却被他抓得死死的，只得低着头恭恭敬敬陪在身边。曹操走至护城河边忽然停下脚步，望着城楼狂笑不已。

"阿瞒兄，你笑什么？"跟在身后的许攸不禁发问。

"笑此地故人甚多。"曹操手指城楼，"你看看，这城楼上镌刻的'襄阳'二字是何人笔法？"

许攸瞧了瞧那工整的篆字，禁不住也笑了——这不是梁鹄梁孟皇那老货的笔迹吗？昔日曹操未得志时过府拜望被其拒之门外，想不到也躲到荆州了，这可真算是报应。

蒯越并不知晓这段往事："丞相莫非与梁孟皇有旧？如今他就住在城西，不妨召来一叙。"

“唉……是有些朋友要叙叙旧了。”曹操又想到了王儁，意味深长地叹息一句，带领众人进了城门。诸谋士、将官紧随其后，荆州群僚则很识趣地排在了曹营中人的后面；至于刘琮兄弟，早被裹挟在一群士兵当中。

镇南将军府虽没有邺城幕府宽阔，却也小巧精致古香古色，透着刘表的那种儒雅气质。这里甚至还有大量的书画珍宝、经籍藏书，是乱世中极为难得的文化财富。不过娇柔的文化抵不过金戈铁马，如今这里的一切都属于曹操了。他安忍稳坐大堂之上，而刘表的儿子们却只能在下面听候发落。刘琮毕竟主动归降，曹操也得拿出肚量，宣布以往割据自守，勾结袁绍，僭越祭天，抵抗王师等罪既往不咎，荆州吏民与之更始。封刘琮为列侯，改任青州刺史，即日登程赴任；赠其弟刘修为孝廉，携家眷迁居邺城。

这番安排是事先与荀攸、许攸、楼圭等人商议好的。刘氏在荆州近二十载，即便本身已无野心，也难保日后有人打着他们的旗号拥兵造反，刘备拉拢刘琦不就是例子吗？所以不能让刘琮留在荆州。选择青州也有深意，青州是划给臧霸、孙观等将自治的，刘琮即便到任也毫无实权。至于将刘修迁居邺城，其实就是人质。

刘琮闻听即日登程，立时傻了眼：“罪臣既献土顺天，就当听凭处置，本不敢多求。然先父刚刚亡故，请守陵墓以待周年。”

曹操却道：“大礼不辞小让，大孝不拘小节。你归顺朝廷也算给令尊挽回忠臣之名，何必还要守陵，循此愚忠愚孝？但去无妨。”

刘琮生于荆襄长于荆襄，父母皆葬于荆襄，自然不愿意离开，又请求道：“青州路远，请丞相更易官职。我愿留在荆州，哪怕当一个小小的从事也可……”

曹操不待他说完便咄咄道：“你这孩子好不懂事！我乃当朝丞相，代天子任免百官，岂可随意变更？荆楚之地兵戈未休，你兄长还占据江夏不肯归降，你滞留此间多有不便，还是离开为妙。”

刘琮是在文人堆里长大的，又是贵公子，何曾屈于人下？见曹操面露愠色，早吓得哭哭涕涕，跪地央求道：“曹丞相……我不愿为官，情愿闲居故土永守父母陵寝……”

“故土？”曹操笑了，“荆襄之地岂是使君故土？谁不知刘景升乃山阳高平的名士？你即便要归故土，回的也只能是兖州。速速启程不可多言！”

刘琮听罢潸然泪下——生在荆襄长在荆襄，今日家乡反变异乡。至于他那庶弟刘修胆子更小了，就知道抹眼泪。曹操早就不耐烦了，干脆直接吩咐亲兵：“去帮刘使君收拾行囊之物，立刻送他登程。”众亲兵一拥而上，生生将刘琮拖了出去；刘修眼见兄弟分别，上去欲追却被甲士拦腰抱住，送回后堂了。

蒯越在刘表面前立誓保全其子，一见此景赶忙上堂跪倒：“恳请丞相念在献土之功宽待一二。”说罢仓皇叩首。

曹操笑道：“异度何须紧张？刘景升一代名士，老夫岂能谋害其子？即便不念刘表之名，还需看在蔡家的面上。我不过是叫他们离开荆州，别无他意。来日家眷迁居邺城，府里一应财货之物任由带走，以后还会另有关照，你大可放心。”

蒯越见他言辞真切，这才心中稍安，又欲引荐群僚，却被曹操拦住：“封官之事不忙，当早定军务大事。刘琦膏粱子弟不足为虑，却不知刘备逃亡何方？”徐州之叛，玉带诏之事他始终铭记，怎能便宜刘备？

“荆州粮草、辎重皆屯江陵，又是贯通江南之要道，刘备此去必奔江陵。”

“何不早言！”曹操立刻警觉起来，“走了几日？”

“已有十余日。”蒯越却不着急，“属下已收到军报，刘备所部裹挟百姓近十万，每日行军不过十余里，此去江陵五百里，他至今尚不及一半。我已派人通报江陵守军严加防备，明公大军聚齐再追不迟。”

“虽有防备，也恐夜长梦多……”昔日徐州之乱短短数日刘备就聚起了几万人，官渡之战又在汝南勾结刘辟、龚都作乱，因而曹操深知他的煽动能力，马上吩咐，“曹纯、韩浩、史涣！”

“诺。”虎豹骑都督曹纯、中护军韩浩、中领军史涣出列听令。

“江陵辎重不可有失，你等即刻领兵追击刘备、抢占江陵。”

“啊？”三人面面相觑，曹纯道，“我等领兵皆去，主公谁来保护？”曹操是轻兵赶来接收襄阳的，故而只带着一万多兵，若中军精锐和虎豹骑都派出去，万一这边出了乱子怎么办？

曹操却道：“无碍，乐进等部不日将至，足可护我周全。再者蒯公等人皆我旧友，不会有闪失。”说罢朝蒯越欣然一笑，以示信任。

韩浩又道："初到荆州道路不熟，还需本乡之将指引道路。"

这倒是个棘手的问题，曹操未及问蒯越，堂下就有人主动请缨："末将张允愿意引路。"

曹操知道张允是刘表的外甥，见他个子不高，中等身体，长得倒挺俊俏，却满面堆笑，不像个能征惯战之人，恐其不能胜任，却不好阻他这番热忱："将军勇气可嘉，就命你……"

话未说完又听外面一阵噪杂，许褚、邓展等人推搡着一员被绑的将官来到院中。此人身高九尺，膀阔腰圆，一张黑油油的脸庞，虬髯虎目，鼻若悬胆，阔口咧腮——一看就是员勇将。

许褚气哼哼禀奏："荆州各部将官皆在城中受降，唯有这厮占据军营拒不交兵，动了丞相府大令才把他调进城来。请主公发落！"

曹操不怒反喜："这位将军尊姓大名？"

那将官垂头丧气拒不回答，张允却抢着道："此人姓文名聘，字仲业，乃是南阳人。我等商议归降之际，所有将领都愿顺从，唯独他拥兵在外不肯入城，实在可恨！请丞相重重发落。"文聘被众人推至堂上，却立而不跪，耷拉着大脑袋唉声叹气。左右亲兵齐喝："既见丞相，为何不跪！"

"哎，莫要难为文将军。"曹操凑到他身前上下打量，愈觉此人孔武有力，却一脸凄然的神情，不禁相问，"荆州众将皆降，将军近在咫尺为何姗姗来迟？"

文聘未及开口虎目带泪："既不能辅弼刘荆州以奉国家，又不能帮助少主抵御外敌。襄阳已归降，我却还想着据守汉川抗争王师，但求生不负于孤弱，死无愧于地下。可如今到了这个地步……"说到这儿他一阵哽咽，"亡国之将悲痛惭愧，还有何脸面来见新主？"这九尺高的汉子话说一半唏嘘不已，既而竟顿足痛哭起来，哀号之声震得屋瓦直颤。

"住口！"张允一阵冷笑，"丞相面前岂可失礼？"

"你住口！"曹操反诘道，"同为荆州之将，人家知道惭愧，你又知道吗？"

"是是是。"张允被他问得满面通红退至一旁。

"此真忠臣也！"曹操由衷感叹，亲自为文聘解开绑绳，"荆州虽已易主，老夫必厚待此间百姓，若将军不弃，可否助我共谋大事？"说罢抱拳一揖。

当朝丞相给一罪将施礼，文聘眼泪都惊回去了，瞪着一双虎目：“末将何德何能，岂敢……”

曹操越发恭敬：“将军德才兼备。老夫欲定天下久矣，岂能与义士交臂而失之？将军若能似辅保刘荆州一样辅保我，上可除天下之危难，中可救百姓脱战乱，下可求功名富贵于朝堂，未知将军意下如何？”

“这……这……”文聘不知说什么好了。刘表当初是很看重他，但刘表毕竟是文人，从不会如此青睐一个武夫。曹操却能以丞相之尊折节下士，搞得文聘都有点儿不好意思了。

曹操见他脸色转红，再接再厉道：“将军莫迟疑，您麾下兵马依旧由您调遣，老夫一兵不夺，还会追加辎重、粮草。荆州之兵自然要靠您这样荆州勇士来带，还有什么要求将军但言无妨。”

文聘再也听不下去了，扑通一声跪倒在地：“败军之将何敢多言？蒙丞相错爱，末将粉身碎骨在所不惜。”

“好！”曹操二次相搀，“目下正有一桩紧急军务劳烦将军，未知将军可否……”

“我去！”文聘抢着答应。蒯越看得目瞪口呆——玩兵的终究斗不过玩人的，曹孟德不愧是玩人的高手，三言两语便把文聘拿下了，刘表父子若能如此屈尊武人，荆州何至于有今天？

曹操不再客套，正色传令：“文将军，老夫暂时任命你为中郎将，且归中军调遣。今有刘备逃窜江陵，你速率本部精锐骑兵带路追袭，事成之后老夫另有封赏。”

“末将遵命！”

史涣见主公这么容易就捡个先锋，甚觉可笑，戏谑道：“文将军，我们中军之人骑的都是幽州好马。你这引路的可得比我们快，用不用我拨你几十匹快马？”

文聘把眼一瞪：“你们这些北方佬有什么了不起？我人不输给你，马也不输给你，咱们走着瞧！”

“走！”四员将说说道道出去点兵。

曹操见他们去了才觉安心：“明日大军一到，立刻率部随后接应，绝不能让刘备抢到辎重。我有些私事要出去，城中诸事请军师代劳。”

许褚、邓展忙凑过来：“初至此地人心难测，我等保护主公！”

“不必了。”曹操摆了摆手，“我去探望个老朋友，你们拿刀动杖反而有碍。”

许褚平素不多言，可今天也管不住嘴了：“什么人还需主公亲往探望？”

曹操故弄玄虚：“我这朋友可厉害，他不到咱军中，咱们只能算得了半个荆州。如今他在家里装病不出，老夫当然要亲自走一趟。”说罢朝许攸、楼圭挤挤眼，二人不禁掩口而笑。

第十章
赵云护主，长坂坡之战

故友重逢

汉水古称沔水，源自益州汉中郡，因高祖刘邦发祥于此，故后世将这条河更名为汉水。由于河道淤积和分支繁多等原因，汉水流经襄阳附近形成了大大小小无数河心洲，而这些沙洲中最大的一座就是蔡洲。

蔡洲面积宽阔，风景宜人，不仅有人居住，还修建了座庄园，院墙由一色的大青石垒成，房舍栉比连阁高耸，瓦垄密麻椽牙高啄。如此富丽堂皇的地方自然不是寻常百姓所居——蔡洲是襄阳望族蔡氏的私产，当今蔡氏家族的族长蔡瑁就定居在这座岛上。

蔡氏崛起远远晚于蒯氏，也就是近百余年的事。蔡瑁之父蔡讽学识渊博乐善好施，被士林所称道，故而有幸与不少名门望族通婚。其中蔡讽妹嫁与南阳名士张温，张温被曹操的祖父曹腾推荐入京为官，仕途青云直上当到了司空、车骑将军，蔡氏的门第也随之水涨船高，一跃成为荆州首屈一指的豪族。也恰恰因为曹腾的原因，蔡家与曹家也拉上了关系。蔡瑁幼时求学京师，久居姑丈张温府中，便与曹操结成了玩伴。

时隔三十多年曹操平定了荆州，自然想到老朋友，况且蔡氏名声赫赫手握兵马，不把蔡瑁搬出来，怎能安抚荆州人心？所以派出曹纯四将之后，曹操便带着许攸、楼圭等人去探望这个老朋友。荆州降臣也不敢怠慢，由蒯越指引道路，张允亲自撑船把一行人送到洲上。

许攸大模大样往船舷上一靠，比曹操气派还大，望着蔡家的庄园，翘着小胡子乐滋滋道："这么大一片房舍，都是青石砌造，得花多少钱啊？蔡瑁这小子真是富甲一方。"其实彼此都是五十多岁的人了，可在许攸脑海中还是年轻时胡混的样子。

张允撑着竹篙接过话茬："这不过九牛一毛。蔡氏仅在此一郡的房产庄园就有四十五处，蔡洲只是其中之一罢了。"

"啊？"许攸惊得直吐舌头，"我的皇天祖宗，得趁多少钱啊！"

张允又道："亏您还是天子脚下来的官，连这都稀罕？这算得了什么，您问问蒯大人，他家的产业比蔡家还多哩！"

蒯越嗔怪地瞪了张允一眼，却没说话。

曹操就站在船头，把他们的话听得清清楚楚，心下感慨甚多——怪不得这么容易就投降，荆州豪强有如此多的产业，当然不希望它们毁于战乱。袁绍也好刘表也罢，都因豪强而兴，也因豪强而亡。只不过袁绍死后尚有实力，还能把审配等人笼络住；刘表之死在北方统一之后，豪强自保之心更强烈。看来要想江山稳固，一定要抑制豪强。

转眼间便靠了岸，诸人相扶下船。蒯越叩开大门，一个仆人恭恭敬敬出来施礼："我家主人染病在身，恕不能接待。"

"当朝丞相临门，还不见吗？"

那仆人一脸谦恭，说话却不软："官府亦不能以势压人，诸位还请改日再来。"

曹操没了耐心："蔡瑁小时候与我一处玩耍，常来常往，我家的门槛都快踢烂了，深更半夜还翻墙头呢！如今我来了他岂能不见？"说罢推开守门人，甩开大步就往里闯，"德珪！曹阿瞒看你来啦！"

许攸、楼圭更随便，边走边大呼小叫："蔡德珪，我们到襄阳了你不露面，这算什么意思？躲什么躲，快滚出来……"都是丞相带来的，硬往里闯谁又敢拦？

这帮人又嚷又闹在府里一通转悠，上上下下没个不惊动的。蔡府之大奴仆过百，听见有人高呼主家名讳，都拥到前院来看。曹操旁若无人兀自叫嚷，蒯越、张允赶紧作揖解释："此乃曹丞相，特来拜访你们主人。"众仆人又是跪地又是磕头，心中暗骂——当朝丞相私闯民宅，这叫什么事儿啊！

曹操还真不见外，竟过了中堂直奔后宅，院里丫鬟仆妇可吓坏了，抱着脑袋躲的躲藏的藏。有个婆子正端着碗水也不知给谁送去，曹操抢过便喝，润润喉咙越发提高嗓门："蔡德珪！我知道你故意躲我，这又何必呢……别藏了，出来吧……"

连喊了好几声，才见后堂的门吱扭扭敞开，一个锦衣幅巾的士人缓缓走了出来。曹操有些错愕："德珪？你是德珪吗？"

那人似乎有些惭愧，微微点了点头。

曹操不敢相信，又揉了揉眼睛——蔡瑁老了，与他记忆中的样子差得太多，当年那个胖墩墩的小伙子已经变成小老头了，眉梢眼角再没有昔日的灵性，胡子已然花白。可转念一想，自己何尝不是一样？三十多年过去了，青春已逝，彼此都老了……

蔡瑁根本没病，有的只是愧——身为刘表的亲家，受托孤之重，却默许荆州献与他人，有何脸面再见刘琮？身为曹操旧友，帮着别人割据二十载，与之兵戎相见，又有何颜面见曹操？左右不是，里外有愧，今日方知做人难！

蔡瑁也猜到曹操会来，可没想到这么快，更没想到会硬闯，这就不能不露面了。他望着老朋友，孩提之时斗鸡玩耍的情景历历在目，激动之情也涌上了心头，半天说不出话。

对视良久，曹操颤巍巍先开了口："你还好吗？"

蔡瑁的嘴唇翕动了一下："曹阿……曹丞相……"随着一声无奈的呼唤，他恭恭敬敬一揖到底。

光阴如梭一去不回，如今彼此的身份地位已经变了。一个是当朝丞相，一个是州郡官员；一个是侯爵身份，一个是地方土豪；一个是傲然天下的成功者，一个是被逼无奈的卖主之徒。一堵无形的墙已拦在他们面前，再也不可能回到过去了。

曹操呆立片刻，渐渐笑了："你我之间还讲这套虚礼吗？"

后面许攸、楼圭也到了，他们可不似曹操矜持，迎上去又拉又拽："好你个姓蔡的，我们来了都不露面。倒看看你得的什么病！"

"惭愧惭愧。"蔡瑁与蒯越一样无言以对，只能连连作揖。

"哈哈哈……"曹操走上前一把拉住他手，"你在荆州这些年干得不错嘛。我还没进襄阳就看见梁孟皇的手迹了，还记得昔日咱们去拜谒他，他给咱们吃闭门羹吗？"

蔡瑁也笑了，笑得不甚自然："当然记得。梁鹄如今就在荆州，怎想到明公会位居宰辅？”

“献荆州有你之功，为何不见我？”

“唉……”蔡瑁未说话先叹气，“无颜面见明公。”

“咳！”曹操显得很大度，“你我乃总角之交，哪有那么多芥蒂？还记得儿时歌谣怎么唱的吗？‘茕茕白兔，东走西顾，衣不如新，人不如故！’襄阳城里那些新降之人都被我原谅了，何况你这故人呢？咱们叙旧情，聊日后，不准再想这些年的事了。”

“是是是。”蔡瑁诺诺连声。

楼圭也跟着劝道：“许子远昔日曾随袁绍，我在荆州客居多年，如今孟德待我们还不是情同往昔？你们俩的交情比我们还早呢。我要是你就放开胆量，以后好好吃他姓曹的！”

“对！”许攸更肆无忌惮，“你别把他看得多厉害，咱们之间彼此什么根基谁还不清楚谁？他没成势力那会儿可怜得很，在官渡被袁绍逼得走投无路，若非我献计献策，曹阿瞒还不知葬在哪儿呢！你就放宽心吧！”听了这番话，蔡瑁终于感到几分慰藉，渐渐不那么紧张了。

曹操也在笑，心里却不痛快——许攸越来越不像话，叫我小名也罢了，当众揭我老底，非给他点儿教训不可！暗暗这么打算，脸上却未带出来，又道：“子文不是也在荆州吗？带我去见见，咱们这帮老兄弟得好好聚聚。”

提起王儁，蔡瑁刚有的一丝笑意又收敛了：“子文他……他两年前已故去了。”

“什么！”曹操惊呆了，“死了……”

“他不肯为官，在江南武陵郡隐居，前几年染上了伤寒。张仲景给他看了几次病，可惜病入膏肓……”蔡瑁摇头叹息，“战事纷乱我就把他葬在武陵了。”有些话没办法说，王儁原籍在豫州汝南郡，属曹操地盘；先前刘表与曹操为敌，王儁的尸骨怎么运回家乡？

曹操黯然神伤，楼圭、许攸当初与王儁一同游学京师，更是唏嘘不已。多亏蒯越从旁劝解：“诸位切莫悲伤，安定江陵之后，把王儁的灵柩迎回家乡就是了。丞相与蔡大人故友重逢，今日该高兴才是。”

“对。”许攸眼泪来得快回去得也快，“不提他了，我们还都饿着肚子呢，德珪总得管我们顿饱饭吃吧。”

曹操瞥了他一眼——亏你们同门求学，竟这般无足轻重，那我曹某人又算什么？日后我若登基为帝，还不知你要跋扈成什么样呢！

蔡瑁怎好说别的："对对对，设摆酒宴咱们边吃边聊。"

蔡家是大户，不多时一席酒宴就置备好了，珍馐美馔水陆毕陈，其实也没人动筷子，不过是叙叙往昔之事。酒过三巡蔡瑁也放开了，叫妻子儿女出来给曹操见礼，已然故人之态。曹操此来固然是叙旧情，更为了请蔡瑁替他安抚荆州，渐渐言归正传："我听人言荆州隐居高士甚多，可否为我推荐几位？"

蔡瑁道："现今城中士人当以邯郸淳、宋仲子为翘楚。"

曹操却笑了："我当然知道此二人大名，不过他们都是穿凿经籍之人，可有俊逸贤能之士？"

"若论俊逸贤能嘛……"蔡瑁想了想才道，"幕府中人且不论，离此向东再走几里水路有两座小洲，一名鱼梁洲，住着一位庞德公，此人弘德雅量又颇能识才，可堪大贤。鱼梁洲对面还有一座白沙洲，也住着一位隐士，复姓司马名徽，字德操，人称'水镜先生'。他是从颍川避难来的，平日寡言少语，无论乡人问他什么话，他都只回答一个'好'字，所以百姓又给他起了一个绰号叫'好好先生'。殊不知此人外表木讷却腹藏良谋，点拨了不少晚生后进。刘表也知此二人贤名，屡屡征辟皆不肯出仕。"

曹操不住点头："古人云'相马以舆，相人以居。'隐居风雅之处，自非等闲之辈。"

"那是自然，莫说两位高贤，就是他们的门生子侄也非寻常。"蔡瑁又道，"襄阳以西有一檀溪，住着几位晚生后辈，石韬石广元、孟建孟公威，被刘备录用的徐庶徐元直，还有一个最年轻的隐士，叫崔州平，乃涿郡崔世名门之后。"

"崔州平？"曹操眼睛一亮，"他乃先朝太尉崔烈之子、崔钧的弟弟啊。"

"有此等事？我竟不知。"

曹操兴奋地站了起来："昔日崔钧随袁绍举事，李傕、郭汜攻破长安，崔老太尉遇害，临难之际托付家奴保护小儿逃难，不想竟流落此间。崔钧如今已被我表为河西太守，若能接州平北归，他兄弟不就团圆了嘛！"

楼圭却道："德珪言之未尽。我听说襄阳附近还有'卧龙''凤雏’二位晚生后进，为何不向孟德提起？”他原在荆州呆过，多少知道些底细。

“哦？还有这样的人物？”曹操更为惊诧，能被喻为‘卧龙’和‘凤雏’，岂是等闲之辈？

蔡瑁脸上一阵羞红：“确有此二人。‘凤雏’是庞统庞士元，他乃庞德公之侄，原为本郡功曹，刘表死后逃官而去，不知所踪。至于那‘卧龙’名唤诸葛亮，字孔明，现在刘备麾下……”他不愿提诸葛亮，因为诸葛亮的岳丈黄承彦娶的正是蔡瑁的姐姐，有这层关系还与曹操为敌，实在令蔡瑁脸上无光。

徐庶、诸葛亮这些刘表请不动的人竟然甘心为刘备驱驰，可犯了曹操忌讳——大耳贼果然狡诈惑众，定要将其置于死地！他一把拉起蔡瑁：“你不可久居家中，速回城中助我理事。”

“现在就走？”

“不错。我已派兵追剿刘备，未知胜负如何。我只能在襄阳停留一日，明天就督率大军接应先锋共赴江陵。”曹操早计划好了，“江陵的粮草、战船不能落于大耳贼之手，我走之后你暂摄襄阳之事，安定人心抚慰百姓，另外拿我名刺请庞德公、司马徽、崔州平等人出山，莫使贤才流于外处。”

蔡瑁总觉得有愧，原打算不再为官，可见曹操迫切地邀请自己，心思也渐渐活动了，想了想，终于应承道：“既然如此，我尽力而为。”

“这个不伦不类的竟陵太守你不要当了，我表奏你为越骑校尉，晋封亭侯，参同军事。等平定刘备之后，咱们同归朝廷。”越骑校尉是北军五校尉之一，负责戍卫京师，不过在迁都许县之后京师守军皆由曹氏掌控，北军校尉都是虚衔，徒留二千石俸禄彰显尊贵。曹操授予他此职意在嘉奖，不过调至许都为官也意味着蔡瑁将失去在襄阳的影响力——毕竟他也是豪族。

交代完毕，曹操不愿耽误工夫，草草散了宴席，便催蔡瑁赶紧启程。蔡瑁无奈，只好收拾行囊带上佩剑，一同离开家门。众人未及登舟，又见对岸来了一只快船，船上站定一个瘦小猥琐的皂隶。

曹操远远认出是卢洪：“你来此作甚？”

卢洪跳下船来，跪倒在地：“属下办事不力，孔文举的尸身被人盗走了！”

蔡瑁听了诧异，问身边许攸："孔文举？莫非是大名鼎鼎的孔融？"

"是啊，天底下还有第二个孔文举吗？"

"何罪被诛？"

许攸瞥了曹操一眼，见他没注意这边，便小声告诉蔡瑁："得罪曹阿瞒了呗！阿瞒逼御史大夫郗虑上奏其罪，把孔融一家十几口全宰了，暴尸许都城外。"说完又画蛇添足道，"你也小心点儿吧，曹阿瞒跟当年不一样了，杀起人来眼皮都不眨一下！"许攸也算聪明人，可只看见别人，没看到自己。

曹操此时一门心思都在孔融身上，哪注意到许攸嚼什么舌根？他想也不想狠狠道："回去告诉王必，叫他捉拿盗尸之人，抓到后立即处死……不！等我回去亲自处置，不能便宜了他。我倒要看看谁有这么大胆子！"

蔡瑁跟着文质彬彬的刘表混了半辈子，哪见过此等事？惊得毛骨悚然，深悔自己不该出来趟浑水，可方才既然应承了，怎能不去？

"德珪！"曹操一声喊叫。

"啊？"蔡瑁一激灵打个寒战，吓得佩剑落地。

曹操已经登船了，朝他招手："你发什么呆，快来！"

"是是是。"蔡瑁拾起剑来跟着上船，心里不住打鼓——谁知他如今变得如此暴虐。曹操的船上去容易，可怎么下啊？

长坂之战

刘备的逃亡之旅比预想的还要艰难，一路上跋山涉水还在其次，百姓严重拖累了行进速度。而且这支队伍像滚雪球一样越来越大，自襄阳出发就有五六万人相随，所过中卢、宜城、编县、临沮等县无不震撼。这一路上人心惶惶，所有人都知道出事了。

"镇南将军死了，刘琮降曹，这么多难民！"

"一定是曹贼屠城……快杀到咱这儿了吧？"

"姓刘的催粮，姓曹的也催粮，为什么杀我们？"

"就算不杀你，逼你当屯民交重赋，你愿意吗？"

“那、那咱也跟着跑吧！”

“这是去哪儿啊？”

“大祸临头别管那么多了，听说刘将军乃是汉室宗亲仁义之师，跟着他走肯定错不了！”

一传十，十传百，沿途百姓都认定曹操要来屠城，逃难的人越来越多，只短短十几天工夫，队伍已超过十万人，辎重一千余车，根本快不起来，加之道路颠簸难行，每天只能行进十余里……

夕阳西下又一天结束了，刘备一行人幕天席地睡卧篝火边。宝贵的逃亡时间已过了十四天，有消息称曹操已过汉水，可眼下他们才刚走到当阳县界，离江陵的路还差一半，将近三百里，若以这样的速度前进早晚会被曹军追上。

刘备辗转反侧大半宿，过了四更天仍无困意，忧心忡忡爬起来，登到马车上凭轼眺望。借着幽幽火光看去，四处密密麻麻都是人影，卧着的、坐着的、倚着的，男女老少百姓士兵杂处在一起，就像是黑压压的蚁群，马车、牛车、辕车、辎重车乃至农家的小推车横三竖四穿插其间，如此混乱的阵势，根本没战斗力可言，一触即溃。

正在焦虑之时，有个年轻人悄悄走过来，打着哈欠道：“父亲，睡不着吗？”原来是他的义子刘封，年方二十岁。

这刘封本不姓刘，而姓窦，乃汉家名门扶风窦氏之后[①]。他自幼父母双亡，莫说保有封邑，连仕途之路都断了，只得投奔舅舅新野县令刘泌。恰刘备屯军新野，见窦封相貌雄壮少年英气，又颇有些勇力，心中喜爱，便认其为螟蛉义子，时刻带在身边。

“已入险境岂能放心安歇？”刘备轻轻叹了一声，“你去前面把几位将军找来……轻轻地，切莫惊扰百姓。”

“诺。”刘封蹑手蹑脚去了。刘备回到篝火边盘膝而坐，这会儿诸葛亮、徐庶、伊籍等也起来了——前途未卜谁能睡踏实？大伙围坐一圈，不多时张飞、赵云、陈到、霍峻等渐渐聚拢而来。

刘备的声音阴沉至极：“要顺利赶到江陵恐怕不可能了，过几天曹

---

① 汉和帝朝外戚大将军窦宪辅政，三个弟弟窦笃、窦景、窦瓌皆封侯。后因独揽大权骄纵不法，被宦官郑众搬到，满门受诛流放。唯窦瓌因谦和有德幸免于难，改封罗侯，后称罗侯窦氏。《三国志》中称刘封“罗侯寇氏”，“寇”乃“窦”之误。

军先锋必然追至，得分些兵马在后面防卫。”

诸葛亮连连摇头：“跟来的百姓有不少是士卒家眷，大伙都分散开保护家人了，叫他们在后面防卫，恐怕他们不干。”

“不干也得干！”张飞怒冲冲叫了一声，但觉自己声音太大了，又渐渐压低道，“现在这阵势根本打不了仗，曹贼追上全都玩完，这会儿只能舍家为军，拼命保命！”

他这话确实有理，可事情没这么简单，带着这么多家眷打仗，怎么可能全力以赴？诸葛亮不无忧虑，但到了这一步也没有他策，只得郑重地提醒道：“我军虽众恐战不利，要做好转移的准备啊。”

刘备无奈地点点头，朝西边不远处看去——那里停着几辆马车，安顿着他和众将的妻儿老小。刘备自黄巾之乱以来东西奔走数丧嫡妻，而今只有糜氏、甘氏两位夫人，糜氏育有二女，幼时曾随母亲流落在曹营，多亏关羽庇护，她母女才失而复得，至于儿子更不敢奢望，所以才收养刘封，意欲将身后事托付螟蛉。可谁想一载之前，一直未曾生养的甘氏竟身怀有孕，在新野生下了个大胖小子。刘备喜不自胜，便随着刘封之名，给他取名为刘禅[①]，小名唤作阿斗。刘备年近半百唯有这一点骨血，岂能不珍视？可曹军一旦追上，胜负尚未可知，怎保这个未及周岁的孩子无恙？

赵云就侍立在刘备身边，见刘备二目凝视着马车，立刻跪倒在他面前：“倘若战事不利，主公只管先去，末将誓死保护夫人与幼主！”

刘备闻言，一时感慨万千，心道：“昔高祖彭城战败，为了保命奔逃之际将子女投于车下，若无夏侯婴救回，险些贻笑千古。备兴兵以来，一失家小于小沛，二失家小于下邳，虽亦感蒙羞，实乃情势使然。如今更是塌天大祸，备自身尚不知能否保全，却又要连累妻儿……”

他思绪未定，忽听后面一阵骚动，隐约有呼喊之声，众人皆是一愣，赶紧站起身来，机警地向北张望——此时天已蒙蒙亮，看得更清楚，周匝倚卧的士卒百姓差不多都醒了，正收拾东西准备上路，有人掏出干粮嚼着，听到异常之声，也纷纷抻着脖子观看。此处唤作长坂[②]，乃当阳城西北一处开阔的坡地，数里之内没有山林，但刘备军民有十万之众，无边无沿彻地连天，目光所及之处都是军民和杂物，也瞧不出个

① 封禅，古代帝王的一种祭祀活动。祭天为封，祭地为禅。

② 古当阳县城，今已在当阳市南。

子丑寅卯。

刘琰胆子甚小，吓得脸色煞白：“会不会……曹军追到了？”

“哼！”张飞冷笑一声，全没放在心上，“说什么鬼话！曹贼再快又岂能这时赶到？至少还得三四天呢。再说咱后面有斥候打探，若是敌人快到了，能不禀报一声吗？放心吧，说不定是有人争抢财物打起来了，派两个兵去瞧瞧就行。”

众人也觉有理，打发走俩亲兵，再次落座还欲继续商谈，可没说几句就觉嘈杂声越来越大，似闷雷般隆隆；再次张望情势骤变，军民百姓蠢蠢欲动。而渐渐地，那模糊的呐喊声也清晰起来——快跑啊！曹军杀来了！

刘备脑子里霎时一片空白，赫然呆立，喃喃自语：“怎么、怎么可能？”他还没反应过来，就见北方地平线处烟尘骤起，奔逃的人流似巨浪般席卷而来。只一刹那已波及到眼见，所有的百姓都在惊叫，乱乱哄哄震天动地，已听不清喊的什么。但大家都在逃，四面八方乱成一锅粥，车辆掀翻了，帐篷挤倒了，受惊的牛马牲畜到处乱窜，财货杂物散得满地都是，也没人顾得上捡了。

临时屯兵之处虽简易，但毕竟有士兵护卫，但到这时候什么保护都不管用，奔逃的百姓慌不择路，早把栅栏挤倒，乱哄哄涌了进来。亲兵一时茫然无措，又不能随便对老百姓动手，有人呆若木鸡眼睁睁看着，有人糊里糊涂抛下武器也跟着跑起来。

刘备只觉眼前一光，不知什么人不留神踢飞了余烬的火堆，灰烟暴腾而起直呛鼻子，揉揉眼再看，已满是逃亡的人流，亲兵卫队和家眷车辆都不见了，张飞、赵云、霍峻等也没了踪影。刘封与魏延一左一右搀住刘备，连推带拽将他弄上了马，旁边诸葛亮、徐庶等也匆忙跨鞍，只有十几个心腹兵丁没被冲散，紧紧跟着。刘封、魏延一人掌中擎一口大刀，保着刘备仓皇而逃；冲了好一阵才发觉方向不对，这才拐弯向南而去——百姓们互相乱撞，分不清东南西北了。

刘备到这会儿还未从震惊中清醒，茫然抽着战马尾随刘封身后，长坂本就是个坡地，现在满地都是丢弃的杂物、踩踏的尸体，若不是糜竺、糜芳兄弟死死按着他肩头，恐怕刘备早被颠翻在地了。可即便如此，他还是边逃边向后张望——怎么可能这么快？真是曹军吗？

来者当真是曹军。刘备可不知晓，自曹操平定乌丸以来，牵招、阎柔经营幽燕有方，将大批的优良战马引入中原。曹操中军基本上都已换乘幽州战马，虎豹骑的马更是精锐中的精锐，加之领路的文聘刚刚归顺急于表现，这五千追兵一路赶来顷刻未停，竟在一日一夜间奔袭三百余里，飞一样追到当阳。刘备当然接不到斥候报告，都叫人家甩在后面了。最先撞入逃亡队伍的就是文聘，他率麾下百余名骑士充任向导，原本疾驰了一天一夜，天蒙蒙亮时已有些懈怠了，文聘本打算休息一阵再追，可当他驰过一片密林到达长坂坡时，立刻被眼前的情景惊呆了——无边无沿的军民散布远处原野上，这得多少人啊！

那一刻文聘简直不知所措了，他按捺住惊诧，颤抖着传下命令：“捉、捉拿刘备！”打仗靠的是士气，曹军卯足劲儿来的，跑一整夜刚有些泄气，突然发觉已经追上，而敌人又完全是挨打的架势，顷刻间痛打落水狗的劲头被激了出来，呐喊着向对面杀去。

军民混在一处，落在最后的皆是老弱，猛然看见敌人，吓得魂飞魄散，腿都迈不开了，根本来不及反应就被曹军踏成了肉酱。人群里炸开了锅，兵民裹挟在一起四散奔逃，所有人似没头苍蝇般乱撞，自相践踏比曹军杀死的还多。文聘见敌人一触即溃，忙放声招呼：“不必斩草除根，追击刘备要紧！”呼罢当先冲进人群，中军骑士、虎豹骑紧随其后，一阵旋风般刮到长坂坡。

曹军总共只有五千，刘备十万之众，可绝大多数是百姓，还带着许多家什财物，全无抵抗能力；虽有一些能战的士兵，但拥拥簇簇想站稳脚都困难，谈何反抗？故而曹军长驱直入，弓矢刀枪齐下，所过之处一片死尸。

越往前杀越觉混乱，刚开始百姓较多，渐渐地，士兵越来越多，也零星有些抵抗了。文聘估摸已离刘备不远，更加紧冲杀，刚踏过一道掀翻的栅栏，忽见十几辆粮车拦住去路——紧跟着几十个手持大刀的敌人从车后窜出，要阻击曹军。文聘毫无退意，一摆长矛把一个小兵刺死在地，刚要继续向前，就听有人厉声嚷道：“文仲业，休要张狂！”

文聘斜目一瞧——对面粮车旁有员小将，不到三十血气方刚，正擎着大刀怒视自己。文聘识得，乃是荆州部将霍峻。

“霍仲邈，你怎么投靠刘备了？”

“良禽择木。”霍峻吼道，“你这卖主求荣之徒休要猖狂，敢与我单打独斗么？”

“有何不敢？”文聘投降乃被曹操情义感化，最恨有人说他卖主，闻听此言火往上撞，也不管旧日交情了，催马就要动手；忽见对面又来一骑，叫道：“住手！”

文聘一看，正是襄阳出逃的伊籍：“伊机伯，你伙同刘备作乱，今日死期到了！”

伊籍唯恐霍峻莽撞，先抢住其缰绳，才搭言道：“我作乱？文聘，你睁开眼睛看看，谁在屠杀荆州百姓？谁在无情无义滥杀无辜？拍拍良心想一想，你还是不是荆州人？”

只这轻轻两句话，文聘不禁打个寒战，扭头望去，拦路的步卒早被麾下杀尽了，几个骑士正舞动长枪围歼一群手无寸铁的黎民。这不是追击，这是屠杀。荆州人怎么能屠杀自己的父老乡亲？文聘不寒而栗——我文某人保曹操则已，若屠杀家乡之民，日后何以立足世间？想至此顿时高呼：“只抓刘备，莫害百姓！”

可士兵早红了眼，哪管那么多，文聘眼见有个亲兵正举枪向一名老汉刺去，忙蹿上前去夺过大枪，回手一记耳光：“他妈的，没听见吗？谁再杀百姓，军法处置！”可转头再瞧——伊霍二人早混入人群，不见了踪迹。

文聘深悔杀了那么多家乡父老，愣在原地不知所措；将军不动麾下的兵也都不敢动。后面大队曹军赶上，曹纯、韩浩并辔而驰，见文聘所部停下步伐，厉声呵斥：“哎呀！愣着干什么？追啊！”于是抛下这百名荆州骑，一阵乱枪掀翻粮车，叫嚣着继续追下去。

长坂坡已成一团乱麻，曹纯立功心切，一猛子往前扎，堪堪追了半个时辰，只觉百姓走卒转稀，前面赫然出现几辆马车和零星骑兵。一般百姓岂会有马车？曹纯料定不是刘备也是重要人物，紧追不舍，就朝着中间护卫最多的那辆下手。车子终究跑不过单骑，更何况都是幽州好马？不多时已追到近前，虎豹骑连连张弓，把护卫的骑兵射翻在地。有个神箭手绕到侧面，照定车夫就是一箭，正中咽喉栽于车下；又有一人轻舒猿臂抢夺缰绳，马车慢慢停了下来，被虎豹骑围了个严严实实。

“什么人！下来！”众士兵连声呵斥，里面没有动静。

“费什么话！”曹纯绕到车前，大枪一挑已将车帘扯去。见里面有两个中年妇人，一个怀里抱着襁褓，一个左右搂着两个十三四岁的女孩，大人哭孩子叫，低着脑袋都缩成一团了。

曹纯原以为车里有什么要紧人物，见是几个妇孺，初始只觉失望，但细看之下转而狂喜——当年关羽曾保刘备二夫人栖身许都，曹操立誓不加伤害，那时曹纯就是中军将领，也曾有幸远远瞥见过二夫人。尤其甘氏相貌俊美肤如凝玉，让人见之难忘。虽时隔多年，曹纯依稀记得，这不就是刘备妻室吗？

“大耳贼妻小，拿活的！”曹纯一声令下，众武士犹如虎狼立刻涌上，无奈车篷太窄挤不进去，几个女人又躲又闪，伸手拽了半天，只把两个女孩抓下来；二次动手再拽，又抓住一个妇人，正是夫人糜氏。

车上只剩甘氏母子，蜷缩在篷子角落里，已叫天不应叫地不灵，眼看一个武士跃上车来就要抢她怀中阿斗，又悲又恨无可奈何，正要撞头玩命——忽听一阵大乱，紧跟着眼前银光闪过，那武士已被一杆银枪钉死在轼木上。

原来曹纯等都围在车前，冷不防后面来了一骑。此人枪急马快，恰似一道白光，耳中只闻一连串惨叫，好几名虎豹骑已命丧枪下。此人单枪匹马冲入重围直至车前，如入无人之境；曹纯吓得连忙拨马，连退数步这才举目观看。来者三十多岁，相貌英武三绺墨髯，白盔白甲白战袍，胯下大白马，手握亮银枪。

“赵子龙……”刘备曾在曹操麾下效力四年多，麾下不少人物曹纯都识得。

赵云望着被擒的糜氏母女，冷冷道：“放了我家主母。”

“好大口气，就凭你一人吗？”曹纯一摆手，“把他给我拿下！”众武士刀枪并举一拥而上。

好个赵子龙，掌中长枪一摆，攻击恰似暴雨梨花，只一刹那又有三人中枪落马，而他却在这方寸之地游刃有余，连毫发都没伤到。曹纯大骇，更是连连后退——他毕竟是孝廉文士出身，虽统兵得法，武艺却不出众，哪敢碰这等人物？

赵云枪来枪往却不离马车左右，转眼间又取了三人性命，其他人也怕了，不禁也随着后退，包围圈越来越大。须知这些兵也非寻常，他们可是曹营最骁勇的虎豹骑啊。

“放了我家主母！”赵云见敌人退缩，又喊了一声。

曹纯惊得一哆嗦，险些照办了，但回头一看，虽然士兵各自追击已经分散，但周围至少还有二十多亲兵，再观远处征尘，史涣带着一队兵快杀到了；这才心里有底，强笑道："做梦！我劝你束手就擒，若不然乱箭齐发把你和这辆车都射成刺……"话未说完又一阵骚乱，自西面又杀进一员敌将。曹营虎豹骑诛袁谭、杀蹋顿堪称战无不胜，今天丢脸丢大了，两次叫人单枪匹马闯进来。曹纯见这员将装束打扮与赵云一般无二，不过是虬髯，识得是陈到陈叔至，又一劲敌。

莫看赵云表面沉着，其实心急如焚，他一人难救两位主母，尤其少主阿斗还在车上，若有差失刘备岂不断了骨血？正无奈间见陈到杀来，忙大喝一声："叔至，带车先走！"曹纯一惊，撇下赵云，领着左右围堵陈到。陈到不躲不避，猛然窜上鞍鞽，紧跟着纵身一跃，整个人竟从众人头顶而过，直接跳到马车轼木上。曹纯仰观头上还未缓过神来，被陈到的坐骑撞了个四脚朝天，跌下了来。

陈到一手执缰绳，一手握大枪，促动车马扬长而去，十几个虎豹骑一拥而上，结果个个铩羽而归。曹纯摔得盔歪甲斜，枪也撒手了，爬在地上大呼："追！快追啊！"说时迟，那时快，只见赵云一摆掌中银枪，又有三四人丧命。曹纯脑子快，见两个士卒正押着糜氏站在不远处，一个就地打滚，起身拔出佩剑，架到了糜氏脖子上："赵云！再不投降我杀了她！"

赵云心中雪亮，料他不敢随便害人质，兀自挺枪厮杀，掩护少主逃脱。曹纯眼瞅着马车已经逃远，赵云还不放路，又不敢真对糜氏下手，急得直跺脚。这时就听马蹄声山响，史涣所部赶到了，曹纯精神一震："赵云，我叫你杀！倒看看你还能杀几个！"

俗话说，双拳难敌四手，即便赵云善战，眼见兵马重重，也是有心无力。可糜夫人还在敌手，他又如何能独自逃生？

糜氏早已泪眼朦胧，她深知赵云已不是掩护，而是顾念主臣之义不肯离去，心中又悲又痛；侧目再看，两个女儿已被曹兵缚于马上，越发五内俱焚；焦急之际也不知哪来一股劲，竟奋力一甩挣开右臂："子龙快逃！"呼罢猛然攥住曹纯剑尖，狠狠刺进自己咽喉。

不单赵云，连曹纯等人都惊住了，伸手拉住，只见糜氏喉间鲜血汩汩，已然断了气。

"夫人……唉！"赵云来不及难过，只能有泪往肚里咽，掉转马头绝尘而去。

史涣已赶到近前，早看了个真真切切，他刀马娴熟本领不俗，追着赵云便赶。眼看就快追上，忽见赵云突然转身执弓在手，史涣赶忙仰倒鞍鞒避箭，心中暗笑：此等伎俩又算什么？哪知没高兴多久，忽觉身下一颤，天旋地转浑身一阵剧痛，再明白过来已在地上趴着了——人家射的是马！

骑兵阵中一旦坠落便有丧命之险，众骑士紧勒缰绳，万幸没踏到史涣。众人七手八脚将他救起，换匹新马；曹纯也二次跨鞍，耽误了片刻再找赵云，早溜得没影了。

接着追，这次二将合兵已有数百人，杀气腾腾誓报此仇。不多时渐渐又赶上车队了，曹纯指着一辆青布篷子的马车嚷道："就是那辆，刘备妻小就在车中。"一是报仇心切，二是人多壮胆，这回不怕了，虎豹骑齐催坐骑一拥而上，横七竖八又砍又刺，竟把赶车的连同马匹一并致死。可掀开车帘一看都傻了眼——不是甘氏，是个六十多岁的老太太。

原来两辆车外观一样，弄错了；赵云、陈到恐怕已保着家眷转道另行。曹纯又羞又恼，见这老妪一脸肃然全无惧色，料想也非寻常，恫吓道："你是何人？"

老妪把头一扭默不作答。

"不说话我杀了你！"

老妪咬紧牙关，看都不看他一眼。

曹纯见她身后还有俩女孩，好像是丫鬟，伸手抓过一个，逼问道："你家主人是谁？"

真是养奴随主，这丫鬟也不开口。曹纯早已憋气多时，扬手将这丫鬟扯落车下："杀！"虎豹骑不由分说，乱刃齐下立时废命。

老妪坐不住了，无可奈何答道："我乃玄德公麾下从事徐庶之母。"

费了半天劲，原来是个小人物的家眷，曹纯有些失望，只道了声："押起来。"再次上马又要追赶，这时文聘追来了，厉声质问："曹将军，尔等既为朝廷之师，焉能这般残杀无辜？"

曹纯闻听此言举目四顾，果然见不少士兵已经放弃追击，自顾自抢掠起来。

"传令所有将士，不准妄害无辜争抢财物，继续追敌！"曹纯倒不是怕残杀百姓，而是怕耽误正经差事。

史涣环顾这混乱的战场，不禁感叹："刘备逃命有术，又有悍将护卫，咱们耽误这么多工夫，恐怕很难追上了。但愿韩浩能得手吧！”说罢望着烟尘滚滚的南方，重重叹了口气……

还真如史涣所料，韩浩果然发觉了刘备踪影。韩浩这一队人马在前行了十余里之后，终于发现了刘备——正在一支几十人的小部队保护下死命奔逃。此时已天光大亮，两军在长坂坡你追我逃一个多时辰，刘备一宿没睡，刘封、魏延、糜竺、诸葛亮等死死保着他，而在前面半里外，张飞正率领二十名精锐骑兵当先辟路。

韩浩其实比刘备更累，连续追驰了一日一夜，全凭一口气撑着。也不知跑了多久多远，上坡地势已尽，渐渐转为俯冲，又翻过一道丘陵，忽觉地势趋于平缓，陡然间又有流水潺潺之声——前方出现一条大河。而在河对面隐隐有一片密林。

韩浩暗叫不好，扯着嗓门高喊：“紧追不放，莫叫大耳贼逃了！”可是不喊还好，这一喊冲在前面的兵忽然都勒住了战马，围在河边不动了。韩浩怎能不生气？马上加鞭冲到近前，刚要呵斥，这才看清前面的变故。

原来大河之上架着一座三丈多宽的木桥，此时正有二十一骑敌人驻马其上。二十个是普通骑兵，手持长枪肩挎长弓，当中一员战将，甚是扎眼。此将高人一头，虎背熊腰，头戴三叉镔铁盔，上有朱缨飘洒，下排护项钢钉；身披锁子大叶连环甲，外罩皂罗袍，独角獬豸护肩，腰系一巴掌宽狮蛮带；黑中衣，外缚着黑铁的护腿，八楞兽头护膝，足蹬虎头战靴；胯下一匹乌骓烟云兽，手执一杆鸭卵粗的丈八蛇矛。再往面上观，此君生得黑黪黪一张脸，相貌却颇为俊朗，两道浓眉斜插入鬓，隆准阔口大耳朝怀，颔下微有些虬髯，最为惹人就是那对眸子，乜斜着瞅向这边，似乎全不把曹兵放在心上，竟有几分笑意。而就在他脚畔，已有十几具曹营将士的尸体。

韩浩与曹纯不同，原是袁术麾下降将，先在夏侯惇麾下听用，又协助任峻、枣祗掌屯田之事，因办事谨慎干练才调入中军，并不识得此人就是被同僚喻为“万人敌”的张飞张翼德。

士兵却已见识到了，方才见一堆人马蹄一踏桥板，二十一人齐挥兵刃迎头就杀，尤其当中这位黑将军，掌中长矛连劈带刺勇不可挡，一扫就是一大片。十余骑未交一回合尽皆丧命，后面的再不敢造次了。

韩浩看得目瞪口呆，可又怕走了刘备，冲左右喊道：“怕什么？咱这么多人，一起上啊！”谁敢上？大伙眼巴巴看着韩浩，谁也不敢上前一步。

此时后面曹兵陆续赶到，差不多已有百人，可眼瞅着杀气腾腾的张飞，就是没人敢闯。韩浩急得满头大汗，心想若不身先士卒，这事还真不好办了，想至此刚要催马，忽听张飞说了话——方才打了半天张飞一直眯缝着眼，此刻突然圆睁二目，大吼道：“某乃燕人张翼德也！谁敢来决生死？”

这一嗓子不亚于龙吟虎啸，喝得曹军无人应答，韩浩刚萌生的一点儿决心也被吓得无影无踪。却见张飞将掌中蛇矛一挺，再次嚷道：“战又不战，退又不退，却是为何？来啊！来啊！”

韩浩被喝得胆战心惊，但觉胯下战马都快惊了，忙按住辔头退了两步。岂料他这一退，众士兵也跟着退，眨眼间包围圈越闪越大。此刻追兵已凑了二三百，许多人不知细情，却见前面的人后撤，也糊里糊涂跟着倒退起来。

张飞喊罢这两声，嗔目怒视曹兵，双方就这么对峙了将近一炷香的工夫，莫说再行对话，连大气都没出一声。张飞琢磨刘备已入密林深处，料无大碍，而眼前曹兵越聚越多，他眼珠一转，既而仰天大笑：“哈哈哈……曹营无人矣！我也懒得再杀无名之辈，今日就留你等狗命。若敢再来……”说到这儿他一戳长矛，扎起一串三具尸体，似乎毫不费力，接着猛然一甩向曹军掷去。

谁见过漫天飞死人的？曹兵吓得更往后退了。

恰在这时，张飞将马一拨，带着那二十个兵奔驰而去。曹兵明明看见他撤了，却无人敢追。隔了半晌也不知谁喊了句：“放箭啊！”韩浩猛省——真是吓糊涂了，怎么连放箭都忘了？待他传令乱箭齐发，却连敌人影子都射不到了。众人眼睁睁瞧着张飞等人纵马下桥向南窜入林中，只放了几支空箭，好半天竟没人敢踏上桥板一步。

好半天之后，曹纯等人终于奔到当阳桥边，见韩浩麾下数百骑士都大眼瞪小眼愣着，问清缘由连叫可惜。无奈建制已散，又恐对面林中设有埋伏，只得就地鸣锣聚拢乱军，耽误了好一阵子，凑齐人马才杀过桥去……

两天后曹操亲率大队人马而来，长坂坡前还有不少百姓未散去，有的葬埋死难亲人，有的身受重伤瘫倒路边，有的鳏寡孤独不知何去何从，绵延数里之地到处萦绕着凄苦的哭声。曹操也觉心中不安，命当阳县官吏组织他们入城，暂时容留一阵，日后遣散还乡；至于逃散的士兵，一律登记造册准备收编。过桥一路向南，都是刘备军的辎重残骸，可直行至江陵都未见到什么散兵游勇。

曹纯等四将率领兵马出城迎接——刘备根本没到江陵，半路上追丢了，除了抓到刘备两个女儿和徐庶之母，其他一无所获。就连曹操都觉奇怪，刘备怎么会消失得无影无踪呢？

鲁肃过江

就在曹军疑惑不解之际，刘备和他的亲信文武已在汉津渡口登船，他们要动身前往另一个地方——江夏。

刘备携民行军虽然危险，但事先也安排了退身之计，他派关羽率一万水军先行前往江夏，水路比在陆地上快得多，十几天的时间关羽已到江夏打个来回，又逆流而上把所有船只散布汉水沿岸，随时准备接应。刘备一旦受挫，可以立刻脱离大队军民到汉水登船，转而逃奔江夏。这个应急之策也算周密，但事到临头还是出了乱子，因为刘备万没想到曹军行动如此之快，竟能一天一夜追袭三百里，以至于曹兵出现在长坂坡那一刻他半点准备都没有。若非张飞冒险挡住追兵，他早成刀下之鬼了。

刘备等人逃过当阳桥立刻转而向东斜驱汉水，在汉水一处渡口与水军会合。而当阳以南的密林阻碍了曹军视线，混乱的百姓也耽误了追击时间，故而曹纯等并未发现敌人转向，而是急于向南抢占江陵。就这样，刘备逃过一劫。

不过此番逃亡狼狈至极，十万军民只剩下不到百人，跟全军覆没也差不多了，众人家眷老小更是散落四方。只要不与关羽大军会合，终究不能算安全，刘备强忍着不安的心绪，又在江畔苦苦守候了半日，终于等来了赵云、陈到——原来二将保甘氏母子脱难后，徐庶之母遭擒，二将恐再被曹军追上，索性摘盔卸甲放走车马，领着一干家眷混入百姓之中，耽误了大半日，这才混过曹军耳目。

赵云详述二女遭擒、糜氏节烈自尽之事，刘备自然怆然，糜竺、糜芳更是连连洒泪。所幸阿斗无碍，总算保下刘备这点儿骨血。未脱险地众人顾不得多难过，赶紧弃岸登舟去寻关羽会合。过了这大半日，岸边已靠了五六条大小船只。刘备带着诸葛亮率先登舟，家眷诸将也纷纷上了小船，唯独徐庶一人跪于江边不肯上船。

“元直，你……”刘备见此情形已感到不祥。

果不其然，徐庶拍着胸口凄然道：“在下蒙主公知遇之恩，本欲与您共图王霸之业，耿耿此心唯天可表！然老母不幸被掳，心中牵挂方寸已乱，即使留在您身边也无济于事。请主公念我拳拳赤子之心，准我辞去，北上侍养老母！”

“唉！”刘备仰天长叹无可奈何——这几年在荆州并不顺利，若说还有一点儿收获，那就是得了诸葛亮、徐庶这两位智士。可世事无常，如今徐庶也要弃他而去了。

这时义子刘封偷偷凑到他耳边，低声道：“徐元直久在我军，尽知父亲欲图荆州之谋。若放他北去，虽能救母必为曹贼所用，对我军甚是不利。父亲何不将其留住，曹贼见其不去必害其母，元直知母遇害，必决心报仇，肯定会死心塌地追随……”他还未说完，忽觉脸上一热，已重重挨了记耳光！

刘备怒斥道：“使人杀其母，而用其子，不仁也；留之不使去，以绝其人伦之道，不义也。行此不仁不义之事，使天下人闻之，焉能成王霸之业？昔日曹操攻伐徐州，兖州为吕布、张邈所夺，别驾毕谌因母被获请求离去，曹操顺其自然不加阻拦，兖州之士皆赞其有德。想我刘备与其为敌，又岂能在德行上输于此贼？”说罢又朝船下拱了拱手，“母子至亲关乎天性，元直有孝子之名，焉能弃老母不顾？你只管北去，勿以备为念！”

徐庶闻听此言泪流满面，连连顿首：“在下永生不忘主公之德，我此番北去，若为曹操所留，定不言及我军之事。”

刘备听他这么说，也算得了一丝宽慰，实不忍再说什么，转过头去道：“东西异路各自珍重，元直也不要太难过，愿日后还有再会之期……开船！”

诸葛亮更是难舍，喃喃嘱咐：“元直，倘有机会，你还回来！”再精明的这会儿也难免说糊涂话，其实这不过是自己安慰自己，这一去岂能再回来？

徐庶早泣不成声："在下恭送主公……"说罢又拜伏于岸，久久不肯起来。刘备唯恐自己再看一眼就会改变主意，便始终背对岸边，一言不发。

诸葛亮恋恋不舍凝视挚友，直到船渐渐远去，再也望不到徐庶的踪影，才发出一声无奈的叹息。这一叹不仅叹朋友，更是叹自己。他自出茅庐以来全部心思都花在谋取荆州上，因为只有占据荆州才能进取蜀中，实现预想的战略。而入蜀的最佳通道就是襄阳以西的房陵郡，若从长江逆流而上，飞渡三峡之险简直是痴人说梦。所以他选择在襄阳与房陵之间的隆中结庐而居，旁人看来他或许是隐居，其实他早把这一路的地形险要摸了个遍，就等一位有志之主来施展抱负。

如今有志之主来了，荆州却丢了，失去襄阳也就断送了他的入蜀策略，跨有荆益、争霸中原的所谓"隆中对"全成了泡影……诸葛亮哀怨半晌，回头再瞧刘备，只见他疲倦地倚在船舷边，合着眼睛，已昏昏入睡。诸葛亮颇觉可笑——眼下是在逃亡路上，生死尚不可测，哪还顾得上入蜀？主公接连受挫，夫人遇害二女陷敌，又经离别之苦，尚能如此冷静，我何必想不开呢？看来我初出茅庐只是个空怀壮志的乡间书生，自以为高深莫测，其实要融入这世道，还得多历练呢。

正思忖间，又见迎面来了条大船，高竖风帆行速极快，船头青色大旗，上书斗大"关"字。来者正是关羽，他把船只散布汉水各处，又派小舟往来通报，得知刘备到达汉津的消息，马上赶来会合。不多时搭过跳板，一行人纷纷转乘大船，这场惊心动魄的逃亡才算结束。

不过就在关羽船上，还有一位不速之客。此人三十出头，举止庄重，正是孙权的心腹鲁肃鲁子敬。

刘备方才小憩片刻，恢复了些精神，情绪也稳定不少。一见有人来拜见自己，赶紧整理衣衫——刘备素来注重仪表，可今天讲究不起了，逃亡路上弄得满身尘土衣衫破烂，船上又没有新衣服；只得把脸洗一洗，重新梳了梳鬓发，讲究着见客。

"在下拜谒将军。"鲁肃一见刘备过来，跪倒在地大礼参拜。

刘备没料到此人竟会给自己施这么大的礼，心下暗想——礼下于人必有所求，他到底来做什么？脸上挂着笑，趋步向前双手相搀："先生。久闻吴侯大名，心仰慕之未得拜会，先生此番前来有何赐教？"

鲁肃礼数做足这才开口："我家主公听闻刘荆州新近病逝，特命在下过江吊丧。”

“有劳尊使费心，我先替公子谢过吴侯。”刘备虽然这么说，却险些笑出声来——孙坚死于刘表、黄祖之手，两家为仇十余年，岂能通庆吊之礼？

鲁肃似乎也觉得这托辞太假，干咳一声，继而转移话题：“听闻曹操南下，刘琮已经归降，将军威武不屈率师独抗，兵少落败，现今江夏孤弱难以自存，未知将军有何应对之策？”

刘备见他打听自己日后的打算，已渐渐摸透其来意，却故意不道破，转过身叹道：“难为先生替我遮掩，我哪里敢抵抗曹军，不过狼狈逃窜罢了。荆州大半已失，江夏弹丸之地无力回天，幸好我与苍梧太守吴巨交情颇厚，打算前去投奔。”苍梧（今广西省苍梧市，汉代还未开发）是交州辖下的一个郡。因交州地处偏远实力薄弱，刘表曾想染指，故而派吴巨去苍梧担任了太守，这是擅自任命，并未经过朝廷。

这次轮到鲁肃偷笑了——刘备果真狡猾，竟拿这话搪塞我。交州在荆州以南，已属荒蛮之地，岂能跑去那里？即便想往南跑，如今连江陵都到不了，如何能到苍梧？想至此，鲁肃试探道：“恕在下直言，将军所言恐怕未必是实。”

刘备早有话等着他：“我所言不实，难道先生说的就是实话吗？您果真是来吊孝的？”

“这个嘛……将军既已知晓，又何需再问？”鲁肃不答反问，又把话推了回去。

两人四目相对半晌无语，忽然执手而笑。

“哈哈哈……”刘备仰面大笑，“曹操剑拔弩张大兵压境，你我还在这里玩心眼，真真可笑！”

鲁肃也不禁莞尔：“在下初见将军，仓促之间未知敌友，故出言试探。若早知将军是个爽快人，何必绕这个圈子。”

“来来来！”刘备拉着鲁肃就地而坐，“咱们把话挑明了，是不是吴侯派你来找我联合？”

“正是。”鲁肃也不兜圈子了，“我家主公聪明仁惠敬贤礼士，江表英豪咸归附之，已据六郡，兵精粮多。今为君计，莫若结我家主公，崇联合之好，共济世业。未知将军意下如何？”

刘备笑道：“你回去告诉孙仲谋，我刘备活一天，就要与曹操斗一天，抗拒之心绝不更改，他若肯发兵来助，我当竭尽所能。”

“好！将军痛快！”鲁肃双挑大指，“实不相瞒，我家主公现就在对岸柴桑等候。将军若肯联合，不妨过江一叙，谈谈曹军之势，也好及早定下用兵之策。”

“吴侯来了？”刘备眼珠一转，略一思忖变了口风，“非是我不愿渡江，只因公子刘琦尚在江夏，刘琮背兄投敌，我若再不去江夏，恐怕公子心中不安，又要横生枝节。还请先生见谅。”其实他心里有小算计，刚刚脱难携家带口，要是过了江，孙权临时起意把家眷一扣——那就不是联合了，等于投靠孙权了。

鲁肃明白他心里想什么，也不好强求，转而道：“将军若不便，可遣一心腹之人与我同归。”

话音未落，一旁有人插话：“事已急矣，属下愿过江去见吴侯！”请命的正是诸葛亮。

其实从走出茅庐辅佐刘备开始，诸葛亮便在酝酿如何结好江东。曹操统一北方实力雄厚，又挟天子以令诸侯，实难与之争锋；而孙氏经略东南已历三代，是唯一能与曹操周旋的势力，刘备若想立足荆州，孙权只可为友不可为敌。荆州虽一直与江东为敌，但也是唇齿相依。若曹操全据荆州之地，来日必当进取江东，那时便有唇亡齿寒之危。故而孙权此时派鲁肃前来，明是帮刘备，实是保自己。唯有两家合力互相扶持，阻曹操于江汉之地，才能转危为安……想清楚这些，诸葛亮渐渐摆脱了丧失荆襄的苦恼，打起精神主动请缨。

刘备一见诸葛亮愿去，心中大喜——没人比他更合适了，忙拉到近前欲为鲁肃引荐。

哪知鲁肃上上下下打量了诸葛亮一番，竟然问道：“阁下莫非是隐居隆中的诸葛孔明？”

“先生怎知我名？”

鲁肃欣然一笑：“我乃子瑜之友也。”

这短短一句话，诸葛亮心中踏实大半——此去结盟必成。子瑜正是他兄长诸葛瑾。鲁肃既是孙权心腹，又是诸葛瑾之友，此人从中穿针引线，再加诸葛亮分析利弊、倡明结好之意，这事还能不成？

诸葛亮听鲁肃一语挑破关系，也无需再多言了，一把拉住他手：“既然先生与我家兄长为友，亦为我之兄长。事不宜迟，咱们这便过江去见吴侯。”

“好！好！”鲁肃见他这般爽利，心中更是大喜，“不过你莫再叫我先生，直呼我‘子敬’便是。”

他二人三言两语已把事情定下，即刻换乘小船辞别刘备，往柴桑方向而去。刘备听他们“子敬兄”“孔明贤弟”叫得甚是亲热，心下安稳不少，料想搬来救兵不成问题，总算长出了一口气。不过此时他还不曾想到，也不敢设想，诸葛亮与鲁肃不仅促成了此次用兵，而且开启了孙刘两家断断续续数十年的盟友关系。对刘备而言这是一生的幸事，或许也是憾事……

第十一章
孙刘联手抗曹

威吓江东

徐庶降曹之后，曹操也曾特意召见，怎奈一问三不知，半分刘备的军情动向都不吐露。曹操心中气恼，但念在他因老母被擒而降，有孝子之名，也未加怪罪，给他个冀州从事的小官，远远打发他北上。至于刘备两个女儿，曹操更不屑一顾，命令谁抢来的就赏给谁，两个女孩落入士兵之手，下场自然可悲。

曹军虽然未能擒获刘备，但顺利接管江陵，保住了辎重粮草，也掌控了通往长沙、武陵、零陵、桂阳四郡的长江要道；后方曹仁、曹洪及于禁等七军也陆续抵达襄阳，牢牢掌控局面；房陵太守蒯祺也遣使至江陵表示归顺。至此除刘琦立足的半个江夏郡以外，荆州所有郡县尽数落入曹操之手。

曹操认为大局已定，所以到达江陵后并未急着进一步追剿刘备，而是忙于安抚人心。他一口气表奏蒯越等十五位降臣为列侯，又辟用王粲、傅巽、裴潜等为掾属，此外还忙中抽空办了件私事——把好友王儁的灵柩迎回江北。

王儁生前在武陵隐居，因南北交战客死他乡，草草安葬于当地，如今曹操点名要将他归葬汝南，可惊动了南荆州的官员们。武陵太守刘先、长沙太守张机、零陵太守刘度、桂阳太守赵范都是刘表旧部，如今荆州易主变化重大，要保住自己的位子就得伺候好新主子，自然竭尽所能要把这第一份差事办妥当。四位太守商量了一番，最后公推刘先为代表，率领四郡功曹前去启坟，将王儁的棺椁修饰一新，隆重运回江北，一路上车船仪仗甚是威严，比朝廷公卿的殡葬都气派——这位一辈子没当过官的隐士绝对想不到，死后还能风光一把。

江北方面更为隆重，曹操不仅设下祭坛，还亲率众文武临江迎接，旌旗队伍密密麻麻排列于江边。刘先的船悠悠荡荡渡江而来，曹操居高远眺百感交集，一别二十余年，没想到再重逢时已成生死相隔，不禁泪洒长江。

刘先亲自抬榇登岸，曹操与许攸、楼圭左右扶柩送至祭坛，一干文武纷纷上香叩拜，又是作诔（lěi）文，又是献祭酒，最后派楼圭护送棺椁回汝南下葬。等这些事忙完了，刘先才与四郡功曹献上表章。曹操很体谅，宣布依旧由四位太守管辖四郡，待战事结束另有封赐。四功曹圆满完成任务，纷纷道谢起身；刘先却低着头长跪不起。

“刘郡将为何不起？”曹操问。

刘先叩首道：“昔日曾冒犯丞相，故而请罪。”当年刘先奉刘表之命出使许都，与曹操当殿辩驳，斥之为豺狼武夫；如今曹操变成了上司，心中岂能安稳？

曹操一笑置之：“老夫已有令，荆州吏民与之更始，过往之事概不追究。当年你出言顶撞乃是出自对刘景升的忠心，不但无罪反而可彰，朝中不少大臣都很钦佩。我看你也不必当太守了，去许都担任尚书，与荀令君他们处理朝政吧。”

太守食二千石俸禄，尚书虽然只有六百石，但却参与国家大政，责任反而更大。刘先感恩不尽，又把随船而来的零陵名士刘巴引荐给曹操。这位刘先生年纪不大，却颇有些名气，刘表几度征辟，甚至举其为茂才，他都不愿出仕，如今曹操一到他便肯来投效；曹操甚觉脸上有光，又是头一个自江南投奔的，理当拥彗折节树为标榜，于是当即任命刘巴为军谋掾。刚刚封罢又有文聘、张允来报，荆州各郡战船都已调拨完毕。曹操大喜，率领众人一道巡阅水师。

曹营文武虽久经沙场，但大半不懂水军，昔日在黄河抗击袁绍，指挥些民间征调的小船就以为很了不起了，长江上乘风破浪的战船是生平第一次见到，真是大开眼界——宽阔的江边停泊着大大小小数百艘船只，有的高达数丈，上有楼阁，有的又细又长，恰似织梭，旌旗林立风帆如云，密密麻麻铺满港汊。连曹操都看得眼花缭乱，指着最大的一艘战船赞道：“这船好威武，竟有三层阁楼这么高！”

张允笑呵呵凑了过来：“丞相往昔征战皆在北方，河水浅窄故而舟楫亦小，征战大江之上自然要用大船。此船唤作‘楼船’，长十六丈，四道桅帆，设三层楼阁，能容下数百人。这艘就是为您预备的，相当于中军大营。还有几艘稍小些的，可以分给诸位将军。”

曹操欣喜若狂，已按捺不住激动：“好！老夫纵横半世终于也要饮马长江了……那又是什么船？”他又指向远处几艘长有数丈、牛皮蒙顶的大船。

张允又道：“此船名曰‘艨艟’。以生牛皮覆背，两厢开孔划桨，前后左右各有弩窗、矛穴。这种船敌人弓箭射不透，又不易接近，故而护卫主帅楼船最佳。”

曹操虽不曾打过水战，但触类旁通也瞧出点儿门道：“敌人固然不能接近，但自己人也不易杀出，此并非能战之船。”

“丞相天生睿智，一看一个准！”张允介绍之余还不忘了拍马屁，“艨艟乃运兵、守备之用，两军相争要靠‘斗舰’。就是那种！”他伸手指引，“这种船的舷上铸五尺高的女墙，上有顶棚，前竖牙旗，后置金鼓。士兵立于其中，以长矛、大戟格斗，打仗主要还是看它。荆州水军斗舰百余艘，可布兵三四万人……”

“三四万？”曹操突然打断，“江东孙权有多少水军？”

张允轻蔑一笑：“孙权麾下善战水师总共也就是三四万，咱们仅斗舰就可布兵这么多，远远胜之！您看那几十艘船，狭长坚厚，前有触角，上插利刃，此船号为‘冒突’，只要借水力冲撞，就能将敌舰刺透。”跟这帮不通水战的北方佬一比，张允快成圣人了，指指点点如数家珍，“再看那十几艘，通体漆红，小巧轻快，行速最疾，此名‘赤马’，用于巡察引航，相当于陆地的斥候。再有就是普通兵船了，最大的也有十二丈长、一丈六宽，每船善战之士二十六人、操桨水兵五十人、舵手三人，还有弓弩兵、大斧兵、挠钩兵若干，也能容下近百人。”

乐进就跟在他身后，一脸懵懂不禁发问：“两军接阵以兵刃长利为优，要斧手、钩手那些中看不中用的兵做什么？”

张允笑道："将军所言差矣！水战乃是先用弓弩远射，近处再以枪矛格斗，两军接战之时，需钩住敌人船舷，用大斧砍断敌人护板，士兵才能冲上敌船。这水战之法千变万化奥妙甚多啊……"他越说越得意，眉飞色舞口沫横飞。非但乐进、夏侯渊这帮武夫愁眉苦脸，就连荀攸、许攸、程昱等都觉坠入五里雾中，心下渐渐不安——二十年的陆战经验到江里全然无用，这完全是另一种战法。

曹操却满不在乎，进一步问道："总的算来共能装备多少水军？"

张允想了想道："所有的战船，再加上征调的小舟、渔船，足以乘载六七万人。"

"足够了。"曹操心里有数——六七万是上船的，余下陆军还有三五万，另外襄阳城还屯有于禁等七军。曹军总数将近十五万，打破江夏就像捻死蚂蚁一样容易。

"请主公登船。"张允指挥亲兵搭好一扇舢板。曹操当先阔步，带着大伙登了船。

楼船之上视野更为广阔，曹操望着滚滚东流的长江，密密麻麻的船只和两岸茂密的山林，越发神清气爽。许褚手指北方道："主公快看，公子们到了！"曹操临舷而望——在侍卫簇拥之下，大大小小一群子侄说说笑笑策马而来。

这些公子名义上随军打仗，实则不过是沾沾功劳，根本没到前线，半路就留在谯县老家了，这些天就是游山玩水。不仅没动一刀一剑，留守谯县的将军曹瑜还得时刻派人保护。曹冲见父亲站在巍峨的楼船上，不禁放声高呼："好大的船！爹爹好威风！"

"哈哈哈……"曹操自鸣得意，也挥了挥手。曹冲是他心中内定的继承人，此番带出来，就是要给他一个从军征战的名头。虽然只有十四岁，但加冠之后便可视为成人。原先曹冲梳着总角的发髻，模样颇为可人，要给他拢发上簪，曹操还真不舍得。哪知换完装一看，戴着峨冠的曹冲更显俊俏，确实有些大人模样了，曹操岂能不喜？

诸公子刚刚登船，曹操一把将曹冲揽到身边："老夫已决定，就从水陆进发直逼江夏。此番陈师江表，我父子要并肩而战！"

十四岁的孩子懂得什么叫打仗？但曹操这么说，无人敢反驳，有些知道曹冲底细的还一味逢迎："小公子少年神勇，真乃良将之才。"

曹操又一指夏侯尚："伯仁，我任命你为中军司马，即日起随军听用。”中军司马是主帅的重要膀臂，夏侯尚二十出头未经战阵就得此要职，固然这小子有些才能，但更重要的是他娶了曹真之妹，乃是曹家的女婿。荀攸等人暗暗咋舌，可又不好说什么——毕竟整个军队都是他曹某人的。

曹植最喜结交文士，给父亲和诸位长辈见过礼，便忙不迭询问：“宋仲子、邯郸子淑，两位老先生可在？晚生前来拜谒！”说罢对着荆州群僚深深作揖。

“公子岂可屈尊，折杀老朽了。”宋衷、邯郸淳赶忙出来给这个年轻人还礼——这年头面对权贵，名士也越来越不值钱了。

曹植满面笑意：“这位就是仲子先生吧？您校订的《六经》被人转抄已流于北方，晚生看了由衷敬佩。身在乱世而存先贤之学，此乃造福后世之功。”

“公子过誉。”宋衷也很客气，“昔日蔡伯喈曾在洛阳东观校经，镌刻石碑立于太学，可惜董卓纵火毁于一旦。乱世之中做学问的人少了，所谓朱砂不足红土为贵，在下只是想为后学之人提供方便，若今世不为，恐后人所传之书皆谬误也。其实我才智平庸，远远不及邯郸先生。”

他口中的邯郸淳字子淑，颍川人，少时便以文章驰名，他享誉士林之时曹植还未出生呢。如今他已年逾古稀，昔日的潇洒才情已成过往云烟，当了大半辈子太平文士，嬉笑怒骂风流快活，没想到老了赶上天下大乱，一把年纪逃到荆州避难。曹植连连作揖，说话很是谦卑：“老先生的《曹娥碑》，晚生很欣赏，曾瞻仰过拓本。”

听晚辈提起《曹娥碑》，邯郸淳满是皱纹的脸上不乏得意之色，他本生性诙谐，谅这船上再没有比自己年长的人，索性卖起老来：“昔日蔡伯喈遭宦官陷害逃官在外，避难到过会稽郡，也曾专门渡江去看那块碑，当时天色已晚看不清楚，他又未带引火之物，便用手触摸、心中默念。读罢又在碑阴亲手刻了八个字的批语。”

“哦？”连曹操都被他的话勾起了兴致，“不知写的什么？”

邯郸淳捋了捋白胡子，神秘兮兮道：“黄绢幼妇，外孙齑（jī）臼。”

“这四样东西根本就不挨边嘛！”众人无不摇头。

“此乃谜语，大伙不妨猜一猜。”

曹操父子皱眉凝思，其他人也各动脑筋，费了半天劲，时隔半晌竟无一人猜出。

“在下知道！”忽然有个年轻掾属从人群中走出来。曹操抬头一看——是谏议大夫杨彪之子杨修。他出征前刚刚被辟入幕府，曹操用他与其说是重其才，还不如说是牵制其父。

杨修作了个罗圈揖，笑道：“黄绢，乃有色之丝也，合在一起是‘绝’字。幼妇，乃少女也，合在一起是‘妙’字。外孙，乃女儿之子，合成一个‘好’。齑臼，齑乃辛辣之物，臼乃容器，意为受辛，合在一起便是‘辞’字。连起来就是……”

“绝妙好辞！”曹植脱口而出，“难怪老先生这般荣耀！”

曹操抚掌而笑：“妙！邯郸先生的碑文妙，蔡伯喈的谜语妙，德祖解得也妙。”

“后生可畏，后生可畏……”邯郸淳很欣赏杨修。曹植更是青睐，朝他微微拱了拱手，杨修也朝曹植施了一礼——这对年轻人四目相对，竟有些相见恨晚之感。

曹操又道：“未知老先生散居荆州可有新作？”

邯郸淳叹了口气，先前的自傲霎时不见，似乎有些无奈：“老朽年迈昏聩，也懒得做什么正经文章了，这些年专门摘录一些诙谐之事，想编成一部书，名曰《笑林》①。”

“《笑林》？”曹丕最喜欢这类东西，“想来一定言辞可笑，老先生可否讲上一篇，我等洗耳恭听。”

“好啊，老朽就说一则笑话供丞相与诸位大人解颐。”邯郸淳提了口气，“话说平原郡有个复姓陶丘的人，娶了渤海郡一位女子。其女容貌甚美，夫妻和合相敬如宾。忽有一日，其妻之母来探望女儿，陶丘见后很不高兴，没多久就把妻子给休了……”

“为什么？”曹丕忍不住插话，“是他岳母招惹他生气了？”

“那倒不是。”邯郸淳娓娓道来，“他妻子也是不明就里，于是问陶丘自己错在何处，他丈夫坦言道‘我见你娘又老又丑，女儿都随母亲，想必你将来也是那等模样。故而提前休了你这丑婆娘！’”

众人尽皆莞尔，乐进、夏侯渊那等武夫更是前仰后合。

---

①《笑林》，邯郸淳著，我国历史上第一部笑话集，原书散佚，现存二十余篇。

邯郸淳也笑了："《笑林》大抵不过此类，但求博君一笑。不过凡事细细想来还是有道理的，如果说这陶丘根本就是个愚人，我看也未见得，他倒很懂得'居安思危'。"这么一解，众人笑得更厉害了，他却兀自说下去，"居安思危虽不可用于夫妻之爱，但却是为国者时时都要记住的。倘若坐拥强盛藐视天下，恐怕就要吃大亏啦！"

荀攸眼前一亮——此公老而弥辣，有曼倩遗风。

这世上专有一种人，什么大道理都懂，无奈世道纷乱没人肯信他的话，故而嬉笑怒骂。表面上看是诙谐找乐，实是暗藏玄机讥讽时弊，前朝有个东方朔，而邯郸淳也属此类。

曹操却只顾着笑，全然没把后面的话听进去，转而对众人道："好好好，邯郸先生的《笑林》咱们算是领略了，过几日老夫再带诸位共览《曹娥碑》。"

许攸越发笑道："阿瞒，你笑晕了？那《曹娥碑》在江东上虞县，孙权之地如何去得？"

"马上就不是他的了。"曹操嘿嘿冷笑，"老夫决定对江东开战，趁今时之势将刘备、孙权一并剿灭。"

他突然冒出这么句话，所有人的笑容都惊回去了。

众人目瞪口呆半晌，荀攸才想起劝谏："孙氏坐断东南屡战屡胜，未可轻视。还请主公先剿灭刘备，日后再议出兵江东之事。"

曹操轻蔑地哼了一声："军师此言差矣。老夫拥兵十余万，合孙刘之众不及老夫一半，有何惧哉？"

荀攸心想——当年你在官渡，兵力也未及袁绍一半，结果又如何？但话不敢这么直着说，想想又道："与孙权相斗乃是水战，非我军所长，恐不能……恐一时不能得胜。"荀攸自荀氏被曹操猜忌以来说话分外小心。

"军师行事太过拘谨。"曹操手指张允、文聘，"你道江中不利，荆州之将不也久经水战吗？他们做先锋，老夫雄兵在侧，踏平江东有何不可？"

文聘好勇争强，张允一心富贵，都连声附和。蒯越心里却在打鼓，荆州水军虽众，纯属守备极少出击，与孙氏相斗从未占过上风，何况刚刚易主士无斗志，靠他们并不保险。但他一介降臣，又被人家捧得这么高，怎好说丧气话？

曹操把一切都看得很乐观:“兴许还用不着动武呢!天下大势已定，说不定孙权能识时务不战而降。昨天有消息传来，刘备已派人渡江，意欲与孙权勾结。我料刘备势弱必依孙权，可能过不了多久孙权就会把刘备的脑袋给老夫送来。去年公孙康不就这么干的嘛!”

奋武将军程昱出班谏言:“不敢苟同丞相之言，孙氏绝非公孙氏所能比。辽东地处偏远，故公孙康深知丞相有所不及;然孙氏素来骁勇善斗，今大难近在咫尺，焉有束手之理?孙权新在位，未为海内所惮。丞相无敌于天下，平定荆州威震江表，孙权有意抗争不能独挡。刘备小有英名，麾下关羽、张飞皆万人敌，权必资之以御我军，又岂能杀之?”

曹操却颇有成算:“实话告诉你们，我一到江陵就开始准备了。前天我已修表发往朝廷，加封豫章太守孙贲为征虏将军，并命令他派子为质。”孙贲是孙权从兄，当初孙策遇刺两家妥协，曹操为曹彰迎娶孙贲之女，如今已经合卺;他给亲家升官，又要求送人质，其实是暗示孙氏归降，“孙氏愿降便降，不降老夫自取之。软的不行就来硬的，以中原之众难道还干不过小小江东?”

他把江东六郡之地称为“小小”，众人都觉太过轻敌，却也不敢斧正。这时有个低沉的声音道:“明公所言句句在理，以我军今日之势足以威震天下，岂会拿不下江东?”素来不多言的贾诩竟站了出来。

“还是文和见识过人。”曹操听他夸耀自己甚觉得意。

“不过……”贾诩的话渐渐变了味，“既然如此何必要动干戈呢?明公昔破袁氏，今收汉南，威名远著，军势浩大。若乘旧楚之饶以飨吏士，抚慰百姓，使其安土乐业，则可不劳众而使江东稽服。”

曹操颇感诧异:“你的意思是不打仗?”

“正是，明公只需保有今日之地，安抚百姓释怀天下，使四海之豪杰尽归中原，蛰居之志士响应影从。过不了三两年，江东孙氏定然倾颓，不敢与明公争锋，势必具表称降。”

“哈哈哈……”曹操仰天大笑，“文和兄，人人都说你智谋深远，如今怎么也这般异想天开?纵然要迫使孙权归降，也当扬威江上以兵相吓。徒以仁德资财相耗，不知何年何月才能如愿以偿?”后面还有理由，可他没法说——早定天下早当皇帝，他可不想再等了。

贾诩是个人精，见曹操全然不理会弦外之音，便咕哝着:“属下愚钝，但凭明公做主吧。”再不发一言，耷拉脑袋退回班中。

荀攸左思右想心中不宁，还欲再谏，却听曹操悻悻道："当初我一意孤行出征乌丸，你们也是横拦竖挡，结果又如何？多少大事等着老夫去做，你等不必多言。"

荀攸心头一紧——天下都安定了，"多少大事"又指什么？他再不劝谏了，多说话只能让曹操多疑心，弄不好引火烧身，荀家的日子更不好过了。

曹操此时此刻早把广开言路的允诺忘得一干二净，叫人搬来几案立即书写檄文。他把小曹冲抱到腿上："我儿字练得越来越好了，这篇檄文为父口述，你来写。"他攥着儿子的手，边运笔边道，"近者奉辞伐罪，旌麾南指，刘琮束手。今治水军八十万众，方与将军会猎于吴！"

"这就完了？"曹冲眨么着眼睛问。他虽年纪小，也知檄文都是长篇大论辨析时局，哪有就写两句话的？

"完了，这就够孙权心惊胆寒的了。"曹操把笔一扔。群僚看着这两句话的檄文，都觉太过傲慢。况十几万的人马夸张到八十万，也太危言耸听了吧？

"就这样，大家都散了吧！"曹操再不纳言，拉着曹冲径赴船舷，"冲儿你看，对面往东就是孙权的地盘，再过几日也是为父我的了。是我的也就是你的，为父所做的一切都是为了孩儿你呀！"

曹冲年纪虽小，却也隐约明白这话的意思："父亲最英明神武了，等孩儿长大能做事了，一定好好孝敬父亲，不负您厚望。"曹操摸摸儿子的头，没再说话，只是面对滚滚长江开怀大笑，此时此刻他坚信自己是这世上最成功、最幸福的人。

"丞相……"有人在背后低声呼唤，声音战战兢兢的。

曹操回头一看："华先生，有什么事吗？"

华佗似乎有些难以启齿，缓缓道："在下想向您告几天假，家中老妻……"

"又病了？"曹操露出一丝怀疑的眼光。

"我这次只去半个月，半月后一定回来。"华佗抬起头恳切地瞧着曹操。

曹冲一向亲近这老医士，也帮腔道："爹爹近来旧病没有复发，就让华先生走吧，反正半个月的工夫去去就来。以后还要劳烦华先生给熊儿弟弟调养身体呢。"

曹操见儿子说情，便顺水推舟："好吧，你速去速回。"

"谢丞相。"华佗深深作揖，"丞相对在下宽宥，我回去后会好好研究医道。听说荆州常闹伤寒，我这些日子抽空寻些……"

"好好好，你去吧。"曹操不耐烦地把他打发了。

曹冲扶着船舷笑道："华先生不仅是位名医，也是读书人，孩儿以为父亲应该多听听他说的话。"

"你小子也学着管老子的事来了。莫要离舷太近，有危险……"曹操微微一笑，回身环顾众人。这会儿散了差事，群僚也都兴致勃勃观景致，赵达就站在不远处与温恢说笑，曹操招手把他唤过来。

"主公有何吩咐？"

曹操凑到他耳边："华佗三番两次告假，我怀疑他所言不实。你派几个人尾随他回去，探探他妻子是否真的有病。倘若真有病，就赐他四十斛粮食，再延他半月假期。如果他敢欺瞒老夫，你就把他关进大牢！我看这老儿自以为能治头风，故意借此要挟老夫。哼！我堂堂丞相，一人之下万人之上，岂能被此等巫医之徒左右？"

赵达诺诺连声，心中暗想——什么一人之下万人之上？上面那一个不过是摆设，打赢这仗连摆设都不用要了。

孙刘结盟

诸葛亮随鲁肃过江，在柴桑拜谒孙权，表示——刘备虽然落败，但麾下关羽还有一万水军，江夏刘琦之众也有万人。曹操远来疲惫，为了追赶刘备，一日一夜奔袭三百余里，此所谓"强弩之末，势不能穿鲁缟"，兵法有云"百里而趋利者，蹶上将"，曹操犯了兵家之大忌。而且北方人不习水战，荆州之兵又刚刚归降人心未稳，若是江东能出兵支援刘备，两家并力必能击破曹军。

孙权听后宽心不少，立刻派人到鄱阳调回正在戡乱的周瑜，自己则带着鲁肃、诸葛亮马不停蹄回转吴县，准备布置兵马。哪知刚回到吴县，坏消息就接踵而来。

许都派到豫章一个使者，加封孙贲为征虏将军，孙贲接受诏命意欲遣子入质，多亏老臣朱治跑去劝阻，此事才算作罢。大敌未至本家兄弟先有异心，影响实在恶劣。此事还未平息又有军报打来，已经降服的黟、歙山越闻听曹兵将至举兵复叛，贺齐陷于苦战，孙权只得又抽兵派去支援。紧跟着曹操的檄文也到了：

> 近者奉辞伐罪，旌麾南指，刘琮束手。今治水军八十万众，方与将军会猎于吴！

虽然只寥寥数语，曹操的骄横霸气却一览无余，两军生死之搏在他看来就像打猎一样轻松。这篇短短的檄文犹如石头投入了平静的死水，江东群僚霎时人心惶惶。孙权甚感时不我待，不等周瑜赶回，便召集文武汇聚一堂，商讨用兵之事。

“曹操袭破刘备兵至江陵，接收荆州水军，武陵等江南四郡也已具表称顺，其势侵过大江。”孙权稳坐帅位朗朗而谈，虽然面色凝重，心里却已经有了些打算，“所幸刘备已逃往江夏与刘琦汇合，今曹操又檄我江东，意欲一吞九州，暴行天下，当此危难之际，我江东子弟当与刘备同仇敌忾，发兵……”

“属下有事禀奏！”一个响亮的声音突然喊道。

何人敢打断主公讲话？本来专心聆听的江东文武皆感诧异，不禁侧目张望，见一个年轻掾吏挤出了人群——那是奏曹掾陆绩陆公纪。此人乃旧任庐江太守陆康之子。昔日孙策在袁术麾下，奉命攻打庐江，陆康据守一年染病而卒，城池终于陷落。后来孙权广施恩德怀柔士人，把这昔日冤家之子也招进了幕府。不过陆绩虽在江东，却时时以汉臣自居，不甚得孙氏器重。

孙权一见是他，脸色由晴转阴：“公纪有何要事？不能等我讲完了再奏吗？”

陆绩天生是个大嗓门：“属下以为，万不可救刘备！”

“为何？”

“刘备背信弃义反复无常，叛吕布，反曹操，依袁绍，附刘表，所过之地尽皆落败，实乃不祥之人。还有刘琦，浪荡膏粱兄弟阋墙，主公焉能援此不义之辈？”

孙权气乐了：“你所言是他二人私德，与情势无干。”

“私德尚缺，何谈公义？”陆绩硬顶了回来，“主公与刘表连年征战，一旦变易反助其党，岂不让天下人笑咱们朝秦暮楚？”

孙权见他尽是歪理，终于压不住火了：“大胆！谁敢这样说？若按你这番道理，岂不要坐视曹操吞并荆州？”

又有个年轻的声音道：“现今之际非但坐视曹操覆灭荆州，恐怕连咱们江东之地也难以保全。”

孙权又是一愣，转脸观看——说话的是主薄吾粲吾孔休。

这个年轻人从瞠目结舌的群僚中走出来：“北方州郡尽数平定，益州刘璋、交州士燮也已远尊朝廷，天下大半入曹操之手。主公独以东南一隅顽抗，其势安能持久？”

孙权蹙眉道：“长他人志气，灭自家威风，不许说这种话。”

“祸在眼前岂能不谈？”吾粲又施一礼，“请恕属下直言，事到如今我江东唯有一降耳。”

千防备万防备，投降论还是冒了出来。

孙权盯着陆绩和吾粲，心中不禁疑惑——两条小杂鱼怎么敢出来挑事？身后必有倚仗之人！想至此故意一拍帅案：“你二人当众妄言，动摇人心，各打五十棍逐出幕府。”

“主公息怒。”军谋掾陈端出班施礼，“二人所言之事出自善意，不当加罪。”

秦松也站了出来：“窃以为二人所言有理。”

事态渐渐清晰——背后撑腰的是江北士人。秦松、陈端是孙策时就随军征战的谋士。可他们都是徐州籍贯，现在这个节骨眼上，恐怕想放弃江东返回故土了吧？这帮人功劳赫赫威望极高，又提携了不少后进，当然有人为他们出头。

孙权不便与这俩老臣翻脸，据理力争：“江东尚有数万可战之兵，岂可言降？”

“非也。”秦松诚惶诚恐，“江东虽稍有殷实，未为小康。四境山越骤起，内患尚不可解，何以抵御外敌？战事一起黎民遭难，主公父子之英明皆不存矣！属下为主公计，亦为百姓计，当解甲归降以全圣德。”

陈端马上跟进：“先主举兵本为黎庶，今天下将安，兵戈将歇，请主公三思。”

“哼！”孙权冷笑一声，漫指堂上诸将，“未知列位将军以为如何？”

老将黄盖性子最烈，嚷道：“此真无稽之谈！老夫跟随先主闯荡四海，何尝屈于人下？”

韩当也愤愤道：“为将者报效军前死固死耳，何谈降敌？”

荡寇中郎将程普乃诸将之首，当年跟着孙坚、孙策几番出生入死，说话很有分量：“二位以为江东仅是主公之江东吗？六郡之地是讨逆将军[①]打下来的！也是我们这些人玩命玩回来的，谁想抢走也得一刀一枪来夺，除非把我们这帮老骨头打趴下！”

扶义将军朱治、征虏中郎将吕范皆是孙氏故旧，也纷纷请战，还有一些小将也跃跃欲试。陈端却道：“列位将军少安毋躁，事有轻重之别。中原动荡有敌来犯，我军尚可一斗。然今曹操兼北州骁勇之士，又得荆州水师合军八十万众，人如龙，马如虎，旌旗如云，斗舰如蛟，其势如席卷，江东之地危如累卵。敌众我寡强弱已分，焉能得胜？”

可把几位老将气坏了，黄盖钢牙紧咬银髯乱颤：“什么八十万众如这如那的，你又没亲眼瞧见！再说三道四，老夫一拳打死你！”他可说得出办得到，旁人赶紧抱住：“老将军息怒！”

陈端不敢与他对质，吓得倒退几步，却朝身边的人嘀咕：“匹夫之勇有何用？”

堂上吵吵嚷嚷，主战主降俨然泾渭分明，孙权眉头拧成个疙瘩，若非事先把三位老将调回，还真难撑住这场面，但纵然压得住秦松、陈端，仗还未打先闹成这样，总不是好事；刚想喝止争论，忽听一个厚重的声音道：“属下也有话要说。”这声音其实不大，但是一鸟入林百鸟压音，人满为患的幕府大堂立时安静了——说话的是抚军中郎将、幕府长史张昭。

张昭字子布，广陵人士，是孙策最重要的膀臂，与彭城张纮合称“江东二张”。不但江东地盘是他俩出谋划策得来的，就连施政之法都是他们制定的，官吏近一半是他们举荐的，至于羁留江东的名士，十个里有八个是冲着他们的面子。特别是孙策亡故之际，张昭总揽内外诸事，天下人尽知他能当孙权半个家。

“子布，你主战还是主降？”孙权的声音有些发颤。

---

① 讨逆将军是孙策的官号。

张昭刚过五十，但身材瘦削满脸皱纹，有些未老先衰。他往前踱了几步，忽然跪倒在地："我……主降。"

孙权脑子里嗡地一声，只觉眼前骤然发昏，好像天突然阴了——张昭不仅仅是股肱元老，还是这些年来自己为政理事的老师，甚至是为人处世的标榜。孙坚死得早，孙策又英年早逝，张昭简直就像父亲一样疼爱自己，教育自己。他怎么也忍心舍弃这一切？

"子纲，你的意思呢？"孙权愣了片刻又问张纮。

张纮本意也是投降，但他曾出使许都，又以朝廷委派的名义回到江东，怎好说一个"降"字？思来想去道："战不能战，降不能降，倒不如……与之讲和。"谁都听得明白——城下之盟有何可谈？那跟刘璋没分别了，等同于间接投降。

连张昭、张纮都力主投降，其他观望的人就不再踟蹰了——留府长史孙邵、从事顾雍、功曹虞翻率先跪倒："当从张公之议。"紧接着窸窸窣窣跪倒一大片，有的将军也开始犹豫了，俨然就是荆州众臣劝刘琮投降的那一幕。

孙权固然不似刘琮那般懦弱，但也是一头冷汗，环顾这厅堂之上还有谁和自己一条心——除了三位老将和朱治、吕范满脸焦急，其他人似乎都不保险。猛一眼看见中军司马诸葛瑾，他绝对是贴心之人："子瑜，你有什么要说的？"

诸葛瑾欲言又止，犹豫半天才道："卑职唯主公马首是瞻！"其实他主战，可他弟弟诸葛亮为刘备效力，说什么都有私庇之嫌，投降派必群起而攻之，所以还不如不说。

孙权长叹一声，伏倒在案边——他固然知道有人是要跳出来的，但没想到主张投降的人会有这么多。就连辅佐自己多年的重臣都力主投降。人心如此大势已去，要不要再坚持下去？孙权就算心如磐石，这会儿也不得不松动了。

"主公……"站在他身边的鲁肃突然开了口，"请更衣。"

"嗯？"孙权一愣，既而反应过来，"好好好……诸公稍候。"站起身紧紧攥着鲁肃的手腕，就像抓到救命稻草一样，晕乎乎转入偏室。

等进了门转过屏风，孙权挥退仆僮，鲁肃这才把憋了半天的话吐出来："方才众人之议皆为自身而谋，不足与图大事。"

"什么？"孙权有些不敢相信。

鲁肃紧紧注视着孙权的双眼："似我们这等人可以降曹，如主公者，则不可。我若降曹，犹不失从事之位，乘犊车、从吏卒、交游士林，若能恪尽职守，日后说不定还能升到州郡之位……"说到这儿他话风一转，朝孙权深深一拜，"可主公降曹，又能得到什么？"

孙权不禁凛然——孙氏两代纵横，若落于曹操之手，岂能留什么权势？运气好了不过侯一县、车一乘、府一座、仆僮数人，儿孙散秩闲职，几辈子才能熬出头；运气不好就被曹操咔嚓一刀，从此绝了祭祀。

私利往往比公义更能打动人心，鲁肃深谙这一点："愿主公早定大议，莫听众人之言。"

孙权喘着粗气点了点头，整理整理衣冠，拿定决心带着鲁肃二次上堂——里面可热闹啦！陆绩、吾粲等人正围着老黄盖喋喋不休；韩当与陈端辩理；程普厉声质问张昭、张纮，二张却一言不答；独忙了朱治、吕范，劝了这个劝那个。

"都给我住口！吵吵嚷嚷成何体统？"孙权怒吼一声，快步走回帅案边，"我意已决，当与刘备并力抗曹。"秦松、陈端等人不明白这片刻工夫他何以又坚定起来，都怨咒地盯着鲁肃。

"请主公三思……"张昭再次跪倒，朗朗陈词道，"曹操实乃豺狼枭雄也，然身居相位，挟天子以征四方，动辄以朝廷为辞，今日拒之义则不顺。且我江东所恃者，长江也。曹操已得荆州，悉得刘表所治水军，艨艟斗舰数以千计，沿江而进声势浩大，兼有步兵，水陆俱下，长江之险已与我共之矣。而彼众我寡实力悬殊，当此时节若不顺之，恐我江东将无遗类也！"

只要有张昭挑头，其他人群起响应："请主公收回成命！"

孙权万没想到，股肱之臣竟会成为最大阻力，这番慷慨陈词有理有据以何驳斥？正思忖间听堂外传来一阵爽朗的笑声："哈哈哈……张公一向虑事深远，如今怎么也拿这等不值一驳的鬼话来敷衍主上？"笑声刚过，一阵骚动，许多军兵将校一窝蜂拥到幕府院中，每人手中都是明晃晃的钢刀。可就在一片铠甲丛中，走出个风度翩翩的青年公子来。

此人三十出头，身高八尺，猿背蜂腰，姿质风流，仪容秀丽；面如冠玉，眉似点漆，目若朗星，鼻直口正，唇若涂脂，牙排碎玉，满面微笑；头戴青蓝色纶巾，身披锦缎大氅，腰围着银线丝绦，手里摇着一把鹅毛羽扇，既显庄重又不失素雅。谈吐轻快举止潇洒，恰似一位游学四方、坐论风雅的文士——殊不知他便是随孙策拓定基业，久掌兵戎的周瑜周公瑾。

孙权精神为之一振——带着兵来的，好办啦！

诸葛瑾装了半天哑巴，这会儿才张口："公瑾，你可算来了。他们口口声声要投……"

"我听见了。"周瑜瞥了张昭一眼，"方才张公所言出自真心？"

张昭深知来者不善，并不回答，反问道："公瑾以为如何？"

"此真迂儒之见！"周瑜骤然变色，"曹操名托汉相，实乃汉贼也！将军以神武雄才，兼仗父兄之烈，割据江东，地方数千里，兵精足用英雄乐业，正当横行天下，为汉家除残去秽！况曹贼自来送死，岂可屈膝投降？"

周瑜好大口气，竟直指曹操为"汉贼"，还说他自来送死。此言既出，堂上沸沸扬扬，多数还是不赞同之声；孙权却大合心意，与鲁肃对视了一眼，两人都松了口气。

"檄文初到，诸位心怀怯意，我为尔等解之！"周瑜背着手在堂上踱来踱去，一副教训的口吻，"曹操此来立足未稳，却先犯兵家之忌：北土未平，马超、韩遂等尚在关西，为其后患，此一忌也；北军不熟水战，荆州屡败萎靡，曹操舍鞍马而仗舟楫，与吴越争衡，二忌也；又时值隆冬盛寒，马无藁草，三忌也；驱中国士卒远涉江湖之间，不习水土，必生疾病，四忌也。此四者，用兵之患也，而操皆冒行之，即便兵马甚众又有何惧？"说罢他转身朝孙权深施一礼，铿锵有力道，"主公除贼正在今日。瑜请得精兵五万进屯夏口，为主公破之！"

张昭等人已被驳得面如死灰，程普、黄盖等将精神大长，纷纷抱拳请命："我等也愿请战，与曹贼一搏！"

众将话音未落，又听堂下响起了高昂的呼喊声："愿保江东父老，为主公一战！"众士卒齐声呐喊，声震房瓦直冲霄汉，那股凌厉煞气在雕梁间萦绕良久。

孙权大感畅快，霍然而起："老贼欲废汉自立久矣，徒忌二袁、吕布、刘表与我。今数雄已灭，惟我江东尚存，我与曹贼势不两立。卿言当战甚合我意，江东上下一心，必与曹贼一决雌雄！"

秦松、陈端投降派尽皆披靡，回头看了一眼——但见堂下众士卒兵刃在手，钢刀利剑泛着白光，杀气腾腾列于中庭；情知若再言投降祸不旋踵，只得参差不齐地附和道："愿从主公之意……"唯有张昭二目低垂，沉默不语。

周瑜兀自不饶，又道："末将为主公而战，万死不辞。只恐还有人犹豫不定，坏我大事。"

"这倒不难！"孙权从腰间抽出佩剑，朝定帅案劈去，只听"砰"一声，帅案竟被他斫去一角，"诸将掾吏有再言降曹者，与此案同！"

群臣一见尽皆胆寒——抗曹是没有把握，降曹却立时丧命，哪还敢再说什么？大堂之上一片哑然。终于没有异议了，孙权当即传令，以周瑜、程普为左右都督，鲁肃为赞军校尉，朱治输运粮草，两日后出师。计议已定各司其职，就此散帐。

军令如山无可挽回，秦松、陈端等只能诺诺连声抱憾而去——这本就不是一场公平的辩论，孙权本身就愿意打这一仗，手里又握着屠刀，岂是几个文臣能撼动的？

孙权对诸葛瑾道："难为子瑜憋了一肚子话，就劳烦你去馆驿见你家兄弟，讲明出兵之事吧。"

诸葛瑾微微一笑，拱手道："既是子敬将舍弟迎来，居中穿梭还是劳烦子敬吧。哈哈哈……"说罢满面春风施礼而退。莫看诸葛亮来了好几日，哥俩竟连一面都没见过。其实同胞兄弟私下见见也是人之常情，难得这对兄弟都是公私分明懂得避嫌之人。

喧闹的大堂散了个干净，不少人迈出门槛时还在感叹"江东难保"。周瑜却没走，亟不可待凑到帅案前："主公不必多虑，方才众人看到檄文上写着水步军八十万，便信以为真。其实曹操集中原之士也不过十五六万，况东征西讨军已久疲，岂能尽数带出？荆州降兵最多也就六七万，且人心未附尚怀狐疑。老贼以疲惫狐疑之众犯我江东，人马虽多亦不足畏。"这番话明着是指责投降派，其实也是故意说给孙权听的，怕他心思不坚定。

孙权何等精明？自然晓得他用意："公瑾不必开导，我心里有数。可惜群臣皆为自身而谋，连张子布都主张降曹，实在太令我失望了。唯有你与子敬之言最合我意，实在天助我也！不过你要五万兵，目前实在抽不出，贺齐还在与山越激战，此乃肘腋之患不得不防。眼下有精兵三万，粮草战船随时可以调度，你与程老将军先去，我当续发人马以为后援。能取胜自然最好，若战之不利……"孙权咬了咬牙，"若战之不利，我便亲自上阵，誓与三军将士共存亡！”以寡敌众以弱抗强，孙权也知风险极大，已抱定必死的决心。但现在还不是他出马的时候，若他离开吴县，谁还压得住那帮投降派？

周瑜见他心志坚定，也暗暗松了口气——打仗就怕主帅心存狐疑，畏首畏尾，将士们还怎么放得开？如今是拿三万去跟人家十几万拼，若主公还在后面犹犹豫豫，这仗就没法打了。

“疾风知劲草，国乱显忠臣。若非今日之事，我焉能识出谁跟我一条心……”孙权说了一半猛然抬头，见张昭那瘦削的身影兀自矗立门边，刚才的话都被他听了，难免有些尴尬，“子布还有何事？”

张昭缓缓走到孙权面前：“我有几句话想说。”

孙权低头看着那被斩去一角的帅案：“用兵之事我意已决，无需再言。”他固然说过反对者杀，但杀谁也不能杀张昭啊。

张昭阴沉着脸：“我有几句肺腑之言一定要说。”

“子布你……哎呀……”孙权犹豫片刻一拍大腿，“你说吧。”

“属下筹备军务先行告退。”周瑜自觉有碍讪讪而退。

孙权也不看张昭，随手拿起份奏报，心不在焉地浏览着，只给他个耳朵。张昭沉默了一会儿，突然大声问道：“主公！你还记得令兄过世前嘱咐的话吗？”

怕什么来什么，孙权最忌讳提这个，只得把奏报放下道：“时刻在心未敢忘怀！这些年我恪尽职守保卫江东，有什么不对吗？”

张昭连连摇头：“主公安抚百姓，提拔将领，兴师报仇自然没什么不对。但令兄临终之际对我言道，若割据江东事有不顺，当徐图西归回到中原，您都忘了吗？”孙氏虽然籍贯吴郡，但却是自袁术麾下起家，是带着兵杀回来的，所以在许多本土士人眼中，他们还是外人。之所以会有本土官吏跟着江北派起哄，原因恰恰在此。

“是有这话，你还给我留了面子，没提前半句。”孙策临死前恐孙权年少不能服众，把军政事务全权委托给张昭，并嘱咐说：“若仲谋不任事者，君便自取之。正复不克捷，缓步西归，亦无所虑。”实际上是把废立之权也给了他。

张昭作揖道：“臣下一片忠心，不敢妄为。”

“我元服之际你就把权力交出来了，子布忠心可见一斑。”孙权点了点头，然而话风一转，“但徐图西归并不等于降曹！难道叫我放弃父兄之业给曹操当臣子？你们倒不愁日后前程！”

张昭被这话刺痛了，义愤填膺道：“难道我劝您归降就为一己私利？主公也太小觑我了！自黄巾作乱以来，天下动荡三十载，多少士人惨遭罹难？多少百姓横尸山野？还不够吗？今北方已安，群藩已顺，唯剩此东南一隅，难道您还要再斗下去，让更多人亡于兵戈，使江东六郡毁于战火吗！”他越说越气，已控制不住情绪，“孔曰成仁孟曰取义，大义当前君子死亦不避，况解甲归顺不失封侯之位，有何不可？你刚才说我顾念私利，我看真正顾及私利不肯放手的是你！”江东群僚中也只有张昭敢这么言辞激烈地指责主上，换了别人非死不可。

“你住口！”

张昭偏偏不住口：“昔日令尊举兵讨伐董卓乃为安定天下，今天下一统近在咫尺，你却……”

“给我闭嘴！”孙权彻底被激怒了，一脚把帅案踢个底朝天，欲拔剑杀人；可张昭硬是不躲不逃，就站在原地逼视着他。

孙权虽恨，可怎么对这个既是忠臣又是师长，甚至像是严父的人下手？他转过脸不再看张昭，生怕自己一时之愤铸成大错，手握剑柄颤抖了许久，最后摘落钩带，把剑狠狠地往地下一摔：“你说对了！我就是不甘心！什么保卫汉室，维护祖业，都是欺人之言！我就是要兴邦立业称霸天下！你能奈我何？”

这次轮到张昭无言以对了——道理永远只是道理，没有权力作保障的道理是敌不过蛮横霸道的。

孙权渐渐沉住气：“别跟我讲道理，世间没那么多对与错。”说罢拂袖而去，走到门边又扭过头森然道，“天下非一人之天下，曹操有他的野心，但我也有争夺的权力！天生万物本无不同，王侯将相宁有种乎？我要叫你们这些迂腐之人亲眼看到我身登至尊！”

张昭惊愕地瞅着这个野心勃勃的年轻人——天呐！这就是当初在兄长灵前啼哭不止的那个孩子？是我费尽心力扶立起来的少主？分明又是一个曹操！

第十二章
赤壁初交锋，曹操大意失利

孙刘联盟

刘备没料到孙权办事这般爽快，短短半个月工夫，周瑜、程普的水军已开至樊口，与江夏隔江相望成掎角之势。这支援军来得如此之快，犹如从天而降。刘备大喜过望，忙派糜竺、孙乾带着数十头牛羊过江犒劳。周瑜毫不推辞照单全收，又叫二人捎句话回去——请刘备亲自过江商讨抗曹之事。

关羽、张飞得知消息忿恨不已。刘备固然屡次受挫，但毕竟跻身群雄，当过徐州刺史、豫州牧、左将军，周瑜算个什么东西？孙权麾下左都督，一个杂牌的建威中郎将，三十出头晚生后辈，不过江拜望已先失礼，竟然还要让刘备屈驾去见他，如此以下傲上，明摆着没把江夏诸将放在眼里。

众人大骂周瑜狂妄，刘备倒很坦然："江东之兵毕竟算咱们搬请来的，若拒而不往有失同盟之意。为解眼下之难，莫说是屈就周瑜，就算龙潭虎穴我也得走一趟！放心吧，大敌当前贵在同舟共济，我量他也不敢把我怎么样。"为展现诚意，刘备只命赵云、陈到左右护卫，三人乘一叶扁舟悠悠荡荡渡过长江。

樊口乃长江南岸的一处港汊，是樊溪入江之地，相对于夏口更靠下游，属江夏郡鄂县境内。刘备从未到过这里，随着船儿渐渐接近，不禁被沿岸的景色吸引了——樊溪比汉水平缓得多，樊口更没有夏口的喧闹，不过多了几分宁静与柔和，尤其紧邻樊口有一片重峦叠嶂的群山，虽是深秋时节，却松柏繁茂毫无萧索之气。刘备听诸葛亮提过，鄂县曾是春秋吴国的旧都，这山地处鄂县以西，故而名曰西山。传说昔日吴国境内只要天旱，吴王就派巫师燔山祈雨，只要山火一起就会降下甘霖。"燔""樊"二字同音，久而久之，百姓不再把这山叫西山，反而唤做樊山。于是樊山之溪谓之樊溪，樊溪入江之口谓之樊口。一切都起于那个燔山的传说，颇有些传奇色彩。

刘备观览着优美的景致，想着那个传说故事，心下不禁有感——鄂县也属江夏所辖，但黄祖死后江南之土尽归孙氏，反倒成了他们的地盘，细想起来我与孙氏也曾为敌，现在却要觍着脸来见人家，这样的联合又有几分真诚呢？

正思虑间已入樊溪，但见港汊之地泊着许许多多大小战船，刘备见了颇觉惊诧，他原以为孙氏水军船只不及荆州水军多，长年征战未有停歇，想必船舰都已饱受疮痍。但事实并非如此，这些船非但船舷护板修缮完好，而且被水兵擦得一尘不染，明晃晃湿漉漉的船板被阳光一照，隐约泛着金光，仿佛新造的一样。这能看出周瑜、孙权的治军之道，如此用心保养，精益求精，难怪战无不胜。天下辈有人才出，这对年轻人可了不得。

正嗟叹间，小舟已缓缓靠岸。来迎接的既不是将校，也不是谋士，却是个十几岁的小童，穿得倒挺干净，梳着总角发髻，模样怪可爱的："小的奉都督之命在此迎候，您一路辛劳了。"

赵云、陈到见周瑜不肯亲自迎接，都有些恚（huì）怒之意。刘备却毫不在意，笑道："周瑜行事也真有趣，哈哈哈……"信手抓了一把童儿的小髻，"你家都督何在？"

"已恭候多时。"童儿做了个请的动作，先行领路。

赵云、陈到保着刘备，须臾不敢分离，眼看东吴将士来往穿行，竟没一个主动过来见礼的，谁都没拿他们当回事，可能连他们来了都不知道，心中越发不平，暗骂周瑜狂妄至极；刘备却安之若素，自由自在跟着童儿，一个字都没说。

走了好一阵子，穿过营寨已来到樊山脚下，童儿兀自前行。赵云实在憋不住了："你这娃娃，带我们去哪儿？"

"我家都督在山上。"

陈到性子更急，不由分说一把攥住那童儿衣领："你实话实说，这山中可有埋伏？"

这童子年纪虽小，胆子可不小，瞪着小眼睛撅着小嘴道："你当我家都督何等样人，岂会偷施暗算？你们又有什么值得图谋的？"

这倒把陈到问住了："你、你老实点儿！"

"谁不老实？若非我家都督军务繁忙，也不会劳烦你们过来。你以为我们欺负你们？你看看，到底谁以大欺小恃强凌弱？你现在还抓着我不放呢！将军欺负小孩子，传扬出去，嘿嘿嘿……"那小童嬉皮笑脸，抬起小拇指在鼻子上刮了三下，"羞！羞！羞！"

陈到的手如同被锥子刺到了，赶紧撒开："你……咳！"气得无可奈何。

刘备一旁看得哈哈大笑——好一个聪明的童子，瞧见他就算瞧见他主子了，若非通达机智之人，岂能调教出这样伶俐的仆僮？

刚想到此处，忽闻山上传来瑶琴之声，那曲调婉转悠扬，似百鸟争鸣般悦耳。刘备虽出身贫寒，却自幼热衷此道，在襄阳时常听刘表帐下乐工演奏，那帮人也算雅乐高士，可相较之下，竟都不如这操琴人手段之妙。宫商流转间，每个音仿佛都摄人心腑，令人倍感舒畅。刘备微微一笑，也不用那小童带路，竟寻着琴声大踏步上了山。

"主公……"陈到仍不放心。

刘备头也不回，昂头寻找那琴声的来源，竟把赵云、陈到远远甩在身后。其实这山并不高，只转过两道弯路，见苍松翠柏之间有一座毛竹小亭，亭内坐着个年轻人，头戴纶巾身披鹤氅，面庞温婉眉清目秀，正举目眺望着远方，信手拨弄着琴弦——斯人、斯景、斯琴，人间竟有如此潇洒之士。

"渡江而来多有辛苦，相赠此曲为您解乏……"周瑜一边说，一边收住琴弦，但不是戛然而止，而是拨弄得越来越轻，渐渐才停下，宛如一只鸣叫的鸿雁越飞越远。

刘备暗自捉摸——我一个人先上来，他怎知我是谁，这倒奇了。心中诧异，嘴上却寒暄道："想必先生就是吴侯帐下周都督吧？"说完这话刘备自己都觉好笑，到底是先生还是都督？也难怪他语无伦次，这个年轻人一副风流文士的做派，哪像个统兵之人？

周瑜迎出亭外欠身施礼："末将拜见刘豫州。"

刘豫州这个称呼许久没人叫了，当年刘备在曹操帐下为豫州牧，故有此称呼。如今的刘备连荆州都保不住了，何谈豫州？周瑜一见面就这样称呼，刘备听来颇有些刺心的感觉，强笑道："正是我这落魄之人。"

"请……"周瑜手指亭中坐榻。

赵云、陈到和那童儿这会儿已经上来了，见他二人落座交谈，也不敢再聒噪，各自溜到主人身后垂手而立。

周瑜对那童儿道："你还得下去。黄老将军督率的后军快到了，刚好在刘豫州后面，你去把老将军请到中军帐，一会儿我有事相问。另外再把程老将军请来，他就在前营大帐边站着，我与他同为都督，理当一同会晤。"

刘备越发称奇，此人明明坐在这里，怎么什么都知道？莫非世间真有能掐会算之人？他左顾右盼一番，终于发现了蹊跷。原来就在这亭子对面有一排柏树，恰好生在崖边，虽不太明显，但只要用心观察就会发现，透过树间缝隙看去，恰是樊口港汊，进出船只一览无余。而在周瑜右手边也有一片这样的林子，从树缝间看下去，就是山下的营寨——周瑜哪是坐在这里抚琴为乐，这是观察全军动向啊！

为将者当仰知天文，俯察地理，瞧破这一点，刘备又对这年轻人高看一眼；进而观察得更仔细，见周瑜案头有张打开的羊皮纸，似乎是江汉一带的水道图，有处地方赫然用朱笔圈着，莫非周瑜已有御敌之策？刘备正要仔细看个明白，周瑜却毫不客气把它卷上了："末将请刘豫州前来乃为破敌之事。"一句客套话都没有，直奔主题。

刘备一愣，随即绽出和缓的笑容："未知都督可有破敌之策？"

周瑜知他隐约看到了地图，缓缓道："稍有设想，尚未成熟。"

刘备见其有搪塞之意，立刻追问："既是两家为盟，可否让我也闻知一二？"

"那是自然。"话虽这么说，周瑜却并没有再次打开的意思，而是把地图往袖中一塞，泛泛而论，"荆州大半已失，唯留江夏之北，曹操布武江陵整备水军，撰文檄我江东，必要自长江而进，先攻江夏后图江东。我想主动出击，扼曹军于夏口以南，勿使敌人兵临江夏，可保刘豫州与刘公子无恙……"说到这儿顿了片刻，又补充道，"若刘豫州无恙，则我江东亦得安。”这倒是肺腑之言，现在刘备与孙权是一根绳上拴的蚂蚱，救刘备的目的实是为了救江东。周瑜本可朗言自己是仗义相助，却没讲那些场面话，实话实说不图虚名。

刘备自然高兴——周瑜自愿拒敌于夏口之南，使江夏免于危机，当然最好不过，不过到底在哪里用兵，如何用兵呢？刘备再次试探，不过这次委婉许多，只轻轻叹道：“唉！说来容易做起来难，且不论敌我悬殊，水道绵长蜿蜒百里，何处才能用兵？真叫人不安啊……”他以为周瑜听了这话便会随口道出，哪知人家低头摆弄着琴弦，跟没听见一样。

好狡猾的小子，嘴比河堤都严……刘备白费心机，也不好意思再问了，猛然转移话题：“先前子敬过江相迎，孔明又去面见吴侯，若无他二人穿针引线，今日也不能与都督相聚。何不把他们叫来共同商议？”周瑜不说，鲁肃就没准了；即便鲁肃嘴也严，诸葛亮还能不说吗？

周瑜这次有反应了，断然拒绝：“末将受吴侯之托处置机要，不得妄自委署他人，您若要见子敬，改日另行约会，我也可以叫他过江拜望您。今天就免了吧。”

“不必了。”刘备不讨这没趣——你们私下串通好了不说，即便派到我那儿又有何用？又问，“我家孔明先生呢？”

“孔明先生高才，又有结好之功，被我家主公留下款待，过几日自会回来，请您放心。”

刘备倒是放心，八成仗打完诸葛亮就回来了，那还问什么呀？他真拿这个周公瑾没办法了，索性敞开窗户说亮话：“周都督，您似乎千方百计不让我知道用兵细节，这是为何？”

“不假。”周瑜也不隐晦，“末将也不明白，刘豫州似乎千方百计非要弄清楚用兵细节，这又是为何？”

其实道理很简单——彼此间并不信任。虽说两军联合，难免考虑私利，交战时谁损失多谁损失少，谁担子轻谁担子重，乃至战后获利大小。周瑜要是都告诉刘备，倘刘备从中取巧，岂不是耗江东之力反为他人谋利？反之，刘备若不打听明白，怎知周瑜葫芦里藏的什么药，若是把江夏卖了怎么办？

这场会晤就此僵住了，刘备心中忽生厌恶之感，但毕竟身在人家地盘上，忍了忍气，没有纠缠下去：“未知都督带来多少兵马。”

“三万。”

"恨少矣！"

周瑜却道："确实少了些，听闻刘豫州与公子帐下还有两万兵，可否暂时拨与末将调遣？"

哪有张嘴要人家兵的？刘备怀疑自己听错了："都督何意？"

"请刘豫州将麾下兵马借与末将，我统领这四五万众与曹贼周旋，豫州但观瑜破之。"

刘备再能忍，话说至此也不禁泛出怒意："都督此举不合适吧？"

周瑜嫣然一笑，微微拱手："豫州勿怒。用兵之道贵在同心，若你我各自为战，只恐竞相逐利不能得胜。若由末将……"

"凭什么由你统领！"亭外赵云怒冲冲插了言。

"放肆！我与周都督说话，岂容你多言？"刘备嘴上申斥，心里却暗暗称快。

周瑜斜了赵云一眼，并不理睬，却对刘备道："刘豫州若信不过末将，我也可将江东之兵尽数交您统领，如何啊？"

刘备万没料到周瑜还有这一手。由他管辖江东之众根本不可能，且不论统军之才，江夏之兵仅仅两万，而且操练不勤相对疲软，真正的骁勇之士不过数千，而且还得分派守卫郡县，怎压得住人数、船只都多于自己的江东军？就算周瑜肯给他，他也接不住。

周瑜见刘备哑口无言，才把话往回收："既然如此，那还是偏劳末将吧。"

刘备挤出一阵无奈的笑容："周都督，两军联合理当彼此相敬，可不要逼人忒甚。"

周瑜连连摇头："陈力就列，不能者止。现在只有末将能统率全局抗击曹军，那我只能当仁不让。我想您一定会答应。"

"你怎么知道我一定会答应？就不怕逼我反目？"

"不会的。您刘豫州是何等人也？您是识大体、做大事的人，若但逞匹夫意气，早就在当阳拼杀至死了。您既然奋力逃脱，必有纵横之志！岂会因一时屈伸而败大事？"说这话时周瑜的表情分外凝重，似笑非笑双眼满是真挚，紧紧注视着刘备。

刘备与他对视半晌，默默点了点头："公瑾真知我者也！"

"过誉了。这么说刘豫州答应了？"

"嗯。"刘备的底线都被人家看穿了，焉能不答应，"不过……"

“我知道。这些兵马只是暂时配合我行动，等战事完毕还叫他们回到江夏，另外贵军粮草皆由我方支应。这总可以了吧？”

刘备听他把自己想说的全说了，却仍不示弱：“还望都督说到做到，战事之后务须完璧归赵。”

“哈哈哈……”周瑜仰天大笑，一摆衣袖站了起来，“刘豫州太多心。设使战事不利，贵军果真丧失殆尽，恐怕那时我周瑜早就丧于曹兵刀下啦！”

直到这时刘备才感到，这个貌似文雅的年轻人实是一个铁骨铮铮的汉子，一个可以信赖的盟友，或许更是一个强敌……

“军中设宴，请刘豫州享用。”

刘备根本没心思吃他这顿饭：“军务紧急不便讨扰，我这便回去调兵。请周都督代我致谢吴侯，就此别过。”说着话已起身。

“既然如此……末将恭送刘豫州。”周瑜也没打算真挽留，兵都要到手了。多少大事等着，哪有工夫瞎客套？他毕恭毕敬转出亭外，想亲送刘备登舟，哪知刚迈出亭子就见派去的童儿回来禀报：“黄老将军所部人马已到，他正在船上休息。”

“为何不到中军待命？”周瑜跟刘备说话，眼睛可没闲着，早把山下情形看了个清楚。

这童儿方才挺伶俐，这会儿却吞吞吐吐：“老将军说他连日行军身体不适，不能立刻听用。”

“那程都督呢？”

童儿越发语无伦次：“程老将军……也病了。”

“都病了？”周瑜不禁皱眉。

刘备虽未听懂他们说什么，但却瞧出周瑜脸色不好：“都督军务繁忙，不劳您相送。一水之隔后会有期。”说罢抢先施了个礼。

“怠慢了……”周瑜满脸堆笑赶紧还礼，眼瞅着刘备渐渐下山远去，才转脸吩咐童儿，“你带几个亲兵把刘备送来的酒肉牛羊都抬到几位老将军营中，并替我转告他们，军务繁忙有失拜望，请他们安心养病，晚间我过营探病，这几日我处置有何失当之处还请他们不吝赐教。”

生病只是托辞，其实是程普、黄盖这帮老将不满周瑜自专。他们都是跟随孙家两代浴血奋战之人，资历高威望大，怎甘心听一个晚辈全权指挥？尤其程普，按理说应该是左右都督并驾齐驱，而孙权明显更器重周瑜，这口气更是难顺。周瑜深知其中利害，大战在即，若不把这些老爷子哄好了，何谈齐心破曹？打发走童儿，他默默展开地图，直勾勾看着那个朱笔圈好的地方，陷入沉思——捍卫江东的魄力他是有的，宁为玉碎不为瓦全的决心更是不缺，拒敌地点也大致选好了，但面对十多万敌人，这仗究竟怎么打？孤注一掷可没有赔的本钱啊！外人看来周瑜举重若轻坐谈欢笑，可其中艰辛又有谁知……

周瑜望江沉思之际，刘备已经登船，水手一阵摇橹，那叶扁舟飘飘摇摇又向江北摆去。时至深秋，西风强劲，自樊口回夏口是向西北行进，几个水手顶着大风奋力划船，累得汗流浃背。刘备看在眼里急在心头，周瑜要主动出击，争取隔江相斗，这主意是不错，至少可以避免曹军打到自家门口。但曹军是自长江顺流而下，孙刘联军却逆流而抗，若再顶着强烈的西北风，单就天时而言，完全不占便宜。孙权处在江南多少还有个地利，可江夏处在曹操势力的半包围中，也无地利可言，倘若周瑜有个闪失，江夏又再无兵可派，就只能坐以待毙了。

着急又有什么用？刘备只能采取一贯的选择，隐忍和等待。他回想方才与周瑜的交涉，想起那个年轻人英俊的相貌、潇洒的举止、透着些许傲慢的话语，心中竟莫名其妙生出几分嫉妒。曾几何时自己也是这般风流倜傥，可如今呢？

想至此，刘备不免苦涩，轻轻梳理起胡须，似乎想让自己看起来更体面，不经意间瞅见一根白须，便用力将它掐断；可刚刚掐完又发现一根，连忙再掐。如是者三，他终于罢手了——日日奔波已经忘记，自己早就年逾四旬了，白胡子、白头发还数得清吗？年轻时常听人言“英雄老矣”，今天他算是切身感受到这种悲凉了。曹操虽然是宦竖子弟，但早年就跻身官场小有名气，度尽劫波成就霸业；孙权虽英姿勃发英雄气概，但若非继承父兄基业又有何能为？唯独刘备出身草鞋贩子，天天喊着汉景帝玄孙，却是白手起家未得祖上丝毫恩荫，辛劳半生却一事无成。眼看年近五旬白发丛生，与刘琦共据半个江夏尚且朝不保夕。人与人的命运如此迥异，老天爷，你公平吗？

“主公快看！”陈到手指北方打断了刘备的思绪，“关将军的船！一定是大家不放心，赶来迎咱们。”

刘备那股悲意渐渐释然——我也并非一事无成，辗转逃亡大半个天下，但还有一帮兄弟死心塌地追随我。曹孟德、孙仲谋，你们有这福气吗？你们一个占天时，一个占地利，我刘备靠的是人和。有人斯有土。

迎面驶来的是一艘斗舰，关羽、张飞、糜竺、刘琰等皆在其上，还有许多甲士。两船相遇搭过踏板，刘备三人登上大船，众人都着实松了口气，他们唯恐周瑜心怀不轨特来接应。

关羽开口便问："用兵之事可曾谈妥？"

刘备一阵苦笑："周瑜叫我把所有兵马都拨给他指挥，一起沿江而进抵御曹操。"

张飞闻听此言，眼睛都瞪圆了："周瑜小儿也忒狂妄，两家联合非为主从，凭什么咱们的兵归他们调遣？"

关羽比张飞明白得多，虽然心中亦是不忿，却手捋长髯默然不语——说是两家联合，无论地盘、兵力、资财都是孙权占优，统一指挥便于操控，人家势力大，又有个仗义相助的好借口，不给行吗？

糜竺也道："人在矮檐下，怎能不低头？帮周瑜就是帮咱自己，依我之意……给他！"

赵云笑道："先生所言极是，主公已经答应周瑜。"

"不！"刘备却打断他的话，"我是答应他了，但绝不能给他全部兵马。我只把刘琦所部连同水军划拨给他，咱自己的部队得立刻接管江夏各县，曹操在襄阳一带还驻有七支部队，也不得不防。另外……云长、翼德，你们回去后挑两千最精锐的部队，由你二人亲自统领，以备不时之需。"

糜竺不禁蹙眉："莫非你又有遁去之意？如今咱们已退无可退，倘有精锐就该前锋对敌，怎能畏首畏尾？若叫周瑜知道，岂不笑咱们怯敌？"糜夫人虽死，但他与刘备毕竟有郎舅之亲，故而说话直白。

刘备摇了摇头，森然道："以利相交者，利尽则散。倘若战败自不必说，一旦得胜周瑜必趁势北上，咱们若不能突施奇兵立下大功，到时候凭什么和他瓜分荆州？"事到如今刘备仍没忘诸葛亮隆中之谋，仍没忘夺取荆州。

众人有的点头，有的摇头，有的无奈而笑。刘备的目光逐一掠过他们脸庞，拍着胸口道："你们是不是觉我想得太远？别忘了我出身贫贱，却有一颗平定天下之心。你等肯跟着我辗转奔波，想必也是有安定天下、博取功名之志！我既不肯屈于曹操，又岂能效力孙权？我就是我，坟头再小，我占住了也是一座山！任他曹操、孙权再强，我拼尽全力也要与他们鼎足而立！”

这番话慷慨激昂道尽英雄之志，震荡着在场每个人的心。关羽、张飞一左一右牢牢抓住刘备的手：“兄长不必多言，跟随您之日就已决心生死与共，调兵之事交给我们，您放心吧！”

糜竺回头看看孙乾、简雍：“咱们征调粮草保障辎重，也要多加用心。”

伊籍瞧瞧身边的向朗，笑道：“咱们的兵都丢了，好在任职荆州多年，这张脸还有用，回去激励将士把守城关，防备曹军来犯。”

魏延、刘封、霍峻、士仁那帮小将更是叫嚷：“不就是跟着周瑜打仗吗？主公放心，我们领兵去，带多少兵去带多少兵回来，绝不叫咱的人受损！”

“好！有劳……有劳……”刘备这两句谢，与其说是主上对臣下的赞许，倒更像是一种朋友间的语言。

刘琰急得直跺脚：“我干什么呀？”

简雍到这会儿都不忘了玩笑：“你呀？什么都不会，干脆从今天起别吃饭了，给军队省粮食吧！”

众人一阵哄笑，刘备却道：“有件最重要的差事非你莫属。”

“什么事？”刘琰来了精神，“你说的我可得办得了。”

“当然办得了。”刘备闪过一丝诡异的笑容，“从今天起你就干一件事——陪刘琦玩。”

“玩？玩什么？”

“蹴鞠、斗鸡、美酒、妇人，什么好玩就玩什么，他爱玩什么就玩什么，外面塌了天你都不要管。这位公子心志不怎么坚定，若兵临城下他动了投降之心就不好办了。你就哄着他玩，只要他不出来碍手碍脚，就是你大功一件！”

“行！”刘琰全无羞赧之色，“别的咱不成，若论吃喝玩乐、谈天说地，我是祖宗！”

“那就行了。从今起咱们各司其职，誓为平定天下而战。”对于一个朝不保夕的人而言，朗言平定天下，是不是太可笑了？可这就是刘备，虽屡战屡败，却百折不挠愈挫愈勇，不堕青云之志。他傲视着滚滚长江，沉吟道，“昔日我曾随卢植习学经书，可惜学之无用但求声名，大半已忘记，但《易经》中有句话我永远忘不了……天行健，君子以自强不息……”

众人品味着话中滋味，心头热乎乎的，仿佛眼前将要迎接的并非困兽之斗，而是一场逐鹿中原的战争。

一触即溃

建安十三年十月，曹操在江陵休整一个月之后，终于督率大军沿长江挺进，以泰山压顶之势直逼江夏。

当然，在他出兵之前已得到东吴发兵的消息，不过在他看来，周瑜与孙权是两个乳臭未干的毛头小子，不知天高地厚，只要交上一战，必能打得他们落花流水。如果能一石二鸟，把刘备与周瑜的主力一并歼灭，那更是再好不过。所以曹操只分派曹仁守江陵，曹洪守夷陵，留下少数兵马，其他水陆军兵尽数带出，还令刘勋、张憙、马延等部渡到江南，将长江两岸都囊括到自己警备之下，齐头并进向下游推进。如此大模大样行军数日，早进了江夏境内，莫说敌人的兵马战船，连散兵游勇都没碰见。

这日曹操稳坐楼船，带着儿子们左右眺望，目光所及之处都是自家的兵马。两岸旌旗招展耀武扬威，闯入敌境像回家一样无所顾忌；而水军经过张允、文聘等将布置，更是气魄宏大。队伍最前面列着拒马、冒突等小船，然后是数十艘斗舰，都选身经百战最为精良的战士充盈其中，长戈大斧闪着寒光。再往后并排列着几艘楼船，其中位于中央、最庞大的一艘就是曹操的帅船。筑楼三层高达数丈，甲士林立文武排班，船首竖着大纛，身手矫健的传令兵攀上吊篓挥舞红旗，指挥三军阵势。这艘船甚是庞大，有百余人摇橹执桨，但这会儿却根本不费劲——顺江而下又借着西北风，若不是迁就两岸的陆军，张足风帆早就一猛子冲下去了。

就在这几艘楼船之间，几十艘牛皮艨艟穿插其间，张弓搭箭随时戒备，任何敌船休想靠近分毫。而在这排楼船后面还有数不清的大小斗舰、运兵船、辎重船，载着近七万曹军，旌旗蔽日首尾相衔，一眼望不到边。这些水军与两岸陆军遥相呼应，真有铺天盖地之势。此番出兵声势之大，人数之多，建安以来未有也。

曹操手捻胡须一脸傲然，对身边荀攸、蒯越等人笑道："先前你等阻我用兵，现在看看哪有东吴水军的影子？听说咱这般阵势，他们早吓破了胆，刘备束手无策待死江夏，孙权羊质虎皮不值一提！"

荀攸、程昱哑口无言，蒯越毕竟是荆楚之人，有些算计："丞相不可大意，再往前行是沙羡境内，长江流至该段有弯曲之势，江面又趋于狭窄，当防备周瑜在此布兵。"

"知道了。"曹操只随口应了一句，并不怎么当回事，便回头看儿子们，见曹丕、曹彰、曹植都在，却少了曹冲等一帮小的，"嗯？冲儿他们方才还在，这会儿跑哪儿去了？"

曹丕抢着道："几位弟弟年幼，乘船有些不适，外面又凉，刚才冲儿、林儿都呕了，我叫他们进去睡觉了。"这群北方孩子，从来没坐过船，冷不防一坐就是好几天，一个个小脸煞白；其实连曹丕他们都有些晕船，偷偷吐了好几次，忍着不敢说罢了。

曹操何尝不一样？只是身为主帅讲求矜持，加之用兵顺利心情畅快才没什么强烈反应，听儿子这么说，竟也有些嗓子眼发堵，却硬挺着道："少不经事以后岂能出人头地？带他们来就是为了历练，整日在里面待着还有什么意义？把他们叫……"

"主公快看！"曹操的话被身边一个侍卫打断。

"怎么了？"

"有艘'赤马'回来了！"赤马船负责往来巡视的，相当于陆上的斥候。

曹操顺侍卫手指的方面望去，果见一艘狭长的赤马船缓缓而来，倒是自家的旗号，不过瞧着有些奇怪——在江面上巡逻与陆地不同，由于往来掉头不便，又受水流影响，不到万不得已不回来禀报，船上都有旗帜，一旦发现敌军迹象，由专门训练的旗手向后面摇旗示意就行了。可是这艘赤马居然掉头回来了，而且既不迅速向船队靠拢，也没有士兵在船板上摇旗，船上的人都挤在仓里干什么？还在诧异间，距离已越来越近了。

北方人不识得使船之道，蒯越却看得明白："这船不是走得慢，是在江上飘着，根本没人划！"

众人刚有些明白，忽见对面又来了几条船，不过不是战舰，而是渔船，摇橹的渔夫披着蓑衣，戴着斗笠，还唱着渔歌，离着甚远也听不清楚——这种情形不是没遇见过，虽说两军交战，但打渔人家靠水吃水，不出来挣命谁养活？曹军一路上也遇到过几条这样的船，不过是令他们沿江停下盘查一番，若不是敌人细作，把鱼抢来船就放了。这次情况有些不同，前前后后好像有十几条渔船连在一起，而且这些船比普通渔家的船要大，倒像是某个豪强富户手下船队。

曹丕、曹植还抻着脖子往前看呢，忽觉背后有人猛力推搡，险些摔个大马趴——原来文聘不顾礼仪，硬从后面挤过来："其中有诈！那艘赤马的兵必定遭了暗算！"

张允紧随其后也拥了过来："快加速行船，把那几条渔船撞翻！"说罢两人玩命跺脚——水军有规矩，将领跺脚就是传令加速。可这会儿他们这些荆州降将不能直接指挥，在前面督船的是曹军嫡系，他们这边跺脚管个屁用？

曹操一头雾水，还以为俩人急得跺脚呢。水战完全不通，不过他倒从善如流，赶紧传令："听二位将军的，撞它们！"一则是战船易将沟通不便，二则南北士兵配合不佳，摇旗的摇旗，呐喊的呐喊，折腾了半天才有点儿眉目，前面的斗舰稍微快了些，向渔船冲去。

可是为时已晚，只见对面渔船猛然散开阵势，调转船头尽数横在曹军船队前。战船大而坚固，渔船小，两船急行相撞，渔船必定撞个稀烂；可若是它们横飘在江上，少了冲力大多只能撞翻，这些船封锁江面，一旦撞翻必定影响行进，前排一停后面跟着停，要是敌人的船再过来一堵，曹军就只剩下挨打了。

等曹操想明白怎么回事，人家早布置妥了，再看那些渔船后面，赫然冒出几十艘战舰，都打着江东的青色战旗，锣鼓喧天喊声阵阵，当中一艘楼船，高耸帅旗，斗大一个"周"字——周瑜到啦！

曹兵没几个会使船的，荆州兵虽然会，近几年却都是守备，极少主动出击。而江东水军久战江淮，又在鄱阳平水寇，根本无需操练。那些水手膀大腰圆，手都磨出了茧子，胳膊练得跟腿一样粗，那船能驶得不快？故而虽是逆风逆水，竟似箭打出来一般，与顺流的曹军相差无几，这边还没准备好，人家已经过来了。

再看那些管渔船的"渔夫"，把斗笠一摘，蓑衣一脱，里面早脱得光光溜溜，扑通扑通，全跳到江里去了。曹操看得发呆，还以为是周瑜招募的勇士，冒死用船断路，文聘却连拍船舷："糟糕！泅水士！"

"什么是泅水士？"曹操全不懂。

文聘生性好斗，一门死心全在前面，莫说是曹操，三皇五帝临凡也没工夫搭理，抢过令旗亲自指挥。张允替他解释："泅水士是专门练泅水的兵，俗名叫水鬼，本事大的在江里扑腾好几个时辰都不上来。他们要是带上锤子、凿子，在咱们船底一通乱凿，咱的船兴许就沉了！"

"什么？"曹操、荀攸脸都吓白了，瞪着眼睛往脚下瞅。许攸更害怕，当即趴在船板上听声音。

张允扑哧一乐："放心放心，离咱们远着呢，好几道船队隔着，再大本事也游不过来……但前面的船，可就难说喽。"

话音未落传来一连串巨响，前面的斗舰已与渔船相撞，由于船速不同，那十几艘渔船有的解体，有的撞翻，有的被战舰碾到下面，但随着一阵摇晃都慢下来，后面的船不单受影响，而且水面都是撞碎的浮板、船舷、木头渣滓，乱哄哄都停了，楼船、艨艟不能蹚自己的船，渐渐也停了。

文聘顿时泄了气，恶狠狠一拍大腿："唉！咱们吃亏了！"

仗还没打怎么就吃亏了？曹操执迷不悟，可东吴战船已经逼了上来，隔着一段距离向曹军放箭。这些箭似乎都长着眼睛，不射持戈之兵，专找划船的水手，一顿箭雨过后，那些船就是想动都动不了了。只见对面楼船令旗摇摆，十几艘斗舰一拥而上，东吴的战船与曹军的几无差别，只是旗帜不同，大斧手站在船头一通乱斩，把曹军斗舰的护板劈得漫天横飞；紧跟着又掷出十几条挠钩，钩住曹军船舷，钩子后面都挂有绳索，江东士兵抓着绳子，一二三喊着号子，没几下就把曹军的船拽了过去。两船还未接舷，江东兵一跃而起，纷纷跳到曹军船上，一手拿着环首刀，一手举着钩镶，斩瓜切菜似的一通砍杀。

登船的曹兵号称精锐，陆战尚可，但水战的本事都是玄武池练出来的，没风没浪还能比划比划，真到江上就完了；连着坐几天船就有点儿天旋地转，敌人跳过来，船一伏一起一晃悠，没掉下去就算对得起曹操。兵刃都撒手了，谈何反抗，只能伏在船上等死。至于那些荆州兵，跟江东打仗未占过上风，又新换了个不知深浅的主子，心里更发毛，也就象征性抵挡两下，抛下兵刃往水里一跳，死命往回游。御敌无能逃跑有术。

曹操都看呆了，前些日子刚听人介绍了点儿水战之法，都是纸上谈兵，今天亲眼见识了，居高临下看得真真切切，半天才缓过神来，放声疾呼："救援！快救援！"

文聘根本没闲着，挥舞令旗左右调度，要能救早救了。又撞船又减速，挤得严严实实，根本动不了。到了这会儿，船越多越不好办。费了半天劲，总算调了几艘艨艟，从密不透风的船缝间钻过去，眼看接近敌船要张弓放箭了，冲在最前面的忽然停了，紧跟着忽忽悠悠就没入水中——船底叫人家凿穿了。

这种船是护卫之用，选派的都是善射的北军，本以为不与敌短兵相接就不会落水，哪想到连船一起沉？根本也没几个会水的，即便有两下狗刨，岂能在长江中活命？惨叫声此起彼伏，救人的小舟东奔西窜也没救上来几个，大多数淹死了。

曹军乘胜而来军心倒还旺盛，虽然小有挫折，大多数人还是跃跃欲试，无奈堵着过不去，只能叫骂诅咒；两岸的兵也不少，干看着不顶用。曹操急得跳脚，眼睁睁看着敌人把十几艘船的兵斩尽杀绝，看着他们把尸体抛到江中，看着他们明目张胆拔去自己的军旗，看着他们接过船桨向东驶去。这些船都归人家了。

周瑜不做赔本买卖，拿十几艘破渔船换了曹军十几艘斗舰。曹军费了九牛二虎之力，总算拆开阵势，可抬头一看——人家早就撤了。周瑜也知曹操船多兵多，区区小胜不足以撼动全局，久斗必然不利，干脆见好就收。

就在纷乱之中，一阵悠扬的琴声响起，宛若天籁之韵沁人心脾，江东战舰随着那飘逸的曲子拨转船头，悠悠荡荡渐行渐远。曹军眼巴巴看着敌人驶出数里之外，自己这边还乱糟糟的，追都追不上，只能无可奈何望江而叹……

本以为胜券在握的曹军出师不利，不但折兵数千，损失战船二十余艘，行军阵势也被彻底扰乱，不得不再次停靠休整。曹操下令将所有战船泊于长江以北，由文聘、张允主持重新编队，自己却领着谋臣、侍卫、儿子忙不迭下船。有了这次教训，这帮旱鸭子感觉船上太不安全，能上岸尽量上岸。

可还未立好营寨，又有"赤马"渡江来报——南岸推进的部队遭敌人伏击，损兵千余。曹操怒不可遏，破口大骂："好个周瑜小儿，竟敢袭我大军。老夫必取其首级悬于营门！”

一旁众将听了想笑不敢笑——两方交战理所应当，周瑜已经来了，还有什么敢不敢的？

可在曹操看来，自己以十余万众进逼江夏，明为消灭刘备，实则震慑江东；倘若周瑜识时务，见到大军的威武气魄，就该主动退去，劝说孙权投降，怎么还敢挑衅？即便此时吃了亏，曹操依然自我感觉良好。

军师荀攸满脸无奈，上前进言：“我军多为北方之士，精骑射而不善水战，今与敌会于江上，乃是舍长而就短，不宜急于求战。”

“哼！”曹操一脸不屑，“我以众击寡，以强击弱，还怕他周瑜不成？今日猝然落败，乃戒备不周所致，整备战船继续推进，我就不信周瑜小儿能敌得过我！叫张允督率前队，文聘总管水军全局，让荆州兵当主力，我在岸上给他们助威！”说到底，他心里也开始怯水了，只是不好意思说。

蒯越正在指挥泊船，闻听此言忍不住插口：“恕在下直言，此地江面偏窄水道蜿蜒，敌人若沿江屯驻保守不战，恐我军欲进而不得也。”

曹操被蒯越点醒了，皱着眉头踌躇了一会儿，最终只能采纳荀攸的意见，发下第二道指示：“过江传令，叫江南之兵马上烧毁营寨，过来与我会合，人生地不熟的，别再叫人家占了便宜。”他摆出这姿态，实际上已开始考虑长久之计了。

好在东吴战船已去，渡江回撤没遇到骚扰，曹军船又多，短短一个时辰，先行渡江的刘勋、张憙等将纷纷回来了。中军帐临时搭好，这几个武夫一进来就开始骂骂咧咧：“他娘的！周瑜欺我等地形不熟，竟敢半路设伏。主公为何调我们回来，我等还打算捣了孙权的鸟窝呢！不报此仇誓不为人！”

他们一甩闲话，曹操又好气又好笑：“皆是你等不谨慎，还怨我调你们回来。若不叫你们回来，只怕今晚都叫人家包围了，死都不知怎么死的！”

刘勋与曹家有旧，说话比较随便，明明受了斥责，还一个劲推卸：“这也不怪我们不小心啊！我们又不是江南人，为了这次行军您特意叫长沙太守张机选了一队兵充任向导，他们是干什么吃的？自家门口还不认识？”

蒯越唯恐曹操对张机不满，赶紧遮掩：“刘将军所言差矣。此处是江夏界内，而非长沙所辖，张郡将派的人也不甚保险，您责怪他又有何用？”这话明是对刘勋，实是讲给曹操听的。可曹操只是喘了口粗气，也不知听进去没有。

恰在此时忽见二人急匆匆闯入帐中，跪倒施礼。众人一见皆闭息凝神——原来是赵达、卢洪两个校事。夜猫子进宅无事不来，这两个扫把星出现，准有人倒霉，今天俩一起到的，不知又要倒霉多少人。

卢洪嘴快，先开了口：“为孔融收尸之人已查明，是太医令脂习所为，现已披枷戴锁打入天牢。可此人冥顽不灵铁嘴钢牙，就是不说尸首藏于何处，请丞相裁决！”

“好啊……”曹操拳头攥得咯咯直响，“小小一个太医令，也敢与老夫做对。你回去严加看管，千万别叫他寻短见，等我灭了刘备，平了江东，回去亲自审他！严刑之下不愁他不招，等审清问明之后再将其满门诛灭，跟孔融一起暴尸！到那时看看谁还敢拿我的话当儿戏！”

“明白。”卢洪答应一声，赵达又跪趴上来：“启奏丞相，我派人尾随华佗去至谯县，发现他所言不实。他妻子根本就没病，他回去只为了研制草药，撰写医书，根本就是欺瞒您！我已下令将其锁拿，请问如何处……”

“杀！”曹操一拳捶在桌案上，“这还有什么可问的？他想以医道要挟老夫，这样的人留着干什么！”

撰写医书毕竟也是为民造福，大家都觉此等处置太过严苛，可他正在气头上，谁也不敢多言。曹操用兵受挫本就憋了一肚子气，这会儿借题发挥，嘟嘟囔囔道：“哼！一个太医令，一个军医，也是老夫犯这个‘医’字的晦气，这帮人竟没有一个好东西。”说到这儿猛然想起刘勋刚才告的刁状，又吼道，“派人去长沙，把那个张仲景给我轰走！连个向导都选不好，这样的巫医百工之流不配做太守！”

“丞相三思。”蒯越一见不妙，仗着胆子谏道，“且不论张仲景才智如何，他为长沙百姓医治伤寒素有厚德，朝廷初辖荆州就把这样的人拿掉，恐怕……”

曹操哪听得进去：“行医之人一抓一大把，我还在乎这几个宵小之辈不成？轰走！”说罢一抬手，指向立于班末的金旋、韩玄，“武陵太守刘先已调往许都，今长沙又出缺，你们两个去补。好好干，要叫江南之人看看，我曹某人照样管得好荆州！”

“遵命。”金旋、韩玄皆因私情而来，曹操承诺给他们升官，可没想到能一跃成为郡将，岂会不高兴？

蒯越瞧着这俩人格外忧虑——一个京兆人，一个河内人，又没有地方任职的经验，要他们到江南任职，这担子如何挑得起来？刘表重用乡绅豪族已久，换了这俩北方佬，吏民上下能买他们的账吗？可是想归想，蒯越终究没敢反对，只盼曹操早些消气，以后找机会再说。

不怕没好事就怕没好人，赵达又进谗言：“华佗乃一军吏，如今欺上犯法乃监察不力所致。我等身为校事难辞其咎，然刺奸令史高柔也难脱罪责！”

这根本不挨边，又扯到高柔头上了，曹操就坡下驴：“对！将高柔杖责三十以示惩戒。”谁让他是高幹的族弟，拿他撒火还用找理由吗？

一番发作还未完，又见主薄温恢走进帐来：“启禀丞相，益州牧刘璋遣使者张松到我军中犒劳，请求面见丞……”

“叫他候着！”曹操不待其说完就道，“前不久许都刚去个张肃，今日又来个张松，这刘璋也真不嫌麻烦。十几年未向朝廷通使，现在一派起来就没完没了，算上阴夔，这已经是第三次了。尽说些无用的话，送些没用的东西！”

温恢拱手道：“这张松就是上次来的张肃之弟。”

“不管是谁，叫他暂住军中，以后再说。军务繁忙之际谁有工夫见这等无关痛痒的人？”曹操话音未落又听外面有喧哗之声。不多时，一个斥候跑进来：“东吴水军又回来啦！”可能是这一仗士兵打怕了，斥候连进帐施礼的规矩都忘了。

“哦？周瑜小儿去而复返，莫非还敢再来挑衅？老夫亲自去看。”曹操说着话已气哼哼出了大帐，连青釭剑都拔出来了，刘勋等人见了又觉好笑——敌人在江上，又不是白刃战，拔剑有什么用？

众文武一窝蜂都跟着出了帐，来到江边瞩目远眺——江水在太阳的照耀下闪着金光，白茫茫一片，在波浪之间有几艘东吴战船自下游驶来。不过离曹军极远，也不往这边来，反而向对岸靠拢。再向东看去，后面密密麻麻还有许多，敌人似乎已全军出动，虽然不及曹军船多，但是队列整齐戒备森严，先登、赤马等船穿梭其间，丝毫不逊于曹军。

“传令三军小心防备，不可轻易出战。”曹操看出点儿门道来了，“周瑜是不是要在对岸扎营立寨？”

蒯越点了点头："不错，他要与咱们隔江对峙。若不能摆脱这支敌军，咱们便到不了江夏，丞相可要小心。"

"哈哈哈……"曹操突然笑了，"我还以为周瑜有何过人之处，原来也不过尔尔。论兵力我众他寡，论战船我多他少，论粮草资财我更不知胜他多少倍，他竟然自不量力与我对峙。好啊，他泊船立寨，咱也立寨，倒看看谁拖垮谁。等僵持日久，他战不能战，资财不济，师劳兵疲，军心离散时，我看他还能如何。立刻传令，水陆两军原地立寨！"

荀攸、蒯越面面相觑，虽说这样的打法可能很费时间，但似乎也没有更好的办法了。以本心而论，他们根本不赞成沿江推进，若集中陆战优势，从襄阳起兵，自汉水两岸进发，这会儿可能已经杀到刘备城下了。可曹操偏要"一石二鸟"，现在已经与周瑜交了手，就不能再退缩。倘若这时收兵江陵，无异于向敌人示弱，刚刚归附的荆州兵也会军心动摇，以后的事就更不好办了。

荀攸回首望着己方这边的地貌，见附近恰好是一片光秃的河滩，再往北则是绵绵不绝的山岭密林，时至初冬树叶都已凋零，显得甚是荒凉。而这片山林阻挡了北去的道路，要想从陆路前往江夏，就只能从沿江小道而进了。不知为何，荀攸心头竟闪过一丝不祥之感，忙问蒯越："此乃何地？"

"此处名曰乌林，属江夏郡沙羡县境内。"

"哦。"荀攸顿了顿又问，"那对岸呢？"

蒯越望着南岸险绝的山峦绝壁，随口道出两个字："赤壁[①]！"

---

① 从地理位置上讲，曹操与周瑜交战之地，北岸是乌林，南岸是赤壁，主战场在乌林一方，史书中也并无"赤壁之战"这一说法。后来北宋苏轼游长江，误把黄州北岸赤鼻矶当作赤壁，写下两篇《赤壁赋》，所以后人往往反将这场战斗唤为"赤壁之战"。

第十三章
暗布奇兵，周瑜的苦肉计

得之失之

曹操初战不利，将大军屯于长江北岸的乌林，周瑜则屯驻于南岸的赤壁，自此隔江对峙。一连半个多月，曹操没有主动出击，周瑜也毫无反应。汇集近二十万大军的长江，竟然波澜不惊毫无杀意，简直有些不可思议。就连两军的巡江船迎头撞见，也仅是远远放些空箭，然后互不相扰各行其是。

战事之所以僵持是因为双方都没有必胜的把握，曹军虽众却不及周瑜所部精锐，先前的一仗已让曹操看得很清楚，一味死缠硬打死伤太大，也未必能取得最终胜利。反观周瑜一方，虽善长水战，但兵力悬殊，若拼全力孤注一掷，只要稍有闪失，江东六郡便会毁于一旦。最后双方心有灵犀般选择了相同的策略——按兵不动等待时机。

但这种对峙是不公平的，因为这不仅是毅力的对决，更是两个阵营整体实力的比拼。打仗打的是粮草资财，曹操背后有广袤的中原、河北之地，以半个天下之力供养一支十几万的军队，绰绰有余。周瑜凭借的只有江东六郡，而且时局不宁，山越造反，投降派甚嚣尘上，周瑜在前方御敌，孙权也在后方顶压力，内外交困能支撑多久？况且曹操手中还有一支游弋于僵持之外的部队，屯驻在襄阳附近的于禁、张辽等七军总兵力将近四万，他们还没投入战斗呢。

胜利的天平始终倾向于曹军，曹操个人感觉也非一般的好，而是大好特好。他每日除了巡视水旱营寨，还要阅览后方的奏报，即便如此，总能抽出工夫与儿子们畅谈国事。曹营宿将掌管陆营，荆州诸将保守水寨，也替他分担了不少工作。总之在他看来，这场仗已无需过多费心，一切都只是时间问题。

这日军中又有喜事，曹操命蔡瑁在襄阳招揽名士，毕竟蔡氏名门望族有面子，不到两个月时间，竟请出了十几位羁旅之士，都是当初不肯屈仕刘表之人。曹操命荀攸、蒯越率领众掾属出营迎接，在中军帐会见众人。他见了这些人自然高兴，但最高兴的还是蔡瑁能为他所用，拉着老朋友的手半天不撒开。抬眼遍视众人，年长者端正素雅，年少者英姿飒爽，个个都似胸怀锦绣。可看着看着，其中有一人却格外吸引了曹操的眼球。

此人丑得出奇，生了张又长又圆的冬瓜脸，紫微微的脸膛；宽脑门，塌鼻梁，左眉高右眉低，一双三角眼，眼窝底下还有颗泪痣，地包天的下巴，胡子倒是不少，可偏偏横着长；个头本来不矮，前鸡胸后罗锅，还是水蛇腰，稍微有点儿罗圈腿，却长了双内八字脚，真不晓得他怎么走路的。

"德珪，这位是……"曹操没好意思说出口——我叫你帮我招贤纳士，你怎么给我找个丑鬼来？

蔡瑁清了清喉咙，一本正经道："此公姓和名洽，表字阳士。"

"他就是汝南和阳士？"曹营掾属交头接耳，都不敢相信。

曹操当然听说过这个人，曾被许劭"胆评"夸赞，当年何进几度征辟都不出仕，袁绍也曾拉拢，人家就在荆州闲居。人道闻名不如见面，这位却见面不如闻名，原来这幅尊容，曹操愣了半晌才客气道："久仰久仰。"

和洽似乎被别人议论惯了，回了一揖，环顾曹营掾属，满不在乎道："诸位可是嘲笑在下相貌丑陋？"

"不敢不敢。"杨修笑呵呵踱了出来，"相貌独特之人大都有奇异之才。昔黄帝龙颜，帝喾骈齿，尧眉八彩，舜目重瞳，文王四乳，周公背偻，重耳仳胁，这些容貌古怪者除了明君就是名相，又有什么不好？"

曹操闻听这话颇感惬意，杨修此举虽为寒暄，却透着广闻多知的才识，既给曹营长了脸，也叫这些自命清高之人不敢小觑。哪知和洽那张丑脸挤弄了几下，坦言道：“先生所言皆民间所传，他们若真长成那样就不是人了！《论衡》有云‘火不苦热，水不痛寒，其性自然也。’我这相貌也是其性自然，没办法的事。已经长成这模样，还在乎别人笑话？《易》曰‘否极泰来’，恐怕说的就是我这种人吧。”说罢脸庞又挤弄几下——原来这是笑，可比哭都难看。

“人不可貌相，不识无盐之美为无心也。”曹操察觉到了，此人出口成章，盛名之下无有虚士，正想亲自讨教他几句，和洽却抢先开了口：“丞相，在下有一事不明，想向您请教。”

“不敢当。”曹操瞧着他这幅认真的丑样子，反倒不敢轻视。

和洽缓缓道：“丞相奉天子而讨不臣，携王师南征，想那刘景升父子皆才疏少谋之人，不谙军务不识天道，归命已属幸然。”说至此，话风一转，“但荆襄之民未闻王师尚耕稼自安，闻王师既至，反争相逃窜，几成乱世流民。刘备鄙陋之士，客居荆州，南遁之际从者十万，牵家带口扶老携幼。至长坂之败，刘备虽破，然伤及无辜近万，父子相拥坐泣于地，夫妻掩埋哀号动天。古人云‘力足以举百钧，而不足以举一羽；明足以察秋毫之末，而不见舆薪。’丞相恩德既可泽及我等微末之徒，何不能得荆州之人心，使其奔走蒙难？”

此问一出，帐内静得落针可闻——这不是当面揭短吗？

曹操被问得无言以对，不过可能是因为和洽长得丑，他竟破天荒没有发怒，仅是心下暗想：这些隐居荆州之人看来也不怎么好打交道，需给他们些颜色瞧瞧，不能叫他们小觑了。

正思量应对之词，一旁杨修却替曹操答道：“刘表为政之日每每诋毁朝廷，一者荆州百姓苦屯田，二者惧屠城之难，皆道听途说口耳相传，加之刘备狼子野心，扇风蛊惑，其实朝廷王师岂会真的行此不义之事？不过是三人成虎，众口铄金。”

和洽又狰狞地“笑”了两声，没在是否属实的问题上钻牛角尖，反而道：“是非真假在下不知。然而无风不起浪，既有此风言，恐怕非朝廷之福。”

“古时有传言‘楚王好细腰，宫中多饿死’，此事诸子书中多有提及。荀子云‘楚王好细腰，故朝有饿人。’到了韩非那里又说‘楚灵王好细腰，而国中多饿人。’墨子所言更细致‘楚灵王好士细腰，故灵王之臣皆以一饭为节，胁息然后带，扶墙然后起。’说得有模有样的。”杨修侃侃而谈，竟将诸子百家的章句一字不错背出来，“诸位请想，楚灵王喜欢的不过是细腰宫女，与朝臣、国人何干？就连先贤诸子都道听途说，何况那些目不识丁的百姓呢？”

杨修这番话竟把和洽顶了回去，曹操心里甚是滋润——先前听他解曹娥碑文只当他有些小才，现今看来与其父大有不同，不仅学问好，还颇识时务，这小子可以予以重用。

和洽虽不再言，心下却道：屠城之无论事大小必有之，屯田五五分税也是实情，天下乱而用重典，将来这些法令迟早要废除。固然刘玄德是个包藏祸心之徒，然曹孟德亦为苛政严厉之主，此二人势不同耳，却无优劣可辨。真正受苦的只是无知、无辜的百姓。今后我效力曹营定要为诤谏之臣，以匡此人之过……

蔡瑁似乎是想缓解这僵持的气氛，又引荐另一位，乃长沙郡人，桓阶桓伯绪，曹操未闻此人有什么名气。一旁蒯越却道：“桓先生便是当年游说长沙太守张羡起兵之人。”

曹操听罢连忙整理衣冠深深作揖：“原来是助我官渡得胜之人。”官渡之战刘表本与袁绍串通，计划在两军僵持之际兴兵袭曹操于后。可关键时刻桓阶鼓动当时的长沙太守张羡造反，刘表急于平叛耽误了与袁绍的约定，才使曹操专心北顾最终得胜。因而桓阶虽不在曹营，却为曹操立过大功。

桓阶不敢自居：“昔齐桓攘夷戎以尊周，晋文逐叔带以纳王。袁氏与朝廷为敌，而刘表应之，此乃取祸之道。在下所为其实是为荆州百姓，非独为丞相也。”

曹操连连点头——这人坦白直言，也可堪一用。

蔡瑁又逐个引荐其他人，有经学之士隗禧隗子牙，先朝河东太守韩术之子韩暨韩公至，曾在西京任尚书的赵戬赵叔茂，先朝大将军窦武的孙子窦辅，以及与诸葛亮交好的石韬石广元、孟建孟公威两个年轻后生；还有一位复姓司马名芝，字子华，河内温县司马氏一族，算起来还是司马朗、司马懿的族兄呢。

曹操拥彗折节一并礼遇，长者辟为掾属，少者充任令史；正寒暄间又发现一位皂衣之士始终隐在人群最后，别人有说有笑他却一个劲后躲，曹操左看他便右闪，右看他又左闪，半天连正脸都没露，活像捉迷藏。不过即便如此，曹操还是猜到了此人：“梁尚书！选部尚书梁孟皇，是您老人家吗？”

这回躲不成了，梁鹄老老实实钻出来：“参见丞相大人，小可乃一避难之人，早已不是尚书。当年之事还请您老见谅……”说罢连连屈身，不知作了多少个揖。

众人听他以近七十高龄自称“小可”都不禁发笑。其实梁鹄真不是什么德行人物，他任选部尚书不能公正选才，当凉州刺史也搞得一团糟，只因书法杰出才得先朝灵帝宠信，与鸿都门出身的贾护、江览、任芝等佞臣属同类人物。

曹操未见梁鹄之先还有几分恨意，此刻见他容貌沧桑，哆哆嗦嗦，全无昔日皇帝宠臣的傲气，既可怜又解气，故意拿他开心：“梁尚书，咱们是老相识了，若非你当年拒我于门外，焉有今日朝廷宰辅之位？多谢多谢！”

梁鹄哪敢领受？越发点头哈腰：“小可有眼不识泰山，当初得罪丞相，若您老不咎，小可愿以笔墨赎罪效力。”

杨修觉他一把年纪寡廉少耻，故意取笑：“您老人家当年给天子写字，后来给刘表写字，如今又要给丞相写字，您就真以为您的字无人可及吗？”

梁鹄见出来个年轻人，不知什么底细，也不敢得罪，却笑道：“这位先生见教的是，小可这两笔也是平平。不过当今自诩善篆之人多不明其道。这篆字之始因于鸟雀之迹，由仓颉化作文字，故顿笔之处当如雀伏，舒展之处犹如振翅。延颈协翼，势似凌云，不方不圆，若行若飞……”帐内不乏靠笔杆吃饭的人，听他这番解析知是高手经验之谈，无不欣然颔首。这老儿人品再差，他的书法造诣却不能不服。

这也触了曹操痒处，此人固然可恨，但毕竟事过几十年了，蔡瑁都不难为他，曹操又岂能肚量狭小？况且他的篆字实是世间无双，莫说先朝灵帝，曹操也欣赏，想至此连连点头：“你既自愿以笔墨效力，就留在我营中充任假司马吧。”

荀攸、杨修等皆感惊讶，中军假司马乃是要职，比寻常掾属地位还高，图的不过是好字，何必委以这么高的职位？他们不知曹操另有所思，既饶了梁鸿，就要让天下都知道自己有多宽宏，他早做了改朝换代的计划，还要在邺城修建宫殿，将来那些匾额也指望梁鹄挥毫泼墨呢。

一同来的人没料到这老货竟得了头彩，纷纷道贺，言语中多有嘲弄之意；梁鹄也不恼，逆来顺受只当好话听，还连连道谢，点头哈腰更似个弯钩大虾，倒叫众人无可奈何，暗暗佩服这“脸皮功夫”。

曹操环视这般人，甚是不悦，他招揽荆州隐居之士，既是要彰显自己得荆州人心，更希望他们为己所用。可这些人竟对他的处置颇多微词，至今还摆不清曹操与朝廷孰轻孰重，若不给他们点儿下马威，日后难免再出孔融那样的人：“老夫正要巡视营寨，诸位既然来到军中，不妨陪我同往。”

这就叫以军势相吓。

和洽、桓阶等都明白他用意，却也不好推辞，只得谈笑相随。平日巡寨不过在江边转转，今天特意领他们绕了一大圈，先是叫他们看了曹军的营寨、辎重，又登上临江战船，眺望水军阵容。

波浪滔滔的大江上，数百战船星罗密布，桅帆若层云叠嶂一般，这阵势确实骇人；不过细看之下就发现问题了——战船倒是一流的，所部阵势也是细心筹划的，可船上的士卒却不怎么精神。自从南下入江以来，北军晕船和水土不服的问题始终难以解决，经过部署派到船上的士兵就不能随便移动了，需视战船如营寨，无论行动坐卧都在船上。这半个月熬下来，可把这帮北方佬害苦了，一个个脸色煞白五官不正，有的驻着兵刃歪歪扭扭立在舷边，有的瘫坐船板微阖二目忍着眩晕。大船的人还算不错，那些小船更没法看了，波浪袭来船还没怎么晃士兵就先东倒西歪，都跟喝醉了一样。还有人一个劲往江里呕，吐的都是绿阴阴的汤子——吃什么吐什么，肚里早倒空了，就剩下胃汁了，只要一阵凉风吹过，所有人都哆嗦得抽筋一般。按理说见到主帅应该大声呼喊以示军威，可这会儿他们看到曹操与其说是呼喊，还不如说是病怏怏的呻吟。这样的军队有何威力可言？

曹操前几日也曾到江上巡查，士兵是有些水土不服，却没有今天这般厉害。想不到仅数日之隔，竟发展到这般严重，平常将领汇报，他只当是耳旁风，以为叫大伙忍忍就过去了，现在看来这仗简直没法打了。那些来归附之人也有些尴尬，但总不能叫丞相下不来台，和洽一改强硬的态度，避重就轻道：“王师果然战船众多，必能克定……”

“哇……”和洽话未说完，曹操身边一个亲兵晕得当即作呕，污秽之物吐得满地都是。

“你！你……”曹操的脸都丢尽了，指着那个亲兵，气得浑身冰凉。荀攸、蒯越赶紧出列：“列位先生远道而来鞍马劳顿，不如先为大家安排营寨，改日再谈军务。”

“也好。”曹操总算有了个台阶下，强作笑颜送走了诸人。待和洽等人登岸走远，转过身回手给了那个呕吐的亲兵一记耳光。不打还好，这一打那亲兵晕得更厉害，伏在舷边越发狂喷。曹操不解气，照定那兵屁股就是一脚，硬是把他踹到了江中。那兵也不会水，在水里上下扑腾连呼救命——大伙眼睁睁看着，哪个敢去捞？

蔡瑁、杨修没有走，就默默站在他身边。蔡瑁劝谏道：“北人水土不服，晕船乃是常理，你又何必因此动怒？请饶恕此人。”

“哼！不给我争气，捞上来吧。”蔡瑁说情，曹操还算给面子，“我非是为颜面有失，今我军虽众，倘战力有亏不能御敌，恐被周瑜趁虚而入。你久在江汉典军，可有应对风浪之策？”

“有倒是有，不过……”蔡瑁欲言又止。

“但言无妨！”

“没有战事之时，每逢冬季常以铁索连船以保稳固。大舰五艘一排，小船十艘一列，用锁链铆钉固定，如此浑然一体，非但不受风浪颠簸，马匹也可行于其上……”

“好。”曹操不等他说完就要传令，“这就命全军打造铁索。”

“且慢。”蔡瑁又道，“凡事有利有弊，此法虽避风浪，却有一短处。战船连结之后就难以急速纵横，若敌人以火攻之法来袭，恐所有船只将无遗类。荆州水军也曾多次连接，但都是未有战事之时，单纯为了过冬，从未在两军阵前连过战船。”

“火攻？”曹操呆呆想了想，却又笑了，“我军在北敌军在南，严冬都是西北风。周瑜若用火攻，是烧我还是烧他自己？”

蔡瑁却不敢掉以轻心：“话虽如此，然天有不测风云啊！”

曹操已拿定主意：“先连结战船缓解军士之苦，待开春之际再撤去锁链以御敌军，那时我军也休养得差不多了。咱们人多势众，虽疲乏而制彼有余，倾中原之力于此相持，兴许熬不到开春，周瑜就会军心动摇不战而溃，纳土归降亦未可知。你既然来到军中，又久典水军，这件事就由您来办吧。”

蔡瑁总觉得这想法过于乐观了，莫说孙权、周瑜誓死相争，就算真的大势已去，也必有困兽之搏，真的会屈膝投降吗？

曹操见蔡瑁满脸凝重，却未往战事上想，以为他心怀顾虑，便道："论陆战你不如我，论治理水军我不如你。你不必多虑，我这就明发军令，命你兼任水军都督。咱们是老朋友，我不靠你还能靠谁？"

蔡瑁被他这话说得心头热乎乎的，却叹息道："我可不敢觊觎都督之位，不过会尽力而为的……"说罢他回首望着江畔，被一种难言的感觉所纠缠——自己与曹操之间究竟有没有昔日的友情，或者单纯是主臣之间的利益关系？真真假假，这样的话又有几分能当真呢？

他还在暗暗思忖，曹操已悄然改变话题："贤弟曾言司马徽、庞德公二位先生，为何不见他们前来？"

"司马公、庞德公名望甚高，我也曾亲往拜谒，不过二人已携家眷迁离，不知所踪。"

"不知所踪？"曹操明白，这是不愿做官故意躲了，"那崔州平呢？他是元平之弟，总不会也躲着我吧？"

还真让曹操言中了，蔡瑁掏出个锦囊："险些忘却！州平贤弟也已离开荆州，我差人寻访，乡里也说不清他去哪儿了。不过他在空室之中留下个锦囊，是给你的。"

"给我的？"曹操莫名其妙接过一看，囊上果然写着"汉丞相曹公孟德亲启"几个字，囊口是封死的，蔡瑁未敢轻启。他连忙拆开，原来里面塞着团麻布，工工整整写了行字，是一首乡间民谣：

公无渡河，公竟渡河，堕河而死，其奈公何！

"咒我兵败？可恼！"曹操随手将其掷于江中，"若不看在他兄长的面上，定要将他捉拿问罪。这帮清高之士忒刻薄，难道天下之大就缺了他们不成？前年征战乌丸有一田畴，我三番两次奏表加封他都不理，如今这几个也是一路货色。我算看透了，这些人都是牵着不走打着倒退。尧舜之世尚有巢父、许由在野，从今以后不必理会这些人，叫他们独自清高去吧！"

蔡瑁见刚才还软语温存的曹操一霎时目露凶光，心下不禁一颤，把头压得低低的。这时半天未言的杨修忍不住插了话："我倒还想向主公推荐一人，就是此番益州刘璋遣来的使者张松。那日我在后营遇到他，闲谈了几句，此人见识不俗。想来他滞留军中已半月有余，丞相何不抽空见见他？"

曹操冷笑："半月之中岂能无暇？实是老夫根本就不想见。刘璋十余年不与朝廷通信，如今一派使者便接二连三没完没了，我若待之太厚势必得寸进尺！昔日阴夔朝觐之时就曾有约，益州供奉赋税遣兵服役。这两年他不过是拿些蜀锦敷衍，说好了派兵，却弄来几百叟蛮充数。我若再加礼遇，他还知道自己几斤几两吗？这世上有的人就是不识好歹，你越理睬他越坏！"

杨修自不敢反驳这番"大道理"，却道："张松不过是个办事的，何必为难他呢？况且此人有才，又是自己送上门来的，倘若留于帐下也是一桩好事。"

曹操虽未正式接见张松，却在几次巡营时远远望见过。此人生得五短身材相貌猥琐，差不多能与和洽一分高下，可是却没有和洽那么高的名望。如此寻常小吏车载斗量，有什么与众不同的？因而道："天下之士多矣，今日我又得十余位，若留刘璋帐下之徒岂不为天下人耻笑？我也不为难他，早早打发他走。回头你转告主簿一声，叫他查查郡县官册，好歹给他个郡县之职就罢了。"如此郑重的推荐竟被他三言两语就打发了，搞得杨修哭笑不得……

曹操未对张松加以礼遇，把封官之事推给主薄温恢，温恢事务甚多也没详查益州官员的名册，只是与其他掾属商量了一下。因为前番益州从事张肃入京觐见被晋升为广汉太守，张松是张肃的弟弟，考虑到弟弟的官职不宜高过兄长，最终写下册文，任命张松为益州永昌郡辖下比苏县的县令，就此草草了事。比苏县乃是蜀中产盐之地，还算是富庶，在曹操看来，对于张松这等默默无闻的小人物而言，就算是美差啦。

哪知当这位张松先生拿到任命书后，不禁目瞪口呆——莫看他是张肃之弟，却颇得刘璋重用，官拜益州别驾，相当于副刺史，这职位虽不是朝廷任命，在蜀中也算有头脸的人物。可现在曹操却无缘无故把这位益州的第二长官贬为小小县令。

张松苦等半月竟换来这样一个结果，也搞不清哪里得罪曹操了，又不敢多问，只得带着任命离开曹营，回去的路上越想越窝火，最后一气之下把册文扯得稀烂扔到长江之中。

曹操根本没意识到，这件小事的影响丝毫不逊于战场成败，正是这个不经意的小失误最终致使自己抱憾终身！

恶疾流散

为了缓解北方士卒不适晕船，曹军打造铁索将大部分战船锁连，避免风浪颠簸。可是情况并没有像曹操预想的那样转好，反而愈加严重，进入冬月以后，士兵大面积病倒。荆州之兵尚好，北方兵不适者十有三四，而且人数每天都在增加，甚至连一些旱寨的士兵也感染了，所有人感觉趋于一致，发热、乏力、食欲不振，曹操隐约感到这似乎不是单纯的水土不服，而汝南太守满宠、扬州别驾蒋济的到来更确定了这一想法……

"什么？伤寒！"曹操额角处渗出一阵冷汗。

蒋济满脸严肃："今冬时令不佳，江汉之地恶疾纵横，非但荆州之地，淮南、庐江等地也在闹伤寒。半月前刘使君出外视察河工，回来后也发热不止。"他所言"刘使君"是扬州刺史刘馥，扩建合肥城，兴修芍陂等水利工程，深得曹操器重，想不到连这个州长官都感染了重病。

满宠也嗟叹不已："汝南也有百姓感染此病。有些屯民苦于疾病，无力耕稼逃离屯田。汝南出了个土匪名叫张赤，专门招揽流民作乱，已在桃山聚众五千余户，如今李通将军正忙于戡乱。"

曹操越发不敢怠慢，亲自领他们到江边，查看了几个染病之人，所有症状都与淮南、汝南爆发的伤寒一样，看来确实是地域甚广的大瘟疫。天下战乱瘟疫并不罕见，可多在春夏，唯伤寒易发于立冬之后，因天气骤变食水不佳所致，感染者大半体虚羸弱。行伍之士身体强壮本不易罹患此疾，可北兵南来水土不服晕船不适，将士体质普遍衰弱，感染伤寒就不稀奇了。军队被瘟疫纠缠是非常可怕的，何况现在十几万人挤在江边，万一这场病蔓延开来，不但影响战斗力，军心都会动摇。

满宠蹙眉半晌忽然想起一人："丞相，何不令华佗先生诊治一些病人，开出药方广为施用？"

曹操自嘲般一阵苦笑："华佗……已被我处死了。"

满宠还不知这件事，惊得目瞪口呆。蒋济又道："华佗虽死，还有张机，此人著《伤寒杂病论》，最是精通此道，何不从长沙把他调来？"

曹操愈加摇头："张仲景已被我逐离郡守之位，流于民间。"

两位名冠当世的岐黄妙手竟都遭此不公对待，蒋济与满宠面面相觑，实不知曹操怎么搞成这样的，只得安慰道："逐离郡府倒也无妨，可派人寻访。而且荆州还有他的医书流传，不妨叫其他医官多加研读揣摩，为士卒施救。"

也只能如此了，曹操发下命令，把所有染病之人尽数调回旱寨，另换步军士卒填补空缺，各部负责的将领更换成荆州之人——固然荆州将领善水战，毕竟新近归附人心未定，用他们统兵并非上策，所以除了蔡瑁、文聘、张允等辈，其他人基本担任副职。

忙碌的调动开始了，病情较轻的人晃晃悠悠拄着兵刃，病重的都是连滚带爬下船，还有几十人连着数日汤米不进，根本救不活了，干脆直接抬到后营等死。曹操眼看这般光景，心下不免彷徨，但仗还要继续打下去。在他看来己方虽然疲弱，但毕竟人多势众，制敌绰绰有余，周瑜的实力不足以长久相持，熬过这阵子必会有转机。

往来嘈杂间，曹丕、曹植挤了过来："父亲，冲儿病了。"

"什么！"数千军士染病都不及这句话对曹操的触动大。

曹植惶恐道："弟弟昨晚出去耍闹受了点凉，今早头上就有些发热，饭都没吃。"

曹操听说心头肉染病，这边的将士都不顾了，连忙跑去看儿子。曹冲与几个兄弟合住在一顶牛皮帐，这会儿里面黑压压站满了人，除了医官、仆僮，连中军几位将佐都来了。曹操一见更紧张了，推开人群挤到儿子榻边——却见曹冲没有病卧，只是盘腿坐着，粉嘟嘟的小脸是比平日稍微苍白了些。

"父亲……"曹冲想要行礼，却被曹操按住，伸手在他额头上摸了摸，果然有些发烫，看精神也不及平日那般活泼。曹冲颇为晓事："父亲无需担心，孩儿没什么大病，是大家太过担心了。"众人听他这么说，都不禁往后闪了闪身——这孩子的病确实看起来不重，但谁不知他是曹操命根子，倘有一差二错，中军之人谁负得起责任？有事没事也得来看看。

曹操也松了口气，见榻边放着一碗米羹，动都没动过，拿起来要喂给儿子吃。曹冲强打精神伸手抢过："罪过罪过，孩儿岂敢劳父亲动手。"说罢端起碗来大口往嘴里送，三两下就吃个精光，还舔了舔嘴唇。其实此刻即便山珍海味到口中也味同嚼蜡，这孩子平素仁孝，故意做出吃得香甜的样子，让父亲安心。

可曹操岂能安心？儿子们住的这顶军帐暖烘烘，庖人所供饮食也比别处精细，即便如此都会生病，那外面的将士呢？想至此他发了话：“疫情严重，无干军务之人不宜久留。冲儿、林儿年纪都小，得赶紧启程离开。我看江陵、襄阳也未必保险，不如回谯县暂时安顿。”

听说回谯县，一旁侍立的老将曹瑜主动请缨：“是我护送公子们来的，还由我送他们回去。”

这曹瑜论起来是曹操远房族叔，为人倒挺厚道，却没什么本事，麾下之兵基本是谯县乡勇，官不小却没怎么打过仗，如今不太平，万一敌人有兵马游弋江畔，遇上不是闹着玩的，凭这位叔叔的本事，可不怎么可靠。曹操委婉道：“那就辛苦您老了。不过此去路远，我怕您照应不过来，叫仲康、伯仁他们领些兵一同去吧。”论忠勇有许褚，论亲近有女婿夏侯尚，有这两人陪同曹操才放心。

曹植在后面讪讪道：“军中还有不少尊贵之人，似宋仲子、邯郸淳几位老先生。是不是也一并把他们送走。”

“嗯！我儿想得周全。”

“那孩儿也愿请令，照顾几位老先生回转谯县。”曹植说是要去保护，其实他附庸风雅，更多是想找机会多与他们盘桓盘桓。

曹操自然瞧得出他这点心思，却没有戳破，只道：“也好，这一路也要多多照顾你弟弟。”

曹冲本人却不太乐意，小手攥着父亲的大手：“父亲不是说好了带孩儿一起驰骋破敌吗？”

曹操捋着儿子的发髻缓缓道：“傻小子，难道还真指望你上阵，你既然跟为父出来，平平安安回去才是最重要的……”说到此处曹操似乎感到一阵不祥，不知为何他想起了战死宛城的曹昂，当年他何等器重曹昂，若有嫡长子在，恐怕也不会轮到曹冲了；可是一次出征就断送了佳儿的性命，或许是因为有惨痛记忆，曹操竟莫名其妙地预感自己会失去曹冲，甚至恍惚看到这弱小躯体躺在棺椁中……想至此他用力摇了摇头，再不容儿子多说：“我意已决，你现在就启程，回到家乡安心养病。”

曹冲撇了撇小嘴：“可是……”

曹操一脸坚决，甚至有些严厉："你若孝顺为父，就该听从为父之言。该是你的永远是你的，你只管去吧！"

曹丕、曹植都低下了头——"该是你的永远是你的"，这话到底说给谁听？

可能刚才那可怖的幻象还萦绕在曹操心头，他说完这番话便起身离开了。曹冲再聪明也是个孩子，竟然还念叨着随父破敌。可是如今连曹操自己都有些不安了，伤寒可能会继续蔓延，照这势头发展下去原本胜券在握的战斗可能变得格外艰难，没想到诛杀华佗、驱逐张机也成了失算。当着众人他不肯承认，但心里已开始自疑——兵进长江震慑江东，这一步难道走错了？他悄悄伫立在辕门，心头渐渐被不安侵扰。

但就在这时，中领军史涣与中军校尉邓展兴冲冲出现在他面前："启禀主公，我等有要事禀奏。"

曹操还纠结在不安中，只随口道了声："说！"

史涣神神秘秘凑到他耳畔："有个渔夫打扮的人投至军中，自称是江东老将黄盖的使者。"

"密使？"曹操黯淡的眼神又闪亮起来。

"我二人没敢声张，悄悄把他领到大帐里。他说江东军心有变，黄盖欲暗中投降我军，还声称有一封书信，要亲手交给您。未知是否有诈，如何处置请您示下。"

"哼，"曹操又露出了笑意，"我要亲自见见这个人，去把军师也叫来。"

或许史涣说到一半时曹操已经相信了，他的潜意识告诉自己："我不会错！隔江对峙是对的，江东果然支持不住了。"自官渡之战以来，他没在战场上犯过错误，也绝不会认为自己有错。柳城之战几乎所有人都反对，他一意孤行不还是做对了吗？他是受天命庇护的人，每当危难之际总会有转机，官渡时是这样，邺城之战是这样，柳城之战还是这样，如今一样会有机会出现。

曹操已把方才的那点儿自疑看作是杞人忧天，他反复告诉自己：曹某是不会错的！

密使献书

曹操、荀攸亲眼看到这位使者时都有点儿泄气——此人哪像将军的心腹亲兵，就是个普通的老渔翁。看年纪恐怕快七十岁了，一张狭长的瘦脸，脸上皱纹跟核桃皮似的，留着耷拉到前胸的山羊胡；头戴破斗笠，身披破蓑衣，腰系一条草绳，脚下趿着草鞋。当朝丞相和大军师走进军帐时，这位老人家一没作揖二没磕头，坐在杌凳上眯着眼睛迷迷糊糊睡着了。也真难为他一把年纪，竟能独自划船过江，想必累得不轻。

“醒醒！不瞅瞅这是什么地方？”史涣想笑不敢笑，抬起脚轻轻把他踢醒——岁数太大，踢都不忍使劲踢。

“嗯……”老头缓缓睁开眼，张着嘴愣了半天，这才扔下斗笠跪倒施礼，“小的拜见几位大人。”

这么个老头，真会是黄盖的使者？曹操不禁皱眉：“起来说。”

“诺。”老头答应得响亮，一跪一起挺利索，倒像个当兵的。

曹操落座，仔仔细细打量半天才问：“你果真是黄盖派来的使者？”

老头耷拉着的眉毛微微一抬：“我一把年纪还能信口胡言？”

荀攸耳聪目明：“听你口音不似吴地之人。”

“回大人的话，小的是荆州零陵人，不到二十投到黄家，给我家将军当了四十年亲兵。不瞒您说，人前我叫他一声将军，人后他还得叫我一声老哥哥呢！”他一边说一边手捋银髯，颇有得意之色。

这倒很有可能，为将之家都有几个老军，作为私人部曲跟着主子出生入死半辈子，却没有出众本事提拔不上去，便放在身边养到老，实际上跟家奴差不多。黄盖是零陵人，他的老军自然也属本乡本土，曹操幕府也有这样的老军，全是谯县老乡。史涣一旁耳语道：“刚才我问他江东的一些事情，他倒是都说得上来，不像是假的。”

曹操点了点头，又问：“两方交兵多有暧昧，你家将军差你前来所为何事？”

老军又跪下了：“将军特命小的来请降。”

荀攸机警地笑道：“江东无人了么？为何差你这迟暮之人前来？”

“实不相瞒，此番请降特为我家将军，非干周瑜之事。赤壁军寨来往巡哨甚多，江上也有赤马，若非老朽这等人扮作渔翁，士兵不甚在意，岂能渡到江北？”

这道理也通，曹操又问：“空口无凭，可有你家将军书信？”

“有！不过……”老军眼中闪过一丝狐疑，“不过此事干系重大，我得见了曹丞相才能拿出来。”

“老夫就是曹操。”

“啊？真的？”老军还不相信。

史涣喝道：“什么真的假的，这就是当朝曹丞相！”

老军赶忙二次跪倒，这回趴在地上直哆嗦：“哎哟哟，冒犯了。周瑜常说丞相是凶悍之人，今日一见原来也这么慈眉善目的，真似个坐殿治民的好官。”

史涣、邓展皆掩口而笑——没错了，肯定是个老兵油子。这马屁拍得炉火纯青，不留痕迹。

曹操也笑了：“休要多言，把书信拿来。”

“诺。”老军答应一声，既不掏袖口，也不摸胸襟，先把整件蓑衣卸了，接着又脱袍子，再脱里面麻衣，眼瞅着都露出瘦骨嶙峋的肋条了，还往下解腰带。邓展手按佩剑在一旁瞪着，生怕这位是什么隐居的老剑侠，暗藏利刃来充刺客。哪知他身上别说兵刃，铁器都没有一件，褪下中衣，就在老皮皱皱的大腿上缠着一段绑腿。老军颤颤巍巍把绑腿解开，绕了半天才从里面抽出一份薄薄的帛书——绑在身上一来士兵不易搜到，二来摆渡之时也不至于掉到江里。

邓展接过帛书不敢擅阅，双手递给曹操。曹操侧着身子与荀攸一同观看。这信字迹还算清楚，就是有些潮，还有股汗味呢。上写着：

> 盖受孙氏厚恩，常为将帅，见遇不薄。然顾天下事有大势，用江东六郡山越之人，以当中国百万之众，众寡不敌，海内所共见也。东方将吏，无有愚智，皆知其不可，惟周瑜、鲁肃偏怀浅戆，意未解耳。今日归命，是其实计。瑜所督领，自易摧破。交锋之日，盖为前部，当因事变化，效命在近。

曹操捧在掌中，翻来覆去默念了好几遍，回手递与史涣，低声嘱咐："寻寻军中有没有识得黄盖笔迹的人，好好辨认一下。"说罢猛然扭头一拍帅案，佯怒道："大胆！此分明是黄盖老叟诈降之计，想要从中取事，凭你这老儿也敢蒙骗我？"

老军顾不上穿衣服，跪在地上连连磕头："冤枉啊！小的天大的胆子也不敢骗您，我家将军确实诚心归附，我亲眼看着他写的……不过，他、他写的什么啊？"这老军根本不识字。

"写的什么你不必知道。"荀攸冷笑道，"我倒要问问，你家将军侍奉孙氏几位主公？"

"先从孙破虏，后随孙讨逆，如今孙仲谋已是孙氏第二代，第三位主子。"

"是啊，黄盖为孙氏两代驱驰，效命三任主公，如此亲信岂能怀有疑心？不是诈降又是什么？"荀攸问到症结上。

老军叹了口气："干脆对您实话实说吧。我家将军也算孙氏老臣，断不会轻易背主，可这实在是逼出来的，没办法呀……"

"其中有何隐情？"曹操、荀攸都不错眼珠盯着他，详细辨识他一丝一毫的神色变化。

老军跪起来，唉声叹气道："我家将军从年轻之时就跟随先主，立下汗马功劳，如今虽然官职不高，才是个都尉，可毕竟跟主公父子有感情，官大官小也就罢了。其实凡是老人都有点儿念旧的心，您就拿我来说吧，我是一十九岁跟随……"

"提你自己作甚？说正经事！"曹操蹙眉道。

"诺。本来老将军不是江东之士，但待在江东也不错，至少两代主公很尊敬他老人家。可是自从周瑜、鲁肃一干小辈主事以来，待人颇为简慢。此番出征本来是程老将军与周瑜分任左右都督，可周瑜仗着与主公关系近，凡事自作主张，根本不拿老都督当回事，就更别说我们将军了。自樊口出兵之日，我家将军统后军，只因迟缓了两日，就被周瑜当众责骂一番，鲁肃那等恶人也不省事，私下里跟身边的人念叨，什么老不死、老东西、老而无用。我们将军都六十多了，还得听这等闲话！您说气人不气人？"

荀攸未瞧出什么破绽，半信半疑道："难道就为此等小事？"

"小事？哼！"这老君眉毛都立起来了，似乎激愤异常，"开始不过是几句闲话，后来越来越不把几位老将当回事。周瑜手下那帮心腹，什么董袭、陈武、潘璋、宋谦之流，都是乳臭未干的小毛孩子，他们天天喝酒吃肉，却克扣我们几个营的粮食。前天我去催粮，竟叫鲁肃麾下亲兵揪着胡子戏耍一番，这群小兔崽子！”他总忘不了自己的事，“这仗未打之先大伙心就不齐。张子布、秦文表都说不能打，吵得可凶呢，却拗不过主公。打就打呗，还弄成这样，军队往赤壁一屯，有道是……那句话怎么说来着……哦！兵贵神速。如今一个月没动静，就算天兵天将心也散了。”

这些事曹操也有风闻，自然多信了几分：“如今对岸形势如何？”

“不妙啊……”老军连连摇头，“眼下就四万多人，还有一万是刘备的。这几天不知为何，常有闹病的，大伙议论纷纷，周瑜也没个主意，就知道拿我们撒火！其实胸中不满的人可多呢。程老都督是北平人，韩老将军是辽西人，张子布、秦文表出自徐州，大伙不过是买先主的面子，其实谁不想回家乡？前些年朝廷征走那么多名士，弄得好多人都不想干了。孙仲谋今年二十七，周瑜三十四，鲁肃三十一，剩下那帮小将更不消说，就凭他们能成什么气候？我们营里的不少兵私下议论，说等开春天暖和了就跑，回家好好过日子，谁愿意给周瑜卖命？”

这番大兵欲摧、人心离散的话与曹操预想的完全一致，又见史涣快步进帐，伏到耳边道：“刘巴就是零陵人，也见过黄盖笔迹，他说这是真的。”

“嗯。”曹操很满意，“嘱咐他，此事莫要声张。”

“是，末将已经跟他说了。”史涣在中军办事多年，晓得保密。

曹操先前听老军的话便有几分相信，又知书信是真，十成已信了七成，转而问道：“你家将军说‘当因事变化’，究竟哪一天举事降我？”

“不好说。”老军撇撇嘴，“这背主做窃的事儿岂能定期？倘约定好时日，事到临头下不得手，反倒泄露了。前天将军写的信，今天我才设法混过江来，盘查太严。”

“倒也有理。”曹操低了头暗暗思量。

“不过我估计也就是这十来天。”老君又道，“照目前这情势，周瑜也过不了几天稳当日子。军心都散了，兴许过几天给块金子就能混过关卡。我家将军想好了，到时候那边举事，放火为号，您就派兵呼应。若事有不成，干脆就来投降您。我家将军毕竟也算有头脸的人，他一降那边人心更乱了。”

曹操已觉无话可说，又把降书从头至尾看了一遍，最后道：“也好，但愿举事成功。既然沿路盘查多不便，你又是黄将军信赖之人，我就不写回书了。你转告你家将军，若举事不成，渡江来降之际要在船头插青色牙旗以为表记，以免两军交仗……”

“且慢！”荀攸听他有放走之意连忙打断，“黄盖空口白牙不宜深信，何不留此人为质？”

曹操却道：“一个老兵，留他作甚？叫他回去给黄盖捎个口讯，也好安其心。”

那老兵还算伶俐：“谢丞相，我这把老骨头还得趁天黑之前赶回去，以免将军记挂。”

“那你多辛苦吧，”曹操招呼史涣，“取些金帛给他。”

老军摇头道：“财物就不要了。我这偌大年纪，当了一辈子兵，没儿没女的，离开军营都不会过日子，有钱又往何处花？别再叫那帮小兔崽子抢了！只盼这仗早日结束，我们将军得几天太平日子，我也就跟着享几天清福。”

“唉……”曹操竟为这老人家感到可怜起来。

“不过……”那老军又羞赧道，“丞相能否赏我顿饱饭吃？”

“嗯？”曹操一愣。

“这一路赶来实在是饿了，再说我们那边不管饱，缺粮缺得厉害。您仗着地盘大粮食多，我们那屁大点儿地方有多少粮？还得分给刘备呢！新垦出来地原本都是山越的，把人家赶跑了才开荒，而且干活的都是从庐江、江夏掳来的百姓，能好好给我们种地吗？说心里话小的真不愿意回去，但为了老将军就忍忍吧。”

曹操闻听此言更是暗喜：“史涣，带他吃些东西，再给他件暖和衣服，去吧！”

荀攸却道：“直奔厨下，莫要乱走。”他还是心存怀疑，唯恐此人窥探军情，更怕此人瞧见后营那一大群身染重病的士卒。

待老军走后，曹操把降书往袖中一揣：“我早知敌人难以持久，果然不出所料。江东多湿地少粮谷，周瑜傲慢少礼不得人心，孙权帐下又多羁旅思归之士。有此三患焉能不败？”

荀攸仍不乏怀疑：“我看还是谨慎为妙。”

"放心吧。"曹操胸有成竹道，"黄盖举事在彼岸，与我无伤。即便是假，咱们派兵之际多加小心也就是了。"

"倘若黄盖假装势穷来投奇袭我军，又当如何？"

曹操反倒笑了："此等小伎俩焉能破我大军？即便周瑜尽发南岸兵马，又能奈我何？"

话音未落邓展乐呵呵进来，荀攸又问他："你觉黄盖此举是真是诈？"

邓展笑道："我倒不怀疑其中有诈，却怀疑这老兵是饿死鬼托生。这么一大把年纪，竟要了四五块饼，趁庖人不留神，抓起块肉干就往怀里掖。就跟一辈子没吃过饱饭似的！"

"哈哈！这正说明周瑜缺粮，他方才所言不虚。"曹操这会儿已是十成相信，"世上之人大半口是心非，越是能言善辩越是有诈，似这老军如此憨直快语，岂会是假？"

荀攸心中还是颇为不安，却也说不出个理由，只是感觉事情不会这么简单，敌人兴许正酝酿一个阴谋，但具体是什么却摸不清头绪。这种忧虑似乎有些杞人忧天，荀攸也不知该怎样跟曹操解释，只能叫将士们多加戒备了……

横槊赋诗

黄盖献书投降是十分机密之事，曹操仅向身边几人透露了这一内幕，至于普通将校根本就不知情。可是大家都察觉到丞相大人最近心情格外好，动不动就吟唱诗篇，有时还会莫名其妙地站在江边手舞足蹈。那些疾病缠身的士兵见此情景有了盼头，这场战争应该快要结束了吧。

转眼将近冬至，一年中最冷的一段日子就要开始了，或许还真是老天庇护，先前闹得厉害的伤寒竟然渐渐控制住了，虽然还有数千人病卧营中，也死了不少，但疫情终究没有进一步扩大，也算不幸中的万幸吧。不过随着天气渐冷，长江也已步入枯水期，自乌林屯军以来江水后缩了好几丈，所有船只都要挪移，防止搁浅江滩，旱寨也得随着前推，重新部署岗哨。将士拔营起寨忙得不亦乐乎，曹操却兴致不减，竟然考虑起冬至庆典的问题来了。

依照礼制规定，冬至前后君子安身养体，朝廷百官辍朝不听政，演八佾之舞，奏黄钟之乐，祭祀祖先陵寝。不过身在军中，这一切都要从简。但曹操心情甚好，坚持要举行一场宴会。这可把荀攸、蒯越吓坏了——将帅聚饮，万一敌人突袭怎么办？苦苦力谏，还是拗不过曹操，最后经过商讨，把宴会地点从中军帐移到主帅楼船，又加派十几艘战船巡江戒备，这才算定下来。

当日天气晴朗风平浪静，曹操特意换了身簇新的铠甲，于傍晚时分登上了主帅楼船，所有参谋掾属尽来赴会，陆寨将领也来了不少。这座楼船长有十六丈，阁内宽敞，船头更是开阔，曹操命夏侯尚、卞秉在船头安设席位，要与文臣群僚边饮酒边观赏风景。左右仆役近百人，皆锦衣绣袄，奉酒端膳，来往如穿梭。中军卫士顶盔冠甲，荷槊执戟列于两侧，每十步举一枝松油火把，照得这大船灯火通明犹如白昼。

曹操端然稳坐正席，左边是荀攸、许攸、刘勋等一干亲信宿将，右边是蒯越、蔡瑁、傅巽等荆州降臣，倒也相谈甚欢。虽没什么风，毕竟在冬月里，船上又不便取暖，就在岸边设了十几口大灶，生上火煮着陶锅，改用铜樽盛酒，都在热水里烫着，仆役一轮一轮往上端，喝到嘴里还是热的，倒也浑身暖和。

军中的菜肴虽不丰盛，也有鱼有肉，尤其一样点心引起了曹操兴趣。此物以白面裹着肉糜制成，下到滚水里煮熟，盛到食器中晶莹剔透白里透红，形状颇似耳朵；咬在嘴里满口冒油却不觉腻，曹操一连吃了好几个，连连称妙，不禁发问："这是什么，老夫怎么从来未尝过？"

蒯越郑重其事站了起来："回禀丞相，此物名为'娇耳[①]'，是南阳张仲景所创，原本是以麦粉包裹药物煮给病患吃的，后来荆州百姓以肉蔬为馅广泛取材，就成了点心。尤其寒冬时节用羊肉为馅，加以驱寒之药，最是滋补，我们这里立冬都吃这东西。在下想叫丞相尝尝我们本地的风味，特意命庖人准备了这东西。"

"嘿嘿嘿……"曹操瞥了他一眼，"异度是个有心人，不过你特意为我准备娇耳，似乎并非单单为饱我口舌之欲吧？"

蒯越见用意已被他看破，便不再隐晦了："张仲景造福于民乃是有用之人，在下以为不当废弃于野。还请丞相三思。"

---

① 娇耳，即现今的饺子，为医圣张仲景发明，立冬吃饺子也成为中国人普遍的风俗。

曹操这些日子也在想，对于华佗、张机确实不该过于苛刻。尤其军中蔓延伤寒，医官们用的都是张仲景创制的药方，大灶里整日熬着麻黄、柴胡的汤子，全军上下有病没病都得灌一气，瘟疫得以收敛实是托了张仲景医书的福。再比如前番曹冲生病，其实并不严重，若是华佗还在，两针下去便可治愈，何至于担心害怕？当今天下论起智士、猛将举不胜举，可称得起神医的却只有这两个人。已经杀了一个华佗，难道还要让张仲景荒废乡野吗？也是酒席宴上曹操心情好，顺水推舟就把这人情准了："异度所言有理，过几日老夫派人去长沙访查，若能找到他，还请他回来为官。郡守之位大可不必再当，入朝充任医官还是绰绰有余的，此人应该比华佗识趣。"

"谢丞相宽宏。"蒯越用心良苦，荆州本土之士，能保全的他尽量保全。旁人见曹操准了这人情，都觉他心绪不错，慢慢也放开酒食之量，慢慢随便起来。

初时还见青山碧水，渐渐地，天暗下来，江上起了一层朦朦胧胧的薄雾，众人皆有未尽兴之感。曹操早有安排，扭头吩咐了几句，不多时就来了几十个乐工，丝竹管弦金石编钟都抬了上来。为首一人五十出头，骨骼清瘦面庞白皙，头戴建华冠，穿着大袖宽衣，足蹬云履，一上船便向众人作揖问安。

此公名唤杜夔（kuí），字公良，河南人士，自幼聪思过人通晓八音[1]，曾在朝廷担任雅乐郎，擅长宫廷雅乐，北土战乱避难荆州。刘表乃风雅之人，将其收在麾下司乐，如今转为曹操帐下，任军谋祭酒，参太乐事。

曹操笑道："公良，今日不演乐府旧章，你把你这些年新近编制的曲目奏来让我们听听。"

"诺。"杜夔轻轻应了一声，回身扬起双臂，那数十个乐工立刻演奏起来。弄箫吹笙，鼓瑟拨弦，杜夔也拿起只小槌亲司编钟，那乐曲时而激扬滂湃似江水滔滔，时而婉转悠扬如泉水幽咽——到底是宫廷之乐，比之寻常俳优的俚曲要风雅得多。玄妙的乐曲伴着飘渺的薄雾，竟把这楼船妆点得仙境一般。

众人听得如醉如痴，连饮数樽。记室陈琳、阮瑀、刘桢等素爱风

---

① 八音，古代八类不同材质的乐器，包括金、石、丝、竹、匏、土、革、木。

雅，纷纷赞不绝口："此曲抑而不悲，扬而不狷，既合古风又独出心裁，《礼记》有云'夫敬以和，何事不行。'杜公良真是此道高手。"

蒯越道："公良治乐严谨世间罕有。昔日刘景升命他做这组编钟，工匠铸好后他必要亲手敲击聆听，我们都听不出什么名堂，他却道不好，举起大锤就给砸了。如此铸了砸，砸了铸，精益求精，一组钟竟做了三年才合他心意！"

刘桢有意奉承，笑道："我家丞相作诗也是精益求精，前年所作《观沧海》《龟虽寿》等章皆合乐府之调，何不叫他演来试试？"

曹操却道："算了吧，命此太乐之才演老夫的篇章，真是大材小用喽！"话虽这么说，心里却被拍得美滋滋的。

"父亲，"曹丕也出来凑趣，"此番孩儿随军颇有感触，昨夜推枕无眠，写了篇诗赋，想请父亲和列位大人指教。"说罢自怀中掏出一卷文章。

"哦？"曹操正在酒酣耳热之际，漫指船上众人，"在座多有高士，你一个晚生后辈也敢在此炫耀？"

曹丕双手捧着文章，低头道："孩儿并非炫耀，觍颜献丑只是为父亲和诸位大人佐酒。此赋名唤《述征赋》，述我王师之神威，愿父亲扫灭狼烟早定天下！"

"好！"这话正说到曹操心坎里，"那你就当众念来，给列位大人听。"

"诺。"曹丕清清喉咙，展开文卷大声诵读，那辞句甚是铿锵有力："建安十三年，荆楚傲而弗臣，命元司以简旅，予愿奋武乎南郢。伐灵鼓之硼隐兮，建长旗之飘摇。跃甲卒之皓旰兮，驰万骑之浏浏。扬凯梯之丰惠兮，仰乾威之灵武。伊皇衢之遐通兮，维天网之毕举……"

这篇《述征赋》把曹军吹得神威赫赫天下无敌，又是曹丕的手笔，在座之人哪有不说好的？霎时间一片称颂之声，众人举酒频频相敬。曹操却只捋髯而笑："小子此赋虽妙，然皆辞藻堆砌之物，未必心有所悟，尽美而未尽善！"

许攸借着酒劲戏谑道："阿瞒兄，你说贤侄才力不逮，你这为人父的可有尽善尽美之作？"

"你敢小觑我？这就即兴作来叫尔等听听！"曹操把樽中酒一饮而尽，猛然起身呼喊道，"诸位……"

众文武立刻安静下来，司乐的杜夔也赶紧招呼乐工把丝竹管弦都停下，楼船之上一时寂静，只有曹操那激扬的声音：“老夫自起义兵以来，与国家除害去凶，誓要扫清四海削平天下，现已功成大半，唯遗江东一隅。今拥雄兵十余万、战船数百艘，横行江表旌幡蔽日，顺天应时神明庇佑，更有诸位驰骋用命，何患不胜？周瑜小儿不识时务，以蝼蚁之力欲撼泰山，却不知其帐下大将已暗中归降于我，焉能不败乎？”

荀攸闻听此言不禁一颤，险些把酒洒在身上：“丞相！军中机密不可轻言，恐有泄露！”

曹操此时不知是醉了还是太过自负，竟全不在意：“在座皆是老夫心腹股肱，言之何碍？哈哈哈……”

荀攸无可奈何连连摇头。

“方才子远激我作诗。”曹操戏指许攸，“那老夫就作一首，以吐胸中之快，亦助列位之酒兴。”

“不敢，我等洗耳恭听。”群僚一并屈身拱手，唯许攸满面戏谑翘足而听。

曹操紧了紧裘氅，自亲兵手中拿过一条丈八大槊：“老夫举兵驰骋一十九载，克定黄巾还在其前，虽不是百战百胜，但自视武略天下无人可及！今日就凭此槊边舞边吟……”说罢仰望夜空酝酿辞句——说来也奇，方才还是漫江大雾，这会儿却渐渐散去，云淡风清，一轮皓月当空。忽然，一声鸣叫划破夜空，原来有只寒鸦自江畔一掠而过，这鸟儿见云散月明竟以为天晓。曹操顿时来了灵感，既而横起大槊边舞边歌：

对酒当歌，人生几何？譬如朝露，去日苦多。
慨当以慷，忧思难忘。何以解忧？唯有杜康。
青青子衿，悠悠我心。但为君故，沉吟至今。
呦呦鹿鸣，食野之苹。我有嘉宾，鼓瑟吹笙。
明明如月，何时可掇？忧从中来，不可断绝。
越陌度阡，枉用相存。契阔谈宴，心念旧恩。
月明星稀，乌鹊南飞。绕树三匝，何枝可依？
山不厌高，海不厌深。周公吐哺，天下归心！

漫漫江岸灯火通明，楼船之上竟无一人做声，大家似乎都已心驰神往，唯有曹操那雄壮的舞姿目眩神迷，那浑厚的歌声顺着滔滔江水绵延漂去，传得好远好远……歌者豪迈闻者如痴，江上隐隐尚有回声。莫说众人被这慷慨的诗歌所震撼，就连曹操自己都觉这首《短歌行》乃平生诗作之翘楚。

不过除了得意，他心头还有一丝不解——明明是大好日子，怎么不知不觉竟吟出了悲意？连人生如朝露的话都出来了，或许是光阴易逝往事萦绕之故吧！不过正因有此悲意，此诗方能前悲而后喜，先抑而后扬，没想到这即兴之辞竟成了一首杰作……

隔了半晌赞叹之声才起，杨修起身赞道："昔日周公一沐三握发，一饭三吐哺，犹恐失天下之士。丞相所云'山不厌高，水不厌深，周公吐哺，天下归心'，足见重才爱士之心可比古之圣贤！"

"过誉了……"曹操含笑摆手，心下却越发满意此人。

王粲也摇头晃脑道："这'呦呦鹿鸣'两句本出自《诗经·小雅》，随手拈来全无矫揉造作之感，反倒似丞相自创的一般！真真巧妙！"

王粲昔日得蔡邕之点拨，连他都给这么高的评价，别人越发赞扬。曹操手捻须髯正在沾沾自喜之际，忽听许攸尖声尖气道："不好！晦气啊晦气……"

众人见他公然泼冷水都不禁侧目，曹操知他性情，也不大当回事，扑哧一笑："你这败兴之物，偏与旁人所论不同。评说词句也罢了，何来晦气？"

许攸自顾自灌了樽酒，擦擦嘴道："今聚饮江畔乃是幸事，你却一开言就连发六句悲苦之叹，还道'譬如朝露，去日苦多'之言，岂不是晦气？"

曹操不屑一顾："你何曾明了我诗中之意？岂不闻诗赋皆有比兴之道？胡批乱讲真是扫兴！"

"我说的正是比兴之道。前面悲叹之语也就罢了，你既有求贤之意，为何还道'绕树三匝，何枝可依'？难道说你曹阿瞒这棵大树也不可依？甚是不吉啊！"

曹操的脸色立时沉了下来——招揽天下才士，谋取九五至尊恰是他此时最在意的事，这番败兴之言正触霉头。

许攸兀自不悟，依旧嬉皮笑脸往下批："还有，今我军在北周瑜在南，你却道‘乌鹊南飞’。这岂不是说你这棵树不可依，反倒逼得那些有才之士南奔孙氏？大军相持之际，将士用命之时，这诗是不是晦气？”

蔡瑁早发觉曹操变颜变色，赶紧出来打圆场，嚷道：“许子远，你这饶舌鬼！喝酒还堵不住嘴？”众人皆有尴尬之态，一见此景都把酒举了起来：“请请请……”甭管左右是谁，都一通乱敬。猛然间又听乐声骤起，杜夔带着一干乐工又奏又唱，竟然就是曹操刚作之辞：“对酒当歌，人生几何。譬如朝露，去日苦多……”

“嘿！好厉害，这么会儿工夫就奏出来啦！”

“是丞相编得好，敬丞相……敬丞相……”众人连声敬酒，总算把这话头岔开了。

曹操手握大槊呆立半晌，最后冷笑一声回归坐席。蔡瑁已一头冷汗，他呆了片刻，猛然想起件事——冬天本是西北风，可每逢冬至前后，必有几日转刮东南风，如今为避风浪战船多已连锁，当防敌人火攻，该提醒曹操一声。想至此一抬头，却发现主席上已空空如也。

“异度兄，丞相何处去了？”

蒯越道：“方才起风，丞相好像起身更衣去了。等他回来你劝劝他，时候不早了，差不多就散席吧，不少人都悄悄撤了。如今时气不好，别再有病倒的。”

“好。”蔡瑁连忙起身，“我正好有事与他谈，顺便问问。”说罢起身奔了阁楼。

这艘楼船的阁楼共有三层，一层相当于议事军帐，二层以上既供将领居住又可安排弓弩。这会儿众人都在船头饮酒，卫士仆役也在外伺候，曹操平日又不在这儿住，里面连个兵都没有，唯恐失火仅点了一盏灯，昏昏暗暗的。蔡瑁转了两圈没看到曹操，正想登梯上楼，却听东边窗口传来说话声，过去一看，不禁失笑——船舷夹道处十几个亲兵分作两列，那位大丞相正褪着中衣往江里撒尿。

蔡瑁想打个招呼，又恐“惊驾”，这等事还是不看为妙，便侧身隐在窗内，却听曹操正说道：“我以为你这老小子指天画地有多大的本事，原来也是饮酒撒尿的寻常之辈。”

说谁呢？蔡瑁正诧异，又听到一个尖尖的声音：“阿瞒兄不也一样？”

蔡瑁禁不住好奇，偷偷探头一看——果然是许攸，也提着中衣在那儿站着呢。

其实也是一把年纪的人了，可许攸天生爱说话，小解还要聊天："唉……咱都老了，身体不行了，我一夜得起个两三次。"

曹操却道："我身子硬朗着呢，没你那般废物。瞧你那物件，就是个软枝子，撒个尿都这么半天，恐怕什么乌鹊也依不得了吧？还有脸说我？"

蔡瑁捂着嘴才没笑出声来，瞧着他俩斗嘴，心里却觉踏实不少——毕竟是朋友，刚才还在生气，这会儿又有说有笑了。

许攸也笑道："你太小心眼，什么事都记着。撒尿还要作践我。"

"我作践你？你几时给我面子？"

"官渡之时若不是我……"

曹操赶紧拦住："行啦行啦！别没完没了的，多少年就是这么句话，做梦呓语都忘不了！"

"我立的功劳，凭什么忘？"

"我也没亏待过你呀，赐你钱财，与你富贵。你的家奴在外勒索民财强占田地，我何时问过？"

许攸咯咯一笑："墨子有云'据财不能以分人者，不足与友！'自古钱财乃智勇所谋，你酬劳我还不是应该的？"

"应该的？好好好！算你对，你对……"曹操笑呵呵系好中衣，忽然手指前方，"子远快看，有一条闪白光的鱼！"

"在哪儿？"许攸不明就里，裤子还没系好就抻着脖子弯着腰一通找，目光所及之处只有漆黑的江水，哪有什么白鱼？正在五里雾中，忽觉腰上一痛，一个趔趄栽落江中。

严冬的江水冰凉刺骨，许攸手刨脚蹬拼命喊着："快拉我上去，我不会水！"

"哈哈哈……"曹操笑得前仰后合，"天底下也有你许子远不会的？我可不信！"

"我真不会水……"许攸话未说完已灌了口水，一伏一冒嚷着，"咳咳！救命啊……"

"救命？"曹操的笑容倏然不见，霎时间目光狰狞可怖，"绕树三匝，何枝可依，既然我不可依，又岂会救你？实话告诉你，我忍你不是一天两天啦！”

“曹阿瞒……”许攸明白了，就是他把自己踹下来的！越发死命挣扎，“曹阿瞒……曹丞相！求你看在……”话说一半又没入水中。

“看在老朋友的份上饶了你？”曹操冷冷一笑，“你可真是痴人，到死都不明白。正因为你是我朋友，我就更不能容你居功自傲，指手画脚！别以为立了点儿功劳就可以为所欲为，你的一切都是我给的。我能富贵你，也能杀你！顺我者昌逆我者亡！”

“我错了……求求你……”许攸的挣扎越来越无力。

“晚矣。”曹操摇了摇头，“天作孽犹可违，自作孽不可活。我不能饶你，但看在老朋友的份上送你一程，叫你少受点儿罪。”说罢自亲兵掌中抢过那条大槊，掉转刃锋，猛地掷了下去。

这一槊正刺入许攸肩头，他忍着剧痛还在扑腾，嘴里胡乱嚷着。是哀求？是咒骂？是号哭？却已没人辨得清，只是那声音越来越小，越来越弱……曹操却似泥胎偶像般无动于衷，默然注视着江面，直到一切归于寂静，只剩下一片无边无际的黑暗。至于那些亲兵，都缄口不言，就像什么也没看见一样。

蔡瑁躲在窗后，把这经过看得清清楚楚，已吓得瘫软如泥，早把要说的事情忘了。他蜷身倚在窗下，紧捂住鼻口，生怕发出动静引火烧身，心中一团乱麻——天呐！这就是与曹操做朋友的下场吗？

第十四章
千年经典一役，赤壁之战

火烧战船

建安十三年十一月甲子日（公元208年12月7日）傍晚，晴空风暖，万里无云，就连滔滔江水都平缓了许多。皎洁的月光洒在粼粼江面之上，颇有几分宁静之美。曹操、周瑜还在隔江对峙，不过北岸的乌林水寨灯火辉煌甚是壮观，远远望去宛若蜃楼；南岸赤壁却死气沉沉一片幽暗，甚至静得令人有些不安……

北方士卒多病，曹操又坐镇中军大营，曹营水军的指挥权基本落到荆州将领肩上，而戍守水寨最外围的正是近来颇受曹操倚重的张允。他的坐舰也是一艘三层的楼船，只比曹操的稍小一点儿，也是战旗高竖甲士林立，护卫的艨艟、斗舰数不胜数。给他充任副手的是河北战将马延、张顗。这两员将原本是袁尚麾下，自归降曹操以来忠心耿耿作战骁勇，玄武池练兵时也最为用心；不过降得早不如人家降得巧，现在这俩威武的北方汉子都得听命于张允了。

眼瞅这一晚似乎又平安无事了，张允令马延、张顗在下面戒备，自己登到高楼之上，叫亲兵煮了两尾鲜鱼，烫了一壶老酒，又吃又喝观赏江上夜景。张允这几日也颇有些飘飘然。身为刘表的外甥，降曹后非但未被打入另册，还受到了重用，真是交了好运。尤其冬至饮宴之后，蔡瑁突然染病，文聘接过水军都督的差事，张允俨然成了水军的副都督，指掌水寨前部百余艘大小战船，就是当年跟着舅舅时都没这么威风过，想到日后前程似锦，高兴得连自己姓什么都快忘了。

吃吃喝喝就有些过量了，张允便围着战袍迷迷糊糊睡着了，也不知过了多久，感觉有人推他："将军……将军醒醒……"

"他妈的！"张允睁开眼，回手给亲兵一个嘴巴，"好大的胆子，敢扰老子的好梦！"

亲兵捂着脸委委屈屈道："有敌船过来了。"

"什么！"张允听罢双腿一颤，仓皇爬起从窗口一望，又安心了——此时将近子夜，骤然起了风，江上黑黢黢的，不过对面不远处冒出一排战船，大约有二十艘，都竖着青色牙旗，唯恐这边看不清楚，船头都竖着许多火把，将旗帜照得清清楚楚。但那排船队之后，乃至对面的赤壁水寨依旧死气沉沉，似乎毫无动静。

"将军，布置艨艟射退他们吧！"

"射什么射？"张允甩了把冷汗，随即轻蔑一笑，"你晓得什么，这是黄盖来归降我军。这老兵痞真能唬人，说是能举事杀周瑜，牛皮都快吹破了，到头来还是一事无成觍着脸来降。看明天见了丞相我怎么损他！不必设防，叫他的船靠过来。"

"投降之事小的也知道，不过……风向似乎变了，会不会有诈？"亲兵提醒道。

"哦？"张允又朝外面探了探头，但觉一股东南风迎面而来，风势还不小，吹得人睁不开眼，"咳，冬至已过，东南风何足为奇？放心去吧。"

张允既然说无碍，亲兵便去传令了，跟将士们一念叨，楼船上下立时欢声雷动——曹军为疲病所困，早盼着这一仗快快了结，听说敌人来降简直跟见到亲人一样，许多兵都挤到前面观看船队，压得楼船都有点儿前倾了。黄盖的兵也不见外，离着老远就朝这边摇旗挥手，双方简直有些相见恨晚之感。张允将令传开，负责守备的艨艟、冒突等船纷纷闪开道路。黄盖的船队渐渐接近曹军船阵。

按理说敌人大将来降，张允即使不去迎接，也该到近处观望。而他却摆出一副曹营宿将的架势，硬是赖在楼上不动，要等黄盖来拜见自己；大模大样坐了一阵，眼见黄盖的船越靠越近，瞧着瞧着突然瞧出了问题——这些船吃水不对！

黄盖所部这二十艘战船虽体积不大，但每船至少也能容载几十兵丁，想来行驶稳重吃水必深，可这些船却吃水很浅，固然是张足船帆凭借风势，但看起来总跟一阵大浪就能掀翻似的，轻飘飘而来。张允不禁诧异：难道黄盖仓促举事被周瑜击败，只带了些空船来？不过对岸大寨灯火昏暗死气沉沉，哪像有一场厮杀？这么多船怎么会是空载？如此轻盈难道载的不是兵，而是……引火之物！

想到此张允肝胆俱裂，扯着脖子嚷道："其中有诈，快拦住敌船！"

军中不乏有经验的荆州兵，也看出了毛病。张顗立刻跳下小船，用手一指，十几条巡江赤马一并出动。此时两军相据已不过两三里远，张顗立于船头放声呐喊："南船休要近寨，速速抛住！"连嚷几声，对面船队并不作答，反倒散开阵势列成一字长蛇，全速撞来。

越到近处看得越明白，这二十艘战船又轻又快，船头都钉满了五尺许的大铁钉，只要撞到曹军船上就牢牢嵌入。刚才还与曹军亲热挥手的士兵都不见了，只剩下船上盖着的红色幔帐。张顗还未忖度明白，忽听哧的一声响——黄盖主舰上燃起一团火球。紧跟着二十艘船都着了火，那火苗子张牙舞爪蹿起来。

原来幔帐之下盖的都是柴草枯叶，还灌了鱼膏，火焰一起幔帐瞬间化为乌有，柴草腾起借着东南风席卷散开，无数火星像红色飞蛾一般向曹军扑去。张顗只觉一阵灼痛，已被火星迷了眼睛。使船的还算机灵，赶紧拨桨转弯，硬是挤进了两条火船的夹缝中，以为这样就能逃过一劫。哪知每条火船之后还另系着一条船，因为未点灯火远处根本看不见，方才火船上摇旗的士卒已退到后面，早就强弓硬弩擎在手中——可怜张顗及麾下士卒，立时乱箭攒身。

张允在楼船上看得更清楚，大火一起照出数里之远，敌人岂止二十条船，远处大大小小都是敌舰，都不声不响跟在后面，此时已知遭了算计，但要阻止已经晚了。张顗一死，其他的巡江小船或被撞翻，或被惊散，二十只火船撞入水寨，排在前列的曹军斗舰立时齐刷刷着了一排。平日若是有船着火，远远躲开倒也无碍，可曹军斗舰为避风浪已被铁环锁住，或是十艘一排，或是五条一列，既不能分开又不便掉头，尽被大火吞噬，就连张允的楼船也被围在其中动弹不得。

正在这时又闻喊杀声大作，黄盖率领江东勇士突烟冒火冲上曹军战船，逢人便杀遇人便砍，曹军抱头鼠窜，坠江而死者不计其数。后面周瑜亲率的大队人马也已赶到。为了打这场仗，周瑜特意督造了几十艘新式战舰，船板上不建阁楼而搭三四层简易箭楼，几十名精锐弓手列于其上，老远就是一通扫射，早把船头接战的曹兵射成了刺猬。还有的船上设有弩车，那些巨弩都是整棵树干削成，弩尖浸了松油燃起烈火，绞紧弩车斩断绳索，巨弩能飞出一丈多远，打在船上不仅是个窟窿，还会燃起大火。

张允只觉脚下隐隐发颤连声巨响，想必阁楼已经中弩，从窗口向下看去，黄盖已带着人杀上了自己的船，亲兵将士身遭烈火弓矢死伤无数，马延早已不见了踪影。这位自诩水军副都督的男人顿时瘫软在地，连下楼突围的勇气都没了，抱着脑袋扎在角落里，忍受着楼下传来的厮杀声……

也不知过了多久，张允只觉杀声渐远，他大着胆子抬起头来，只见阁楼内满是浓烟，身边一个人都没有了，想再下楼逃生，却见楼梯已被大火烧断。他又摸索着来到窗边，才发觉恶毒的火蛇已渐渐攀上三楼，滚滚黑烟不断地涌进来。他把头探出窗外想透口气，却看到了触目惊心的一幕。

曹军战船已成一片火海，那肆虐的东南风成了帮凶，火趁风威，风助火势，正向曹营深处推进，目光所及都是一片赤红，烈火焚身的将士挣扎着、惨叫着、哀号着跳进江中，连绵数十里水寨已变成烈火的炼狱。而在对面还有数不清的江东战船密密麻麻铺满江面，盔明甲亮兵刃泛光，战鼓声惊天动地，仿佛要把苍茫天地震个底朝天。

"咳、咳、咳……"张允被浓烟呛住了，猛一低头又被蹿上来的火焰灼了脸。他恐惧地后退几步，但觉整座阁楼摇摆不停，都在噼噼啪啪作响，炙热感已从脚底噌噌冒上来——这座楼船已被大火吞没，就快坍塌了。

"救命！救命啊！"张允绝望地呼喊着，只觉脚底一陷摔了下去，楼板烧穿了。他一跤跌落到底层，浑身骨骼剧痛，再爬起来已被烈火包围，那火焰就像愤怒的敌人……不，比敌人还要可怖百倍。

"丞相救命！蔡公救命！舅舅……我错了……"或许是将死之人的幻觉，张允仿佛在烈火中看到了刘表的身影，正挥舞着火把向他打来。他竭力躲着火焰，但烧塌的木头不断从头顶坠落，已避无可避。战袍引燃了，毛发燎着了，连双腿臂膀都被烈火缠住了，他只觉口鼻窒息眩晕跌倒，浑身铠甲已变成滚烫的烙铁，紧紧裹住躯体，要把他化成一滩脓血……

大势已去

当曹操得到奏报迈出大帐的那一刻，中军大营仍一片寂静，绝大多数士兵还在睡梦中，但隐隐约约已能听到水寨方向的呼喊声。遥望江中有一团闪闪发亮的光球，仿佛黑夜中的一堆篝火。

一阵强劲的东南风迎面拂来，吹得曹操打了个寒战。正是这阵风把曹操从一统天下的美梦中拉回现实，凭着尔虞我诈几十年的经验，他立刻意识到发生了什么——江东军内部从来就没有矛盾，周瑜也根本不缺粮草，黄盖投降更是逼真的诡计。

军师荀攸、中领军史涣、中护军韩浩、公子曹丕渐渐聚拢而来，猝闻变故都有些惊骇；大营也渐渐骚动，不少兵出于好奇跑出来打听消息，还有人攀上寨墙、箭楼，抻着脖子往江上张望，此时此刻他们还只是看热闹，完全没有意识到，这把火意味着什么。

但曹操、荀攸心里却很清楚，东南风强劲，战船又被铁索固定，只要一条起了火，所有的都跑不了，全部水军都将丧于火海，甚至进一步震骇陆军，换句话说，十几万大军有覆灭的危险。不过曹操的第一反应还是设法补救，旋即带领众人赶奔江畔，并责令各营将领约束士兵，不准随便出来活动，设法稳住军心。

可即便如此，连营里到处是惊惧的士兵，他们议论纷纷，人心惶惶，加之疫情严重本来就人心不稳，哪里压制得住？事出紧急，曹操率领亲兵步履如飞，几乎是跑着来到岸边的。只见沿岸及不远处的战船还完好无损，但二里开外已是一片赤红，刺眼的光芒与滚滚黑烟把水军罩得朦朦胧胧，燃烧的气味伴着东南风飘来，直钻鼻子眼——这把火越烧越大，已渐渐向岸边逼近了。

曹操一阵头晕脑胀，可还是强作镇定道："不要慌！传令各船斩断铁链各自逃生。调集陆军人马沿江修筑土垒、壕沟，把大旗挪过来，我要亲自在此抵挡敌军！"

依照他的估计，水军很可能保不住了，为了保住旱寨，必须在敌人杀到之前设置一道新防线，阻挡敌人登陆。可军令传下去却没多大效果，只有忠诚的中军将士响应号召挖沟筑垒。其余人心已经乱了，吵闹喧嚣反而越来越大，至于斩断铁链逃生，更没什么动静，大多数士兵弃船而逃，只有少数死心眼的人还兀自挥舞着刀戈，徒劳地敲击着铁链。

弃船的士兵丢盔弃甲玩命奔逃，有个小卒边跑边喊："快跑啊！烧过来了啦！"慌不择路正撞到曹操眼前，曹操不由分说拔出佩剑将他捅翻在地："撤退之人协助修垒不准喧哗，违令者杀！"可这杀鸡儆猴的办法竟不起作用，逃的人越来越多——祸到临头了，谁还管什么将令？

这时已有败军的小舟逃回来了，那些兵士个个盔歪甲斜满面焦黑，还有不少身负重伤，都是九死一生。其中有艘小船更是冒着火回来，船板上的一切都烧光了，上面人烧得四散投水。有个烈火缠身的将领挣扎着跃到岸上，痛苦地打着滚，可身上的火却愈加肆虐，只有哀号着向大寨爬来，一面挣扎一面求救。

众人惊惧地望着那个浑身是火的将官，虽然惊叫声、悲号声、呼喊声、火烧战船噼噼啪啪的声音震耳欲聋曹操却仿佛能听到那个垂死之人的喘息。他的肩胛骨中了一箭，兜鍪早不知道掉到哪里了，满头的毛发烧得乌七八糟，除了身负大火煎熬，似乎还有别的创伤，爬过的地方留下一条鲜红的血痕，但他还在吃力地往前爬，一心扑在逃命的征途上，像个蹒跚学步的婴儿，胡乱地伸张着双臂扭动着身躯，行动十分迟缓。以前他必定是个威武雄壮的汉子，可如今庞大的躯体却成了阻碍，并在烈火焚烧下变得越来越扭曲。就在他抬头望见曹操等人那一刻，突然浑身抽搐着哭泣起来，终于看到了救星，但他明白已经晚了，他甚至连一声"救命"都喊不出来了，只剩下绝望的呜咽。

大家脸上纷纷显出恐惧、惊讶乃至困惑的表情，一时间竟没有人过去救援，似乎怀疑这个面目全非的家伙是不是人，或是从地府爬来的一只怪物。最先反应过来的是韩浩，他由那悲哀摧痛的号哭声辨出了此人，既而张着双臂手足无措地呼喊着："是马延，马延将军！救人！快救人呐！"

亲兵们一怔，随即围上前去，纷纷解下战袍扑打着马延身上的火焰。不知有多少件袍子被火焰燎着了，有人干脆从地上抓起一把沙土向他身上掷去，仿佛是要将他埋葬。曹操等人目睹此景已忘了战火，只感到一阵窒息的恐惧，也不禁解下征袍，却并非救人，而是像丢弃某种不祥之物一般抛得老远——战袍不仅可以遮风挡尘，也是军队中高贵身份的象征，可在熊熊烈火之间，这玩意很可能就是引火催命的魔鬼。

一股呛人的黑烟飘过，马延身上的火终于扑灭了，亲兵不由自主地转过脸，已不忍再看一眼这位曾经人高马大，现在却四肢蜷缩不再像人的将军。曹操一阵悸动，扑过去抱起马延双肩，既而双手又猛然弹开——他身上铠甲早被烈火烧得滚烫，灼掉曹操手上的一层皮。

韩浩、史涣等人一拥而上，连推带拽将他翻过身来。马延只剩下一口气了，四肢早就变成了焦炭，不受控制地摇摆着，躯干还在猛烈抽搐，五官已被烧得模模糊糊，双眼也蒙上了一层乌黑，兀自翕动着嘴唇，好像在念叨什么。曹操顾不上手掌的烫伤，又抱起他的头部："马将军，前方如何？"

"咳、咳……"马延咳了两声，从他的嘴里冒出一缕黑烟和焦煳的气味，"敌人……全军出动……不、不行了……"只断断续续说了这一句，他自己也不行了，脑袋一歪沉寂在喧闹之中，但那已经失去灵魂的四肢还在因皮肤融化而慢慢蜷缩，发出滋滋的响声。

"马将军！马将军！"众人大声呼喊。

"他已经死了。"曹操默默松开亡者的头颅，只觉一阵茫然，双手油乎乎的，似乎是融化的脓血黏着在手上。他顾不得恶心，抬起头继续观望，只见又有几条小船逃回来，士兵丢盔弃甲，有人连衣服都脱光了，一登岸就死命往后跑，拦都拦不住；还有些会水的游了回来，湿漉漉爬上江滩，趴在地上大口喘息。更多人是在水里扑腾，偶尔抓住一块浮板，抱着不敢撒手，扯着脖子在水中呼救。但能得活命的是少数，逃回来的船已挤得插不下脚，晃晃悠悠就快翻了，只要水里有人摸到船舷，马上一刀剁掉手指，任他们流血、挣扎、咒骂、哀求，理都不理——求生是本能，任何人都只有一条命。

主帅的纛旗已移到了江畔，中军将士还在忙着堆设土垒，可响应的士卒已越来越少，有人战战兢兢不敢再呆下去，有人牢牢骚骚不想打，还有人病病怏怏没力气。所有人都被这把大火搞得晕头转向，就连紧靠江滩、远离火场的水军都弃船了，更可恶的是这帮人熙熙攘攘往后一拥，把刚堆起一点儿的土垒也冲坏了。任凭曹纯、邓展挥舞着兵刃斩杀逃兵，还是止不住奔走的人流，这些荆州兵根本听不进将令，一窝蜂往回逃。混乱之中一群逃兵慌不择路撞进了中军队伍，连虎豹骑都被他们冲得连连后退，也不知谁踏翻了纛旗的夹杆石，耳轮中只听一声巨响，主帅大旗倒落尘埃之中。

荀攸险些被纛旗砸在下面，摔了个跟头，爬起来一把抓住曹操："主公，咱们……咱们不成了，赶紧撤吧！"

曹操却无动于衷，陷入一片茫然之中，眼前的火光愈来愈明亮，把上空的云彩染得一片殷红，隆隆的喊杀声也渐渐清晰，摄人的魂魄。曹操呆呆遥望着火场，心头竟莫名其妙生出一种轻松之感，讷讷道："《六韬》有云：'外乱而内整，示饥而实饱，内精而外钝。阴其谋，密其机，高其垒，伏其锐。士寂若无声，敌不知我所备。'周瑜如此用兵焉能不胜？小觑此人乃老夫之过……"

逃兵还在像洪流一般往后拥，这会儿连曹丕都瞧出不对了："父亲，咱们也……也走吧！"所谓"走"其实就是逃，他还硬挺着不下软蛋。其他谋士、亲兵也纷纷附和："对！暂且避敌锋芒！来日再战！"

不用大家给他找台阶，曹操暴戾之气顿挫，已经在考虑撤退了。他回首环顾众人，煞有介事道："败在周瑜这样精明的敌人手里也不算丢人，我不羞于撤退！"

亲兵早等着他吩咐呢，现在不跑等敌人上来就完了！一听他发话几个人抢过来就要搀他后退，曹操却将双臂一挣："慢着……放火！"

"放火？"大家一时间没明白。

曹操咬着后槽牙又重复了一遍："把没着火的船也烧掉，能烧多少烧多少！"

众人先一阵懵懂，既而才明白他的苦心。战局失去控制，水军已全部溃败，余下未起火的船不烧掉就会被敌人所有，那江东的水军实力更强了。再者敌人边纵火边冲杀，过不了多时就会窜上岸，那时想跑都不容易了，把沿岸的所有船只点燃，无形中就多了一道火墙，把敌人暂时挡在江上。虽不能扼敌，但足以拖延一时三刻。

军令传下，密密麻麻的火把都凑到了岸边，刚开始还有人驾着小舟到稍微靠前的船只放火，不多时众人也没了耐性，干脆一股脑将火把都掷向沿江的大船，宛如一阵流星雨划过黝黑的夜空；为了防止殃及旱寨，有人连沿江的栅栏都拆了，像续柴禾一样扔到船上。好几个有血性的荆州部将几乎是留着眼泪放的火，辛辛苦苦劳碌了十几年，为刘表打造了这支水军，如今都付之一炬了。北军诸将则各归各营提点人马，收拾辎重准备撤退。至于那些还没逃回来的水军将士，连后路都断了，弃卒保帅也顾不上他们死活了。

大多数船都用铁索连着，想逃都难，何况故意纵火？根本没费多大工夫火就着了，尤其是曹操引以为荣的那艘主帅楼船，俨然成了个浑身冒火的庞大怪物，把江滩照得白昼一般，阵阵黑烟飘向天际。东南风卷着滚滚热浪向旱寨方向扑来，烤得人头晕脑胀，曹操在亲兵簇拥下撤回营中，兵荒马乱之际还忍不住回头看了一眼，望着那夺目刺眼的火海、摇曳多姿的火焰，竟自嘲般叹息了一句：“多美的一场大火呀……”

与此同时，刚刚还寂静无声的旱寨已面目全非。各营各帐的士兵都窜了出来，不辨东西南北一通乱窜，有兄弟在军中的找兄弟，没有亲属的夺路而逃，各部兵长挥舞战旗，扯着嗓门一通叫嚷，士兵依然我行我素，水军几乎全军覆没，敌人就快杀来了，到这会儿谁还顾得上谁？韩浩、史涣想制止混乱，下令击鼓聚兵，这边鼓声一起，别人也跟着学，击鼓声、鸣金声自四面八方传来，士兵更手足无措了，不少兵竟天真地以为是敌人的战鼓，更玩命奔逃。栅栏挤倒了，粮车撞翻了，帐篷踩塌了，多少病卧不起的将士还没来得及爬起就被踏死在帐中。还有些人倒是小聪明，逆着火的方向跑，翻过寨墙直接攀上北面的山梁，都成了散兵游勇，抛下营寨不管了。

江上的大火把营中照得清清楚楚，曹操见此情景心里着急却束手无策，荆州兵刚脱火海纷纷逃窜，北方兵不明就里又不熟悉地形也跟着跑，还有那些恶疾缠身之人，有的拄着枪戈茫然发呆，有的干脆倚在角落等死。所有隐患都在这一刻显现出来，整座大营都已糜烂。

费尽九牛二虎之力，曹操才回到中军营，莫说亲兵挤散不少，就连留在营中的蒯越、王粲等人乃至病榻上的蔡瑁都不见了踪影，不知是互相寻找走散了，还是见势不妙也跑了。眼下全师而退都不可能了，说不准敌人什么时候杀到，曹军已丧失了抗拒之力。曹操与部分将领谋士在喧嚣包围的大帐里进行了最后一次议事，过程甚是简短，几乎没有什么争辩就达成了一致——率领还服从命令的部队突出西寨门向江陵撤退。

就这样，大言不惭号称百万的曹操大军转瞬之间溃败了。

奔走逃亡

离开营寨，情况更乱，乌林以北完全是山林，只有一条沿江的路，还不甚宽阔，败兵、逃兵大多涌上了这条道，连山坡上都挤满了人；就在一旁的江面上，火光冲天喊声嘈杂，零星的大小舟楫左右乱窜，也分不清敌我，反正两船相近就放一阵箭雨，都似惊弓之鸟。曹操与中军将士混在败军之中，既不敢打出帅旗，也不敢击鼓聚兵——敌人战船就在不远处，强弓硬弩都预备下了，一旦举旗击鼓，自己人可以聚拢，敌人也凑过来了，人家在水上，自己在岸上，只有挨打的份。

拥拥堵堵行了二三里，又闻前面传来喊杀声——原来周瑜早料到曹操兵败必经此路，预先派人偷偷过江设下埋伏。到这会儿大营可能都丢了，能逃出来就不错，许多人连兵刃都没带，哪有心思再战？“敌人杀过来了！”随着一阵呼喊，曹军越发大乱，有向前的，有向后的，有往山上爬的，自相践踏折损无数。曹操、荀攸只能喝住中军这几千人，还未站稳脚跟又见对面甚嚣尘上，一支队伍已冲上来，只能拼命一搏了。

曹操不知不觉间已被涌到队伍前列，后面推推搡搡都是兵，想躲都躲不开了，正在忐忑之际，对面的军队却渐渐停了，一员身材矮小的将领纵马冲出：“丞相！是丞相吗？”

来者是乐进，曹操一阵惊喜，险些从马上栽落。这会儿乐进也顾不得礼法了，跃马来至近前，死死抓住曹操手臂：“真是丞相！谢天谢地，多谢过往神灵！只要主公安然无恙，我等就……”话未说完这位从不服输的将军泪水直在眼眶里打转。

曹操强打精神抚慰两句，才发现乐进已杀得血葫芦一般：“前方战事如何？”

乐进抹去眼泪，又恢复了平日的威严：“末将寻不到您先行突围，正逢敌军埋伏，奋战多时总算将他们杀退了。丞相快随我来，末将为您开道！”

“有劳文谦。”曹操茫然道了声谢，心下不禁后怕——周瑜麾下不过三四万人，又要烧船又要攻寨，抽不出多少兵设伏；倘若他与我旗鼓相当，这会儿我还有命在吗？

他越想越觉不妥，赶紧催着中军加速前进，尾随乐进所部之后。有这个武夫当先开路，事情顺利多了，也不管什么逃兵挡路，敌船放箭，马上加鞭硬往前冲，踩死算你没运。虎豹骑跟得倒很紧，为避免敌人突袭，连火把都没打一支，就借着朦朦火光保着曹操、荀攸等人疾驰向前，但大队步兵就被远远甩在后面了。有命才有一切，这关头也管不了许多人了。

如此约摸行了四五里，喧闹声越来越小，道路也渐渐黢黑，江上再不见什么船只，众人勒马稍事休息。此刻早已过了子时，山高月小，风寒夜深，阴冷的长江宛如一道漆黑无底的深渊，弥漫着恐怖的气息；而苍溟的山林又被东南风吹得沙沙作响，似歌似哭又似笑，还似孙刘联军的欢呼。曹操这才命人点起火把，回头望了望，遥远的江上还是一片混乱，烈火与战船早就模糊成一团，而逃亡的士兵溃不成军，三个一群五个一伙，逶迤在江滩上，拉成一道长长的线，一眼望不到边。烧死的、战死的、病死的、逃亡的，不知这十万大军还剩多少？

突然间，自摇曳的芦苇丛中闪出几道黑影，似鬼魅般蹿到路上。“什么人？”亲兵纷纷厉吼，都举起了弓箭。

“别放箭！自己人！”有个人影挥舞双臂呐喊着跑过来，是曹仁麾下部将牛金。

原来曹仁镇守江陵，兼着供给粮草的差事。冬至过后曹营缺粮，曹仁一面令屯田都尉董祀回豫州调粮，一面派牛金先运四十船粮食送到军中。牛金不敢怠慢，日夜兼程赶奔大营，这一晚已入沙羡境内，原指望子夜前把粮送到。哪知离着甚远就见乌林火光冲天，情知大军受挫，他倒是有心过去帮忙，但手下多为粮船，所有兵凑在一起不过千人，贸然行动只怕连船带粮都送了敌人。急中生智叫船队熄灭一切灯火，全部停靠在江畔枯苇丛中，准备暗中接应。

问明情由大家皆感庆幸——路上行军毕竟迟缓，人马也劳累，还不免被江上的敌人纠缠，这几十条船不啻为及时雨，有了它们至少能保着曹操迅速脱难。乐进、牛金说干就干，粮食也不要了，抓上几把塞到包袱里，剩下整包整包往江里扔。荀攸看他们糟蹋粮食，虽是无奈之举，心下仍不免怅然，可转过头又是凄楚奔逃的败军，前后难受索性转脸瞧对岸。深夜之际江南一片死寂，对岸突兀的山峦绝壁毫无光亮，就像沉睡的巨人。荀攸看着看着，猛然意识到一个问题：“丞相！我军水师已溃，周瑜全据长江之险，江南四郡怎么办？”

水军一旦失去，长江水道便被孙刘掌握，南北荆州的联系就切断了，长沙、武陵、零陵、桂阳四郡也难保。这会儿曹操方寸已乱，烦心事一大车，军师都没办法，他又能如何？想起桓阶曾鼓动长沙郡造刘表的反，赶紧举目四顾放声呼喊：“桓伯绪可在？”

桓阶还真没掉队，但也灰头土脸一身狼狈，逃得上气不接下气，被两个亲兵搀着蹒跚而来。曹操森然道：“我军败走，江南之地危矣！我想派你分兵过江统辖四郡之事，坚守城池等候老夫再兴兵马。”

桓阶闻听此言脑袋都大了——十几万大军都败了，江陵能不能保还在两可，何年何月才能卷土重来？他心里没底又不敢推辞，一转脸正看见刘巴跟在他身后，灵机一动便道：“在下才力不逮恐不胜任，刘子初之才胜我十倍，又是零陵郡人，何不遣他前往？”

刘巴万没想到这块烫手的山芋会扔到自己手里，不禁愣在当场。曹操却不容分说道：“那好，江南之事老夫就托付子初你了。”

刘巴回过神来仓皇拜倒：“请丞相收回成命。”

“为何？”

“刘备谋夺荆州久矣，今又有孙权相助，大军一撤，敌必趁虚而入，大江之北能否得保尚未可知，何况江南四郡？”

这番悲观的论调刺激了曹操：“刘子初，难道你不敢去？”

刘巴连忙顿首：“非是在下不敢渡江，只恐我这一去就再不能回来侍奉您了。”

直到此时曹操还没死心，在他看来，江陵、襄阳等地尚有守军，若归拢逃兵再调于禁等七部还可去而复来，于是强笑道：“大耳贼若敢觊觎江南，老夫以三军继之，你大可放心但去无妨！”

刘巴怎么可能放心？四郡实力薄弱，太守除了刘表旧党就是曹操提拔的私部，想要归拢人心谈何容易？但曹操信心满满，把话说到这份上，怎能推脱？刘巴站起身来矗立片刻，最后咬了咬牙：“也罢，在下既追随丞相，愿肝脑涂地以报知遇之恩！”

曹操终于满意了。不过说分兵给刘巴，眼下哪抽得出像样的兵？即便有兵船也不够。只交给他几支丞相大令，勉强抽了四百荆州兵，全都是江南本土之人，这些兵与其说是救援四郡，还不如说是还乡。此时渡江前往四郡比回归江陵还凶险，牛金赶紧把刚腾空的几只粮船交给刘巴，趁着夜色打发他过江。

刘巴走后曹操也准备动身了，这会儿后面零零散散已有败军追上，乱乱哄哄也将近一万了，可有兵刃的不及一半。曹操进兵之时有大小战船近千艘，眼下只剩三十多条，大半还是粮船。后面也许还有幸有船只，但纠缠在战团之中，能否从周瑜眼皮底下逃出来还未可知。

人越多越容易暴露目标，乐进、牛金加快行动，不多时就将所有粮船腾空，士兵吵吵嚷嚷都要上船。最后虎豹骑举着大刀登上船头才算勉强弹压住。这时候保帅最重要，曹操父子以及亲信将校、谋士掾属先登上仅有的几艘战船，其他的粮船光战马就占了两条，剩下的还不够中军将佐和虎豹骑分的呢。乐进自告奋勇统领余部，接应后续的败兵。

分派已毕，乱乱哄哄登船，几篙撑开缓缓离岸，士兵摇橹的摇橹，戒备的戒备。曹操忐忑的心这才稍安，望着江边的部队，直到乐进的身影消失在茫茫夜幕中，再也看不见了，才扶着船舷缓缓坐下，慢慢闭上眼睛。他暂时忘了害怕，也不去考虑明天该怎么办，更没精神发脾气，只是感觉疲劳，想美美睡上一觉。他甚至幻想这只是场噩梦，或许一觉睡醒就会从头开始，兵败之事根本就不存在了……

可刚一闭眼就听有人呼喊：“敌人杀来了！”

曹操猛然起身——但见后方四五艘战船飞一般追来，都打着明亮的火把，船上之士刀斧在手，领队一舰赫然插着醒目的青色牙旗。

韩浩、史涣也摸到些治水军的经验，站在船头连连跺脚，想把他们甩掉。可这几艘敌船虽不大，行进速度却甚快，眼瞅着距离越拉越近，即便我众敌寡，真动起手来也难说。关键时刻还是荀攸脑子快：“赶紧靠岸，后面还有咱的人接应。”

大半夜的也无法传递旗语，吵吵嚷嚷一通，船队总算是转向北岸。但黑黢黢的辨不清水道，转向速度很慢，眼瞅着敌人就要追上来了，曹操乘坐的船突然一阵摇晃——冬季枯水地形又不熟，离着江滩还有一丈多，竟然搁浅了。

这个节骨眼上再有本事的水手也没办法了，只能跳下去推。可敌人已追到。这帮人精明得很，一路追逐一路观望，早揣摩清哪条船坐着将领，五条敌船都朝这边涌来。眨眼间为首一舰已与曹操的船接舷，众人还未反应过来，但见一条黑影跃了过来，有个亲兵还没明白怎么回事，就被削去了半个脑袋。

众人定睛观瞧，来者是员苍髯老将，头戴镔铁兜鍪，身披锁子甲，右手举着环首大刀，左手攥着盾牌，虽似耳顺之年却精神抖擞，腰圆膀粗，面红耳赤满脸杀气，这把年纪还如此强悍，年轻时还不知是何等人物呢。老将刚站稳，后面嗖嗖嗖又窜过来十几个武士，也都一手执刀一手执盾，与曹氏亲兵恶斗起来。

这船上空间本来就不大，猛然多了十几只恶虎，根本周旋不开，亲兵猝然应战，不多时就倒下一半。其他船上的虎豹士倒想来救，却被剩下四条船生生挡住，也陷入了厮杀。曹操等人一开始还在船舱里躲着，后来一琢磨，若叫敌人堵在里面，当真半点儿活路都没有了。索性都把剑拔了出来，硬着头皮往外闯，韩浩、史涣、邓展、曹纯亲自护卫周全。那老将十分骁勇，不多时已砍翻了五六个亲兵，温恢、满宠等都惊得跳入水中。曹操几人闯出船舱，恰被那老将看了个满眼，立刻挥刀劈来。史涣仓皇举剑接刀，但觉双臂一麻，佩剑立时脱手。韩浩、邓展一拥而上与老将扭作一团。单论剑术精湛在场所有人都不及邓展，但那老将过了一辈子船上生活，在桅杆船舱间滴溜溜乱转，竟似穿梭自家宅院一般容易，二人非但没伤到他，三绕两绕反被他引到敌群包围中，刀来剑往陷入苦战。

曹丕一手架着父亲，一手拉着荀攸，正犹豫这一丈宽水有多深，能不能往下跳，那老将又出现在他们面前，直觉眼前寒光一闪，大刀已经下来了。史涣惊得魂飞魄散，手里又没家伙，抄起一只船桨窜到曹丕身前，使尽浑身力气迎击——只听轰地一声闷响，船桨削为两截，大刀余力就势砍在史涣肩头，顿时血流如注。

曹营亲兵不死即伤，大半爬不起来了；曹纯且战且退被逼回船舱；邓韩二将以寡敌众，勉强能把敌人拖住，眼瞅着史涣重伤却帮不上忙。曹家父子和荀攸现在连投水都来不及了，手里倒都有家伙，却不敢往前递，离着八丈远跟人家比划。

眼看老将三次举刀，就要结果曹操性命，忽然斜刺里飞来一阵箭雨，其中一箭正中老将腋下，他膀子一颤，钢刀立时脱手。史涣明明已受重伤，见此情形也不知哪来的气力，竟一跃而起挥起拳头朝老将面门打去。这一拳正击在他太阳穴上，虽隔着兜鍪，却打得他晕头转向伏倒船舷，一个侧歪栽了下去。

“黄老将军落水了！”敌军顷刻大乱，当即有人跳下去捞人。曹操劫后余生稳住心神，再瞧射箭的方向——自后面赶来一叶扁舟，上面立着七八人，都手持着弓箭，被烟火熏得满面乌黑，但曹操还是一眼认出带兵的是文聘。

原来黄盖顺风纵火，张允烧死阵中，文聘坐镇水军中央兀自抵抗。最后他的船也着了火，无力回天才率兵弃船，分乘十几条小舟回撤。哪知后方也是一片火海，只好继续折返西行，在火阵里穿梭半天才逃出，惜乎十几条舟的士兵不是烧死就是丧于敌人箭下，仅文聘一船幸免。这时曹军大溃，周瑜已绕至东面杀入大营。文聘孤舟不敢靠岸，就贴着江岸西撤，没走多远看到一艘竖着青牙旗的战船。文聘力战半日，识得正是江东先锋黄盖的坐舰，顿时无名火起——荆州水师毁于一旦，罪魁祸首就是这老儿。盛怒之际他也豁出去了，也不顾双方实力悬殊，令亲兵奋力划船，就追在黄盖船后，要找机会与老儿拼个鱼死网破；没想到竟因此找到曹操，眼见情势危急放了一阵箭，还真把黄盖射中了。

搁浅的地方大船过不来，文聘的小舟却游刃有余。他久经水战身手矫健，信手拾起一条长篙往浅水里一撑，身子借力而起，跃过战船之舷正落到曹操身边。江东诸人没料到曹军还有如此悍将，顿时怯了几分，加之黄盖中箭落水，剩下的士卒也没战意了，渐渐退回自己船上。这时乐进也带着兵沿岸赶到，众人不敢纠缠掉头而去。

尸体抛入江中，重新换上亲兵，乐进等人趟着水把搁浅的船推开，文聘亲自举着火把在前引航，这艘船总算重新踏上了逃亡之旅。

不过曹操父子在鬼门关前走一遭，已吓得瘫软在船板上；投水得救的桓阶、温恢等人个个落汤鸡似的，哆哆嗦嗦直打喷嚏；史涣身受重伤，又折了三根手指，正痛苦地呻吟。大家狼狈不堪地围坐一圈，你看着我我看着你，皆成惊弓之鸟，谁也没心思再说一句话……

第十五章
步步惊心华容道

迷途逶迤

曹操败军上溯长江而逃，本欲回归江陵，可这一路越走越害怕，水师全军覆没，长江水道已被敌人控制，倘若周瑜的船队大举追来，恐再不能幸免。行至巴丘一带，曹操下令登岸，将所有船只烧毁，由陆路继续向北撤退。他这个决定本是为了安全着想，没想到却让全军陷入更危险的境地……

转眼已到大寒时节，天地间一派寒荒阴霾之气。自巴丘到江陵，江北之地尽是连绵不尽的沼泽密林。可恼的东南风不见了，但又坠入了无边无延的阴冷之中，仿佛要把人冻成冰坨子。杳无人迹的沼泽地布满了枯枝烂叶荒草烂泥，被严冬冻结出一层冰壳，就像疮疖般令人恶心。只要一脚踩上去，就滑溜溜往下陷，半天拔不出腿来；一人多高的枯树林绵绵延延没有尽头，嶙峋的怪石如魑魅魍魉，散发着诡异的气息；一连数日都是阴天，根本瞧不见半点儿阳光，有时还会飘几片细碎的雪花，灰蒙蒙的浓云积满天空，一动也不动，仿佛随时准备压下来；还有那整日不散的大雾，弥弥漫漫渺如纱帐，把沼泽、密林、水塘、泥潭都笼罩在其中，浑浑噩噩辨不清方向，连禽兽鸟儿都瞧不见。

曹操在这片茫茫沼泽中辗转了好几天，莫说离开密林，连去江陵的路都寻不到，败军倒是陆续赶上，却像一群没头苍蝇，东南西北一通乱撞，就是走不出这片地区。到了这里连文聘也毫无办法，据他所说，这就是著名的云梦大泽，属于春秋时楚王游猎之地。曹操记得司马相如《子虚赋》中描写此地“丹青赭垩，雌黄白坿，锡碧金银。众色炫耀，照烂龙鳞”。身临其境才知文学与现实的差距。云梦泽方圆九百里，东到江夏，西过江陵，北到安陆，南缘长江，差不多都是一个样，山林沼泽纵横交织，就是荆州本土人也不敢在这个季节贸然涉足。

周瑜是否快追到，七军何时来援助，散佚的人马流落何方，这些曹操连想都不敢想，眼下最严重的危机是伤病和缺粮。自交战伊始瘟疫就是大问题，如今兵败逃亡，在这阴冷潮湿的沼泽密林里一折腾，染病的人更多了。现在他身边已集结了两万残兵败将，其中感染疾病的就小一半，每天都有士兵死在这荒僻野地里。粮食问题更严峻，离开乌林几乎把所有粮草都扔给了敌人，士兵身上不过是四五天的口粮，即便再省也吃完了，寒冬时节又不能采野果，无奈之下只能杀马。

曹操坐在一块大青石上，神情呆滞地望着士兵杀马——阎柔费尽心机在幽州驯养的好马，没用在疆场上，倒填了肚子，暴殄天物啊。可是不吃它又吃什么？吃人？且不论人伦之道，都是身患疫病的兵，敢吃吗？今天算是填饱了肚子，可明天又吃什么？

“父亲，快吃吧。”曹丕举着一块刚烤好的马肉凑到他身边，这位大公子如今也没了平日的贵气，和士兵们一起摸爬滚打，一身白狐皮的裘衣都滚得跟地皮一个颜色。

马肉并不好吃，没有调料烹饪，又干又涩，还有一股酸臭之味，曹操嚼了两口便觉恶心，干呕了两声，却什么也吐不出来。

“丞相，喝口水吧。”有个身材高大的年轻人双手捧着一支水袋递到曹操面前。他的名字叫窦辅，乃是先朝大将军窦武的孙子，身世颇为传奇，流落荆州为吏，前不久刚被曹操辟用。这些天他时刻不离左右，与曹丕一起伺候曹操的饮食。

曹操接过水袋，不禁诧异：“嗯？怎么是热的？”

窦辅憨然道：“这是我刚刚煮好的开水。”

逃亡之际锅灶都没带出来，如何做开水？曹操正不解，却见窦辅自背后解下个小包袱，里面是一个烧得焦黑的兜鍪——原来他把兜鍪刷得干干净净，用它盛水在火上烧。

曹操感慨不已：“你真是细心周到，等走出这片山林，老夫必定重用你！”几口热水送下，曹操浑身暖洋洋的，又嚼起了马肉，正觉有了些滋味，忽听有人高喊道：“风！起大风了！”紧接着周匝士兵都欢呼起来，真比打了胜仗还高兴。

刮风并不新鲜，可要看什么时候刮。曹军被困云梦大泽好几日，始终是阴冷无风的天气，又没有太阳，所以才辨不清东南西北，现在起了大风，不啻来了支援军，要引领曹军走出困境。曹操把吃了一半的肉都扔了，抓起一根枯枝当拐杖，迎风走去：“东北！这方向是东北，一定能到江陵！”

风不来则已，一来还真不小，吹得众人衣衫飘扬。不过曹军上下都很兴奋，曹操父子当先引路，荀攸、桓阶、温恢等互相搀扶，士兵们一霎时也仿佛来了精神，所有人都跟着往东北走去。可是没走多远，忽听头上一个闷雷，风渐渐停了，紧跟着牛毛细雨簌簌而落。士兵们先是一阵呆立，紧跟着唏嘘声起，所有人都哭了。

曹操刚燃起的一点儿希望之火就这样被灭了，矗立在冰雨之中，心情跌落到谷底——风没有了，又下起寒雨，粮食吃光了，马也即将杀尽，莫非天亡我也？

可就在这时，有人擦去眼泪高声喊嚷：“那边好像有人！”

曹操第一个感觉是周瑜的兵马追到了，眼下他这支败军毫无战斗力可言，遇到敌人便是死。曹操甚至觉得有些欣慰，死在敌人刀下总比困死在林子里强。曹纯、韩浩、邓展都抽出兵刃护在曹操周围，就连身负重伤时而晕厥的史涣也拄着刀凑过来。

雨一起雾就散了，幽深的树林瞧得挺清楚，但见右前方的树木在摇晃，传来沙沙响动，看那松涛阵阵，显然不是百八十人的小队伍。所有人都屏气凝神望着那里，也不知是等待搏杀还是最后解脱。

似乎过了很久，有一人骑着马出现在曹军面前，此人五十多岁，虽然衣衫破烂却还算干净，头上甚至还戴着峨冠。曹操惊异地叫出了一声：“蒯异度！你、你怎么会在这里？”

蒯越比他更吃惊：“丞相！您还没到江陵？”既而拨马大呼，“大家快来啊！丞相在这里！”不多时，一大群人从林子深处陆续走来，有王粲、傅巽等荆州僚属，将军张憙，连重病在身的蔡瑁躺在车上也被推了过来，还有千余名士兵。这支部队兵刃铠甲齐整，都背着鼓鼓囊囊的干粮袋，甚至还有几车粮草和军帐。

原来周瑜纵火之夜，蒯越等一干荆州属僚留守中军营，闻听寨中大乱，出外观看但见江畔火光冲天，还以为曹操已经撤了，遂涌出北门准备逃跑，恰与后营张憙所部一千多人相遇。他们这帮人大多熟悉荆州地理，便自告奋勇为张憙充当向导，不循沿江之路，而是北上入山，从隐秘的小路而逃。他们走的路安全隐蔽，却蜿蜒曲折，本应落在后面，但曹操被困云梦耽误了时日，故而巧遇。

蒯越听曹操说明困境不禁一笑："丞相无需忧虑，属下精熟此间道路，常与荆楚之士畅游云梦。此处往北……"

"哪里是北？"这位大丞相正找不着北呢。

"便是您来的那边。"

曹操哭笑不得——原来自己南辕北辙了。

蒯越伸手指去："一直下去涉过一片沼泽有条狭窄古道，可直通华容县，因为年代久远已被泥淖覆盖，不过我还是识得的。其实现在不过是时气不好，若逢阳春盛夏，风景宜人适于渔猎，有机会我再带您来……"

曹操连连摇头——这辈子绝不再来了。

曹丕也觉庆幸："蒯大人，既然遇到您，先别忙着走了。我们的士兵已经断炊，若有余粮先分给大家，再支起帐篷睡上一大觉，养足精神才好赶路。"

"粮食帐篷倒都有，不过咱们可耽误不得。"蒯越的表情凝重起来，"昨天我们的斥候禀报，东面方向有刘备的人马出没。"

"什么？刘备的人马？"曹操惊诧不已。

"这一路我听乡人传言，刘备与周瑜合兵之际预留了两千精锐。周瑜纵火之夜，他率领这支部队涉过汉水，想从陆路袭击我军，想必现在已追到云梦泽了。我们也是紧赶慢赶，想尽快离开这里。"

曹操预料会被敌人追击，可没想到刘备会比周瑜来得还快，暗骂大耳贼坐收渔利老奸巨猾，如今败军无抵抗之力，碰上就完了。他立刻发话："事不宜迟马上赶路，叫士兵抓些干粮，边吃边走！"

紧张的逃亡又开始了，所幸这次有熟知地理的蒯越带路，沿途顺利了不少。曹操这几天也疲乏了，曹丕、窦辅干脆把他搀到蔡瑁病卧的平板车上，叫士兵推着他二人走。

蔡瑁自那日无意间目睹曹操害死许攸，一直处于惶惶不安的状态，这一路虽然食水不缺，但毕竟在密林穿行受了瘴气，脸色苍白，眼窝都凹下去了。曹操瞧着他这惨模样，不住安慰：“你再忍忍，等回到江陵好好养病。”

蔡瑁深悔未把东南风之事及时告知，心中满是自责：“你将水军托付于我……我未能多加留心，实在有愧。”说虽这么说，他却仰卧在那里，始终不敢正眼瞧曹操一眼，唯恐看上一眼，就会把那些恐怖的情景忆起。

曹操抚着他胸口，叹道：“你突然染病，未能尽职也是人之常情。没关系，咱们是老朋友嘛。”

殊不知蔡瑁的心病比身病更重，最怕就是这“老朋友”三个字。闻听此语不禁颤抖起来，发出一声痛苦的呻吟。曹操全不知晓，兀自念叨着：“孙权孺子和那大耳贼不过一时得势，要打败老夫可没那么容易。等我到了江陵招拢败军，再调七军人马，定能反败为胜！”

话说到这里，前面的部队忽然停住了。

“怎么回事？”曹操跳下车来。

韩浩回奏：“前面有一片沼泽。”

曹操步入兵群来到最前面亲自观看，但见漫漫林间却又一片漆黑的泥淖之地，有几个兵已经下去了，烂泥竟有齐腰深，举步维艰极难通过。曹操不禁皱眉：“没有别的路吗？”

蒯越也无可奈何：“这是最近的路，过去再向西就是华容古道。别的路也有，得从东北方绕，恐怕要耽误大半天路程。”

半天路程可耽误不起，已经得知刘备军就在附近，若是这大半天叫人家追上就麻烦了；可是硬从这里过，所有的士兵趟过去也得一两个时辰，多耽误一刻都是危险，这怎么办？这会儿后面的将领和大队人马也赶到了，曹操望了望那些病势不轻的老弱残兵，眼珠一转有了主意。

他走到那些疲病士卒面前，唉声叹气道：“前有沼泽后有追兵，眼看涉过这里就能脱难了，可叫敌人追上如何应付？你们这些人都已染病，不能再作战了。以我之见你们各负柴草下去填道，老夫命可战之士在后戒备，倘敌兵追至暂且抵挡一时。你们也不必作战，只要尽快把路垫好就行。众位觉得如何？”

这些兵面面相觑——这办法倒也使得，虽然他们身上有病，但背草垫道还是办得来的，何况是丞相亲自过来说话，一副商量的口吻，岂能不应允？大伙说干就干，有百余名伤病之士动手收集枯草，曹操不叫他们费事，反正马都杀了一大半，干脆把张憙带回的草料给他们分了，再加上些枯枝败叶，每人背了一大捆，下到沼泽里去填路。

曹操眼见他们陆续下去，悄悄走到韩浩、曹纯身边："还有多少马，都集中到这边来，叫虎豹士都骑上，听我号令。"说罢慢吞吞又回到蔡瑁那平板车上，盘腿瞅着沼泽里的士兵。

不多时，韩浩、曹纯把所有马匹都集中过来，虎豹士各跨雕鞍，可谁也搞不清曹操在想什么。曹操也不说话，眼珠一动不动地盯着沼泽里那些疲病之士。这些人毕竟气虚体弱，在烂泥里折腾半天才挪开步子，开始时垫的是边缘地方，后来渐渐散开，布满了黑漆漆的沼泽。

忽然间，曹操自车上一跃而起，对着虎豹骑喊道："驰过去！"

韩浩、曹纯皆是一愣，没明白他什么意思。

"驰过去！"曹操又喊了一声。

这次二将明白了，瞪着惊恐的眼睛不敢相信。

曹操放声吼道："违抗军令就地正法！驰过去！"

韩浩五内俱焚，脑中一片空白，索性两眼一闭，朝着马背上狠落一鞭，当先朝沼泽冲去，曹纯紧随其后。虎豹骑皆感震惊，可连将军都走了，自己又岂能不跟着。霎时间数百骑奔驰而去，生生从那些士兵身上踏过，耳轮中只闻一声声惨绝人寰的号叫——沼泽泥淖已被死人填出一条路。

蒯越、荀攸、窦辅等人都惊呆了，皆以异样的目光望着曹操。而曹操却仿佛如释重负，跌坐在车上，痛苦地摆了摆手："别这么看着我。老夫也是迫于无奈，若叫刘备追上，死的又何止这百余人？过去吧……"

话音方落忽听身后一声惨叫——蔡瑁一个激灵，从车上翻倒在地。

"德珪，你怎么了？"曹操连忙抱起。

蔡瑁瞪着一双大眼睛，恐惧地望着曹操，既而张着嘴大口大口地喘息，仿佛他胸腔已被掏空，迫不及待要吸进气息将它填满，那粗重的声音犹如牛吼，简直不似人类。

曹操预感不妙，扶住他肩膀："德珪，你要挺住啊！"

蔡瑁浑然没听见，兀自瞪着眼张着嘴，喉咙里发出"格格"怪声，四肢也不受控制地抽搐着。"你可不能去啊，老朋友！"曹操一言未毕，蔡瑁喉间咕哝一声，脑袋重重地垂了下去。

曹操痛彻肺腑，轻轻合上他的双眼——幼时的好伙伴，分别三十多年了，才重逢几个月就生死分别。曹操始终也不明白，老朋友是被他吓死的。

众人都被这一系列变故闹蒙了，隔了好久，蒯越才抹着眼泪道："丞相不要难过，还是尽快赶路吧。德珪的尸首尽快运回襄阳，好生安葬便是。"其实蒯越比曹操还难受，共事半辈子，岂能不动真情？可话只能这么说。

士兵把尸体抬回车上，大伙心情沉重，但还得以更沉重的心情走过那段死人铺成的路。曹操一门心思在回忆自己和蔡瑁的儿时往事，不知不觉就过去了，其他人可没这么轻松，有的蹑手蹑脚，有的颤颤巍巍，似王粲、阮瑀、应玚之辈的文人，几乎是含着眼泪叫人搀过去的。连曹丕也吓住了，这位大公子落在后面，半天才敢迈腿，唯恐哪个人未死透，要拉他下去。走了一半，忽见贾诩从他身边而过，拄着根杖，恰似走在许都大街上一般毫不在意。

"贾大人，您心肠好硬啊！"曹丕不禁念叨了一句。

贾诩叹了口气："唉！公子有所不知……这不过是看得见的路，那些看不见的呢？在咱们这个世道里，一切富贵之路、尊贵之路、仕途之路，哪条不是死人垫起来的……"话说一半甚觉不该多言，又低下头快步去了。

无论如何曹军总算涉过险地，踏上了华容古道，又走了一阵只觉夕阳西下，就此安营扎寨。在云梦泽行军就这点儿好处，到晚上可以放心休息，即便有敌人，他们也不可能深夜在密林沼泽间行军。不过回想起白天以人垫路的事，谁又睡得着呢？天不过蒙蒙亮，曹军便再次启程，又跋涉了半日，总算走出了云梦大泽。

到了坦途大道，曹军就算脱难了。这里毕竟还属曹操控制范围，刘备兵力有限，还不敢在平原开阔之地造次。但刚走出来不远，就觉背后异动，回头观看，就在曹军刚走出的那片密林间升起了滚滚浓烟！

这情形实在叫人不寒而栗，倘若稍迟一步，所有人都要葬身火海之中了，直到此时大家才觉曹操以人垫道，节省时间也算是不得已的权宜之法。曹操望着那火不禁冷笑："刘备还算个对手，不过得计稍晚，寻不到我就该早放火。现在下手，太迟了！等着瞧吧，我调来七军先收拾你！”

经过半个多月磨难，曹军总算脱离虎口，不过还不能掉以轻心，须尽快赶到江陵召集兵马，因而不奔华容县，继续向西而去。没行出去多远，就见尘沙飞扬，对面来了一小股部队。众人皆有惊惧之色，曹操却道：“周瑜新近得胜，还不敢来这里，一定是自己人。”

果不其然，这股几百人的小队伍奔至近前，领兵的竟然是张辽和许褚。张辽是七军统帅之一，原在襄阳附近屯驻，许褚奉命护送曹冲等一行人回谯县，这俩人得知战败，都带着亲兵赶来接应，偶然碰在一处。二将见到曹操立刻下马参拜：“惊煞我等！主公无事，万幸万幸！”两条大汉连连叹息。

曹操此刻的心情还算不错：“胜败乃兵家常事，也无需多在意。待我再调人马与孙刘二贼鏖战！”

张辽、许褚皆是好战之人，平时一听说打仗，笑得嘴都合不拢，今天却耷拉着脑袋死气沉沉。

“怎么回事？”曹操感到一丝不对劲。

许褚禀奏道：“主公，仓舒公子的病……”

“冲儿怎么样了？”

“公子病势转重，卢洪从兖州把华佗的大弟子李珰之抓来诊治，他也束手无策……不过，李珰之说他师傅留有一部医书，好像叫什么《青囊书》，似乎带进了狱中。如果能找到这部医典，说不定还有救治之法……您别着急，千万别着急！”

曹操半晌无语，岂能不急？

张辽也道：“末将也、也有事禀奏。”

“不必说了，”曹操暂时抛开对儿子的挂念，斩钉截铁道，“你先去调襄阳七部人马来江陵，我要与孙刘二贼再战。”

张辽愁眉苦脸摇了摇头：“没法再打了，出事啦！”

曹操一阵眩晕，强打精神问道：“怎么了？”

“数日前孙权率十万大军渡江攻打合肥，袁术旧部陈兰、雷薄、梅乾等趁机叛变，已攻克六安县。恰逢扬州刺史刘馥病逝，淮南战事已乱。护军赵俨已督七部兵马前去戡乱，单派我来接应您。合肥被困尚缺救兵，咱们……咱们已无兵可派了。”

雪上加霜

赤壁战败的影响远远超过了曹操的估量，这不单单是战场上受损，而是大大撼动了整个局面。荆州方面受敌，孙权趁机率十万大军杀至江北包围合肥，姑且不论这“十万大军”可不可信，合肥会不会陷落，但至少造成了恶劣的影响。处于庐江、九江二郡的陈兰、雷薄、梅乾、雷绪等本为袁术旧部，盘踞江淮亦兵亦匪，早与孙氏有千丝万缕的关系，不过迫于局势才归顺曹操，貌恭而未心服。如今曹操战败，孙权进攻合肥，扬州刺史刘馥又恰在此时病逝，他们终于有机会兴风作浪了，立刻召集旧部，转瞬间就攻占了氐县、六安、潜山等六个县城，叛军达到五六万人。

曹操原指望召集七军再战周瑜，现在不可能了，他连救援合肥的人都派不出了。无奈之下只能把所有马匹装备给未受损伤的张憙一部，命他带领那一千多人赶赴合肥。原本还想调汝南李通去救，可又得到消息，李通剿灭桃山叛匪张赤，虽然已经得胜，但打完仗就病倒了，暂时无法领兵。只好叫张憙先奔汝南，把李通麾下三千兵带上再去解围。

又经过两天的艰辛跋涉，曹操终于撤退到江陵，不过仅仅停留了几日，便启程继续北上。他很清楚，淮南出了问题，周瑜与刘备不会轻易罢手，势必要趁势攻打荆州，他手下的残兵败将已没有战斗力，必须寻一处清静地方进行休整；现在淮南受敌，荆州也受敌，他绝不能羁绊在任何一处战场，必须选个合适位置居中观察，以便往来救援不受牵制。这个最佳地点就是家乡谯县。

曹操命曹仁、曹洪继续驻守江陵和夷陵，又派满宠守当阳，乐进守襄阳，调徐晃所部南下，一方面为了御敌，另一方面也是尽量召集流散的部队，他自己则带着疲惫不堪的败军北上还乡。

建安十四年（公元209年）四月，举步维艰的曹操败军终于回到了谯县，不过刚一下马，就有个巨大的噩耗等着曹操——他最宠爱的儿子曹冲已病入膏肓无药可医了。

经过许都方面的查找，华佗的《青囊书》终于找到了，不过不再是卷册，而是一团灰烬。华佗之所以在曹操拿下荆州后告假还乡，也是为了这部医书。普天之下皆知沛国华佗与南阳张机是当今两大神医，张机著有《伤寒杂病论》，华佗却始终没能完成著作，荆州归顺两人有了见面交流，华佗自不愿输于张机，故而谎称妻子有病，回乡完成著作，意欲与张机交流技艺，不想因此引来杀身之祸。华佗在狱中料想难免一死，便把刚刚完成的《青囊书》托与一名狱卒，告诉他精研此书可以救人。哪知华佗死后那狱卒竟一把火将书烧了，卢洪、赵达查起此事，喝问那狱卒为何烧书，人家的回答有理有据："纵然学得与华佗一样神妙的医术，到头来也是枉死狱中，留它何用？"

李珰之费尽心力束手无策，眼看曹冲连汤药都灌不下去了，只得跪倒在曹操面前顿首请罪。

"庸医！"曹操指着他鼻子破口大骂，"给我继续医！若医不好，我要你全家的性命！"

李珰之本就是个木讷怯官的人，老师又被曹操所害，实是硬被抓来给曹冲看病的，见曹操怒不可遏，早吓得哆嗦成一团，连句整话都说不出来了："丞、丞相莫说杀我全、全家，就算杀、杀杀我全族……我也……"

"我不管！你要给儿医好，否则我扒你的皮！"曹操不再理他，凑到榻边注视着儿子——几个月前曹冲还活蹦乱跳，会说话会办事，会讨曹操欢心，跟个小大人一样；可现在却昏迷不醒，躺在那里一动不动，浑身上下又湿又烫，人的生命竟是如此脆弱。

曹操摸着儿子的额头，轻声呼唤："冲儿！仓舒！你睁开眼看看为父，跟我说句话啊，你听见没有？听见没有？你娘亲还在邺城等着你回去，你醒醒啊……苍天！为何这样戏弄我曹某人！"霎时间曹操又想起了当年惨死宛城的曹昂，他感觉老天爷在故意捉弄他，两度让他器重的嗣子亡故。丧子之痛一次还不够，老天爷偏偏要在他最失落的时候再给他一次打击，击得他肝肠寸断，五脏六腑都碎了。

曹丕、曹植、夏侯尚、曹瑜等亲眷也守在榻边，见他痛苦已极，起身相劝："丞相莫要过于悲痛，当心伤了身体……"

不劝还好，这一劝曹操满腹邪火变了方向："我悲痛？我悲痛什么？冲儿还没死呢，你们盼着他死吗？"一句话吼得几人呆若木鸡。曹操用手一指曹植："你是怎么照顾你弟弟的？是不是你把他害死的，说！"

曹植吓一跳，赶紧跪倒在地："孩儿岂敢行此禽兽不如之事？"

"有什么不敢的？这世上之人为了权力什么事做不出来？冲儿若死了，你也别想有好日子过！"曹操忽然把手一转，又指向了曹丕，"还有你！冲儿死了你就高兴了，是不是？"

曹丕立刻矮了半截，趴在地上连连顿首："孩儿不敢……"

夏侯尚、曹瑜见此情景也跟着跪下了，主动为二人开脱："皆是我等照顾不周，与两位公子无干，丞相息怒。"

曹操哪里息得下怒？背着手在房中转来转去："你们统统恨我儿不死，是不是也想把我害死！我饶不了你们，还有孙权小儿、大耳贼刘备……"他悲恨交加，思绪已有些混乱，"他们都是害死我儿的凶手！我曹某人不会善罢甘休，我曹某人是不会失败的！"他张牙舞爪喊了这么两句，忽然身子一歪，俯倒在榻边，双手抱头不住呻吟——一年多未犯的头风病又重新发作了。

曹操感觉头上剧痛天旋地转，闭上眼睛，再没有呐喊的气力。众人一阵大乱，李珰之向前跪爬几步，磕磕巴巴道："我、我配副汤药，能治头风，是、是否……"

"哎呀，别废话了，还不快配！"曹瑜急得跺脚。

李珰之哆哆嗦嗦把药配好，交与夏侯尚去煎，仗着胆子为曹操按摩头部。不多时汤药煎成了，曹丕吹了又吹，一匙一匙往他嘴里喂。这会儿曹操呼吸已趋于平和，只喝了小半碗，便慢慢睁开眼睛："我不该归罪你等，委屈你们了。"这阵突如其来的病痛使他态度和缓了下来，也渐渐想清楚些了。

曹植却道："儿等受父亲养育之恩，谈何委屈？父亲安心养病，不要想太多。"

曹操微微点头，又看看李珰之："你也能治老夫的头风？"

"在下学艺不精，只会配药煎药，不甚通针石之术。"李珰之所言不虚。若论对药性药理的研究，他甚至不亚于老师，但论及针石之术就不行了。

曹操叹了口气："那你就不能给我儿治好病吗？"

"公子之症乃气虚体弱与伤寒之疫并发，在下才力不逮，若要治好此病，恐怕只有我老师才行，或者……或者请来南阳张仲景，也未可知。"

曹操摇了摇头——华佗叫他杀了，赤壁战败江南四郡鞭长莫及，怎么请张机回来？即便私下派人找到，人家又愿意来吗？曹操此时方才追悔莫及："我悔不该杀华佗，若此人还在，冲儿焉能不治？"话未说完已满眼泪花。

曹丕、曹植也不禁怅然，李珰之听他可算承认老师死得冤，更是唏嘘不已。曹操拍拍他肩头："生死有命，你能尽多大力，便尽多大力，老夫也不再强求。你来治病，老夫去求天求地求鬼神，但愿能保冲儿渡过此劫。"素来不相信天命的曹操竟要为儿子祭祀祈福，当真是无可奈何了，"从今以后，老夫的头风也由你诊治。"

李珰之闻听此言又是一阵颤抖："在下只通汤药，此法甚慢，恐不能似师傅般针到病解。"顾虑是当然的，华佗那么大本事曹操还嫌慢，凭他的手段还不得死一百次？

曹操却宽宏道："没关系，慢慢来，老夫不怪罪。"朱砂不足红土为贵，两大神医他都错过了，剩下这么个精通药理的李珰之，难道还不知珍惜？

方说到这里，又见门帘一挑，楼圭满脸焦急走了进来——他受命运送王儁灵柩回汝南下葬，哪知走了几个月竟发生这么多变故。楼圭满腹不解，尤其听说许攸在军中落水溺毙，死得不明不白，同学之义岂能不问？正要找曹操计较清楚，却见他病怏怏歪在那里，满腹之言竟堵于喉间："你怎么也病了？"

曹操低着眼没有看他："老毛病，不碍的。"

楼圭见此情景不知如何开口，只道："当年我与你，还有子文、子远相交甚厚。子文归葬之事我已办妥，子远又骤然弃世令人惊异，你可更要保重身体。"

曹操听楼圭道"子远又骤然弃世令人惊异"，心头不禁狂跳——他自然不必怕楼圭，但万事逃不过一个理字，杀许攸既是酒后冲动，也是积怒已久，这些话如何向楼圭明言？提到王儁，他更加不安，昔年曹操罢官在家，王儁前去探望劝他再次出仕，当时曾嘱托："许子远贪而好利，楼子伯倔强耿介，若有一日触怒，还望你念在故旧之情多加容让。"事到临头怎么全忘了？又如何对得起九泉之下的王儁？

楼圭见他变颜变色又不敢看自己，心中的猜测已核实了八九分，长叹一声摇头而去。

曹操心中不宁更觉头上难受，忙端起剩下那半碗汤药，一股脑都灌下去——自己作的病自己受，吃苦头又能怨谁？忍着吧。

游说周瑜

求神求鬼终究于事无济，李玶之也尽了最大的努力，可曹冲还是夭亡了。几个月前曹操那可怖的幻想竟变成了现实，那具弱小无助的躯体似乎命中注定一般躺到了棺椁里，终年只有十三岁。

往者已矣，曹操还得强忍悲痛处理焦头烂额的战事，这场可恼的战争还未结束，周瑜、刘备的先锋部队已至江陵，与曹仁、曹洪展开厮杀；孙权大军依旧围困合肥；袁术旧部的大叛乱还在蔓延。曹操又调臧霸率青州部南下助战，任命夏侯渊为领军将军，代替自己率领还能勉强作战的士兵前往庐江平叛，剩下的就只有等待了。

赤壁之败丧师数万，尤其自荆州接收的军队几乎尽数失去，那些逃散未死的北方部众或至襄阳，或至当阳，或者直接逃到谯县，大都零零散散失去建制。要把这些残兵败将聚集起来，补给辎重重新编制还需一段时日，这必须耐心等待。

或许是命运故意捉弄，恰在此时，有一位曹操征辟多年想要一睹真容的老贤士来到他面前——河内张范。

张范，字公仪，出身公侯世家，其祖父张歆曾任司徒，其父张延也曾在先朝担任校尉，被宦官构陷而死。张范与父祖两代不同，年近古稀却从未当过官，以恬静乐道，乐善好施著称，尤其是他早年拒不肯与袁氏一族结亲，更令曹操高看一眼。曹操想召见张范已将近十年，却始终不能如愿。当初曹操收复河内，张范偏偏在扬州避难；平定河北时再次征辟，张范又在北上途中染病，停留在广陵，只好派其弟张承代替自己拜谒曹操。张范毕竟年事已高，养了一年多的病，好不容易要启程赶往许都，他家的子侄又被山贼擒获了，张范亲往贼穴，又是游说又是恳求，总算要回了子侄。原以为可以放心登程了，没想到途经扬州又赶上了叛乱，这次老人家毅然决定，冒着战乱之险直接来沛国见曹操。经过这么多挫折变故，两人终于见了面，这可真是乱世之中的一桩奇闻。

曹操当即拜张范为议郎、参丞相军事，不过对他而言，这场会面颇有些讽刺意味。他原以为自己可以功成名就风风光光，以救世主的姿态傲然接见这位老先生，没想到张范会在他最狼狈、最悲惨的时候到来。身为当朝丞相本应关照这位乡野之士，没想到事情颠倒，反倒成了一位积古的老人特意跑来安慰一个失败者。

“传说唐尧之际洪水泛滥，全赖大禹治水解民倒悬，也因而奠定了夏氏基业。为规划地域考课田顷，大禹将天下之地按土壤之别划为九州……”张范斜靠在一张几案边，边说话边把玩着手中的拐杖。这位老人瘦骨嶙峋，穿着粗布的长衫，脸上皱纹堆垒，修长的银髯似雪一样洁白，讲起话来慢慢悠悠，颇似深邃的智者；在张范身边还侍立着一位三十多岁的文士，乃是名扬江淮的蒋幹蒋子翼，他是听说张范要去沛国，特意赶来陪同侍奉老人家的。

张范缓缓地讲，蒋幹洗耳恭听，曹操却耷拉眼皮有些心不在焉。他喘着粗气靠在几案的另一边，也在听张范说教，不过心里想得更多的还是战事，以及刚死去的儿子。不知何时起，他竟把这两件事连在了一起，仿佛是赤壁战败导致了曹冲的夭亡，他陷入了急切的报仇欲望中，久久不能自拔，而复发的头风病更使他日夜煎熬，精神恍惚。张范早就把这位落魄丞相的一举一动瞧得清清楚楚，却毫不在意继续往下说：“这九州之中以扬州最为贫瘠，卑湿水热土壤泥泞，所以被定为下下等。昔高祖与项羽争天下，垓下之战项羽落败，自称无颜见江东父老，自刎于江畔。固然是他弑杀义帝，子弟兵丧尽，有愧江东之民，还在于江东并无多大实力。古人言吴越争霸，阖闾、勾践何等英雄，其实也不过数千人马辗转为战，远不及中原霸主，最终不过一时之杰。想那楚国也算泱泱大国，春秋都城在郢，汉初都于下邳，吴国之都乃在广陵，皆处江北。直至淮南王刘安击南海国之时，渡过大江尚未遇敌，病死者过半，皆因贫瘠湿热山越纵横，至于百姓耕种锄刨更是所出无几。那时江东根本就没有一争天下的本钱，也从未听说有人曾于江上征战。”

曹操听到这里倏然抬起头来。他原本以为这位老先生谈什么玄而又玄的道理，可渐渐话归正题，论的是江东之事，才渐渐感到他的话可能与自己的失败息息相关。

张范见他换了一种眼神望着自己，欣然一笑，接着道：“到王莽篡国之时，中原动荡百姓多迁于江东，才广为辟田开荒。至孝景皇帝时，庐江太守王景修复芍陂，灌田万顷。孝顺皇帝时，会稽太守马臻始利镜湖，再辟良田九千余顷，从此由会稽郡地界中分出吴郡，江东之地才开始有些兴盛，细算起来这不过是近几十年间的事。”

曹操久久无法解开的心结恰恰在此：“诚如先生所言，我始终不明白，既然江东未为富庶强大，我发十万余大军临于江表，孙权小儿何敢抗拒不降？”

“老朽要告诉丞相的恰恰在此。”张范叹息一声，“我前些年南下避难也曾到过江东，亲眼目睹了孙氏之治。孙策虽以兵戎起家，然指掌江东之后折节下士，励精图治，迁江淮之人以充民户，夺山越之土以开耕稼。孙权继位以来更是效仿中原施行屯田，囤积仓廪以备征战。张昭、张纮之流，江东人望所在，高洁之士无不影从；程普、黄盖之辈，披肝沥胆忠诚无二；那周公瑾可堪文武双全人中之杰。雄睿之主居其上，忠勇之吏充其下，田亩日增资财日盛。今日江东早不是当年的荒蛮之地啦！”

若是先前有人说这种话，曹操必会将其痛斥一顿，可现在听来却只能接受了。他是低估了江东的势力，在他印象中江东还是卑湿水热土地贫瘠，却不知人家励精图治早已不可同日而语，有这样的实力当然要横下心来搏斗。曹操似乎明白一些了，但他仍不愿意接受失败的命运，森然道：“即便江东已强，老夫坐拥北方诸州之大，关西众将闻风归顺，辽东、鲜卑朝觐不绝，西蜀刘璋遣使奉贡，以天下之大独对江东，难道还不足以取胜吗？”

张范并不反驳，转而道：“丞相自攻战河北以来岁岁征伐，三年前定青州，两年前远涉塞外，回军之际未加休整又练水战，去岁先夺荆襄又图江东，三军将士难免疲惫，因此才会助长恶疾。古人云‘强弩之末不能穿鲁缟’，为国者亦当与民休息，与兵休息，所谓‘善为国者，驭民如父母之爱子’。”

这些道理曹操也懂，却丝毫听不进去，此刻他脑子里充盈着偏激与仇恨，时至今日战争已不仅是统一天下的问题，曹操更想挽回失去的名声和威望——曹孟德永远是正确的，永远是不败的，怎么可能输？怎么可能有人敢不服？他猛然站了起来，一边揉着隐隐作痛的脑袋，一边踱来踱去。

张范瞧出他心浮气躁，但还是接着劝说：“老朽恳请丞相以天下为重，休养生息造福吏民，兵戎之事不可急于求成。”

曹操现在心里就是一个“急”字，怎听得进良言？只道：“先生见教的是，不过天下未定，此时休息，天下何日方能一统？我还要召集人马再次兴兵。赤壁虽挫尚有败军，若聚拢余部再募新兵，仍可得数万之众，我就不信区区江东之地这么难打！孙权不是在合肥么，老夫要率兵前去较量，倘若得胜便可顺淮水而下再图江东！”

张范与蒋幹对视了一眼，无可奈何——曹操陷入穷兵黩武的怪圈里，简直有些不可理喻了。

“子翼！”曹操忽然又把矛头指向蒋幹。

“诺。”蒋幹先前也曾求仕途之路，梦想宣扬教化辅佐圣主，但身处乱世心灰意冷，如今只想做个闭门读书之人，其实已算不得曹操属下，可听到那严厉的呼唤，还是不由自主屈身答应。

“听说你与周瑜相识有旧，可是真的？”

蒋幹的心都快蹦出来了，搞不清曹操究竟有何居心，又不敢欺瞒，只好如实回奏：“在下昔日游学江淮，是曾与公瑾相交。”

“好，我想派你去见见他，劝他投降。”

什么？蒋幹以为自己听错了——打赢了劝人投降还差不多，你打输了，又凭什么去劝降人家？

曹操却煞有介事：“你就以朋友的身份去见见他，晓之以理动之以情，劝他不要再行无益之事。以区区江东抗拒中原，早晚是会落败的。老夫觉他是个人才，不忍他功名未遂，只要他肯北上投诚，日后必定不失封侯之位。孙权所恃不过周瑜知兵，若周瑜肯降，江东必定纳土。至于大耳贼，势单力孤一战可定矣！”

蒋幹实在有些为难，这件事根本无需考虑，去了只能自取其辱。他赶紧跪倒在地：“在下无能，恐不能当此重任。”

曹操毫不通融：“此事成败与否老夫必不加罪，你但去无妨。”

“非是在下畏难，实是知晓公谨其人，必不肯屈膝于敌。请丞相收回成命。”

“你不肯奉命吗？”曹操通红的眼睛已渐渐冒出火光。

蒋幹吓坏了，情知再不应允祸不旋踵，忙道：“我去！不过……”

“去就好！”曹操一甩衣袖，根本不听他再说什么，“我料周瑜也是识时务之人，自会权衡轻重。天下一统战乱自解，这也是为了芸芸百姓。不过老夫也不能掉以轻心，我现在就去巡视军营，从明天起调集人马继续练兵，一定要与江东拼到底！”说罢丢下两位客人，昂首阔步出了大堂。

蒋幹领了这么个受罪的差事，长叹一声瘫坐在地，半天都没缓过劲儿来；张范以衣袖掩口嘿嘿笑了起来。

“老前辈，您还笑得出来啊？”

张范借着拐杖之力，慢慢站了起来：“圣人言，六十耳顺。我都这把年纪了，还有什么事看不开？自古成败利害不过一时，又有什么可在意的？”说完还伸手拉了蒋幹一把。

蒋幹借势而起摇头叹息：“昔日我也曾在许都，那时曹孟德也勉强称得上公正贤明，如今一场败仗怎么就变成这样了？”

张范拄着杖小心翼翼迈下台阶：“他自官渡以来顺风顺水再未受挫，已无当年许都初建如履薄冰的那份耐心了。顺我者昌逆我者亡，思慕天命利令志昏，藐视天下英雄。听不进良言，不愿听良言，所以偌大一个朝廷只有他一人在处置，当然要栽跟头。”

“我这差事可怎么办呢？”蒋幹追过来搀起老人家胳膊。

张范笑呵呵道：“你只管去，办事不成也不算无能，就当会会老朋友也不错嘛。”

蒋幹却轻松不起来：“以他今日之喜怒无常，周瑜不降，他若迁怒于我如何得了？”

“不会的。”张范摇了摇头，“曹孟德并非庸人，不过是钻了牛角尖，一时出不来，他早晚会想清楚的。他若果真是个穷兵黩武之人，也不可能兼并诸州走到今天。”

“您的意思是……虽然他一时受挫，可早晚还会统一天下？”

“这老朽可说不好。”张范收住笑容，抬头仰望着碧蓝的天空，“世人只能尽人事，而不可知天命。以曹操之才原可与古之名将比肩，但古人焉知今人之事？又岂会料知江东可成势力？昔日秦皇、高祖、世祖一统天下，都不曾以江南为虑。虽然曹操轻慢致败，不过也颇有可谅之处，他毕竟是第一个挫于大江之人。唉！泱泱大江困煞豪杰，自古无不灭之朝，不知千载之下又将有多少英雄望江兴叹呢！”

第十六章
战败总结，曹操追悔莫及

合肥偃兵

曹操不甘心这次惨败，他仅在谯县安稳了数日，又开始着手备战，又是招募新兵又是制造战船，重新操练起水军。可苦了那些刚刚逃归的残兵败将，还没来得及松口气就要投入新战斗，许多人还身在创伤病痛之中，也不得不再上征途玩命。

中原之地毕竟实力雄厚，短短两个月时，又聚集起六七万兵马，新造舟楫近千只。不过这次除了曹操本人并没有其他参谋将领看好，赤壁惨败教训不远，况且连荆州装备精良的大战船都不能得胜，就凭新造的这些小船，岂能逾越长江天险？但曹操仿佛陷入了魔障，一心要征服江东，挽回不可战胜的名誉，在一片争议和哀怨声中，大军自谯县出发，由淮水而下前往合肥。

正如大多数人预料，这又是一次损失惨重的出征，三军劳苦士无战心，完全是慑于军令的行动。而且江淮之地还在闹瘟疫，先前感染伤寒的士兵许多还未痊愈，如今又漂泊舟楫踏入险地，对于他们而言简直是生生踏入了鬼门关。自谯县出发伊始就有士兵因病死亡，情况愈演愈烈，船队几乎是一路行进一路往河里抛尸体。天气已经转热，大军所经之地都弥漫着腐尸的气味。这样疲病的军队又有何战斗力可言？淮水两岸的百姓也颇为震骇，唯恐曹操再抓壮丁以充兵源，纷纷逃亡他乡。

在付出了死亡近万的巨大代价后，建安十四年七月，曹操终于赶到了合肥。不过遗憾的是，他未到之前，孙权已带着军队撤回江东了。

孙权虽号称十万大军，实际上只有分派周瑜后剩下的两三万兵，能闹出这么大风波全是拜曹操落败人心不稳所赐。另外陈兰、雷绪等人叛乱也帮他助长了气焰，搞得江淮之地人心惶惶。合肥告急之际，曹操只勉强抽出张憙率千余骑救援，再加上汝南之兵也不过三四千，这点儿兵力根本不可能逼退孙权。危机时刻扬州别驾蒋济突发奇谋，命人伪造军中奏报，硬是把援军的人数夸大了十倍，声称有四万大军赶来救援，派人扮作传令之士分作三队假装赶奔合肥送信，故意引诱敌军截获。果不其然，伪造的书信落于孙权手中，得知四万大军来救孙权慌了手脚，料想曹操虽败实力仍不可小觑，唯恐有失退兵而去。

合肥城之所以能在围困中坚守百日，不仅是官员将士的功劳，也是已故扬州刺史刘馥的功劳。当年前任刺史严象被李术所杀，孙权又击杀李术，迁走大批江淮之民，刘馥受命时合肥几乎是一座空城，是他招募百姓恢复生产，兴办学校推行屯田，不仅兴修芍陂、茄陂、七门、吴塘等灌溉沟渠，还扩建加固了合肥城。而且就在他病势沉重即将去世之际，还特意安排官兵囤积粮草，准备滚木擂石，深沟高垒增强守备。若非刘馥深谋远略临终布置，恐怕合肥城早被孙权攻下了。

有惊无险度过一劫，自扬州别驾蒋济、从事刘晔以下，吏民士卒无不追念刘馥遗德，恸哭一片。历经万苦赶来救援的将士也松了口气，唯独曹操对这结果不满意，他还打算追击孙权再战长江。

中军帐一片肃静，所有将领、参谋以及扬州的官员都缄口不言，所有人都以无奈的眼神注视着曹操，宛如一尊尊泥胎雕像，就连军师荀攸、老友楼圭都不再说话。并非没人有异议，而是已经没人敢诤谏这位专横固执的丞相了。

其实只要迈出大帐一步，谁都能看出这仗没法再打。疲病交加的士卒都在痛苦呻吟偷偷落泪，士气已跌落到低谷。曹仁还在苦苦坚守江陵，抵御孙刘两家的进攻；于禁、张辽还在跟袁术旧部玩命；夏侯渊也在围追堵截庐江的叛乱部队。整个江淮一带就像条千疮百孔的破船，而曹操偏偏视而不见，或许他心里都清楚，却不肯接受失败的事实。

曹操手中紧紧攥着令箭，仿佛要把所有恨都积聚起来，他冷峻的目光扫过帐内所有人——没有异议，不敢有异议。他腾地站了起来，就要发布拔营南下的号令。

“报！”一个亲兵禀报，“蒋幹先生求见。”

曹操耐着心绪又缓缓坐了下来：“带进来。”

蒋幹趋步而进，只说了声：“参见丞相，在下复命。”就耷拉着脑袋往帐中一跪，等待曹操问话。

用不着问，看这模样就知道白跑一趟，碰了一鼻子灰。这种游说怎么可能成功，曹操此举无异于掩耳盗铃。他微阖二目深吸一口气，还是忍不住开口问道：“他说什么？”

“周瑜不肯来。”蒋幹死死盯着地面，眼皮都不敢抬一下。

曹操提高了嗓门：“我是问你，他都跟你说了什么？”

蒋幹咽了口唾沫，硬着头皮道：“公瑾对我说‘丈夫处世，遇知己之主，外托君臣之义，内结骨肉之恩，言行计从，祸福共之，假使苏张更生，郦叟复出，犹抚其背而折其辞，岂足下幼生所能移乎？’”

“哼！苏秦之口、张仪之舌、郦食其复生都不能说动他，好大的口气！”曹操的火气上来了，“天下归一近在咫尺，难道你就没问问他，只顾知遇之恩骨肉之义，难道就不顾天下苍生了吗？他虽然暂时得胜，以东南偏僻之地独抗九州之大岂能久哉？”

“晚生问过，”蒋幹擦着额角的冷汗，“他只说了四个字……”

“讲！”

“事在人为。”

“事在人为……”曹操已然坐不住了，焦躁地站起来，“为什么？他还要与老夫作对，这是为什么？谁给他这么大胆量！”

这个问题蒋幹自然无法作答，索性闭起嘴巴，装聋作哑。

曹操陷入偏执之中，满脑子都是自己曾经的辉煌武功，只觉五内俱焚，布满血丝的眼睛简直欲往外喷火。他像一头饿极了的狼，喘着粗气狂躁地踱来踱去，在军帐中央绕着圈子，一只手牢牢攥着剑柄，好像时刻准备杀人，另一只手神经质地颤抖着，就这样绕了两圈，突然狂吼道：“我本想打完这场仗，整治一个全新的朝廷，与民休息，与兵休息……可是孙权、周瑜这两个小儿，还有大耳贼……他们都是包藏祸心的好乱之徒！他们只知道纵横捭阖，只顾他们的野心，岂知治理天下之大道？战乱二十余载，多少生灵涂炭？他们哪个经历过先朝的昏暗，哪个曾为百姓造福？这二十年是我惩奸除恶，扫灭狼烟，安定黎民百姓！

诛其凶，吊其民，如时雨降！天下一统舍我其谁……宵小竖子！他们都是混账……”

群僚见他怒不可遏，都惊得连连后退，有些人生平第一次目睹人发这么大火气，吓得腿都软了。所有人都低着脑袋不敢做声，大帐中唯有曹操那声嘶力竭的喊叫。

“四方有罪无罪唯在我，天下曷敢有越厥志？为什么他们这些好乱之徒不罢手？还要让这乱世进行下去，他们到底是何居心……其心当诛！气杀我也……”

突然有个高亢的声音道：“丞相！属下有句话想问问您。”

众人皆是一愣，何人敢在这时候多言？大家的目光齐刷刷望去，但见一个相貌丑陋的中年文士从人堆里挤了出来。

曹操正无处撒火，侧目一看——和洽和阳士。或许貌丑是一宝，他面对这张丑得无以复加的脸竟没有发作，只厉声嚷道：“讲！”

“诺。”和洽底气十足，又往前蹭了几步，“在下斗胆相问，倘若丞相与孙刘相易，您又当如何？”

“你说什么？”曹操脑子太乱，根本没听明白。

和洽一句一顿又重复了一遍：“倘若丞相与孙权、周瑜之辈相易，他人占据北方坐拥强兵，您盘踞一地独力相抗。别人劝您以天下大势为重，劝您解甲归降，您会不会从善如流？”

曹操哑口无言，一霎时火气竟然全消了，瞪着布满血丝的眼睛死盯着和洽——当然也不会，想在乱世有番作为的人都一样，谁没有争的权力？谁又没有独霸天下的野心？昔日袁绍拥四州之众，一纸书信叫曹操迁都投降，他是怎么答复的？官渡之时袁绍以十万大军相摧，他是怎么搏斗的？如今孙刘两家和他当初一样，他反倒成了袁绍，十余万军队南下征讨最后铩羽而归！其事何其相似，又情何以堪？当年曹操嘲笑袁绍妄自尊大，傲慢轻敌，现在这些话都变成一记记耳光，反过来打到他自己脸上了。怎么会走到这个难堪的地步呢？

曹操清醒了，直到此刻他才算彻底清醒，才从战败后不切实际的妄想中走出来。他颤颤巍巍在和洽肩膀上拍了两下，既而爆发出一阵狂笑：“哈哈哈……你问得好！哈哈哈……”说罢大笑着，踉踉跄跄出了大帐。

“丞相！丞相！”众掾属呼喊着要追出去。

和洽张开双臂把众人拦住："别去！越劝越坏。还是让丞相自己想清楚吧。"

曹操离开大帐兀自笑个不停，笑自己愚蠢，笑自己狂妄，笑自己不识时务，笑自己跟袁绍一样无可救药。从征讨乌丸得胜后他就开始自我膨胀，小视天下豪杰，荆州来得又太容易，更让他不可一世，结果玩了个灰头土脸。怨谁？怨他自己。可惜明白得太晚了，他已经丧失了统一天下的最佳时机……

笑着笑着他渐渐冷静下来——满营士卒都茫然注视着他。这些可怜的士兵有的身受创伤，有的疾病缠身，即便无伤无病，辗转了这半年多也都瘦若枯槁精神萎靡，这还是当年威震中原的那支铁军吗？曹操笑不出来了，他愧对出生入死的将士，更愧对那些殒命沙场的亡魂。可这还不是全部，他有什么脸面回许都？他有什么脸面去见荀彧？有什么脸面再见那个傀儡天子？有什么脸面去见那些费尽心机招揽来的各方名士？

他已经迈出那可怕的一步，不再是司空，而是中兴建朝以来独一无二的丞相。君不君臣不臣，不清不楚不尴不尬，怎么办？按照既定计划代汉称帝？那他当的不是皇帝，而是窃国奸贼。他成了谋朝篡位之人，岂不是让孙刘成了大汉忠臣、正义之师？岂不是把铲除国贼的旗帜拱手送与敌人？岂不是和袁术做了一丘之貉？只要天下不统一，他就不能冒天下之大不韪。

可是不往前走也不行，已经到这一步，还能后退吗？多少清算的罪名等着？又有多少攀龙附凤之人盼着？他想收手都不行。怎么走到这条绝路上来了？进退维谷……

猛然间，"骑虎难下"四个字映现在他脑海中，那是郭嘉病倒塞外山间，竭力喊出的最后一句话。当时没弄清，现在终于明白了，但已经晚了，他真的已经骑虎难下了。

曹操仰天长叹："若郭奉孝在，我焉能落败至此……"想当初，除了郭嘉，荀攸提醒他不要妄想一次瓦解孙刘两个势力，他当耳旁风；程昱告诫他切莫轻敌，他也没听进去。还有，贾诩所谓"乘旧楚之饶以飨吏士，抚慰百姓，使其安土乐业，则可不劳众而使江东稽服"，这难道不是拐着弯劝他先定江夏后定江东，一步一步稳扎稳打吗？

这么多人都明里暗里提醒他了，他却执迷不悟。还有蒯越那帮荆州旧僚，他们与江东久打交道，纵然清楚孙权、周瑜是何等底细，可作为投降之人他们能说什么？又敢说什么……一切都想清楚了，曹操追悔莫及。倘若以陆战先定江夏之地，而后再图江东，那现在的情势如何？如果事先详细观察地理，自汉水进军而不是贸然涉足长江，也未必会失败吧？即便到了乌林僵持之际，若谨慎戒备无轻敌之心，结果又如何？

现在想这些还有什么用，已经败了，把这次惨痛的教训牢牢刻在心底吧。曹操伏倒在地，眼泪夺眶而出……

建安十四年七月辛未（公元209年10月10日），曹操下达了抚恤三军将士的教令，这不啻一份“罪己诏”，他终于肯接受惨痛的事实了，这也标志着此次南征的黯然收场：

> 自顷以来，军数征行，或遇疫气，吏士死亡不归，家室怨旷，百姓流离，而仁者岂乐之哉？不得已也。其令死者家无基业不能自存者，县官勿绝廪，长吏存恤抚循，以称吾意。

此后的几个月曹操把兵马留驻，一者为休养伤病，二者扩建刘馥进行一半的芍陂工程，命令绥集都尉仓慈大规模开垦农田。这也算是弥补些民心吧。

江陵一线的防卫战打了半年多，曹仁尽了最大努力，却始终无法摆脱被动局面。周瑜派甘宁袭取夷陵，刘备率部绕至江陵后方，意欲断绝粮道，这仗越打越被动。更不幸的是，镇守汝南的大将李通带病救援曹仁，一路上身先士卒拔出鹿角，虽然赶到了前线却因病卒于军中，曹军不仅痛失一员重将，而且严重影响了军心。万般无奈之下曹操只能放弃，命令曹仁、曹洪、满宠大踏步后退，舍弃了汉水以南的所有地盘，把防御据点圈定在襄阳和樊城。

不少臣僚对此有异议，但曹操坚持这一决定。他毕竟是身经百战的一代统帅，只要脑子不发热，依旧有独到眼光。丢弃的地盘虽大，但那些地方都无险可守，而襄樊拥有汉水作为屏障，襄阳与樊城隔水相对，南北呼应互相配合，只要守住这个地方，就可扼住敌人势头。更妙的是，襄阳以西就是房陵郡。

房陵原本只是个县，《史记》称其“纵横千里，山林四塞，其固高陵，如有房屋”，因此而得名，此地原本在益州辖下，刘璋黯弱无能，其地落入荆州控制，刘表把房陵县和附近一带提升为郡，任命蒯氏一族的蒯祺出任郡守，曹操原打算撤换此人，但是赤壁落败情势不稳，像他这样任职多年的实力派就不敢随便动了。况且蒯祺与当地最大的土豪申氏家族关系融洽，有这样深厚的基础，干脆让他们继续盘踞此郡。曹操虽没见过诸葛亮，也没听说过什么“隆中对”，但他知道房陵郡是入蜀的唯一通道，有襄阳挡住这地方，再加上对蒯祺的重用，谁都别想谋取蜀地。

恢复元气需要很长一段时间，曹操能做到的也只有这些了，是否有想不到的地方，唯有老天爷知道。

轰轰烈烈的南征彻底宣告失败，除了襄樊什么也没得到。十几万军队折损大半，统一天下的最佳机会失之交臂，曹操登基称帝的梦想也变得遥遥无期。城池舍弃了，士兵抚慰了，叛乱遏制了，一切恢复平静，但这并不等于战败的恶劣影响到此终结，恰恰相反，内部问题才刚刚显露……

收拾残局

曹操在合肥心不在焉忙了几个月，转眼又已入冬。他思考再三，还是怀着矛盾的心情回到谯县过冬。不愿意来是因为曹冲死在这里，又要面对儿子夭折的地方；不得不来是因为将士疲惫，实在难以跋涉到河北。谯县是曹操家乡，也是大批亲信将校的家乡，到家过冬也算是一种慰藉吧。

曹仁退守襄阳之后，敌人果然不再追击，但这并不意味着结束。孙刘两家开始分享成果，在鲁肃斡旋下，孙权竟把二十出头的妹妹嫁与年近半百的刘备，两家结成郎舅之亲，而且孙权还把荆州沿江诸县“借”给刘备屯军。曹操最痛恨的“大耳贼”竟成了这场战争的最大受益者。之后孙权又自命周瑜为偏将军、领南郡太守，程普为江夏太守，彻底将曹操这个大汉丞相视若无物。不过程普虽为江夏太守，却只能管江夏郡江南的那部分，江北的大部分地盘还是刘琦暂领江夏太守，治所仍在西陵县。曹操当然也不甘示弱，在更北的石阳建立治所，让朝廷明发诏书，任命文聘为江夏太守。区区一郡竟蹦出三个郡守，都说自己是正统，真是滑天下之大稽。

荆州江北之地，曹操只能睁一眼闭一眼，江南之地更是无力染指。刘备撤退南下后，第一件事就是抢占江南四郡。这四个郡实力薄弱，又失去与中原的联系，皆成待宰羔羊。长沙太守韩玄、武陵太守金旋双双被杀，曹操本欲升赏他们，没想到反倒把他们害死了。零陵太守刘度、桂阳太守赵范本就是刘表麾下，这俩人索性破罐子破摔，当初怎么降的曹操，这次就怎么降刘备，四郡全部丧失。至于临危受命的刘巴，根本掌握不了局面，被人家赶得东逃西窜，后来断了音讯，生死不明。

唯一的好消息是袁术旧部的叛乱被平定了，这仗打得还算漂亮，尤其是天柱山之战。天柱山地势险要，高峻二十余里，只有一条蜿蜒狭窄的山道，张辽亲自率兵硬闯，浴血奋战真拿下了山头，斩杀吴兰、梅成，雷薄丧于乱军之中。剩下庐江反贼雷叙，独木难支，被夏侯渊打得四处逃窜，最后跑去投靠刘备了。为了提升士气振奋人心，曹操对张辽格外嘉奖，将他的封邑翻了一倍，并授予假节之权。可这样的平叛胜利，又有什么可庆幸的？失败的阴影很难走出，实力受损更不知要何年何月才能恢复……

无眠之夜曹操闷坐寝室，心情依旧烦乱。即便如张范所言，与民休息，与兵休息，但还有些事必须要做，他不但要抚慰将士，更要给朝廷一个交待。此刻他眼前放着口大箱子，里面装满了诗文、书信、表章——这都是诛杀孔融满门从府里抄没的。御史大夫郗虑遵从曹操授意上书弹劾，处死孔融暴尸许都城门，却被太医令脂习盗去，不知藏于何处，现在该了结这一案了。如今这个案子已不单是曹操与孔融个人恩怨的问题，这个节骨眼上，曹操急需利用这件事挽回自己的声誉。

董昭满面灰土侍立一旁——他本留守许都，闻知王师败绩便赶往许都恭候，却接到指示，曹操在家乡屯兵过冬，叫他提孔融所遗文书，连同犯官脂习一同押赴谯县。董昭到许都脚跟都没站稳，又星夜兼程赶往谯县，这日天黑时分才到，连口水都没喝就来复命。

曹操看着这满满一箱子书简，既好奇又为难，实不知该从哪一卷看起。董昭便从繁杂的简册中挑出一份递过来："这是他的临终诗，是狱卒抄录下来的。"

"临死还有这等闲情逸志？"曹操实在无法理解，品读起来。

言多令事败，器漏苦不密。河溃蚁孔端，山坏由猿穴。
涓涓江汉流，天窗通冥室。谗邪害公正，浮云翳白日。
靡辞无忠诚，华繁竟不实。人有两三心，安能合为一？
三人成市虎，浸渍解胶漆。生存多所虑，长寝万事毕。

看完这首诗曹操想笑，却又笑不出来——孔融到死都不明白自己失误在何处，还仅仅停留在“言多令事败”“谗邪害公正”的层面，对曹氏代汉的企图只字不提，是他太单纯，还是根本对曹操不屑一顾呢？而他面对死亡又那么坦然，“生存多所虑，长寝万事毕”，没有悲苦愤恨，有的只是慷慨。

曹操扔下这首诗，信手在箱子里翻找，发现许多是抄录的书信，给王修的、给邴原的、给张纮的，其中辞句颇令人感慨：“曹公辅政，思贤并立。策书屡下，殷勤款至。”“余嘉乃勋，应乃懿德，用升玺于王庭，其可辞乎？”“根矩（邴原，字根矩），根矩，可以来矣！”十几年间，孔融一直在为朝廷招贤纳士，这也等于帮曹操。应当承认孔融在清流中名望比曹操高得多，有不少人是看着孔融的面子才到许都的。费尽心力最后却落个家破人亡的下场，与卸磨杀驴何异？曹操原以为天下将定，孔融没有利用价值了，没想到吃了这么惨痛的一场败仗。孔融死了，以后谁还能帮他网罗名士？谁还敢来？

曹操不住捏着眉头，越发觉得处死孔融过于草率了，正不知如何是好，又听外面传来曹纯的禀奏声：“主公，两位公子求见。”说罢不等曹操发话，推开门让他们进来——曹丕、曹植各捧着一个食盒凑到他面前：“父亲辛劳至夜保重身体，进些东西吧。”

“嗯。”曹操没精打采地看着他们，“我吃不下！”

曹丕满面春风奉上食盒：“这鲍羹是孩子吩咐庖人做的，天冷夜深，喝完早些歇息吧。”

曹植手捧的东西却不一样：“孩儿与身边的仆僮亲手做的娇耳，里面是羊肉，最能驱寒。”

曹操看着这两样不同的膳食，又抬头看看两个儿子——满脸恭顺，不卑不亢，自从曹冲死后日日来身边侍奉，时时刻刻这么殷勤，难道真的仅仅是父子天性？

“放到一边，等我想吃的时候再用吧……你们出去。”

两位公子都说着温存的话："父亲多多保重身体，孩儿见父亲日渐消瘦，心中实是……"

"为父有事，你们快出去吧。"曹操又扬了扬手。

曹丕、曹植不敢多言，施礼退了出去。曹操看着俩儿子的背影，总觉得他们在偷笑，曹冲之死固然是命运使然，可他们的机会也随之到来了，难道弟弟的死对他们而言不是件好事吗？

其实何止曹操，连董昭、曹纯都在忐忑——曹冲死了，轮到他俩出头了，一个身居长子，一个才华横溢，各有一帮亲信朋友，两人要是争起来，恐怕整个朝廷的人都要考虑前程各自择主，一场夺嫡之战似乎已经开始了。

曹操这会儿不敢多想，也没心情去想，努力排遣着心头忧虑，继续翻弄遗物，不经意间发现几份卷册间夹着一张薄薄的绢帛。董昭一见此绢劈手抢过："此物与丞相无碍。"

素来谨小慎微的董昭竟敢从他手里抢东西，曹操更觉诧异："你看过了？那是什么？拿来……"

董昭强笑道："不过是首诗，不看也罢。"

"拿来！"

"丞相不必看了。"

"拿来！"

眼见曹操目露凶光，董昭还是胆怯了，战战兢兢递回他手里，却喃喃道："前些年孔融侍妾产下一子，恰逢他随客远行，那孩子未足周年就死了，孔融连面都没见着，给儿子写的悼亡诗……您别看了。"

曹操本已恚怒，听他解释才知也是一番好意，淡淡道："你怕我见诗生情？我还没那么脆弱……"说罢展开就读。

远送新行客，岁暮乃来归。
入门望爱子，妻妾向人悲。
闻子不可见，日已潜光辉。
孤坟在西北，常念君来迟。
褰裳上墟丘，但见蒿与薇。
白骨归黄泉，肌体乘尘飞。
生时不识父，死后知我谁。

孤魂游穷暮，飘摇安所依。

人生图嗣息，尔死我念追。

俯仰内伤心，不觉泪沾衣。

人生自有命，但恨生日希。

“孤魂游穷暮，飘摇安所依……俯仰内伤心，不觉泪沾衣……”曹操默念着这两句，不知不觉竟出了神，“冲儿……我苦命的儿啊……人生自有命，但恨生日希……”

霎时间，曹操被这首诗击倒了。此时此刻，他不再是当朝丞相，就是世间一个普普通通的父亲。虽然他杀了孔融，但孔融却没有败，眼前这首诗仿佛化作一把利刃，刺进他的软肋，狠狠剜他的心。曹操可以践踏孔融的生命，却不能泯灭桀骜不驯的精神，更不能抹杀孔融的绝代文采。落败的是曹操自己，败得体无完肤泣涕横流。想至此处，不觉泪湿衣襟。

董昭与曹纯眼睁睁看他哭儿子，不知此等家事该如何劝解。曹操泣涕多时拭去眼泪，把那绢帛往箱子里一丢，顺手将箱盖狠狠扣上，莫说再往下看，连这箱子都不敢再碰一下了：“把脂习带过来。”

不多时太医令脂习就被士兵推搡进来。脂习表字元升，年近六旬，灵帝中平年间入仕，虽然官职不大，也算老臣了。此刻他披头散发，身披枷锁，这副架势从许都解到谯县，早累得一瘸一拐，但精神还算不错——卢洪倒是谨遵曹操之命，好吃好喝供着，也没动刑，就等着让曹操亲自折磨呢。

可曹操的想法已经变了：“赦他的罪，松绑吧！”

曹纯亲自动手，为脂习解开绑绳，卸掉枷锁。这玩意十好几斤，就是不动刑，戴上也够受的，脖子肩膀都是一条条血印。他重获自由却不谢恩，扑倒在地嚎啕大哭：“丞相！孔文举冤枉！无罪而杀士，则大夫可以去；无罪而戮民，则士可以徙。您一再广求贤才，岂能因言而置人于死地？冤啊……呜呜呜……”

曹操只是木然点头：“一令逆，则百令失。一恶施，则百恶结。老夫……”孔融杀错了，华佗杀错了，许攸也杀错了，这几年犯的错还数得过来吗？曹操俯身摸着脂习伤痕累累的肩头，“元升，你是个重情重义慷慨之人，难怪孔文举视你为知己。委屈你了。”

脂习闻听此言越发唏嘘——孔融蒙冤之际，多少自诩汉室忠臣的朝廷大员缄口不言？一个六百石的小官敢出来冒死盗尸，何等勇烈。

“你把孔文举的尸首藏在哪儿了？”

卢洪那帮爪牙逼问了无数次，脂习就是咬定钢牙不说，现在曹操又亲自相问，脂习警觉起来，戛然收住悲声，迸出充满敌意的眼光：“你、你还要如何？”

“我要重新为他下葬。”

“此话当真？”脂习都不敢相信他的话了。

曹操没有再答复，只是闭着眼睛不住地点头。

脂习这才安心：“他的尸首就埋在许都城外东土桥下。”

曹操不禁敬佩——好个脂元升，原来就藏在许都眼皮底下。东土桥就在城门外，可是越近越没人想得到。不对，许都车水马龙，焉能无人察觉？或许有人知道了也不举报，大家都知孔融冤，没人跟自己一条心……想至此曹操不寒而栗，马上补过：“元升，文举一家已经没人了，安葬的事我就交给你办。拨你一百斛粮食，你去招募民夫，将他尸骨迁回原籍安葬。”

脂习重重叩了个头，又忍不住哭泣起来。那哭声凄凄惨惨，曹操越听越难受，恍恍惚惚间感觉这不仅是他一人在哭，而是被他冤杀的人和殒命疆场的无数厉鬼在一并哭泣。“不要哭了，百斛之粮肯定有结余，剩下的也不必上缴，就当我送给你的。以后我还要给你升官，表彰侠义之举。你别哭了，别哭了……”说到最后，曹操的口气甚至带上了一丝乞求的意味。

董昭朝曹纯使个眼色，曹纯会意，赶紧把脂习搀起来，连哄带劝把他送出去。曹操长出口气，晃晃悠悠踱至榻边，疲惫地倚着靠垫。董昭见曹操似乎要休息，理当告辞回去，但还有件事没禀奏，他袖子里揣着一封卷轴，本打算请曹操过目，现在这种情形他又有些拿不准主意了，该不该拿出来呢？

就在犹豫之际，外面有人说话：“启禀丞相，凉州密使求见！”

曹操听见了，却没立刻答复，合上眼睛顿了片刻才道：“哪一部的使者？公职还是私属？”凉州各部割据有十几支，韩遂与马腾不过是势力最大的，他们虽名义上归附朝廷，但还有极大的独立性，另外朝廷也派了刺史邯郸商以及几个郡县官员。鱼龙混杂良莠不齐，单说是凉州密使，也搞不清是谁派来的。

“是凉州安定郡辖下骑都尉杨秋的人。”奏事人的声音甚是喑哑。

杨秋不过是凉州十几个小势力的其中之一，实力很弱，为何会派使者跑这么远来奏事？曹操感觉蹊跷，但实在懒得动，躺在那里随口道：“叫他进来吧。”

屋门打开，一个年纪轻轻的布衣使者低着头，战战兢兢走进来。曹操这才看见奏事的是韩浩，可能他嗓子哑了，刚才竟没听出来。那使者一进门便跪倒在地：“小的参见丞相……”一嘴西北口音，口称“小的”，想必没有正经名分。

“什么事，说！”对这种人曹操也不客气，躺着没起来。

“启禀丞相，武威太守张猛把刺史邯郸商给杀啦！”

“什么？”曹操的疲惫感立时没有了——武威太守张猛与凉州刺史邯郸商都是朝廷任命的官员，而且几乎是同时上任，怎么自己人跟自己人攻杀起来？

那使者道：“张猛与邯郸商自上任以来就不和，不过看在朝廷的份上勉强维持，他二人攻杀乃为私怨，并非有碍丞相。”

话是这么说，但杀官等同造反，堂堂一州刺史，岂能说杀就杀？曹操反复提醒自己不要发火，可这件事实在可恶——赤壁吃了败仗，张猛趁这机会泄私愤，朝廷刚刚战败无力处置边陲之事，他就以为能糊里糊涂了事。

这还不算完，使者又道：“还有……还有……”

“说！别吞吞吐吐的。”

“诺。韩遂闻知张猛杀官，发下檄文召集凉州十余部人马，意欲兵伐武威，说是给邯郸商报仇，还说要为朝廷除害。”

为朝廷除害，真是笑谈。韩遂不会有这等好心，他是要抢粮草，抢地盘，不请示朝廷擅自发兵，还打着正义的旗号，趁火打劫着实可恶。

可张猛为什么敢大胆杀官？韩遂为什么敢擅自起兵？曹操深感不祥——他的权力在动摇，威信在下降。前方战败后方也开始不稳，那些慑于他强大实力而臣服的人开始不买账了。袁术旧部的叛乱仅仅是开始，更大规模的动乱还在后面，西凉诸部也蠢蠢欲动了。可这个节骨眼上曹操毫无办法，部队死的死伤的伤，增援襄阳的还没撤回，即便回来还不知什么样。他无力再管遥远的凉州，只能听之任之。

那使者又开了口："另外韩遂也发檄文到我家杨将军那里了，我们该不该发兵？若是发兵，此事没有丞相指示，我们不敢擅作主张。若是不发兵，我们又……又……"

"又什么？你但说无妨！"

"又惹不起韩遂。"那使者憨然一笑，"总之是左右为难，请丞相示下。"

"嘿嘿嘿……"曹操明白了——这个杨秋是两面三刀的大滑头，既不得罪曹操，又不得罪韩遂，左右骑墙，明明想跟韩遂瓜分地盘，事先还得跑来送个信，弄得好像被逼无奈似的。曹操阴笑着坐起来："你无需来问老夫，回去叫你家将军拍拍良心，自己看着办！"

莫看那使者身份低，却甚是难缠："恕小的直言，良心是有了，只怕脑袋就没了！您准许我们发兵，由我家将军给您做个内应，今后无论韩遂有什么企图，我们暗地把消息给您送来，您看好吗？"

"嗯？"曹操一愣，这倒可以考虑，"你抬起头来说话。"

使者微微抬头，曹操一看之下叫出声来："奉孝！是奉孝吗？"

此人柳叶眉，杏核眼，男生女相，尤其左目下有一颗小痣，隆鼻小嘴，两撇小胡子，这长相与郭嘉极为相似。可曹操叫了两声便发觉不是——人死不能复生，郭嘉要是活着比他年长，而且不会一嘴西北口音，最根本的差别是郭嘉绝不会有此人的这种眼神，这种撩着眼皮向上媚笑的眼神，只有浅薄的奴仆才有。曹操太怀念郭嘉，居然一时错认。

那人也发觉曹操认错了，赶紧自报名姓："小的叫……孔桂。"

虽然不是郭嘉，但不知不觉间曹操的态度和缓许多："你刚才的提议也不错，张猛毕竟私自杀官为恶在先，老夫也懒得管他，发不发兵你们随便吧。"其实这就是默许。

"谢丞相。"孔桂喜不自胜，"若丞相没别的吩咐，在下就……"办完差事他就要溜。

"且慢！"曹操叫住他，"从今以后，凉州大事小情一定要通报给老夫。"

"是是是。"孔桂连连作揖。

"还有……"曹操冲亲兵招了招手，"子桓他们送来的膳食赏他吃吧，安排他休息一晚，临走给他拿两块金子、两匹绢帛。"

董昭暗暗咋舌：不过一介小人，丞相为何赏他这么多？不过董昭更猜不到，恰恰就是这个小人，将来会跻身朝堂，成为曹操晚年须臾不能离开的佞臣……

打发走孔桂，曹操再也睡不着了，头风痛又发作了，而且一闭眼就是郭嘉和曹冲的身影。他心绪烦乱起身披好衣服，董昭忙过来帮他系上腰带：“丞相，已经入夜了。”

“头有点儿痛，到外面清醒清醒兴许好些。”华佗死了，李珰之虽善汤药却不通针石，再无人能针到病除了，这也是曹操自作自受。董昭低头看看袖中的卷轴，犹豫再三正要往外拿，曹操又道：“你们都回去歇着吧，不用陪我，有事明天再说。”

董昭又把话咽了回去，道了声：“诺。”与众亲兵退了出去。

曹操使劲捏了捏眉头，这才迈步出门，见韩浩还呆呆立在院中：“元嗣，你有事吗？”

韩浩站在黑暗中，喃喃道：“史涣旧伤复发又受了点儿寒，半个时辰前……断气了。”他的声音中没有哽咽，只有沙哑，短短一个月间兄长韩玄死了，最好的朋友史涣也没了，直叫他欲哭无泪。

这次曹操却毫无反应，死的人太多，伤心都伤心不过来；他只是感觉头疼得厉害，在韩浩肩头轻轻拍了两下，叹息一声继续向外走，守门的侍卫要跟着，也被他挥退了。曹操独自在冷清的院落里转悠，这里是曹家旧宅，祖父曹腾、父亲曹嵩还有几位叔父都曾生活在这儿，这所宅院承载了曹家以往的荣辱，而他最爱的儿子曹冲也夭折于此。现在各个房舍都成了掾属临时的办公地点，夜深人静所有的房舍都黑了灯。这一年多太疲劳，终于没什么可忙的了，大伙都回营睡觉了，只留下这空荡荡、冷凄凄的院落，就像曹操的内心一样阴暗而不知所措。凛冽的北风吹过，不知何处的窗棂没有关严，发出呜呜的响声，如同鬼魅哭泣……

转过第二道院子，右手边忽然射来亮光，举目望去——原来还有间小屋有人。曹操踱了过去，轻轻推开房门，只见里面乱七八糟堆的都是简册，靠墙边一张几案，有个皂衣掾吏趴在上面睡着了，手里还攥着笔，没看完的竹简掉在榻边。

如此恪尽职守之人理当大大表彰，曹操悄悄凑过去，俯身看了看此人面孔，不禁愣住了——刺奸令史高柔。

这人一直是他平白无故撒火、泄愤的对象；但人家不恨不怨，勤勤恳恳尽忠职守。曹操的脸上发热，随手拿起一份公文，上面密密麻麻都是高柔批示。刺奸令史管理司法，可又不同于法曹掾，更偏向于监察揭发。可高柔长长的批示内容却是替一个蒙冤的人申诉，设法拯救一条生命。曹操心里清楚，高柔的努力是徒劳，这些案子背后处理者是卢洪、赵达，高柔再争辩也没有用，只难得这片善心。他放下案卷，解下自己的狐裘，轻轻披在高柔身上。

"嗯……"高柔还是醒了，眨了眨眼睛，"丞相？"

"躺下睡。"曹操充满笑意，和蔼中透着愧意。

"属下有话要说。"高柔猛地跪了下来，"冤案太多了，请您抽空看看这些案卷吧。可怜的、可悯的、蒙冤的、欲加之罪不择手段的！卢洪、赵达每天都在害人，全都是冤案……"他伸手漫指这满屋子的卷宗，似乎没有一件不是冤案。

曹操岂会不知？但卢洪、赵达正是在他的授意下为他扫清障碍，只要对曹操稍有不满的人就清除掉，哪在乎冤不冤？面对高柔的请求，曹操无言以对，只好苦笑着离去，走到门口才回头道："这两年委屈你了。我升任你为仓曹属，别干这苦差事了。"

"可这些冤案……"

"你不必过问。"曹操头也不回地走了——虽然追葬一个孔融，但大多数冤狱不能平反。一旦都翻出来，那等同于对建安以来政局的整体否定，也就意味着对曹操专权的否定。他可以对一次战败负责，可以给某个人平反，但绝不能否定自己统治的合理性。而且他已经是丞相，骑虎难下了，绝不能给任何人攻劾自己的机会。

曹操心情沉重地绕了一圈，始终无法排遣忧郁，头疼反倒越来越厉害，茫然遛了一会儿，踱过内院的门，又看见一个黑漆漆的人影："元嗣，你还没……"

"丞相，是我。"是董昭的声音。

"哦，是公仁啊……你也睡不着？"

"卑职辗转反侧推枕无眠，有件事要向您禀报。"

"何事？"曹操不过随口一说，这会儿什么事他都没心思听了。

"请容卑职进去说。"董昭抢先推门，撩起帘子，让曹操进去，又从袖中抽出卷轴，小心翼翼地展开，摊在几案上。

这是一张城池的设计图，画得十分精致，还有详细标注。这座城东西七里，南北五里，共七道城门，里面街道宽阔，布局严密，东北处还有苑囿池塘。正北有座占地广阔的府邸，画得更是仔细，堂连堂院套院，分解小图甚至连雕栏、斗拱的样式都设计出来了，简直就是一座宫殿。虽然这仅是一纸图画，但其恢弘的气派已跃然可见，如果是真的，又何等雄伟？莫说那小小的许都，比之昔日的长安、洛阳都毫不逊色。

“邺都……”曹操摸着这图连连苦笑，“还有什么用？”

这正是董昭踌躇再三为难之处。这一年多他留在邺城，召集大批能工巧匠、五行术士、堪舆高手，集思广益设计新都，又丈量土地，又绘图测算，费尽心血才弄出这张图。原指望曹操得胜而归就开工，抓紧时间干上一年，便可以大张旗鼓迁都易帜，辅保曹操改朝换代。哪料到前线会败得这么惨？这新朝国都还怎么修？

曹操盯着这张图纸，视线渐渐模糊，似乎那城池殿宇在眼前转来转去，抬头看董昭也有了重影，耳朵里嗡嗡作响，脑袋更是疼得厉害，仿佛全身气脉逆行，都在往头上顶——这感觉并不陌生，正是头风最剧烈的症状。

没有了妙手神医，还能怎么办？曹操慢慢起身，痛苦地踱来踱去，猛然看见墙角柜子上有一盆净手的水，晃晃悠悠走过去，一猛子把头扎了进去。严冬时节天寒地冻，这盆水早就冰凉了，脑袋扎进去，激得曹操打了个寒战，仿佛万把钢针刺来。

“丞相！怎么了？”董昭这才察觉不对劲。

曹操把湿漉漉的脑袋抬起来，哆哆嗦嗦喘着大气，可是这股寒意竟真的把头风暂时祛除了。他跌坐案边，闭着眼睛，任由冰凉的水珠从脸颊滴落，好半天才开口：“公仁……”

“在。”董昭被他这样子吓坏了，“您有何吩咐？我去叫医官……”

“不。”曹操顿了片刻猛然睁开眼，“扩建邺城之事照旧进行。”

“什么？”董昭不敢相信。

曹操又重复一遍：“邺城仍然要修，你来负责。工程一丝一毫都不能减省，只能比图上的更好！”

董昭呆立半晌，望着他犀利的眼神，最终默默应了声：“诺……”

就在曹操把头浸入冷水那一刻，他猛然意识到一个道理——有些事只能正面应对，没有退缩之法。恰如无法根除的头风，只能憋一口气把脑袋按进冰水里，忍受寒冷来驱赶痛苦。如今他已经处在君不君臣不臣的位子上了，骑虎难下绝无后路可言，只能硬着头皮走下去。开国君主也罢，窃国逆贼也罢，生生走到这一步，还能躲过是非吗？赤壁战败了，但是并非再没有机会，养精蓄锐还可以卷土重来。昔日袁绍就是因为落败后抑郁生疾，最后撒手人寰的。曹操可不愿步自己手下败将的后尘。他要重新开始，这就是与命运抗争。

曹操决定了，反正脸已经撕破，索性就这样了。他要坚强地支撑下去，要大口吃，大口喝，要修城，要升官，要把朝廷牢牢攥住。他打开房门对着黑漆漆的夜空放声呐喊："大耳贼，孙权小儿，等着瞧！老夫会找你们算账的！谁也别想击倒我！谁也别想！"

可能熬夜熬得费神，这几声喊罢他手扶门框不住喘息，花白胡须迎风而颤——有一点曹操似乎忽视了，他已经五十五岁了，操劳半世，病魔缠身，再没有昔日的精力；而且赤壁之败撼动甚大，他不仅面前有敌人，更有无法预知的隐患在背后。

孔子曾言："五十而知天命。"他还会有下次机会吗……

《卑鄙的圣人：曹操》第8部即将出版，精彩预告：

赤壁一战失败使得曹操不仅错失了统一天下的良机，也危及了他在朝中的地位和声望。为扭转不利局面，曹操修建邺城提高声望，颁布政令挽回人心，用计击破马超、韩遂等人，并掀起了对孙刘联盟的第二次南征。

另一方面，曹操篡夺汉室天下的步伐也在加快，恢复九州、晋位公爵的图谋使他与荀彧公然决裂，而在他看不见的地方，曹丕与曹植的夺嫡之战也日渐激烈。

就在曹操雄心勃勃之际，益州刘璋却敞开天险引狼入室，将刘备迎入了蜀中，诸葛亮三分天下的"隆中对"战略死灰复燃了……

读客|公务员读史丛书_023：读历史，更懂政治，修身治国平天下

《血腥的盛唐》全国热卖中！

让中国历史上最著名的主角们，为您讲述中华民族历史上最辉煌、最璀璨也最黑暗、最血腥的朝代

一部289年的唐史，就是一部中国5000年历史的缩影。

在最鼎盛时期，唐朝经济GDP高达世界总量的六成，领土面积是当今中国的两倍，300多个国家的人们怀着崇敬之心，涌入长安朝圣，2300多名诗人创造了无法逾越的文化盛世；然而事实上，如此繁荣的景象只持续了不到整个朝代一半的时间，大唐王朝的最后近百年间，连年内战，四处硝烟，黄河流域尸横遍野，千里无鸡鸣，万里无狗吠，落日的余辉下，是一望无际的地狱之国。

翻开本书，中国历史上最著名的主角们：李渊、李世民、武则天、杨贵妃、唐明皇、李白、安禄山、黄巢……帝王将相，轮番上阵，诗人草寇，粉墨登场，紧锣密鼓，不容喘息，连演数场好戏：一场比一场令人血脉贲张！一场比一场起伏跌宕！一场比一场充满血腥和阴谋！说尽这个最辉煌朝代的骄傲、耻辱与秘密。

大唐王朝的兴起与没落，辉煌与黑暗，就像一部中华民族历史的缩影。

《其实我们一直活在春秋战国》全国热卖中！

春秋的思想、战国的计谋，
至今依然深刻地影响着每一个中国人的思维方式和生活习惯。

公元前770年到公元前221年，在这段被后人称之为春秋战国的550年间，那些空前绝后的伟大人物和传世经典井喷似的涌现：

孔子述《论语》、孟子写《孟子》、老子写《道德经》、墨子写《墨子》、孙子写《孙子兵法》、鬼谷子写《鬼谷子》、韩非写《韩非子》……

百家争鸣奠定了中华文明的基石，四书五经铸造了后世中国人的价值观，春秋五霸开创了谋略计策的典范，战国七雄构建了现今中国版图的框架。

如今2000多年过去了，中国人的思维方式一直没有走出过那个时代圣人先贤们的思想边界，我们今天的生活习惯也与春秋战国丝丝相扣：见面点头打招呼，是周礼作揖的简化；端午节吃的粽子，战国的时候就已经包好；指导今日中国农耕安排的农历节气，同样始于春秋战国；甚至我们的姓氏，赵钱孙李周吴郑王……也来自于那个兵荒马乱的年代。

翻开本书，查看中国人思维方式的源头，时不时茅塞顿开，时不时眼前一亮。